# 유아기
# 정서행동장애

제2판

제2판

# 유아기 정서행동장애

유아기 아동의
정서행동 문제를 다루기 위한
효과적인 중재법

Melissa L. Holland, Jessica Malmberg,
Gretchen Gimpel Peacock 지음

이효신, 방명애 옮김

Σ 시그마프레스

# 유아기 정서행동장애 (제2판)

발행일 | 2019년 5월 20일 1쇄 발행

저  자 | Melissa L. Holland, Jessica Malmberg, Gretchen Gimpel Peacock
역  자 | 이효신, 방명애
발행인 | 강학경
발행처 | (주)시그마프레스
디자인 | 이상화
편  집 | 김은실

등록번호 | 제10-2642호
주소 | 서울시 영등포구 양평로 22길 21 선유도코오롱디지털타워 A401~403호
전자우편 | sigma@spress.co.kr
홈페이지 | http://www.sigmapress.co.kr
전화 | (02)323-4845, (02)2062-5184~8
팩스 | (02)323-4197

ISBN | 979-11-6226-149-1

Emotional and Behavioral Problems of Young Children, Second Edition
Effective Interventions in the Preschool and Kindergarten Years

＊ 책값은 책 뒤표지에 있습니다.

이 도서의 국립중앙도서관 출판예정도서목록(CIP)은 서지정보유통지원시스템 홈페이지
(http://seoji.nl.go.kr)와 국가자료종합목록시스템(http://www.nl.go.kr/kolisnet)에서 이용하실
수 있습니다.(CIP제어번호: CIP2019017479)

# 역자 서문

유아 특수교육과 관련 서비스가 추구하는 최종 목표는 장애 아동과 가족의 삶의 질을 향상시키는 것이다. 따라서 우리 교육 공동체에 맡겨진 사명은 아동에게 강점 중심의 교육과 개별화된 가족지원을 제공하여 아동이 잠재능력을 최대한 개발함으로써 가정, 학교, 사회에서 잘 적응하며 성장하고 발달하여 사회 구성원으로서 행복한 삶을 영위할 수 있도록 지원하는 것이다.

교육 현장에서 아동의 공격행동이나 방해행동과 같은 외현화 문제가 아동 자신과 상대방의 안전과 건강을 위협하는 경우, 이는 즉각적으로 중재되어야 한다. 또한 주의 깊게 관찰해야만 알 수 있는 우울, 불안, 스트레스와 관련된 내면화 문제도 방치할 경우에는 심각한 장애가 될 수 있으므로 정확한 진단과 중재가 필수적이다. 특히 학령 전 아동은 인지, 정서, 의사소통, 사회, 신체 영역에서 균형 있게 발달하고 성장해야 하므로 가정과의 협력과 관련 분야 전문가들과의 팀 접근은 유아특수교육 분야에 있어서 필수적이다.

이 책은 학령 전 아동이 나타낼 수 있는 외현화 문제와 내면화 문제뿐만 아니라, 배변 문제, 급식 문제, 수면 문제 등의 일상생활 문제에 대해서 체계적 진단, 중재반응 모델, 다중 단계 지원 시스템, 긍정적 행동중재 및 지원 등과 같은 증거기반의 실제를 적용하여 예방하고 효과적으로 중재하는 데 필요한 정보와 지식을 모은 책이다. 이효신 교수가 제1~3장을 번역하였고, 방명애 교수가 제4~7장을 번역하였다.

이 책이 정서행동 영역에서 다양한 문제를 나타내는 학령 전 아동의 인권을 존중하며 효과적으로 교육하고 지원하는 데 귀중한 자료로 사용될 것을 확신한다. 이 책이 유아특수교사를 꿈꾸며 열심히 공부하는 예비교사, 교육 현장에서 최선을 다해 아동을 지도하는 유아교사, 유아 특수교사, 관련 서비스 제공자, 학령 전 아동의 정서행동 문제를 연구하는 학자와 대학원생, 장애 아동을 위해 실효성 있는 정책을 수립하기 위하여 노력하는 교육 정책가, 장애 아동과 위험 아동을 사랑으로 양육하는 부모님과 가족, 그리고 장애 아동 교육과 복지에 관심이 있는 모든 이에게 실질적인 도움이 되길 소망한다.

이 책이 나오기까지 오랫동안 인내하며 기다려 주신 (주)시그마프레스의 강학경 사장님과 예쁘게 편집해 주신 편집부에 감사드린다. 그리고 늘 기도로 응원해 주는 가족을 허락하시고, 날마다 우리를 전능자의 그늘 아래 안식하게 하시는 하나님의 놀라운 은혜로 말미암아 이 번역 작업을 마칠 수 있었음을 고백한다.

나의 달려갈 길과 주 예수께 받은 사명
곧 하나님의 은혜의 복음 증거하는 일을 마치려 함에는
나의 생명을 조금도 귀한 것으로 여기지 아니하노라
- 사도행전 20장 24절

2019년 4월
역자 일동

# 저자 서문

이 책은 유아(3~6세)가 나타내는 일반적인 정서 및 행동 문제를 어떻게 다루어야 하는지에 대하여 아동정신건강 관계자들에게 정보를 제공하기 위하여 집필된 것이다. 우리의 주요 관심사는 학교 밖 환경에서 아동을 대하는 정신건강 관계자와 임상심리학자뿐만 아니라 교육 장면에서 일하는 교사가 쉽게 실행할 수 있는 실제적이고 효과적인 중재를 제공하는 것이다. 우리는 문제 행동을 나타내는 유아의 부모와 함께 할 것을 강조하고 있다. 비록 아동 개인에게 적용되는 기법의 일부가 소개되지만, 우리는 유아가 경험한 문제를 해결하는 데 있어 부모가 많은 도움이 될 것이라는 신념을 가지고 있다. 유아는 많은 시간을 부모와 함께 하기 때문이다.

유아가 특수교육 범주에 따라 분류된 특정 장애를 가진 것으로 진단되지 않았더라도 그들은 부모와 교사가 염려하는 수준의 많은 행동 및 정서 문제를 나타낼 수 있다. 더욱이 연구에 의하면 유아기에 문제를 나타낸 아동은 초등학생 시기와 그 이후까지도 문제를 지속적으로 가지기 쉽다. 따라서 이러한 유아기 어려움의 장기적인 부정적 잠재 효과를 줄이기 위해 예방적 접근과 조기중재를 제공하는 것이 중요하다. 이 책은 연구를 통하여 유아에게 효과적이라고 입증된 중재법을 교사에게 제공하고자 한다.

제1장은 먼저 아동기 정서행동 문제에 대하여 개괄적으로 알아보고, 이 문제가 유아기에 어떻게 발현되는지에 대해 살펴볼 것이다. 또한 이러한 문제의 지속성과 관련된 정보에 대해 논의할 것이다. 제2장은 사정 방법에 대한 정보를 제공한다. 규준참조 측정(평정척도)과 기타 사정 유형(면접, 관찰)에 대해 살펴볼 것이다. 이 장에서는 특별히 유아에게 사용되는 측정과 기법에 초점을 맞추어 선별과 향상도 점검도구뿐 아니라 진단적 측정에 대해서도 살펴본다. 다음 세 개의 장에서는 특정 영역에 대한 중재를 살펴볼 것이다. 제3장은 유아의 외현화 장애(예 : 주의력결핍/과잉행동장애, 품행장애)에 대해 살펴보고, 부

모 훈련에 대해서도 논의한다. 제4장은 내면화 장애(예 : 불안과 우울)에 대한 중재, 특히 유아기에 진단되기 쉬운 특정 불안장애(예 : 특정 공포증, 분리불안장애)에 대한 처치를 살펴본다. 제5장은 배변 문제(즉, 유뇨증과 유분증), 수면 문제(예 : 악몽), 섭식 문제(예 : 섭식이 '까다로운' 아동) 등과 같은 '일상의 문제'에 대한 처치를 살펴본다. 이러한 문제들의 본질을 고려하여, 이 장에서 논의되는 중재는 부모와 함께하는 것을 우선적으로 고려한다. 제6장에서는 다단계 지원 시스템 내에서 교실에서의 학생을 위한 초기 학업 및 정서-행동 지원에 대해 개괄적으로 살펴보는데, 초기 문자 및 학업 문제를 위한 중재에 대한 반응 모델과 유치원 교실 내에서의 긍정적 행동중재 및 지원, 유아에게 적용되는 사회-정서 학습 프로그램 등이 포함된다. 마지막으로 제7장에서는 아동을 위해 추가적 보조가 고려되어야 하는 상황에 대해 논의하고 의뢰 단계를 요약한다.

각 장에는 부모가 사용할 수 있는 양식과 평가도구, 기타 자료들이 제시되어 있다. 다른 곳에서도 유사한 자료를 찾을 수 있겠지만, 여기에서는 가능한 한 유아들에게 도움이 되는 자료를 제시하였다.

이 책은 정서행동 문제를 나타내는 유아들을 위해 일하는 전문가들에게 유용하고 실제적인 자료가 될 것이다. 비록 일부 중재는 사뭇 간단해 보이지만 아동발달과 치료적 중재에 대한 기초 지식을 갖춘 훈련받은 전문가에 의해 수행되어야 한다. 이 책은 유치원에서 일하는 학교 심리학자, 유아를 대상으로 서비스를 제공하는 사설 정신건강 기관의 장, 기타 아동중심의 상담 업무를 하는 전문가들에게 유용할 것이다. 또한 아동 중재의 이론과 실제를 다루는 대학원에서도 유용한 자료가 될 것이다.

**1**

# 유아의
# 행동 · 사회 · 정서 문제

# 1

# 유아의
# 행동 · 사회 · 정서 문제

유아기 아동의 사회 정서 발달에 대한 관심이 커지면서 아동의 정신건강에 대한 진단과 예방 그리고 중재 전략에 관한 관심도 높아졌다. 전문가, 연구자, 부모 그리고 교사들은 여러 가지 사회·정서·행동적 어려움을 나타내거나 그 위험성이 있는 아동에 대한 예방과 중재 서비스가 유아기에 이루어져야 한다고 주장하고 있다. 연구에 의하면 생의 초기에 정서·행동적 문제를 나타내는 대부분의 아동은 아동기와 청소년기, 나아가 성인기까지도 그러한 문제를 지속적으로 갖게 될 것이므로 조기중재와 예방은 매우 중요하다(예, Fergusson, Horwood, & Ridder, 2005; Hofstra, van der Ende, & Verhulst, 2002). 유아기는 발달과 변화의 시기이기 때문에 어느 정도 행동의 불안정성이 예측되는 시기이다. 전문가는 이 점을 유념하고 과잉진료가 일어나지 않도록 주의해야 한다. 그럼에도 불구하고 예방과 조기중재는 매우 유익한 일이며, 변화가 필요한 아동에게 반드시 제공되어야 하는 것이다.

이 책은 유아들에게 적용이 가능한 증거 기반의 중재(연구에 의해 지지받는 것 혹은 최근 연구에 기초해 볼 때 유망한 것으로 나타난 것)에 대한 개관을 제공한다. 제1장에서는 유아기 아동이 나타내는 정서행동상의 문제를 간단히 검토할 뿐만 아니라 이러한 장애의 출현율과 연속성, 그리고 관련된 위험 요인과 예측 요인에 대해서도 검토한다. 제2장은 정서행동 문제를 가진 것으로 의심되는 유아의 평가에 관한 정보를 제공한다. 다음 네 개의 각 장은 유아기에 일반적으로 가지는 관심사에 대해서 증거기반의 중재에 관한 상세한 정보를 제공한다. 제3장은 품행 문제, 반항적 행동, 주의력결핍/과잉행동과 연관된 외현적 행동을 다룬다. 제4장은 공포, 불안, 우울 등의 내면화 문제를 다룬다. 제5장은 배변 문제, 섭식 문제, 수면 문제 등 유아기에 일반적으로 나타나는 일상의 문제에 대한 중재를 검토한다. 제6장은 유치원 교실에 적용이 가능하며, 긍정적 행동 지원과 반응에 초점을 맞춘 사회적 행동 기술 및 읽기, 쓰기 기술 발달 지원에 대한 교실중심의 예방 중재 전략을 논의한다.

## 장애의 개관

아동의 정서행동 문제는 외현화 문제와 내면화 문제의 두 범주로 나뉜다. 외현화 문제는 밖으로 드러나는 것으로서 반항적이고 불순종적인 행동 등을 포함한다. 내면화 문제는 내부적인 것으로서 위축, 우울, 불안 등을 포함한다. 뿐만 아니라 유아는 자폐스펙트럼 장애와 같이 이러한 일반적인 영역(예 : 수면주기의 어려움, 섭식 문제, 배변 문제)에 포함되지 않는 문제를 나타내는 신경발달장애로 진단될 수도 있다. 다음에서는 좀 더 보편적인 유아기 정서행동 문제에 대해 간단히 살펴볼 것이다. 장애에 대해 논의된 내용은 포괄적이진 않지만 유아를 다루는 교사들이 현장에서 흔히 만나볼 수 있는 장애에 초점이 맞추어져 있다. 이러한 문제는 다음 〈표 1.1〉에 요약되어 있다.

## 외현화 문제

일반적으로 3개의 외현화 장애가 있는데, (1) 주의력결핍/과잉행동장애(Attention-Deficit/Hyperactivity Disorder : ADHD), (2) 적대적 반항장애(Oppositional Defiant Disorder : ODD), (3) 품행장애(Conduct Disorder : CD)이다. 이 장애들은 유아에게 진단될 수 있지만, 유아가 심각한

**표 1.1  일반적인 정서행동 문제**

| 외현화 문제 | 내면화 문제 | 기타 문제 |
|---|---|---|
| 주의력결핍/과잉행동장애<br>　　부주의 유형<br>　　과잉행동 충동 유형<br>　　혼합형<br>적대적 반항장애<br>품행장애 | 불안장애<br>　　특정 공포증<br>　　분리불안장애<br>　　범불안장애<br>　　사회불안장애<br>　　선택적 함묵증<br>외상후 스트레스 장애<br>신체 증후군 및 관련 장애<br>우울장애<br>　　주요 우울장애<br>　　지속성 우울장애 | 배설장애<br>　　유뇨증<br>　　유분증<br>섭식 장애<br>　　이식증<br>　　반추<br>　　회피적/제한적 음식섭취장애<br>수면장애<br>자폐스펙트럼장애 |

정도의 CD로 진단되는 것은 드문 일이다. 그러나 ODD(흔히 CD의 발달적 전조로 고려됨)는 유아기에 진단되는 일반적인 장애이다. 이들 장애에 대해 좀 더 상세하게 살펴보기로 한다.

## 주의력결핍/과잉행동장애

지난 수십 년에 걸쳐, ADHD에 대한 관심이 연구와 문헌 모두에서 증가하였다. 이러한 관심은 주로 학령기 아동에 대한 것이었으나 학령 전 아동의 ADHD 증상에 대한 연구도 증가하고 있다. ADHD는 '기능이나 발달을 방해하는 지속적인 부주의 혹은 과잉행동-충동성'으로 정의된다(American Psychiatric Association, 2013, p. 61). 정신질환의 진단 및 통계편람, 제5판(fifth edition of the *Diagnostic and Statistical Manual of Mental Disorders*, DSM-5; American Psychiatric Association, 2013)에는 ADHD를 아동기에 발병되고 12세 이전에 '몇몇' 증상이 나타나야 하는 신경발달장애로 규정하고 있다. ADHD에 대한 추가 진단기준으로는 최소한 두 가지 장면에서 증상이 나타나야 한다는 점과 증상이 기능을 방해하는 것에 대한 증거가 있어야 한다는 점이다. 분명, 유아들은 좀 더 나이 많은 아동들보다 본질적으로 부주의하고 활동적이다. DSM-5에는 ADHD 증상과 4세 이전의 전형적인 유아 행동을 변별하기 어려울 수 있으며, ADHD는 일반적으로 초등학교 시기에 가장 많이 진단된다고 기술되어 있다. 그러나 분명히 ADHD는 유아기에 진단될 수 있고, 유아의 ADHD에 관한 논문도 증가하고 있는데, 유아를 대상으로 메틸페니데이트를 사용한 결과를 알아보기 위한 국립보건원 지원의 ADHD유아중재연구(Preschool ADHD Treatment Study : PATS)도 그중 하나이다(예, Greenhill et al., 2006; Kollins et al., 2006). 유아를 특정하여 수행된 연구에서 ADHD의 출현율은 약 2~13%의 범위로 보고된다(Bufferd, Dougherty, Carlson, & Klein, 2011; Egger et al., 2006; Lavigne, LeBailly, Hopkins, Gouze, & Binns, 2009; Wichstrφm, Berg-Nielsen, Angold, Egger, Solheim, & Sveen, 2012). 이러한 연구들에서 ADHD 남녀비는 일반적으로 여아보다 남아에게서 더 높게 보고된다.

　　DSM-5에 따르면 주의력결핍/과잉행동장애는 다음의 세 가지 하위유형으로 나뉜다. (1) 부주의 우세형(9가지의 부주의 증상 중 최소한 6가지가 나타나지만 과잉행동-충동성 증상은 6가지 미만이 나타나는 아동), (2) 과잉행동-충동성 우세형(9가지의 과잉행동 충동성 증상 중 최소한 6가지가 나타나지만 부주의 증상은 6가지 미만이 나타나는 아동), (3) 혼합형(부주의와 과잉행동-충동성 모두에서 각각 최소한 6가지가 나타나는 아동). ADHD의 요인 구성과 하위유형의 적절한 분류는 수년 동안 많은 연구의 주제가 되어 왔다. 최근의 ADHD 요인 구조에 대한 조사연구에서는 계층적 모델링 접근을 이용하여 학령기 아동의 일반 및 임상 집단에서 부주의와 과잉행동-충동성의 특별 요인뿐만 아니라 ADHD 일반 요인에 대해서도 밝혔다(Dumenci, McConaughy, & Achenbach, 2004; Martel, Von Eye, & Nigg, 2010; Normand, Flora, Toplak, & Tannock, 2012; Toplak et al., 2012). 그러나 최소한 한 연구에서는 과잉행동 증상이 ADHD 일반 요인이며 특별 요인에는 기여하지 않는다는 것을 밝혔다(Ullebφ, Breivik, Gillberg, Lundervold, & Posserud, 2012). 이러한 ADHD의 두 가지 차원은 미국에서만 확인된 것이 아니라 다양한 인종의 다른 국가들에서도 확인되었다(Bauermeister, Canino, Polanczyk, & Rohde, 2010). 학령기 아동의 ADHD 요인 구조에 대한 좀 더 제한된 연구가 수행되었는데, 학령기 아동에게 2요인 모델이 가장 적합한 것인지 혹은 몇몇 연구(예, Willoughby, Pek, & Greenberg, 2012)에서 밝혀진 바대로 유아들에게는 단일 차원 구조로 ADHD가 더 잘 개념화되는 것인지는 아직 명확하지 않다. 흥미롭게도 Hardy와 동료들(2007)은 유아의 ADHD에 대한 1, 2, 3요인 모델의 통계적 접합도로 문제를 발견하였다. 확인 요인분석(confirmatory factor analysis)을 사용했을 때 부모 평정에서 2, 3요인 모델은 '경계선적 수용가능'이었으나 교사 평정에서는 어떤 모델에서도 수용할 수 없는 적합도가 나왔다. 추가적 분석에서는 요인의 항목을 교차 포함시켰을 때 2와 3요인 모델이 만족할 만한 것으로 제안되었다.

비록 유아에 있어 ADHD 증상의 요인 구조가 아직 명확하지는 않지만 증상이 발달적으로 진행된다는 것에는 일반적인 동의가 이루어져 있다. 과잉행동-충동성 증상이 유아들에게 더 보편적이고 이 증상을 가진 유아들이 시간이 가면서 부주의 증상을 가지기 쉽기 때문에 결국은 혼합형 진단 분류로 진행하게 되는 것이다(예, Lahey, Pelham, Loney, Lee, & Willcutt, 2005).

## 적대적 반항장애와 품행장애

ODD(Oppositional Defiant Disorder)는 DSM-5에 '분노/과민한 기분, 논쟁적/반항적 행동 또는 보복적인 양상'으로 정의되어 있다(American Psychiatric Association, 2013, p. 462). 이 장애로 진단되기 위해서는 행동의 세 가지 범주에 걸쳐 적어도 네 가지 증상이 존재해야 하고, 증상이 최소한 6개월 이상 지속되어야 한다. ODD는 유아기 아동의 2~13%에서 발생하는 것으로 보고되었다(Bufferd et al., 2011; Egger et al., 2006; Lavigne et al., 2009; Wichstrφm et al., 2012). 이 유아기 표본에서 유의미한 성 차가 보고되었는데, 좀 더 나이 든 ODD는 여아보다 남아에게서 더 일반적인 것으로 보고되었다(American Psychiatric Association, 2013).

ODD 증상은 흔히 유아기에 처음으로 나타나는데, 그것이 한 장면에서만 나타난다면 가장 일반적인 환경은 가정이다(American Psychiatric Association, 2013). DSM-5는 3영역으로 증상을 분류하였으나 이 장애의 하위유형은 없다. 그러나 ODD가 다면적 차원을 가진다고 개념화하는 연구자들이 늘어나고 있고(예, Lavigne, Bryant, Hopkins, & Gouze, 2015), 표현 유형은 시간이 지남에 따라 나타나는 문제 패턴을 내포하는 것일 수도 있다. ODD는 일부 아동에 있어 CD의 전조로 받아들여진 반면(특히 남아에게서; 예, Rowe, Costello, Angold, Copeland, & Maughan, 2010), 우울과 불안 같은 내면화 증상과도 연계되어 있다(Boylan, Vaillancourt, Boyle, & Szatmari, 2007). 연구자들은 특히 ODD의 민감성 차원이 내면화 문제와 연계될 수 있다고 지적하였다(Loeber & Burke, 2011; Stringaris & Goodman, 2009). ODD 증상은 유아기에 확인될 수 있고 그 연령대에서도 서로 다른 패턴의 증상이 나타난다. 민감성 수준이 유지되거나 높아지는 유아들은 시간이 지남에 따라 내면화 및 외현화 문제 행동에 대한 위험이 증가하면서 성과가 더 나빠진다(Ezpeleta, Granero, Osa, Trepat, & Doménech, 2016).

CD(Conduct Disorder)는 '다른 사람의 기본적 권리를 침해하거나 연령에 적절한 사회적 규범 및 규칙을 위반하는 지속적이고 반복적인 행동 양상'으로 정의된다(American Psychiatric Association, 2013, p. 469). DSM-5에는 4개의 범주(사람과 동물에 대한 공격성, 재산 파괴, 사기 또는 절도, 심각한 규칙위반)에 걸쳐 15가지 특정 행동이 증상으로 기술되어 있다. 이 장애로 진단되기 위해서는 지난 1년 동안 15가지 증상 중 적어도 3가지를 나타내고 지난 6개월 동안 적어도 1가지 증상을 나타내야 한다. DSM-5에 명시된 것처럼 CD는 증상이 10세 이전에 처음으로 나타나는 아동기 발병형과 10세 이전에는 아무런 증상이 없는 청소년기 발병형이 있다(DSM-5에는 또한 증상이 처음으로 언제 나타났는지를 결정할 수 없는 '명시되지 않는 발병'이 있음). CD는 유아기에 발병될 수는 있지만 전형적으로는 아동기 후기에 발병된다(American Psychiatric Association, 2013). 그러나 주로 유아기 아동을 다루는 교사들은 ODD와 CD 간에 연관성이 있다면 둘 다를 잘 이해하는 것이 중요하다. 더욱이 유아들은 품행장애 진단을 받기 어렵지만 유아기에 CD 증상이 시작될 수 있고, 이러한 증상은 이후의 외현화 문제에 대한 전조가 된다(Rolon-Arroyo, Arnold, & Harvey, 2014). 또한 연구자들이 흔히 '품행 문제'라는 용어를 일반적인 외현화 행동 문제에 대해 사용하고 있는데 이러한 용어가 CD와 동의어로 이해되어서는 안 된다는 것을 유념할 필요가 있다.

# 내면화 문제

내면화 문제와 외현화 문제의 하위유형 진단을 고려하지 않는다면, 일반적으로 유아기의 내면화 문제 출현율은 외현화 문제 출현율에 비해 낮게 나타나지만, '정서'(내면화) 장애와 '행동'(외현화) 장애의 출현율은 비슷한 경향이다(Egger et al., 2006; Wichstrøm et al., 2012). 그러나 한 연구에서는, 정서장애(불안과 우울)의 출현율이 행동장애의 출현율보다 훨씬 높게 나타났다(20% 대 10%; Bufferd et al., 2011). 더욱이, 많은 유아들이 특정 내면화 장애의 기준을 충족시키지는 않지만 불안, 공포, 불행 등과 같은 일반적인 증상을 나타낸다. 이러한 증상이 심각할 때는 (어떤 장애로 진단되든 아니든) 중재가 고려되어야 한다. 여기에서는 아동기에 나타나는 좀 더 일반적인 내면화 문제를 살펴볼 것이다. 특정 내면화 장애를 살펴보기 전에 공포와 불안에 대해 먼저 살펴보기로 한다.

## 공포와 불안

공포(fear)와 불안(anxiety)이라는 용어는 흔히 상호 대체적으로 사용되지만 이들 간에는 차이점이 있다. 일반적으로, 공포는 위협이 지각될 때의 정상적인 반응이라고 할 수 있는, 특정 자극에 대한 강한 신체적 반응(예: 심장박동률 증가, 땀, 떨림)이다. 공포는 일반적으로 사람이 위험을 알아차리고 스스로 생존할 수 있게 하는 보호적이고 적응적인 반응이다(Essau, Olaya, & Ollendick, 2013). 예를 들어, 곰을 만난 아동은 공포를 경험할 것이다. 불안은 좀 더 애매모호한 것으로서, 특정한 혹은 위협이 되는 자극에 대한 반응이 아니다. 예를 들어, 곰을 만날 수도 있는 캠핑에 가는 것을 염려하는—직접적인 위협이 없는데도—아동은 여행에 대한 긴장감과 우려를 나타낸다(Chorpita & Southam-Gerow, 2006; Morris, Kratochwill, Schoenfield, & Auster, 2008). 공포는 아동이 위험을 알고 대처할 수 있는 것을 배우는 아동기 발달의 정상적인 부분이다. 아동이 위험을 예견하면 좀 더 조심할 것이며, 이러한 예견은 아동이 해를 당하지 않도록 예방해 준다. 예를 들어, 모든 개가 순한 것은 아니라는 것을 배운 아동은 모르는 개를 쓰다듬기 전에 물지 않는지에 대해 좀 더 신중하게 확인할 것이다. 그러나 개를 보고 강한 공포, 불안, 혹은 병적 공포 반응을 보이거나 개를 피하는 행동은 적절한 반응으로 볼 수 없다. 따라서 문제가 되는 것은 염려나 공포감 자체가 아니라 반응의 정도와 연관된 행동들이다.

아동은 보통 어떤 공포(임상적 수준은 아닌)를 표현하고, 연령대에 따라 특정 공포가 더 일반적으로 나타나는 것으로 보인다. 영아의 공포는 큰 소음에 대한 공포와 같이 전형적으로 환경에 대한 반응으로 발생하고, 영아기 후기에는 낯선이에 대한 공포와 양육자로부터의 분리에 대한 공포를 가진다. 유아기와 초기 학령기에는 공포가 동물, 상상 속의 초자연적 현상, 양육자를 잃는 것뿐만 아니라 어둠, 폭풍, 지진과 같은 자연적 현상으로 확장된다. 학령기 후기에는 신체적 상해, 학교 관련 일 등으로 나타난다. 아동이 청소년기로 접어들면서 우정에 대한 관심과 개인적 만족이 좀 더 두드러지게 된다(예, Morris et al., 2008; Warren & Sroufe, 2004). 밤에 대한 공포는 어린 아동에게 더 보편적이다(Zisenwine, Kaplan, Kushnir, & Sadeh, 2013). 공포와 관련된 성차는 일부 공포에서 나타나기도 하고 일부 공포에서는 나타나지 않는다. 예를 들어, 5~16세 아동을 대상으로 한 연구에서, 여아는 동물, 낯선 사람, 자연적 환경에 대해 남아보다 더 공포를 나타냈지만 큰 소음, 어둠, 초자연적 현상에 대해서는 그렇지 않았다(Meltzer et al., 2008). 아동이 공포나 불안과 연관된 증상을 어떻게 표현하는가에 있어서 연령차가 있기도 하다. 두통이나 복통 같은 신체적 호소는 유아들에게서 일반적으로 보였다. 좀 더 나이 든 아동은 불안감이나 괴로운 생각을 말로 표현하는 반면, DSM-5에 언급되어 있는 바와 같이, 더 어린 아동은 자신의 불안을 과도하고 통제 불가능한 울음이나, 분노발작, 울화, 달라붙음 등으로 표현한다. 게다가 학대와 같은 어떤 트라우마를 경험한 아동은 외상후 스트레스 장애를 가진 아동이 일반적으로 보이는 증상인 반복적인 놀이로 자신의 불안을 표현하기도 한다(American Psychiatric Association, 2013).

## 불안장애

**특정 공포증**(specific phobias)은 아동의 연령이나 발달 수준에서 기대되는 것보다 더 지속적이고 심하게 증상이 나타난다는 점에서 아동기의 전형적인 공포와 다르다. DSM-5에는 특정 공포증을 '특정 사물이나 상황에 대한 현저한 공포나 불안'을 포함한다고 정의하고 있고, 아동에 있어 이러한 공포는 '울기, 울화, 얼어붙음, 달라붙음' 등으로 표현될 수 있다(American Psychiatric Association, 2013, p. 197). 특정 공포증을 가진 사람은 사물이나 상황에 노출되면 공포나 불안 반응을 경험하는데 흔히 불안 반응을 예방하기 위해 공포를 야기하는 사물을 회피하게 된다. 성인은 자신의 공포가 진단에 이를 만큼 충분하다고 인정해야 하지만 아동은 특정 공포증을 진단받는 데에 이러한 인정이 필요하지 않다. 또한 공포는 최소한 6개월 동안 지속되어야 한다(American Psychiatric Association, 2013). 비록 유아들에게 공포가 일반적이긴 하지만, 우리가 지목한 바와 같이 특정한, 진단 가능한 공포증은 유아동의 경우 출현율이 1% 미만에서 약 10% 사이의 범위를 가지는, 덜 일반적인 것이다(Bufferd et al., 2011; Egger et al., 2006; Paulus, Backes, Sander, Weber, & von Gontard, 2015; Wichstrøm et al., 2012).

아동의 특이점은, 특히 유아들의 경우, 주양육자로부터의 분리불안이다. 이것은 아동의 생후 1년 중 후반부에 시작되는, 영아의 전형적인 반응이지만, 좀 더 나이가 들었을 때 이러한 불안이 과도하게 나타나면 분리불안장애(Separation Anxiety Disorder : SAD)로 진단받을 수도 있다(American Psychiatric Association, 2013). SAD는 '개인이 애착을 형성하고 있는 사람과의 분리에 대한 발달적으로 부적절하고 과도한 공포 혹은 불안'을 포함한다(American Psychiatric Association, 2013, p. 190). SAD 아동은 양육자와 분리되거나 분리가 예측될 때 높은 수준의 고통을 나타낸다. SAD 아동은 흔히 자신의 양육자가 해를 당할 것이라거나 무언가 나쁜 일이 그들에게 일어날 것(예 : 유괴)이라는 공포를 가진다. SAD 아동은 분리 회피를 위해 양육자에게 '달라붙는' 행동을 하고 수면의 어려움(악몽)을 겪기도 하며, 분리가 발생하거나 예측될 때 두통이나 복통 같은 신체적 증상을 갖기도 한다(American Psychiatric Association, 2013). 학령기 아동이라면 흔히 등교 거부가 일어난다(Higa-McMillan, Francis, & Chorpita, 2014). DSM-5 기준에서는 8가지 증상 중에서 적어도 3가지가 나타날 것과 공포, 불안, 회피가 적어도 4주 동안 지속되어야 할 것을 명시하고 있다(American Psychiatric Association, 2013). 유아의 SAD 출현율은 1% 미만에서 10%의 범위로 보고되어 왔는데(Bufferd et al., 2011; Egger et al., 2006; Franz, Angold, Copeland, Costello, Towe-Goodman, & Egger, 2013; Lavigne, 2009; Wichstrøm et al., 2012), 대부분의 연구에서 유의미한 성차는 보고되지 않았다. 다만 한 연구에서는 이 장애의 진단이 남아보다 여아에게서 더 흔하다고 보고하였다(Franz et al., 2013).

범불안장애(Generalized Anxiety Disorder : GAD)는 '많은 사건과 활동에 대한 지나친 불안과 염려'가 '최소한 6개월 동안 그렇지 않은 날보다 그러한 날이 더 많이' 발생하는(American Psychiatric Association, 2013, p. 222) 장애이다. 불안의 초점은 시간에 따라 변화할 수 있지만 불안의 강도, 빈도, 지속시간이 과도하게 유지되어야 한다. DSM-5는 6가지 특정 불안 증상(예 : 민감성, 수면장애)을 제시하고 있고, 불안/염려는 아동의 이러한 증상 중 한 가지와 연관되어야 함을 명시하고 있다(성인은 최소한 3가지 증상이어야 함)(American Psychiatric Association, 2013). GAD 아동은 일반 아동보다 염려를 더 많이 하는 것은 아니지만, 염려의 강도는 더 크다(Higa-McMillan et al., 2014). 유아의 GAD 출현율은 1% 미만에서(Lavigne et al.,

2009) 4% 정도인데(Bufferd et al., 2011; Egger et al., 2006), 일부 연구에서는 9%만큼 높게 보고되었다(Franz et al., 2013). GAD 유아 출현율에 관한 이들 연구에서 성차는 보고되지 않았다. GAD는 유아기에 진단될 수 있지만, 초기 아동기의 특정 증상에 대한 연구는 거의 없다. DSM-5에는 GAD 아동이 학교와 운동 수행력에 관한 과도한 염려를 가지는 경향이 있다고 기술되어 있다(American Psychiatric Association, 2013). 그러나 이러한 문제는 유아들에게는 크게 상관이 없는 문제로 보인다.

사회적 불안장애(social anxiety disorder)(사회적 공포증, social phobia)는 '다른 사람이 유심히 바라보는 사회적 상황에 대한 현저한 혹은 강한 공포나 불안'을 의미하며 아동에 있어 이러한 공포는 성인이 아닌 또래와의 장면에서 나타나야 한다(American Psychiatric Association, 2013, p. 202). 이러한 사회적 상황에서 아동은 '울기, 울화, 얼어붙음, 달라붙음, 위축, 말하기 실패' 등의 형태로 공포나 불안을 표출한다(American Psychiatric Association, 2013, p. 202). 증상은 최소한 6개월 동안 나타나야 하고 일부 기능상의 결함을 야기해야 한다. 사회적 공포증을 가진 아동은 전형적으로 또래에 비해 친구가 적고 사회적 활동에 합류하는 것을 망설인다(Higa-McMillan et al., 2014). 유아기 사회적 불안장애의 출현율은 1% 미만(Wichstrøm et al., 2012)에서 7.5%(Franz et al., 2013)까지 높게 나타나며 다른 연구들도 이 범위 내의 수치(Bufferd et al., 2011; Egger et al., 2006)로 보고하였다. 이들 연구에서 성차는 보고되지 않았다.

선택적 함묵증(selective mutism)은 '다른 상황에서는 말을 함에도 불구하고 말하기가 필요한 특정 사회적 상황(예: 학교)에서 말하기를 지속적으로 실패하는 것'을 의미한다(American Psychiatric Association, 2013). 이 장애는 말하기 실패가 최소한 1개월 동안 지속되어야 하는데 등교 첫 1개월은 예외이며, 사회적 상황에서 요구되는 구어에 대한 지식이나 익숙하지 않은 점에 기인한 것이 아니어야 한다(American Psychiatric Association, 2013, p. 195). 선택적 함묵증은 아동이 학교 장면에 노출될 때까지 인지되기 어렵지만 일반적으로 유아기에 발병한다. 이 장애의 진행은 다양해서 일부 아동은 장애를 벗어나지만 또 다른 일부 아동은 오랫동안 이 장애나 다른 불안장애를 지속적으로 겪기도 한다(American Psychiatric Association, 2013). 선택적 함묵증은 다른 장애보다 출현율 연구가 적은데, 2% 미만의 출현율이 보고되었고(Bufferd et al., 2011; Egger et al., 2006), 성차는 보고되지 않았다. DSM-5 이전에는 선택적 함묵증이 불안장애로 분류되지 않았다. 그러나 불안과 관련된 증상이나 실제의 불안 공존 진단은 선택적 함묵증 아동 연구에서 오랫동안 인정되어 왔고, 일부 연구자들은 선택적 함묵증을 사회적 공포증의 특별 양상 혹은 초기 양상으로 제안하였다(Muris & Ollendick, 2015). 선택적 함묵증을 자폐스펙트럼장애나 의사소통장애와 같은 신경발달장애에서 볼 수 있는 표현언어와 연관된 장애와 구별하는 것이 중요하다. 언어 병리사 혹은 부모 상담을 통하여 이 장애가 갖는 언어적 어려움의 다른 원인을 배제해 나가는 데에 도움을 받을 수 있다.

## 기타 내면화 장애

외상후 스트레스 장애(Posttraumatic Stress Disorder : PTSD)는 DSM-5의 '외상 및 스트레스 관련 장애' 영역에 기술되어 있는 장애 중 하나이다. 이전에는 PTSD가 '불안장애'와 함께 기술되어 있었는데, DSM-5에는 정신적 외상/스트레스 장애와 불안장애(몇몇 다른 장애와 마찬가지로) 간에 '가까운 관계'가 있음이 기술되어 있다. DSM-5에서 새로운 것은 6세 미만 유아에 대한 특정 기준이다. PTSD는 사건을 직접 경험하거나 목격함으로써(특히 주 양육자에게 직접적인) 혹은 부모나 양육자에게 발생한 정신적 외상성 사건에 관해 배움으로써 정신적 외상 사건에 노출됨에 따라 발생하게 된다. 정신적 외상 사건은 '실제의 죽음 혹은 죽음을 위협받음, 심각한 상해 혹은 성폭력'을 포함해야 한다(American Psychiatric Association, 2013, p. 272). 유아의 PTSD는 최소한 한 가지의 침입 증상(예 : 괴로운 기억, 꿈)이 나타나야 하고, 회피를 나타내는(사건과 관련된 장소나 사람 회피) 최소한 한 가지 증상 혹은 인지상의 부정적 변화(부정적 정서 상태 증가, 놀이 같은 활동에의 흥미나 참여의 감소, 사회적으로 위축된 행동, 그리고/또는 긍정적 정서 표현의 지속적 감소)가 있어야 한다. 또한 최소한 다음 중 두 가지 증상을 동반하는, 사건과 관련된 활동과 각성에 있어서의 변화가 있어야 한다—민감한 행동/분노 폭발, 과도한 경계, 과도하게 놀라는 반응, 집중의 어려움, 수면장애(American Psychiatric Association, 2013, pp. 272-273).

DSM-5의 PTSD 진단기준은 '공포, 무력감, 혐오'에 대한 조건을 삭제했다. 이러한 조건의 삭제 근거는 모든 연령에 걸쳐, 진단에 도움이 되지 않는다는 것이며, 특히 유아들의 즉각적 반응은 그 상황에 누가 존재했는지에 따라 달라지지 않을지도 모른다(Scheeringa, Zeanah, & Cohen, 2011). 또한 DSM-5에서 새로운 것은 아동 자신이 직접 사건을 경험한 것이 아니라 사건을 목격한 아동이나 단순히 부모나 양육자에게 발생한 정신적 외상 사건을 배운 아동에 대한 기준이 수정된 점이다.

불안과 정신적 외상의 회상 외에도 PTSD 유아는 부정적 정서 상태(예 : 공포, 슬픔, 혼란),

행동 문제, 민감성, 분노 발작, 사회적 접촉의 위축을 자주 나타낸다(American Psychiatric Association, 2013). 그러나 유아는 성인처럼 지속적으로 항상 증상을 나타내는 것은 아니라는 것에 주목해야 한다. 예를 들어, Scheeringa 등(2011)은 일부 아동의 부모는 정신적 외상 사건에 노출되었을 때, 비록 분노, 슬픔, 공포가 좀 더 일반적이긴 했지만, 중립적 반응이나 홍분을 보고하였다고 밝혔다.

유아의 PTSD 출현율은 1% 미만(Egger et al., 2006)으로 나타났다. 그러나 정신적 외상 사건을 경험한-최소한 처음으로-아동에서는 좀 더 높게 나타날 것이다. 좀 더 오래 전 연구에서, Spence, Rapee, McDonald와 Ingram(2001)은 유아 어머니의 약 14% 정도가 자녀가 정신적 외상 사건을 경험한 바 있다고 보고했으나, 정신적 외상 사건을 경험했던 65명의 아동 중 5명 미만의 아동만이 PTSD 문항에 표기하여, PTSD 증상의 출현율은 매우 낮게 나타났다. 정신적 외상 사건을 경험했던 유아에 대한 좀 더 최근의 연구에서는 각 해당 기준에서 한 가지 증상만 요구되는, 수정된 DSM 기준을 적용했을 때 사건 1개월 후에 아동의 25%, 그리고 사건 6개월 후에는 아동의 10%가 PTSD를 나타냈다고 보고하였다(DeYoung, Kenardy, & Cobham, 2011). DSM-IV 기준을 사용하면 1개월 후의 출현율은 5%, 그리고 6개월 후의 출현율은 1%인 것으로 나타났다. Meiser-Stedman, Smith, Glucksman, Yule 그리고 Dalgleish(2008)는 어머니의 교통사고에 대한 2세에서 10세 아동 표본에서 PTSD 진단을 위해 DSM-IV 기준과 수정된 기준을 사용하여 결과를 산출하였다. 6개월 후에, 아동의 14%가 수정된 진단기준을 충족시켰고 2% 미만이 DSM-IV 진단기준을 충족시켰다(부모 보고에 의함).

DSM-5에는 DSM-IV의 신체형 장애(somatoform disorders)를 대치하는, '신체 증상 및 관련 장애(somatic symptom and related disorders)'라는, 장애의 새로운 범주가 포함되었다(American Psychiatric Association, 2013). 아동은 신체장애로 진단된다고 하더라도, 신체장애의 전형적인 기준을 충족시키지 못하고, 불안이나 우울과 같은 내면화 장애와 연관된 신체적 증상을 가질 수 있다. DSM-IV 기준은 신체적 증상이 의학적 설명을 갖지 않는다고 강조하고 있고 심리학적 근거 역시 추정되는 것이지만, DSM-5는 "의학적 원인은 증명될 수 없기 때문에 개인에게 정신장애 진단만 내리는 것은 적절하지 않다."고 주장한다(American Psychiatric Association, 2013, p. 309). 게다가 신체적 증상은 의학적 진단과 연계될 수 있다고 인정되었다. 신체적 증상은 유아들에게 일반적인 것이 될 수 있으며 그러한 증상이 반드시 장애가 있음을 의미하는 것은 아니다. 예를 들어, 319명의 유아를 대상으로 한 연구에서 64%의 유아가 연구가 진행되는 2주 동안에 최소한 한 가지의 신체적 병을 가지고 있다고 보고하였고, 31%는 신체적 병이 자주 있다고 보고하였다(Serra Giacobo, Jané, Bonillo, Ballespí, & Díaz-Regañon, 2012). 다른 연구에서도 유사한 결과가 보고되었는데, 3~5세 아동의 신체 증상으로 복통, 피로, 다리통증, 두통, 어지러움 등이 가장 많이 보고되었다(Domènech-Llaberia et al., 2004). 저린 느낌, 사지 저림, 피부발진이나 가려움, 호흡 문제(예: 숨가쁨, 천식 증상, 과다호흡) 등도 나타났다(Merrell, 2008b).

아동은 DSM-5상의 우울장애—주요 우울장애(major depressive disorder)와 지속성 우울장애(persistent depressive disorder)(기분저하증, dysthymia)를 포함하는—로 진단될 수도 있다. 아동을 위한 특정 우울 기준은 없지만, DSM-5에는 아동이 '우울한 기분(depressed mood)' 대신에 '과민성 기분(irritable mood)'을 나타낼 수 있다고 기술되어 있다(American Psychiatric Association, 2013, p. 160). DSM-5는 또한 아동에게 일반적으로 나타나는 증상으로, 민감성, 사회적 위축, 신체적 고통을 들고 있다. 그러나 유아는 또한 활동에 대한 흥미나 기쁨의 손실과 같은 우울한 기분의 핵심적 증상을 경험할 수도 있다. 유아들의 다른 증상으로는 체중 감소나 증가(유아의 정상적인 체중 증가에 못미치는 것을 포함함), 불면증이나 과다수면, 에너지 손실, 정신운동초조(psychomotor agitation), 주의집중 어려움 등이 있다. 아동은 우울 에피소드로서 이러한 증상을 최소한 2주 동안 가져야 한다. 특정 스트레스 요인에 대한 반응으로 발생하여 보통 6개월 내에 해결되는 우울한 기분(depressed mood)은 우울한 기분을 동반한 적응장애(adjustment disorder with depressed mood)라고 불리는 반면, 장기 경증 우울(아동에게 최소한 1년 지속됨)은 지속성 우울장애(기분저하증)라고 한다(American Psychiatric Association, 2013). 유아의 우울 출현율은 2% 이하로 낮게 나타나는 경향이 있다(Bufferd et al., 2011; Egger et al., 2006; Lavigne et al., 2009; Wichstrøm et al., 2012). 대부분의 유아 출현율 연구는 성차를 보고하지 않았는데, Wichstrøm 등(2012)은 남아의 출현율이 여아보다 높다고 보고하였다(2.6% 대 1.5%).

## 기타 문제

내면화 문제와 외현화 문제 외에도 치료를 요하는 아동기 문제들은 많다. 여기서는 유아기의 일반적인 '기타 문제'로 배변 문제, 섭식 문제, 수면 문제에 대해 살펴볼 것이다.

배설 문제(toileting problems)는 유아기에 흔히 나타나는데, 유아들이 배설장애의 하나로 공식 진단을 받기에는 너무 어리다. 유뇨증(enuresis)은 낮에(주간 유뇨증, diurnal enuresis) 그리고/또는 자는 동안에(야간 유뇨증, nocturnal enuresis) 자신의 옷에 소변을 반복적으로 배설하는 것이다. 유뇨증으로 진단되기 위해서는 지난 3개월 동안에 최소한 주 2회의 '사고'가 있거나, 기능상의 결함 혹은 중요한 고통의 신호가 있어야 한다(American Psychiatric Association, 2013, p. 355). DSM-5의 진단 지침에 따르면, 유뇨증으로 진단되기 위해서는 아동이 최소한 5세가 되어야 한다. 그러나 아동이 배설 성공을 획득하는 연령에 따라 상당한 발달적 다양성이 있다. 예를 들어, 주간 성공은 보통 야간 성공 전에 이루어지고 남아는 여아보다 더 늦은 나이에 성공한다(Silverstein, 2004). 문화적 기준 또한 배설 훈련을 완성하는 데 영향을 끼친다. 예를 들어, 1940년대에는 보통 배설훈련을 18개월 전에 시작하였고 최근에는 일반적으로 21개월에서 36개월 사이에 시작한다(Choby & George, 2008). 유뇨증은 주요 혹은 부차적인 것으로 분류된다. 부차적 유뇨증을 가진 아동은 일정 기간 동안(보통 6개월에서 1년) 배설 성공을 이루다가 다시 방광 조절을 멈추는 반면, 주요 유뇨증 아동은 방광 조절을 결코 성취하지 못한다(Baird, Seehusen, & Bode, 2014). 유뇨증에 대한 원인적 설명은 다양하여 유전, 지연된/비정상적 신체 발달, 항이뇨적 호르몬의 부적절한 야간 분비작용, 수면 각성의 어려움, 부적절한 학습 역사 등의 요인을 포함한다(Ramakrishnan, 2008). 불안, 환경적 그리고/또는 가족 변화, 정신적 외상이나 학대의 역사 등과 같은 정서적 어려움의 요인은 덜 일반적인 것으로 알려져 있다.

유뇨증 출현율은 다양한데, 모든 보고된 출현율은 아동 연령에 따라 출현율 감소가 나타난다. 가끔 밤에 배설 실수를 하는 5~6세 아동의 경우 15~20%로 추정된다(Silverstein, 2004). 7세에는 유뇨증의 출현율이 남아에서 9%, 여아에서 6%로 보고되었다. 10세에는 남아 7%, 여아 3%로 감소한다(Robson, 2009). 청소년의 출현율은 현저히 감소하는데, 1% 정도가 진단기준을 충족하는 것으로 나타난다(Campbell, Cox, & Borowitz, 2009). 이러한 연령에 따른 감소는 소변 실수를 하는 아동의 약 5~10%는 매년 저절로 좋아지는 경향에 따른 것이다(최소한 부분적으로라도)(American Psychiatric Association, 2013). 유뇨증은 남아가 여아보다 2배 정도 더 많다(Butler et al., 2005). 야간 유뇨증은 주간 유뇨증보다 3배 더 많이 나타난다(Ramakrishnan, 2008).

유분증(encopresis)은 최소한 3개월 동안 한 달에 한 번, 옷과 같은 부적절한 곳에 배변하는 것이다. 유분증 진단을 받으려면 최소한 4세가 되어야 한다(American Psychiatric Association, 2013). 유분증의 출현율은 유아의 5~6%로 보고되었다(Egger et al., 2006; Wichstrøm et al., 2012). 유분증은 대표적으로 심각한 변비에 기인하고, 보유적 유분증이다. 그러나 일부 아동(유분증 아동의 약 10%)은 비보유적 유분증을 나타낸다(Burgers, Reitsma, Bongers, de Lorijn, & Benninga, 2013). 비보유적 유분증은 배변 훈련을 충분히 받지 않았던 아동, 공포와 관련되어 배설을 회피하는 아동, 배변에 대해 유관적 강화를 받은 아동, 과민성 대장 증후군을 가진 아동에게서 나타난다(Boles, Roberts, & Vernberg, 2008). 유분증 진단을 받기 위해서는 최소한 4세가 되어야 하는데, 이보다 어린 아동은 화장실 사용을 거부하는 것과 같은 배설 문제를 나타낼 수 있다. 배설 거부를 나타내는 아동은 변비에 기인하는 유분증으로 발전될 가능성이 크다(van Dijk, Benninga, Grootenhuis, Nieuwenhuizen, & Last, 2007). 유분증 아동은 정서행동 문제뿐만 아니라 과격한 기질(예 : 고집, 반항)을 나타내기 쉽다(Campbell et al., 2009).

　　DSM-5상의 섭식장애에는 이식증, 되새김장애, 회피적/제한적 음식섭취 장애가 포함되어 있다. 이식증(pica)은 비영양적이고 음식이 아닌 것을 먹는 것인데, 이러한 것들에는 페인트, 천, 흙 등과 같은 다양한 물질들이 있다. 영아들이 가끔 음식이 아닌 것을 먹는 것은 상대적으로 일반적인 현상이다. 이 행동을 두고 이식증을 고려할 필요는 없으며, 아동의 발달 수준에 부적절하거나 최소한 1개월 동안 지속될 때 진단되어야 한다(American Psychiatric Association, 2013, p. 329). 되새김장애(rumination)는 음식을 토하여 다시 씹어 삼키거나 뱉는 것이다. 이러한 행동은 최소한 1개월 동안 발생해야 하며 의료적 상태로 더 잘 설명될 수 없다(American Psychiatric Association, 2013, p. 332). 되새김장애 아동은 부분적으로 소화된 음식을 자신의 입에 토하고(메스꺼움과 관련 없는 무의식적인 구역질) 그것을 뱉어내거나 다시 씹는다. 이 장애는 영아에게서 가장 일반적이나, 더 나이 든 아동―특히 지적장애나 다른 신경발달장애를 가진―에게서 진단되기도 한다(American Psychiatric Association, 2013). 되새김은 자발적인 것이며 아동은 이 행동을 함으로써 기쁨이나 만족을 얻는 것 같은 인상을 준다. 회피/제한적 음식섭취 장애(avoidant/restrictive food intake disorder)는 먹는 것에 대한 장애로, 영양학적인 에너지 요구를 충족시키지 못한다(American Psychiatric Association, 2013). 이러한 모든 섭식장애가 유아들에게 진단될 수는 있으나, 유아의 경우 보다 일반적인 것은 어떤 장애에 대한 기준을 충족시키지 않는, 섭식과 관련된 문제를 나타내는 것이다. 유아는 '까다로운 아이'가 될 수도 있고, 장애로 진단되지는 않지만 먹는 것과 관련된 다른 문제(음식을 뱉는 것과 같은 먹는 동안의 행동 문제)를 가질 수도 있다. 비록 이러한 문제들이 임상적으로 장애 기준을 충족시키지는 않더라도 부모들에게는 큰 문제가 될 수 있으며 중재가 필요한 것이다.

유아의 45%가 식사시간에 어려움을 나타내는 것을 보면 일반적인 아동기 섭식 어려움은 꽤 흔한 것으로 보인다(Adamson, Morawska, & Sanders, 2013). 까다로움, 성가심, 정서적 소식(즉, 스트레스/부정적 정서에 대한 반응으로 덜 먹는 것)과 같은 많은 아동기 섭식 어려움은 흔히 다른 행동적 어려움과 관련되어 있다(예 : 정서조절곤란, 불복종, 과잉행동)(Blissett, Meyer & Haycraft, 2011). 이러한 어려움 중 많은 것이 일시적인 것이며 임상적 중재 없이 저절로 해결된다. 그러나 일반 발달 아동의 약 25%, 그리고 임상적으로 중요한 섭식 관련 문제를 경험한 발달장애 아동의 80%에서는 만성적인 섭식 문제로 발전될 수 있다(Manikam & Perman, 2000). 섭식장애는 충분한 양 그리고/또는 다양한 음식을 먹는 것의 실패로 만성적 영양실조, 체중의 미약한 증가 그리고/또는 체중 손실을 가져오는 일련의 행동을 포함한다. 이러한 문제의 원인론은 다양하며 의료적 혹은 신체적 장애(예 : 대사장애, 신경근 문제), 발달 지연, 행동/심리적 문제를 포함한다(Blissett et al., 2011; Schwarz, Corredor, Fisher-Medina, Cohen, & Rabinowitz, 2001). 나이가 어린 아동일수록 나이 든 아동에 비해 섭식 문제를 더 많이 가지는 경향이 있지만, 일반적으로는 일찍 시작된 섭식 문제가 오래 지속된다. 사실, 이러한 섭식 문제는 청소년기 및 성인기의 섭식장애를 예견하기도 한다(Silverman & Tarbell, 2009).

보다 최근에는 초기 아동기 비만에 관심이 증가하고 있는데 2~5세 아동 20% 이상이 이미 과체중이거나 비만이다(Institute of Medicine, 2011). 아동이 '괜찮아질 것'이라고 예견되긴 하나, 아동기 비만은 이후의 삶에 지속되기 쉽고 성인기에는 비만 관련 질병 위험이 증가할 수 있다. 사실, 연구에서는 3세 때 과체중이었던 아동은 과체중이 아니었던 아동에 비해 성인이 되어서 과체중이 될 가능성이 8배 높다고 밝히고 있다(Parlakian & Lerner, 2007). 비만에 영향을 미칠 수 있는 다양한 요인 중에서 환경 요인은 깊숙이 연관되어 있다. 12개국에서 대규모로 수행된 연구에서 Katzmarzyk 등(2015)은 신체적 활동이 적고, 수면 시간이 짧으며, TV 시청시간이 많은 것과 같은 환경-행동 요인이 9~11세 아동의 주요 비만 예견 요인이라고 보고하였다. 유아를 대상으로 한 연구에서는 가족과 저녁식사 하기, 적절한 수면 시간, 제한된 TV 시청 등과 같은 하루 일과 구성이 비만 출현율을 낮추는 요인이라고 밝혔다(Anderson & Whitaker, 2010). 이러한 환경적 요인의 중요성이 인식된다면 조기중재를 통하여 습관과 하루 일과를 교정함으로써 건강한 생활방식과 건강한 체중을 가질 수 있는 기회를 얻을 수 있을 것이다.

수면 문제(sleep problems) 또한 유아의 부모들이 자주 보고하는 일반적인 것으로서, 이들의 보고가 DSM-IV의 공식적인 기준을 충족시키지는 않지만, 수면장애 비율은 25~40% 범위이다(Meltzer & Mindell, 2006). 유아기의 가장 일반적인 수면 문제는 잠자리 저항과 야간에 자주 잠에서 깨는 것이다. 또 다른 일반적인 문제로는 악몽, 밤 공포, 수면 중 말하기, 수면 중 걷기 등이 있다. 또한 편도선과 인두의 확장에 따른 폐쇄수면무호흡의 절정 연령이기도 하다(Meltzer & Crabtree, 2015). 이러한 문제는 일부 아동에게는 일시적인 것이나 또 다른 아동에게는 오래 지속되는 것이 될 수 있다. 특히 아동이 수면 문제를 나타내기 시작하는 나이가 어릴수록 수면 문제의 지속성이 유지되기 쉽다(Thome & Skuladottir, 2005). 초기 아동기에 나타나는 수면장애의 장기적인 영향이 상당한 것으로 알려져 왔다. 490명 아동을 대상으로 한 11년 장기연구에서는 4세의 수면 문제가 청소년기의 행동-정서 문제를 예측하고 불안, 우울, 주의집중 문제, 공격성 등도 동일하게 예측한다고 밝혔다(Gregory & O'Connor, 2002).

## 자폐스펙트럼장애

자폐스펙트럼장애(autism spectrum disorder : ASD)는 흔히 유아기에 처음 진단되는 장애로서 초기 아동기의 건강검진 방문에서 ASD 선별이 강조되고 있다. ASD의 복합적인 본질과 이 장애와 연관된 행동을 설명하는 데 요구되는 학제 간 접근에 따라, ASD의 중재는 이 책의 범위를 넘어선다. 그러나 ASD가 일반적으로 이른 나이에 확인되는 것을 감안하면, 유아를 다루는 교사가 이 장애에 관한 지식을 갖추는 것이 중요하다. 따라서 여기에서는 ASD의 개요, 그리고 제2장에서는 평가에 관해 간단히 살펴볼 것이다. ASD의 중재에 관심을 갖는 교사에게는 최근의 몇 가지 책을 추천하고 싶다(예, Chawarska, Klin, & Volkmar, 2010; Prelock & McCauley, 2012). Autism Speaks(www.autismspeaks.org)와 UC Davis Mind Institute(www.ucdmc.ucdavis.edu/mindinstitute) 같은 웹사이트에서도 ASD에 관한 많은 정보를 얻을 수 있다.

DSM-IV와 DSM-5에서 ASD의 정의는 상당부분 변경되었다. DSM-IV에는 자폐증, 아스퍼거장애(현재는 아스퍼거증후군으로 명명), 소아기 붕괴성 장애, 레트장애, 달리 분류되지 않는 발달장애를 포함하는 전반적 발달장애가 있었다. DSM-5에는 자폐스펙트럼장애라는 한 가지 장애만 있다. 레트장애를 제외한 DSM-IV의 모든 장애가 DSM-5의 ASD 진단 범주에 포함되었다. 레트장애는 다른 유전적 조건을 가진 것으로 보이는데, 레트장애를 가진 사람은 ASD의 모든 진단기준을 충족한다면 ASD로 진단될 수 있다. 그러나 레트장애를 가졌기 때문에 ASD 한 가지로 진단되어서는 안 된다(American Psychiatric Association, 2013).

ASD 기준은 두 가지 주요 범주로 나뉜다. 아동은 '여러 상황에 걸쳐 사회적 의사소통과 사회적 상호작용에서 지속적인 결함'을 보여야 하고, '제한적이고 반복적인 행동, 관심, 활동 패턴'을 보여야 한다(American Psychiatric Association, 2013, p. 50). 이러한 각각의 항목에 대해 심각도가 표기되어야 하는데, 1수준은 지원이 요구됨, 2수준은 상당한 지원이 요구됨, 3수준은 매우 상당한 지원이 요구됨 등으로 분류된다. 사회적 결함 범주하에는 세 가지 기준이 제시되어 있는데, ASD로 진단되려면 세 가지 모두를 나타내야 한다. 세 가지 결함은 사회적-감정적 상호성, 사회적 상호작용에 사용되는 비언어적 의사소통 행동, 관계의 발달과 유지 및 이해 등이다(American Psychiatric Association, 2013, p. 50). 제한적/반복적 행동 형태는 다음과 같은 네 가지가 제시되어 있는데 이 중 두 가지를 나타내야 한다. (1) 상동증적이거나 반복적인 운동성 동작, 물건 사용 또는 말하기, (2) 동일성에 대한 고집, 일상적인 것에 대한 융통성 없는 집착, 또는 의례적인 언어나 비언어적 행동 양상, (3) 강도나 초점에 있어서 비정상적으로 극도로 제한되고 고정된 흥미, (4) 감각 정보에 대한 과잉 또는 과소반응, 또는 환경의 감각 영역에 대한 특이한 관심(American Psychiatric Association, 2013, p. 50). ASD 증상은 '초기 발달 기간'에 나타나야 한다.

질병통제예방센터(Centers for Disease Control and Prevention : CDC)는 미국의 ASD 출현율을 제공하는 자폐증 및 발달장애모니터링네트워크(Autism and Developmental Disabilities Monitoring : ADDM)를 지원하고 있다. 2012년에 8세 아동의 의료 및 특수교육 기록으로 산출된 바에 따르면 현재 ASD 출현율은 아동 68명당 1명(1,000명당 14.6명)이다. 이 추정치는 2010년(1,000명당 14.7명)과는 거의 유사하지만, 2008년(1,000명당 11.3명)보다는 더 높으며, 2000년으로 거슬러 올라가면 추정치는 1,000명당 6.7명이다(Christensen et al., 2016). ADDM 네트워크는 ASD가 남아 42명 중 1명, 여아 189명 중 1명꼴로 진단되어 여아보다 남아에게서 더 보편적으로 나타난다고 보고하였다. 인종/민족 간 차이를 살펴보면, 비라틴계 백인 아동이 비라틴 아프리카계 미국 아동보다 ASD 진단을 받을 가능성이 더 크다. 처음 진단을 받은 평균 연령(50개월)에 있어서는 성차나 인종/민족차가 없었다. 그러나 36개월에, 혹은 그 이전에 평가를 받는 비율은 비라틴계 백인 아동이 라틴 아프리칸계 미국 아동보다 훨씬 더 크다. 지리적 구역에 따른 출현율에도 차이가 있다. 11개 주 중에서 출현율은 뉴저지(24.6%), 매릴랜드(18.2%), 유타(17.3%), 노스캐롤라이나(16.9%) 순이었고 가장 낮은 출현율은 위스콘신(10.8%)과 콜로라도(10.8%) 주였다(Christensen et al., 2016). (보건과 교육 기록에 의한 자료가 보건 기록만으로 산정된 자료보다 더 높다는 것이 감안되어야 한다. 두 가지 모두의 방법으로 산정한 매릴랜드 주에서 보건 기록만으로 산정된 비율은 8.3%였다.)

ASD의 원인과 위험 요인은 복합적이면서 다면적인데, 이를 규명하기 위해 이 분야의 연구가 계속되고 있다. 연구자들은 ASD가 유전적/생물학적 요소를 가지는 것 같으며, 출생전/주산기 및 환경적 요인과 같은 다양한 기타 요인이 ASD의 위험을 증가시키는 요인이 될 수 있다고 지목하고 있다(Chaste & Leboyer, 2012; Durand, 2014). 아동기 백신과 ASD 간의 연계 가능성에 대한 많은 논의가 있어 왔으나 그 연관성은 증명되지 않았는데(예, Parker, Schwartz, Todd, & Pickering, 2004; Taylor, Swerdfeger, & Eslick, 2014), 부모와 교사가 이 사실을 아는 것이 매우 중요하다.

ASD 아동은 몇몇 연구에서 지목한 바와 같이, 다른 장애를 동반할 확률이 높다. 예를 들어 Salazar 등(2015)은 ASD로 진단받은 4~9세 아동 101명에 대해 동반율을 조사했는데, 이들의 90.5%가 다른 DSM상의 진단을 가지고 있었다고 밝혔다. 가장 일반적인 동반 진단은 GAD(66.5%), ADHD(59.1%), 그리고 특정공포증(15.1%)이었다. 이러한 결과는 10~14세 아동 표본의 70.8%가 적어도 한 가지 동반장애를 가진다고 조사되었던 선행 연구(Simonoff et al., 2008) 결과와 일치하는 것이다. 이 연구에서 가장 일반적인 동반장애는 사회적 불안(29.2%), ADHD(28.2%), ODD(28.1%)이었다. 또한 아스퍼거장애나 고기능 자폐증을 가진 9~16세 아동을 대상으로 한 연구에서도 매우 높은 동반 비율을 나타냈다(Mattila et al., 2010). 이 연구에서는 74%가 현재의 동반장애 기준을 충족시켰고, 84%는 일생의 동반장애 기준을 충족시켰는데, 가장 높은 동반율은 ADHD(38%), 특정 공포증(28%), 그리고 틱장애(26%) 순이었다.

이 논의에서 분명히 해둘 것은, ASD가 복합적 장애이며 진단을 받기 위해서는 반드시 동반되어야 할 핵심 특성이 있으나, 심각성과 동반장애의 발현은 폭넓고 다양하게 나타날 수 있다는 것이다. ASD를 위한 초기 중재가 매우 중요해 보이지만, ASD를 위한 증거 기반의 중재에 관한 연구는 장기적 결과에 대한 질문, 어떤 중재가 가장 효과적인지, 어떤 중재가 영아들에게 작용하는지에 대한 질문에 답하지 못하고 있다(Rogers & Vismara, 2008). 최근 ASD를 위한 조기 집중 행동중재(Early Intensive Behavioral Interventions : EIBIs)에 대한 5개의 메타분석에서, 저자는 EIBIs의 효과가 '강하고 확고하다'고 결론지으면서, 어떤 특정 중재 요소가 가장 중요한지 EIBIs가 연구 외 상황에서 어떻게 실행되는지를 이해

하는 것뿐만 아니라 중재에서의 적정 요인을 잘 이해하는 것이 중요하다고 지적하였다
(Reichow, 2012).

## 문제의 요약

유아가 나타낼 수 있는 사회적-정서적-행동적 문제는 많다. 장애의 개관이 DSM 범주에
정리되어 있지만 주지한 바와 같이, 정서행동 문제를 가진 많은 유아들이 특정 장애의
진단을 받지 않을 것이다. 많은 경우에 있어서, 종합 진단 평가는 요구되지 않거나 보장
되지 않을 수 있다. 예를 들어, 교사는 일반적인 외향적 행동 문제를 나타내는 유아에게
진단을 내리는 대신에, 문제의 본질에 대한 정보를 모으기 위한 평가(예 : 부모 면접, 평정척
도)를 할 것이며, 중재 목적으로 필요한 것(예 : 보험 변상, 서비스 수혜)이 아니라면 평가 결과
로 공식 진단을 내리지 않을 것이다. 또 다른 예로, 부모나 교사가 보기에 아동이 중재를
받아야 할 정도로 충분히 많은 문제를 나타내어 종합 진단 평가를 했으나, 아동의 문제
가 공식 진단기준을 충족시키지 않을 수도 있다. 교사가 제공될 중재를 위해 진단이 필
요하다는 사고의 틀에 빠지지 않는 것이 중요하다. 공식 진단이 중재를 위한 선택을 안
내해 주는 것은 맞지만, 중재할 특정 행동을 규명하는 것이 DSM-5 진단을 부여하는 것
보다 더 중요하다.

## 유아의 정신건강 관련 출현율

앞서 우리는 몇몇 연구결과를 인용하여 유아들이 나타내는 장애에 대한 출현율을 언급
하였다. 지난 10여 년 동안 유아의 특정 정서행동 문제에 대한 출현율 자료는 거의 없었
다. 그러나 이 연령대 아동들에게 관심이 커지면서 교사와 연구자들은 유아가 특정 장애
의 진단기준을 충족시킬 수 있다는 것을 알게 되었고, 유아기 장애의 역학 분야와 관련
된 수많은 연구들이 발표되었다. 유아들을 위한 진단 도구들이 개선되었고, 유아에 대한
DSM 진단을 검사하는 역학 연구들도 증가하였다. 예를 들어, 최근 연구들(예, Bufferd et
al., 2011; Lavigne et al., 2009; Wichstrøm et al., 2012)은 유아기 정신병 평가(Preschool Age Psychiatric
Assessment : PAPA)(Egger & Angold, 2004)나 유아동 진단 면접스케줄(Diagnostic Interview Schedule
for children-Young Child : DISC-YC)(Lucas, Fisher, & Luby, 1998)을 사용하고 있다. 두 가지 모두
유아의 증상을 평가하기 위해 개발된 진단 면접 도구(부모가 수행하는)이다.

DSM에 기초한 도구는 물론 논란의 여지가 있다. 유아를 대상으로 DSM을 사용하는 것에 대한 논쟁은 다음과 같은 것들이다. (1) 증상들이 지나치게 주관적이다. (2) 증상들이 유아들에게 맞지 않는다. (3) 진단의 신뢰도와 타당도가 유아들을 대상으로 구축되지 않았다. 연구자들은 유아기 증상에 대해 나이 든 아동에서와 같은 증상 구조를 밝히고 있다. 예를 들어, Sterba, Egger, 그리고 Angold(2007)는 유아들의 내면화 증상이 좀 더 나이 든 아동의 정서 증상과 유사한 패턴—세 가지 요인에 기초한 것으로서 사회적 공포증, 사회적 불안, 주요 우울/범불안—을 가진다는 것을 밝혔다. 3요인 모델은 반항장애/품행장애, 과잉행동-충동성, 그리고 부주의 등의 요인을 가지는 파괴적 증상에도 잘 들어맞았다. Strickland 등(2011)은 연구에서 유사한 결과를 얻었으나 4요인(주요 우울과 범불안을 분리된 요인으로) 모델이 3요인 모델보다 더 적합했다고 밝혔다. 그러나 이러한 결과와는 대조적으로, Olino, Dougherty, Bufferd, Carlson, 그리고 Klein(2014)은 최적의 모델로서 내면화와 외현화 증상으로 대표되는 2요인 모델을 보고하였다. 그들은 또한 모든 증상들이 하나의 일반 요인에 포함된 공포적 증상을 제외하고 있음을 밝혔다. 불안장애에 관한(DSM-IV 진단에 기초한) 연구에서 연구자들은 GAD, 강박장애(OCD), SAD, 사회적 공포증 등에 대한 자료를 분리하지 않는 하나의 모델보다 분리된 요인으로 보는 것이 더 좋다는, 불안장애들 간의 변별을 지지하였다(Mian, Godoy, Briggs-Gowan, & Carter, 2012). 이 분야의 연구 수가 제한적이고 명확하게 일치된 의견이 없으므로 유아의 증상 구조를 규명할 더 많은 연구가 필요하다.

유아의 DSM 장애 출현율에 관해 수행된 최근의 몇몇 연구를 간단히 검토해 보기로 한다. 여기에는 앞서 논의되었던 각 장애의 출현율에 대한 모든 것들이 포함되며 좀 더 자세한 내용이 소개된다. 어떤 한 장애에 특화된 연구는 이 요약에서 제외된다.

Wichstrøm 등(2012)은 노르웨이 아동을 대상으로 PAPA를 이용하여 장애 출현율을 조사하였다. 2003년이나 2004년에 노르웨이에서 태어난 모든 아동의 부모가 연구에 참여하였다. 일차로 강점 및 어려움 질문지(Strengths and Difficulties Questionnaire : SDQ)를 사용하여 2,475명의 아동이 선별되었고, 이들 아동의 일부(SDQ 점수 분포에서 대표적인 아동) 부모($n = 995$)가 PAPA를 수행하였다. 아동의 12.5%가 적어도 한 가지 장애에 대한 진단기준을 충족시켰다. 유분증이 가장 일반적인 장애로 보고되었다(6.4%). 이 장애를 제외시켰을 때 모든 장애의 출현율은 7.1%였는데 그중 어떤 장애도 한 가지 장애의 출현율이 2%를 넘지 않았다. 전반적으로 남아가 여아보다 더 많은 문제를 드러냈는데 ADHD, 우울,

수면 장애 등의 문제가 남아에게서 더 일반적이었다. 출현율 차이는 부모의 사회경제적 수준(socioeconomic status : SES)에 따라서도 달리 나타났는데 SES가 더 낮은 가족의 아동(유분증을 제외한 다른 장애에 대해 12.8%)이 더 높은 가족의 아동(유분증을 제외한 다른 장애에 대해 4.7%)보다 장애 출현율이 더 높았다. 가족의 SES에 기초한 유의미한 차이는 ADHD, CD, ODD, 기분저하증, 우울, SAD에서 나타났다.

Lavigne 등(2009)은 시카고 지역에서 4세 유아 796명을 대상으로 장애 출현율을 조사하기 위해 아동 증상 검사(Child Symptom Inventory : CSI)와 DISC-YC를 사용하였다. DISC 점수와 결함 수준(장애에 대한 최소 기준을 충족시키는 모든 아동을 포함함)을 이용하였는데, ADHD(모든 유형 포함 12.8%)와 ODD(13.4%)가 Wichstrøm 등(2012)이 보고한 것보다 훨씬 더 높았다. 내면화 증상(불안과 우울)의 비율은 1% 미만으로 더 낮았다. CSI를 사용한 결과는 불안장애(GAD는 2.1%, SAD는 3.9%-DISC로 측정하지 않음)와 ADHD(15.5%)에 대해 더 높았고 ODD(5.2%)는 더 낮았으나 비슷했다. 이 표본에서 성차는 ADHD에 대해서만 나타나, ADHD 증상을 나타내는 남아가 여아보다 더 많았다. SES와 많은 분석 요인이 통제되었을 때 인종/민족 집단에 따른 유의미한 차이는 없었다.

Bufferd 등(2011)은 뉴욕시 스토니 브룩 지역에 거주하고 있는 3세 아동 541명을 대상으로 PAPA를 이용하여 조사하였다. 전체적으로, 아동의 27.4%가 적어도 한 가지 장애의 진단기준을 충족시켰다. ODD(9.4%)와 특정 공포증(9.1%)이 가장 흔한 장애로 진단되었다. 다른 장애 중 SAD(5.4%)가 출현율 5%를 넘는 유일한 장애였다. 우울장애(1.8%), 함묵증(1.5%) 그리고 공황장애(0.2%)가 가장 적게 보고된 장애였다. 연구자들은 장애 진단이 SES, 성별, 인종/민족 등의 인구학적 변인과 연관성이 없다고 보고하면서 예외적으로 특정 공포증은 SES가 낮은 가족에서 더 흔히 나타난다고 밝혔다.

PAPA의 신뢰도 평가에서, Egger 등(2006)은 2~5세 유아 307명에 대한 장애 출현율을 보고하였다. 이 연구의 참여자는 노스캐롤라이나 주의 더햄시에 있는 소아과 외래 진료에서 선정된 아동들이었다. 이 연구의 목적 중 한 가지가 PAPA에 대한 평가였으므로 연구자들은 모든 참여자들을 대상으로 2회의 측정을 하였는데, 3일에서 1개월 간격으로 검사-재검사를 실시하였다. 어떤 장애든(배설장애 제외) 전반적인 출현율은 첫 번째 측정에서 16.2%였고 두 번째 측정에서 14.1%였다. 비록 SAD, GAD, CD에서만 유의미한 차이가 나타났지만 일반적으로 두 번째 측정의 장애 출현율이 첫 번째 측정보다 낮았다.

비록 출현율 산출이 교사들에게 도움이 될 수 있지만 여기에서 논의되는 중재가 DSM

장애의 어느 한 가지에 대해 특별히 설계된 것은 아니며, 그보다는 아동이 나타내는 특정 증상을 다루는 것에 주력하고 있다. 이것은 중재와 관련하여 최근 각광받고 있는 초진단적 접근(transdiagnostic approach)과 맥을 같이 하는 것으로서, 처치를 특정 장애에 맞추는 것이 아니라 일반적인 핵심 구조나 진행에 역점을 두고 진단적 범주에 걸쳐 전반적으로 사용될 수 있는 것을 의미한다. 이 접근법은 증상의 본질이 시간에 따라 바뀌는 아동뿐만 아니라 동반장애가 있는 아동에게도 특별히 유용한 것이 될 수 있다(Ehrenreich-May & Chu, 2014).

## 학교 장면에서 행동, 사회, 정서 문제의 영향력

아동의 문제행동은 학교 장면과 관련한 다양한 요인들에 대해 불리한 결과를 가져올 수 있다.

다른 연구자들은 행동 문제와 행동 능력 둘 다(반드시 서로 배타적일 필요는 없음)를 연구하여, 외현적 문제와 배경 특성을 참작하더라도 행동 능력이 긍정적인 학업 기능을 예측한다는 점을 밝혔다(Kwon, Kim, & Sheridan, 2012). 이러한 연구결과는 아동 능력이 유치원에서의 문제행동과 1학년에서의 학업 및 사회 능력 간에 매개 변수가 된다는 다른 연구결과와 일치하는 것이다(McWayne & Cheung, 2009). 이러한 연구들은 오직 문제행동에만 초점을 맞추는 것이(긍정적인 행동도 함께 보지 않고) 아동의 개인적 발달에 관한 불완전한 정보를 제공할지도 모른다는 것을 시사한다.

아동의 행동 문제는 아동 개인에게 부정적인 결과를 가져올 뿐만 아니라 학급과 교사에게도 부정적인 영향을 끼친다. Friedman-Krauss, Raver, Morris, 그리고 Jones(2014)은 가을학기에 나타난 학급 수준의 행동 문제가 봄학기의 교사 스트레스 증가를 예측한다고 밝혔다. 유치원부터 3학년까지의 종단연구에서 연구자들은 아동의 외현화 문제가 교사-학생 간 갈등과 관련되고 이 관계는 양방향임을 밝혔다(Skalicka, Stenseng, & Wichstrøm, 2015). 유아들을 대상으로 한 연구도 아동의 외현화 문제와 교사-아동 갈등 간 양방향 관계에 대해 유사한 결과를 보여 주었다(Zhang & Sun, 2011).

## 행동 문제의 영속성

유아의 행동 문제는 (언제나 그렇지는 않지만) 시간이 지나도 그대로 지속된다는 점을 명백하게 지적하는 문헌들이 많이 있다. 문제의 지속성과 관련하여 자주 인용되는 연구물에 따르면 유아기에 외현화 문제를 가진 것으로 확인된 아동의 약 50%가 시간이 지나도 행동 문제를 가진다(Campbell, 1995). 다음에서 좀 더 상세하게 논의되겠지만, 최근 연구 또한 아동기 초기에 처음으로 문제를 가졌던 아동이 나이 들어가면서 정서-행동 문제로 어려움을 겪는다고 지적하고 있다.

유아기에 진단된 특정 장애의 지속성에 대한 연구는 대부분 외현화 장애에 초점을 맞추어 왔다. 많은 연구들이 단기 추적 기간을 가졌지만, 장기 추적은 유아기 이후의 영향에 대해 중요한 것을 알 수 있다. ADHD에 관한 연구에서, 3~5세에 처음 진단받은 아동들을 6년 추적하였다(Riddle et al., 2013). 연구자들은 3, 4, 6년의 추적 기간에 코너스평정 척도(Conners Rating Scales) 부모용과 교사용을 모두 검사하였다. 증상은 기초선에서 3년 추적까지 감소를 보였으나, 남아 있는 증상은 상대적으로 3년을 넘어서까지 지속적으로 나타났고 부모 평정 점수는 임상 범위에 머물러 있는 경향이 있었다(교사 평정은 달랐는데, 추적 기간에 임상 절선점수 이하로 내려갔음). 진단 영속성은 3년 차에 76%, 6년 차에는 77%가 기준을 충족시켰다(약물 상태에 관계없이). 약물복용을 하지 않을 때의 행동을 참작했을 때는 진단율이 더 높았다(6년 차에 90%). ODD/CD의 동반 진단은 대체로 6년 차에 ADHD 진단 가능성을 증가시켰다.

부모 보고 질문지로 측정한 불안-공포 행동, 적대적-공격적 행동을 가진 유아들의 추후 내면화 장애 가능성을 살펴보았을 때, 이들은 10~12세 때 정서적 어려움의 위험이 증가하였다(Slemming et al., 2010). 아동기에 처음으로 진단받은(반드시 유아기일 필요는 없는) 불안의 영속성에 대한 대단위 종단 연구에서 시간에 따른 진단 일관성이 보고되었는데 가장 높은 일관성은 공포증과 사회불안장애에서 나타났다(Carballo et al., 2010). Bosquet와 Egeland(2006)도 서로 다른 연령에서의 증상 간 상관관계에 기초하여 유아기부터 청소년기까지 시간에 따른 불안 증상의 영속성을 보고하였다.

Pihlakoski 등(2006)은 아동행동평정척도(Child Behavior Checklist : CBCL)와 청소년자기보고용(Youth Self-Report : YSR)을 이용하여 3~12세 지역사회 아동 표본을 조사하였는데 3세에 CBCL상에서 임상 범주에 있던 아동의 약 30%가 12세에도 CBCL상의 임상 범주에 있었고, 약 20%가 YSR의 임상 범주에 있었다. 특정 증상 척도를 살펴보면, 공격 행동 및 파괴 행동 척도가 미래의 문제를 예측하였다.

단지 진단만이 아닌 증상의 영속성과 증상군에 대한 이해가 더 중요하다. 특히 유아가 자신의 행동과 정서를 조절하는 기술을 모른다면 어떤 행동이 향후의 문제를 예측하는 것이 아니며 어떤 행동이 좀 더 염려스러운 것인지를 교사나 양육자가 아는 것이 중요하다. 최근 연구에서 Hong, Tillman, 그리고 Luby(2015)는 진단 면접(PAPA 포함)을 사용하여 유아기 아동(3~5세)을 평가하고 초기 학령기(6~9세)에 다시 평가하였다. 평정을 잃는 행동, 낮은 강도의 기물 파괴, 낮은 강도의 사기/훔치기 행동은 문제의 지속성에 대한 예측을 하지 못하는 것으로 나타났다. 반대로 높은 강도의 기물 파괴, 사기/훔치기, 논쟁적/반항적 행동과 또래 문제, 그리고 낮은 강도와 높은 강도 모두의 사람 및 동물에 대한 공격성은 이후 학령기 품행 문제를 예측하는 것으로 나타났다.

5세에 CD를 가진 것으로 확인된 아동 집단에서는 10세에 CD와 일치하는 증상을 지속적으로 나타낼 가능성이 더 클 뿐 아니라 (CD가 없는 통제집단과 비교하여) 학업 수행에 어려움을 보일 가능성이 더 컸고, 특수교육 서비스에 대한 요구가 더 컸으며, 교사의 노력이 더 많이 필요하였다(Kim-Cohen et al., 2009). 10세에 더 이상 CD 진단이 안 되는 아동 집단일지라도(초기 CD 표본의 62.5%), 그들은 CBCL 하위 척도상에서 통제집단보다 유의미하게 더 높은 점수를 지속적으로 나타냈고(부모 보고에서 더 많이, 교사 보고에서 더 적게), 특수교육 서비스 요구가 더 많았다.

이상의 연구결과에 의하면, 유아기에 정서행동 문제를 가진 것으로 확인된 아동이 유아기를 넘어서까지 문제를 지속적으로 나타낼 가능성이 커 보인다. 따라서 유아기가 중재를 할 최적기이다. 비록 문제를 가진 것으로 확인된 모든 유아들이 나이가 들어서까지 계속해서 문제를 가지는 것은 아니지만, 그러한 상당수의 아동이 처치에 대한 고려를 필요로 한다고 볼 수 있다. 만약에 유아에 대한 중재가 성공적이라면 나이가 들어서 중재가 필요한 아동, 그리고 필요한 중재의 복잡성이 감소될 것이다.

## 문제 예측 요인

유아기에 정서행동 문제를 가진 것으로 확인된 유아가 그러한 문제를 지속적으로 가지기 쉽다는 축적된 증거를 기반으로, 연구자들은 장기 결과를 매개하는 요인을 조사하기 시작했다. 만일 초기 문제와 지속적인 문제를 이끄는 요인 그리고 미래의 문제를 감소시키는 데 기여하는 요인이 밝혀진다면 표적이 되는 집단에 대한 중재를 개발하는 것이 쉬워질 것이다. 다음에는(표 1.2와 1.3) 문제를 예측하는 것으로 알려진 요인이 요약되어 있다.

**표 1.2** 유아의 외현화 문제 예측 요인

| 부모 특성 | 아동 특성 | 인구통계적 변인 |
|---|---|---|
| 양육행동(예 : 강압적 양육, 부적 원리 전략)<br>부모의 스트레스<br>부모의 정신병리<br>가족 역기능 | 불안전한 애착<br>어려운 기질/약한 자기조절<br>생리적 조절 | 낮은 사회경제적 수준<br>낮은 출생체중<br>높은 폭력적 TV 시청 |

## 외현화 문제의 예측 요인

행동 문제의 초기 발현과 장기 영속성 모두에 기여하는 것으로 확인된 요인들은 아동의 가족 특성과 관련이 있다. 양육 행동은 이러한 요인으로서 아마도 가장 많이 연구되었으며 일관적으로 아동의 행동 문제와 관련 있는 것으로 보고되었다. Gerald Patterson은 이 분야의 모델을 개발한 연구자로 가장 잘 알려져 있으며, Patterson의 강압적 양육 사이클 모델은 아동의 외현화 문제에 대한 예측요인으로 광범위하게 인용된다(Patterson, 1982). 아동 행동 문제에 대한 많은 가족중심 중재는 이 모델에 기초하고 있다. 강압적 양육 패턴에 의하면 부모는 아동에게 반복적으로 요구하며, 아동은 부모의 요구에 따르지 않는다. 부모는 아동의 부정적이고 공격적인 행동 때문에 결국 요구하는 것을 철회하게 된다. 따라서 부모는 혐오적인 요구를 제거해 줌으로써 아동의 행동을 부적으로 강화하는 것이다. 부모 입장에서는 아동이 나타내는 혐오적 행동이 중지됨으로써 역시 부적으로 강화받는다. 일반적으로 부모는 복종을 얻어내기 위해 더 강력한 처벌을 사용하게 되며 이러한 패턴은 더욱 확대된다. 이러한 엄한 방법의 사용은 흔히 아동이 혐오적 행동을 중지함으로써 강화된다. 이 패턴에서 부모와 아동 모두 그들의 혐오적이고 공격적인 행동의 사용을 확대하는 경향이 있다. 이러한 양육 패턴은 아동이 어렸을 때부터 나타났을 가능성이 큰데, 유아기의 양육 행동과 미래의 외현화 문제 간 연계성을 보고하는 연구들이 많이 있다(예, Heberle, Krill, Briggs-Gowan, & Carter, 2015).

양육 스트레스와 가족 역기능은 문제의 시작점과 연속성을 예측하는 중요한 요인이다. 부모에게 상당한 정도의 스트레스를 경험하게 한 유아는 외현화 문제 행동을 일으킬 가능성이 큰데(예, Heberle et al., 2015; Miller-Lewis et al., 2006), 이것은 무능한 양육의 결과이긴 하다(예, Heberle et al., 2015). 아동의 유아기에 존재했던 부모의 정신병리 또한 외현화 문제의 출현과 연관이 있다(Breaux, Harvey, & Lugo-Candelas, 2014).

외현화 행동 문제의 예측요인에 대한 연구들이 부모 특성에 초점을 맞추어 왔으나, 최근의 연구는 외현화 문제의 표출에 기여하는 아동중심의 요인을 탐색해 왔다. 미래의 어려움과 연관될 수 있는 두 가지 아동중심 요인은 아동 기질과 자기 조절이다. 낮은 억제조절 수준은 서로 다른 인종/문화 집단에서도 외현화 문제와 연관된 것으로 보고되어 왔다(예, Olson et al., 2011). 아동 기질은 완고함이 강하고 지속성이 약할 때 미래의 외현화 문제와 연관되는 것으로 보고되어 왔다(예, Miller-Lewis et al., 2006). 유아기의 생리적 조절(심박변이율에 포함된 호흡동성부정맥으로 측정함) 또한 미래의 외현화 문제와 연관되는 것으로 보고되었는데, 3세 때 생리적 조절력이 클수록 미래의 외현화 문제에 대한 위험성이 감소되는 것으로 나타났다(이러한 관련성은 4세와 5세에는 보이지 않았음; Perry, Nelson, Calkins Leerkes, O'Brien, & Marcovitch, 2014).

애착 또한 외현화 문제의 발달과 관련이 있을지도 모를 아동 요인으로 알려져 왔는데, 몇몇 연구에서는 유아기 불안정 애착과 외현화 문제의 발달 간에 연관이 있다고 밝혔다(예, Fearon, Bakermans-Kranenburg, van IJzendoorn, Lapsley, & Roisman, 2010; Moss, Cyr, & Dubois-Comtois, 2004). 특히 한 연구에서는 안정 애착이 가혹한 양육과 아동 공격성 간의 연계성을 완화시킬 수 있다고 밝혔는데(Cyr, Pasalich, McMahon, & Spieker, 2014), 안정 애착은 가혹한 양육 환경에서 보호 요인으로서 기능을 발휘할 수 있다는 것이다. 흥미롭게도 연구자들은 어머니와는 덜 안정적인 애착을 형성하였으나 교사와 질적으로 좋은 관계를 유지하고 있는 유아들을 어머니와 안정적인 애착을 형성하고 있는 아동과 비교했을 때 행동문제의 위험 수준이 높아지지 않는다는 것을 밝혔다(Buyse, Berschueren, & Doumen, 2009). 따라서 애착과 문제행동 간 관계는 부모-아동 애착 관계에만 기초해서 파악하는 것보다 더 복잡한 문제일 수 있다.

인구통계학적 변인 또한 외현화 행동 문제와 관련이 있다. 예를 들어, SES는 예측 요인으로서, 낮은 SES가 높은 수준의 외현화 문제와 관련이 있다(Piotrowska, Stride, Croft, & Rowe, 2015). 외현화 문제의 증가와 연계된 또 다른 예측 요인은 낮은 출생시 체중이다(Bohnert & Breslmer, 2008). 흥미롭게도 높은 텔레비전 시청률이 유아의 반사회적 행동뿐만 아니라 부주의/과잉 행동 증가와도 관련이 있는데, 반사회적 행동과의 관련성은 텔레비전 시청 내용이 폭력적인 경우에 그러하고(Christakis & Zimmerman, 2007) 부주의 문제 연관성은 내용의 형태보다는 '비교육적인' 내용인 경우에 그러하다(Zimmerman & Christakis, 2007).

연구방법과 통계분석이 더욱 발달되었기 때문에 연구자들은 이러한 요인들 간의 복합적인 관계를 분석할 수 있게 되었다. 예를 들어, Barnes, Boutwell, Beaver, 그리고 Gibson(2013)은 쌍둥이들 표본으로 무능한 양육(특히 때리기), 외현화 문제, 자기조절을 조사하였다. 그 결과, 공유된 유전적 영향이 자기조절과 외현화 문제 간 관계뿐만 아니라 양육과 외현화 문제 간 관계의 일부를 설명해 줄 수 있었다. 앞으로, 여기에서 언급된 다양한 예측 요인(그리고 언급되지 않은 다른 유망한 요인들)의 미묘한 차이가 보다 분명해질 것이다.

## 내면화 문제의 예측 요인

연구자들은 오랫동안 외현화 장애의 예측 요인을 연구해 왔으나 상대적으로 내면화 장애에는 초점을 맞추지 않아 왔다. 이것은 이러한 문제 영역에 걸쳐 어떤 유사성이 있음을 의미한다. 유아기 동안의 무능한 양육과 양육 스트레스/걱정은 향후 아동의 내면화 문제행동 위험성을 증가시킨다(예, Heberle et al., 2015). 부모의 정신병리 또한 외현화뿐만 아니라 내면화 문제의 위험 요인으로 밝혀졌다(예, Breaux et al., 2014; Marakovitz, Wagmiller, Mian, Briggs-Gowan, & Carter, 2011). 사회적 지원은 아동을 위한 보호 요인으로 지목되어 왔는데, 양육 환경이 좋지 않더라도 학령기에 내면화 문제 발달 가능성을 줄여 줄 수 있는 많은 지원을 하는 사람과 함께 할 때 보호 요인이 될 수 있다(예, Heberle et al., 2015).

언어 발달 지연뿐만 아니라 행동 억제와 부정적 정서성 등을 포함하는 기질과 같은 아동 특성 또한 내면화 문제의 예측 요인으로 조사되었다. 연구자들은 장래의 문제를 예측함에 있어 억제의 역할을 연구하였다. 유아기의 높은 억제는 장래의 내면화 문제와 연계된다(예, Hastings et al., 2015; Hirshfeld-Becker et al., 2007; Marakovitz et al., 2011). 유아기의 부정적 정서성 또한 장래의 내면화 문제와 연계되는 것으로 조사되었다(예, Davis, Votruba-Drzal, & Silk, 2015; Marakovitz et al., 2011; Shaw, Keenan, Vondra, Delliquadri, & Giovannelli, 1997). 이 요인은

**표 1.3** 유아의 내면화 문제 예측 요인

| 부모 특성 | 아동 특성 | 인구통계적 변인 |
|---|---|---|
| 무능한 양육<br>부모 스트레스<br>부모 정신병리<br>낮은 사회적 지원 | 어려운 기질<br>행동적으로 억제된 기질<br>부정적인 정서성<br>불안전한 애착<br>언어 지연 | 낮은 사회경제적 수준<br>낮은 출생시 체중<br>낮은 부모 교육 |

양육 요인과 상호작용 효과를 나타낼 수 있는데, 한 연구에서 어머니들이 높은 수준의 온화한 양육을 했을 때 부정적 정서성이 장래의 내면화 문제에 대한 강력한 예측 요인이었음을 보고하였다(Davis et al., 2015). 다른 요인을 통제했을 때(예 : 어머니의 지능, SES) 유아기의 언어 지연도 아동기와 초기 청소년기의 내면화 문제와 연계된다. 불안정한 애착형식도 내면화 문제와 연계되는데, 그 관계는 외현화 문제만큼 강하지는 않다(예, Groh, Roisman, van IJzendoorn Bakermans-Kranenburg, & Fearon, 2012).

낮은 SES와 같은 인구통계학적 요인은 장래의 내면화 문제 위험성을 높이는 요인인데(예, Carter et al., 2010; Hastings et al., 2015), 이러한 연계성은 미국 내·외의 연구물(예, van Oort, vam der Ende, Wadsworth, Verhulst, & Achenbach, 2011)에서 밝혀진 바이다. 부모의 낮은 교육 수준 역시 내면화 문제에 대한 높은 위험성과 연계되어 있음을 밝힌 몇몇 연구가 있다(예, Burlaka, Bermann, & Graham-Bermann, 2015; Carter et al., 2010). 아동 요인인(가족 특성이 아닌) 저출생 체중도 내면화 문제의 높은 위험성과 연계된다(Bohnert & Breslau, 2008).

## 요약 및 이 책의 목적

유아기의 사회·정서·행동 문제는 장기적으로 어떤 결과를 초래할 잠재력을 가진 것이 분명하다. 유아기에 확인된 문제가 아동이 장래에 문제를 가질 위험성이 높다는 것을 암시하는 것이라면, 장기적으로 지속될 영향을 완화시켜 주기 위한 유아기의 예방과 중재 노력이 매우 중요하다. 많은 증거 기반의 심리사회적 방법이 유아들에게 적용될 수 있거나 유아 적용이 유망한 것으로 밝혀졌다. 이 책의 목적은 이러한 증거 기반의 심리사회적 중재 방법들을 검토하고 그 실행 지침을 제공하는 것이다. 교사들은 유아기에 일반적으로 나타날 수 있는 많은 장애에 대한 정보와 자료 등을 사용하여 평가 전략과 중재 계획을 개발할 수 있어야 한다.

**2**

# 정신건강문제의 평가

# 정신건강문제의 평가

제1장에서 언급한 바와 같이, 아동기 동안에 정서행동 문제를 나타내는 아동이 자신의 증상에서 벗어나는 것은 간단한 일이 아니다. 외현화와 내면화 문제를 모두 나타내는 아동은 장래에도 이러한 어려움과 지속적으로 맞서 싸워야 할지도 모른다. 정신건강 전문가들은 학령기 전까지는 중요한 중재를 놓칠 수 있고 이것은 나중에 더 심각한 문제를 가져올 수 있다는 것을 알게 되었다. 수십 년 전에 시작한 교육 정책의 변화로 우리는 조기중재의 개념을 뚜렷이 인식하고 실행하게 되었다(Shonkoff & Meisels, 1990). 조기중재를 위해서는 유아가 사회-정서-행동 문제의 잠재성을 가지고 있는지를 선별하고, 정신건강문제와 기타 특별한 요구를 가지고 있는지를 확인하기 위한 적절한 평가 측정이 이루어져야 한다. 유아가 일단 중재를 받기 시작하면 나아지고 있는지를 결정하기 위한 점검을 하는 것 또한 중요하다.

유아를 평가함에 있어서 측정이 제한적이라든지 행동이 다양하다는 등의 평가 관련 문제가 있지만, 지난 수십 년에 걸쳐 많은 발전이 있었다. 유아용 평가도구로 개발된 많은 행동 평정척도들을 사용할 수 있게 되었다. 더욱이 유아를 대상으로 하는 관찰법과 면접법에 대한 연구가 늘어나면서, 유아로부터는 유용한 정보를 얻기 힘들다는 오래된 인식이 변화되고 있다. 이 장에서는 이러한 측정법을 검토하고, 유아 집단을 위한 최상의 신뢰도와 타당도를 갖춘 도구들을 조명해 볼 것이다. 각 절에서는 선별, 진단/평가, 점검 도구를 포함하는 평가 방법을 살펴본다. 이 장에서 논의되는 선별도구는 보편적으로 사용되는 것으로, 교실 수준 혹은 학교 수준의 1차 선별과 아동이 더 구체적인 평가가 필요한지를 결정하기 위한 간단한 측정용으로도 사용될 수 있다. 이 장에서 소개되는 점검도구는 중재에 대한 아동의 반응을 점검할 수 있는 도구들이다. 점검도구는 흔히 처치 전반에 걸쳐 정기적으로(예 : 매주) 사용된다.

# 부모면접과 교사면접

부모*면접과 교사면접은 유아를 총체적으로 이해하는 데 있어서 매우 중요한 정보를 얻을 수 있는 방법이다. 서비스에 대한 주된 요청과 의뢰는 거의 항상 부모나 교사와 같은 아동 주변의 성인으로부터 비롯된다. 따라서 유아를 평가함에 있어 중요한 요소는 아동에 대해 누가 관심을 가지고 있으며, 관심의 내용이 무엇인지를 밝히는 것이다. 핵심 역할을 하는 성인을 면접하는 것이 이러한 정보를 얻는 일차적인 방법이다.

## 선별자로서의 면접

부모, 교사, 양육자와의 면접은 문제행동에 대한 더 구체적인 평가가 필요한지를 결정하는 첫 번째 단계이다. 교사들은 학급 내에 관심을 가져야 할 아동이 있는지에 대한 질문을 비정기적으로 받는다. 이러한 비형식적인 선별은 흔히 별도의 지원이 필요할지도 모를 아동을 확인하는 데 유용할 수도 있다. 보통 학교 장면에서 처음으로 관심을 가지게 되면, 이 관심의 내용과 문제의 깊이를 파악하기 위해 부모를 접촉하게 된다. 부모와의 접촉은 관심 내용에 대해 논의하고 더 구체적인 측정이 필요한지를 결정하기 위하여 형식적인 평가를 고려하기 전에 하게 된다. 관심 내용에 대해 가볍게 언급하는 비형식적인 면접/대화는 아동에 대한 추가적인 평가인 다음 절차로 진행할지를 결정하는 데 도움이 될 수 있다.

## 진단/평가도구로서의 면접

아동에 대한 전반적인 평가의 일부로서, 심층 면접이 흔히 사용된다. 유아가 가진 기능에 대해 면접할 수 있는 가장 보편적인 정보제공자는 부모, 교사, 양육제공자이다. 다음 절에서는 아동을 전반적으로 평가하는 면접의 구성요소에 대해 살펴본다.

### 부모면접

부모의 동의, 협조, 참여는 유아 평가에 매우 중요하다. 부모는 아동의 양육사, 현재의 어려움, 아동의 행동에 영향을 미칠 수 있는 가족의 죽음이나 이사 등과 같은 외적 요인에 관한 최고의 정보원이다. 더욱이 부모는 아동 인생에서 교사와 기타 주요 성인을 연결해

---

* 이 책의 전반에 걸쳐 일관적으로 부모를 사용하며, 이 용어는 부모가 아닌 양육자를 포함하는 개념으로 사용함

주어서 면접자가 아동에 대한 많은 정보를 수집할 수 있게 해 주는 매우 귀중한 자원이다. 부모는 또한 교사에게 필요한 동의를 제공함으로써 교사가 다른 제공자에게 자문을 할 수 있게 해 준다. 동의 양식의 예가 〈양식 2.1〉*에 제시되어 있다.

부모 면접의 첫 번째 과제는 라포 형성이다. 교사는 부모를 편하게 해 주기 위해서 자신을 소개하고 면접과 평가의 목적을 의논해야 한다. 평가 절차에 대해 부모가 어떠한 질문을 하든 모두 답변해 주어야 한다. 부모와 그들의 자녀를 돕기 위해 교사가 있는 것임을 알게 하고 또한 부모는 자녀에 관한 한 '전문가'이기 때문에 이 절차에서 부모가 매우 중요하다는 것을 알게 함으로써 부모가 힘을 갖도록 하는 것이 중요하다. 또한 교사는 검사 상황이 부모의 자아존중감/자아효능감을 위협하는 잠재적 요인이 될 수 있음을 알아야 하는데, 이것은 평가나 처치에의 의뢰를 자발적으로 한 부모라고 하더라도 마찬가지이다. 부모는 자녀의 어려움에 대해 스스로를 자책하면서 죄책감으로 괴로워할 수도 있다. 많은 부모들이 자녀가 장애를 가질지도 모른다는 생각으로 상처를 입고 부모로서의 실패감이나 상실감을 가질 수 있다(Frick, Barry, & Kamphaus, 2010). 부모가 조기에 자녀의 어려움을 중재하도록 독려하고 상황을 재구성해 주는 것을 통해서 부모를 지원하는 노력이 수행되어야 한다. 이것이 장래의 문제를 예방해 줄 수 있을 것이다.

교사는 면접을 하면서 의뢰 사유나 문제행동 등에 대한 정보를 수집한다. 아동의 증후군을 검토하고, 부모에게 자녀의 행동에 대해서 묻고, 가족 내에서 아동의 행동이 가지는 의미와 기능을 이해하는 것이 중요하다(American Academy of Child and Adolescent Psychiatry, 2007). 일반적으로 아동 주변의 부모, 교사, 양육자, 기타 다른 성인들이 문제행동을 지각하는 것이 서로 다르다. 이러한 차이는 다양한 요인과 관련될 수 있는데 아동과 함께 보내는 시간의 양, 아동과 함께 보낼 때의 주변 상황, 각 성인이 가지고 있는 발달적으로 적절한 아동기 행동에 대한 생각, 아동과 상호작용하는 방법 등이 요인에 포함된다. 더욱이 아동은 흔히 각 장면에서의 기대에 따라 서로 다른 장면에서 서로 다른 행동을 나타낸다. 예를 들어, 활동이 구조화되어 있지 않고 요구사항이 거의 없는 집에 있을 때 아동은 문제행동을 나타내지 않을 수도 있지만, 구조화된 유치원 장면에서는 자리에 앉아 있거나 교사에게 집중하는 데 어려움을 가질 수 있다. 면접자는 아동에게 중요한 역할을 하는 모든 성인을 주의 깊게 면접하고 아동을 잘 관찰함으로써 차이점에 포함

---

* 복사 사용이 가능한 모든 양식이 각 장의 끝에 제시됨

**표 2.1** 부모나 양육자와의 임상 면접에 포함되어야 하는 영역

- 가족 관계
- 인지 기능과 학교에서의 기능
- 또래 관계
- 신체 발달
- 아동의 의료 및 정신의학과 병력
- 가족의 의료 및 정신의학과 병력
- 사회-정서발달과 기질
- 흥미와 재능
- 강점
- 충격적 사건
- 실시된 심리검사

된 요인을 결정할 수 있게 된다.

부모 면접의 최우선 목적은 특정 문제행동을 확인하는 것 외에도 아동에 대한 배경 정보를 얻는 것이다(Merrell, 2008a). 배경 및 발달 정보는 아동의 사회적 · 정서적 · 행동적 내력과 발달뿐만 아니라 상세한 신체적 · 인지적 발달사를 제공하기 위해 필요하다. 양부모나 법적 보호자와 같은 기타 양육자들 역시 아동과 다른 사람 간의 관계나 아동의 발달에 영향을 끼쳤을 중요한 사건에 대한 의미 있는 설명을 제공할 수 있다(American Academy of Child and Adolescent Psychiatry, 2007). 부모 면접에 포함되는 핵심 영역에 대해서는 다음 절에서 논의된다(American Academy of Child and Adoloescnet Psychiatry, 2007; Mazza, 2014; Merrell, 2008a). 이러한 핵심 영역의 요약이 〈표 2.1〉에 제시되어 있고, 양식 예는 〈양식 2.2〉(교사가 면접을 구조화시키는 데 도움이 되기도 하고 혹은 초기 면접 전에 부모가 완성하도록 제공되기도 함)에 있다.

### 가족 관계

면접에서는 아동이 부모, 형제자매 그리고 기타 가족들을 포함하는 가족 구성원들과 어떠한 관계를 가지는지에 대해 파악되어야 한다. 부모/보호자와의 애착이 조사되어야 한다. 형제자매의 출생, 죽음, 이혼, 강제철거 등과 같은 가족 체계 내에서의 변화와, 양육권이나 방문일정과 같은 양육관리 합의 변경도 고지되어야 한다. 그밖에도 교사는 가족 규칙에 대한 아동의 순종 정도와 부모의 원칙 실행 정도에 대해서도 파악해야 한다. 이러한 것들을 평가할 때는 가족의 신념과 가치에 대한 사회문화적 배경을 참작하는 것이 중요하다(Clark, Tluczek, & Gallagher, 2004).

### 문화적 배경과 신념

가족의 문화적 배경과 이것이 부모가 자녀의 행동을 지각하는 데 어떻게 영향을 미치는

지 그리고 그들이 어떤 도움을 필요로 하는지 등을 파악할 필요가 있다. 면접자가 가족과 다른 문화권일 때는 가족에게 그들의 배경, 문화적 신념과 가치 등에 대한 질문을 함으로써 이해의 수준을 높이고자 하는 전략을 사용하는 것이 중요하다. 가족에게 그들의 문화에 대해 묻는 것이 선입견이나 고정관념을 갖는 것보다 낫다. 선입견이나 고정관념은 편견과 잘못된 결론으로 이끌 수 있다. 언어적 장벽이 있을 때는 필요하다면 통역사를 써야 한다. 특히 부모에게 믿음을 주고 그들의 가치와 신념을 더 잘 이해하기 위해 학교 밖에서 부모를 여러 번 만나는 것이 유용할 수도 있다(Ferguson, 2005).

## 인지적 기능과 학교에서의 기능

부모가 아동의 인지적 강약점, 학업적 진전 및 학교에서의 기능에 대해 이해하고 있는지 질문해야 한다. 아동이 부모와의 분리불안 없이 학교에 다니고 있는지 아동의 언어적 기술, 주의집중 및 조직력이 어떠한지, 아동의 학습동기가 어떠한지, 교사와의 관계가 어떠한지 등에 대해서도 정보가 수집되어야 한다. 과거에 학교 관련 서비스(예 : 조기중재 프로그램)에 참여한 적이 있다면 면접자는 부모에게 복사본을 요구하든지 혹은 이 기록을 얻기 위한 기관과의 연락에 동의한다는 문서를 받아야 한다.

## 또래 관계

면접자는 아동의 학교, 교회, 이웃에 있는 또래들과의 관계에 대한 정보도 수집해야 한다. 또한 아동의 자기조절 수준, 다른 사람에게 공감하는 능력, 언어나 비구어적 행동을 통한 사회적 의사소통(예 : 적절히 미소짓기, 대화 주고받기, 눈맞춤) 등과 같은 사회적 기술과 결함에 대해서도 파악해야 한다. 아동이 또래들과의 놀이에 참여하는 형태 또한 논의되어야 한다(예 : 아동이 영아들이 주로 하는 '병행놀이'에서 진전하여 장난감을 공유하거나 구어로 의사소통하거나 함께 놀이하는 등의 협력놀이로 발달하고 있는가?).

## 신체 발달

부모에게 출생 전 내력과 같은 아동의 발달사에 대해 묻는 것은 매우 중요하다. 포함되어야 할 중요한 내용은 출생 전 알코올 노출, 약물남용, 임신 합병증, 미숙 여부, 출생 후 입원 필요성 등이다. 면접자는 또한 아동이 걷기 시작한 연령, 배변 훈련 연령 등과 같은 발달 성취에 대해서도 파악해야 한다. 아동이 옹알이를 처음한 시기, 첫단어를 말한 시기, 문장을 말한 시기 등의 언어 습득에 관한 정보도 중요하다. 아동의 말 형태에 관한 특이점과 아동이 사회적 맥락에서 언어를 어떻게 사용하는지 등도 논의되어야 한다.

## 아동과 가족의 의료 및 정신의학과 병력

아동과 가족의 의료 및 정신의학과 병력은 아동의 현재 행동과 관련된 많은 정보를 제공해 준다. 입원, 알레르기, 건강 문제, 감각 문제(예 : 시력 손실, 청력 손실), 상해(예 : 머리 손상), 수술 등에 관한 정보와 이러한 질병과 사건들에 대해 아동이 어떻게 반응했는지에 대한 정보는 아동에 대한 매우 중요한 발달적 정보를 제공한다. 면접자는 아동의 정신의학적 기록도 검토해야 하며 가족의 의료 및 정신의학적 병력을 검토하여 정신건강문제에 대한 가족력 문제가 있는지 파악해야 한다. 부모의 정신질환이나 스트레스는 아동의 정신건강에 영향을 미치므로 부모의 정신건강을 조사하는 것은 중요하다(Bluth & Wahler, 2011; Sameroff, Seifer, & McDonough, 2004; Tonge et al., 2006).

## 사회 · 정서발달과 기질

이 영역에는 아동의 성격, 양육자에 대한 애착양상, 기질, 과거와 현재의 기분 조절, 그리고 자기-진정 능력과 같은 새롭거나 어려운 상황에 대한 적응력 등에 대한 정보가 포함된다. 기분 평가에서는 과거와 현재의 우울감이나 과민성, 과도한 슬픔, 불안이나 두려움, 울화 발작, 신체적 병, 기타 심리학적 관련 증상이 있는지 점검해야 한다.

## 흥미, 재능 및 강점

면접자는 아동의 문제행동에 대한 정보를 수집하는 것뿐만 아니라 아동의 강점과 흥미, 재능에 대해서도 알아야 한다. 아동이 집과 학교에서 무엇을 하는 것을 좋아하는지, 아동이 어떤 발달 영역에서 강점을 보이는지, 아동의 강점에 대한 부모의 인식은 어떠한지 등을 파악해야 한다. 아동의 강점이나 부족한 점에 대한 부모의 보고를 통하여 교사는 부모-아동 관계의 질에 관한 더 좋은 정보를 얻을 수 있다.

## 충격적 사건

비전형적이고 충격적인 사건은 신체적 학대, 성적 학대, 방치, 가정폭력, 천재지변, 기타 충격적 사건들에 대한 노출 등을 의미한다. 면접자는 앞서 언급한 상황들이 아동에게 일어난 적이 있는지, 일어난 적이 있다면 그 상황이 아동에게 얼마나 심각한 영향을 미쳤는지를 아동의 의료 및 심리적 기록과 사회 서비스 기록 등을 통해 파악해야 한다. 이러한 자료는 상황의 심각성과 그것이 아동에 미친 영향에 관한 정보를 통합하는 데 유용하다.

## 실시된 심리검사

앞서 언급한 바와 같이, 과거의 심리학적 검사 자료는 면접자가 아동의 현재를 평가하는 데 도움이 되므로 수집해야 한다. 예를 들어, 어떤 아동은 영아 때 발달검사를 받았을 것이고 헤드스타트 같은 유치원에 들어갈 때 선별검사를 이미 받았을 것이다. 이러한 정보는 선수 기능과 영아의 기본 기술을 결정하는 데 도움이 될 수 있다.

## 교사면접

교사, 어린이집 보육교사 및 아동의 삶에 있어서 중요한 성인들은 집 이외의 환경에서의 아동 행동에 대해 많은 정보를 제공해 줄 수 있다. 부모면접과는 달리, 교사면접은 아동에 대한 배경이나 발달적 정보를 많이 얻지 못할 것이다. 그러나 교사면접을 통해서 또래와의 관계, 성인과의 관계, 기본 개념의 숙달, 학업기술, 학교의 기대에 부응하는 능력 등에 대한 정보를 얻을 수 있다. 아동에게 사용될 관련 지원이나 중재가 아동의 반응에 따라 논의되어야 한다. 특히 교사는 학교에서 나타나는 아동의 강점과 재능에 대해 파악해야 한다.

면접할 때는 아동의 문제와 강점에 관한 가능한 한 많은 정보를 수집하기 위해서 교사와 라포를 형성하고 협력을 구하는 것이 중요하다. 만일 학교 밖이라면 교사는 면접을 하기 전에 부모로부터 정보공개 동의서를 받아야 한다(양식 2.1 참조). 비밀 보장과 정보공개 요건을 잘 이해하기 위해서 교사가 일하고 있는 주와 아동이 속한 학교 행정구역의 법과 정책에 대해 아는 것이 중요하다(McConaughy, 2013).

교사는 아동의 문제를 함께 해결하고 아동으로 하여금 성공을 경험하게 하기 위한 팀의 구성원으로 간주되어야 한다. 교사는 아동에 대한 지식과 제한된 시간 모두를 존중받는 것이 중요하다. 교사에게 가장 중요한 업무 외에 모든 것을 배제하는 것, 회의 일정을 정하거나 이를 위해 전화를 거는 것, 평가에 참여해 준 것에 대한 감사인사 하는 것 등은 간단하지만 라포를 형성하는 전략으로서 중요하다(Frick et al., 2010).

다음에서는 〈표 2.2〉에 요약되어 있는 교사 면접에 포함되어야 할 영역에 대해 살펴볼

**표 2.2** 교사 임상 면접에 포함되어야 할 영역

- 아동에 관한 일반 정보
- 학교 행동 문제
- 학업 수행(적용 가능한 경우)
- 사회적 기술
- 강점과 재능

것이다. 아동에 대한 이해를 위해 논제나 질문을 선정하는 것 또한 중요하다(McConaughy, 2013).

## 아동에 관한 일반 정보

아동에 관한 일반 정보가 수집되어야 하는데 여기에는 교사가 아동에게서 받은 전반적인 인상이 포함된다. 교사는 부모와는 다른 상황에서 아동을 보기 때문에 면접의 이 부분은 다른 정보를 제공하기도 한다(Mazza, 2014).

## 학교 행동 문제

일단 면접자가 교사로부터 일반적인 정보를 수집하게 되면 학교에서의 문제행동으로 초점이 바뀔 수 있다. 특히 얼마나 오랫동안 행동이 발생되어 왔는지, 어떤 중재가 수행되어 왔는지, 이 중재에 대한 아동의 반응은 무엇이었는지 등이 중요하게 포함된다. 행동의 선제자극과 후속결과 또한 평가되어야 한다(McConaughy, 2013).

## 학업 수행(적용 가능한 경우)

교사와의 면접에서 학업 초기 기술의 수행/숙달이 점검되어야 한다. 중재에 대한 아동의 반응에 따라 어떤 중재가 적용되었는지 고지되어야 한다. 학업 문제가 능력 결함이나 수행 문제에 기인하는 것인지를 결정하는 추후 질문이 중요하다(Mazza, 2014).

## 사회적 기술

교사는 아동의 사회적 기술과 또래 관계에 대해 파악해야 한다. 급우와의 관계, 아동이 참여하는 놀이 형태, 공격적 행동 등도 파악되어야 한다. 사회적 기술 결함에 대한 평가도 중요한데 이것이 중재에 대한 안내를 도울 수 있기 때문이다.

### 강점과 재능

아동의 강점과 재능에 대한 교사의 이해가 포함되는 것이 중요하다. 아동이 학교에서 좋아하는 활동 영역, 특정 발달 영역에서의 우수성, 아동의 강점에 대한 교사의 지각 등이 모두 관련된다. 아동의 강점에 대한 부모의 보고와 함께 교사의 느낌도 파악하면 교사-아동 간 관계에 대한 더 구체적인 정보를 얻을 수 있다.

## 점검도구로서의 면접

면접은 선별과 진단 평가의 일부로 사용되는 것 외에도 가정, 학교, 그리고/또는 중재의 효용성을 결정하는 점검도구로도 유용할 수 있다. 아동을 돌보는 핵심적인 성인들을 점검함으로써 적용된 중재가 성공적인지 혹은 조절이 필요한지를 결정할 수 있게 된다. 보통은 부모가 아동의 진전이나 부족함에 대해 어떻게 생각하는지에 대한 정보를 얻기 위해 집에 전화하는 방법을 사용한다. 교사와의 정기적인 접촉도 아동이 교육 장면에서 어떤 진전을 보이는지에 대한 좋은 정보를 제공해 준다. 이러한 면접과 정보 수집을 통해서 중재를 위한 조절이 이루어진다. "지난번에 우리가 점검한 이후로 자녀가 얼마나 자주 울화를 보였나요?" 혹은 "지난주에 자녀의 공격적 행동에 어떤 변화가 있었나요?"와 같은 질문은 점검을 위해 사용되는 면접의 한 방법이 될 수 있다. 비록 연구 목적으로 사용되기는 하지만, 아동 청소년 진단 면접(Diagnostic Interview for Children and Adolescents-IV, DICA-IV; Reich, Welner, & Herjanic, 1997) 같은 표준화 면접도 중재에 대한 사전 사후 결과를 평가하기 위한 도구로 사용될 수 있다.

# 유아면접

지난 수년간 아동면접의 유용성에 대한 다양한 이론들이 제시되어 왔다. 유아는 현실과 상상을 구분할 수 없고 비논리적이라고 간주되어 왔다. 발달이론가들의 연구가 이러한 신념을 뒷받침한다. 예를 들어, 피아제의 인지발달 이론에 따르면 만 2~7세의 아동은 자신의 생각을 언어로 표상화할 수 있지만 논리적으로 추론하는 능력은 결여되어 있다는 것이다(Piaget, 1983). 이러한 이론들은 사람들로 하여금 아동으로부터 신뢰할 만할 중요한 정보를 얻을 수 없다고 생각하게 한다. 물론 유아면접을 통해 얻을 수 있는 정보의 유형은 제한되어 있지만 유아는 이전까지 알려졌던 것보다 질 좋은 자기 보고 정보를 줄 수 있다(Marchant, 2013; Merrell, 2008a). 사실, 아동은 정보의 가장 중요한 원천 중 하나가 될 수 있는데, 특히 학대나 내면화 증상을 보일 때 그러하다(Angold & Egger, 2004). 그러나 유아 면접이 갖는 한계점 때문에, 유아에 대한 완전한 임상적 큰 그림을 얻기 위해서는, 유아 면접을 통해서 얻는 정보는 부모나 교사 면접, 평정척도 자료, 임상 관찰 등과 같은 다른 관련 정보와 연합시키는 것이 권장된다. 만일 아동과의 면접이 상황에 대한 어떤 작은 정보도 주지 못하거나 아동이 행동 문제(예 : 공격, 울화 불순종)를 나타낸다면 교사는 문제 영역을 확인하고 다른 필요한 중재를 개발하기 위하여 아동 대신에 부모나 학교 관련자와 면접하는 것이 좋다.

아동면접을 실시할 때는 발달적인 측면을 고려해야 한다. 유아들은 초기면접에서 부끄러워하고 겁을 내므로 자신의 생각과 감정을 말로 표현하는 데 어려움을 나타낸다(Sattler, 1998). 또한 유아들은 다른 사람들을 구체적이고도 융통성 없는 용어로 묘사한다. 예를 들어, 모든 것이 나쁜 사람과 모든 것이 좋은 사람이 있을 뿐이지 한 사람이 선한 속성과 악한 속성을 모두 가지고 있다고는 생각하지 못한다(Keith & Campbell, 2000; Sattler, 1998). 뿐만 아니라, 유아는 한 가지 과제에 오랫동안 집중할 수 없으므로 아동면접은 여러 회기에 걸쳐 실시되어야 할지도 모른다. 아동을 여러 번에 걸쳐 만나게 되면 친근감을 형성하는 데에도 도움이 된다. 일반적으로 어린 아동일수록 충동적이고 활발하므로 때로는 면접자에게 도전적인 상황을 연출하기도 한다. 아동은 면접에 참여하기 전에 주의집중할 수 있어야 한다(Greenspan & Greenspan, 2003). 대화 중 아동의 이름을 자주 불러주는 것은 아동이 면접에 재집중하도록 도와준다. 아동이 과제에 집중하도록 강화물(스티커나 사탕 같은)을 자주 주는 것도 도움이 될 수 있다. 그러나 아동으로 하여금 면접자의 질문에 특정 형태의 대답을 해야만 강화를 받을 수 있다는 인식을 갖게 해서는 안 된다. 이것은 아동의 반응에 영향을 미칠 수 있다(예 : 면접자가 두려움에 대해서 질문할 때, 아동이 실제로는 학교를 좋아하는데도 학교가 두렵다고 대답할 수도 있다.).

"자, 이 질문에 귀를 기울여 보자." 또는 "이 질문이 대답하기 어려운 질문이라는 걸 나도 알아. 그렇지만 잘 생각해 보고 대답하렴." 등의 언급을 함으로써 질문에 대한 아동의 감정이 정당하다고 인정해 주며 아동이 면접자의 질문에 초점을 맞추도록 도와줘야 한다. 유아는 정서적 어휘와 구어적 능력이 제한되어 있으므로(Knell, 2000) 면접자는 아동의 말 이외의 비구어적 표현에도 주의를 기울여야 한다. 즉 면접을 실시하는 교사는 아동 놀이와 대화의 주제들, 몸짓, 기분, 표현되는 정서의 범위, 교사와의 접촉, 개인적 관계의 깊이와 양상 등에 주의를 기울여야 한다(Greenspan & Greenspan, 2003).

유아들을 면접하는 데는 많은 어려움이 따르지만, 아동면접은 다른 방법으로는 알아낼 수 없는 아동의 고통의 수준, 왜곡된 사고, 불안과 우울증세, 부정적인 영향을 미치는 '비밀' 등에 관한 중요한 정보를 얻을 수 있는 방법이다. 또한 학령 전 아동의 제한된 인지능력, 교사와 형성된 친밀도, 면접 상황, 아동의 동기 등의 요소들이 면접의 타당성을 결정하게 된다.

## 라포 형성과 초기 정보 수집

어떤 유아면접에서든 첫 번째 단계는 유아를 편하게 해 주는 것이다. 유아는 부모와 분리되는 것에 어려움을 가질 수도 있다(Marchant, 2013). 그런 경우에는 부모를 면접 장소에 들어오도록 하여 유아와 함께 있게 함으로써 유아가 편안함을 갖게 하는 것이 최선이다. 일단 아동이 편안해지고 면접자가 아동과 둘만 있길 원한다면 면접자는 부모에게 사무적인 태도로 다른 장소에 가 있도록 요청할 수 있다(Merrell, 2008a). 대부분 이러한 절차를 통해 아동이 면접 진행에 편안함을 느끼도록 할 수 있을 것이다. 만일 아동이 화를 내게 되면 부모가 옆방에 있으며 면접이 끝나면 만날 수 있다고 확신시켜 줘야 한다. 아동이 극도로 혼란스러워할 경우에는 면접을 중단해야 하며, 면접시간을 재조정해야 한다. 그러나 부모의 동참이 면접 진행에 영향을 주지 않는다면 부모는 계속 면접 장소에 머물러도 좋다(예 : 아동이 부모가 같은 방에 있을 때 면접에 참여하기를 거부함).

아동이 면접자와 상황에 충분히 주의를 집중하지 않은 상태에서 말하도록 시켜서는 안 된다(Greenspan & Greenspan, 2003). 면접자는 아동용 작은 의자에 앉아 아동과 눈높이를 같이 하면서 라포를 형성하고(McConaughy, 2013) 아동주도의 놀이 활동에 참여하는 것이 중요하다. 전국학교심리학자협회(National Association of School Psychologists : NASP)에서는 유아 평가(Early Childhood Assessment)에 대한 2009 발표문에서 학교 심리학자가 정보 수집과 점검, 그리고 의사결정을 고지하는 수단으로 구조화된 놀이 기간과 비구조화된 놀이 기간의 사용을 목록으로 만들었다. 교사는 아동의 발달수준에 적합하며 의사소통을 촉진할 수 있는 장난감들을 가지고 있어야 한다. 그림 그리기에 필요한 자료, 인형, 찰흙 및 기타 파괴적이지 않게 조작할 만한 장난감 등을 통해 아동으로 하여금 위협적이지 않은 활동에 참여하게 할 수 있다. 복잡한 보드게임이나 정신적 에너지가 요구되는 활동은 피해야 한다. 라포를 형성할 때는 아동의 활동을 기술하면서 아동의 언어 표현에 참여하되

(최소한으로) 지나치게 많은 정보를 얻어 내려고 해서는 안 된다.

　일단 교사가 아동에게 질문을 시작하면 다른 놀이 중심의 방법들도 면접 진행을 촉진하는 데 도움이 될 수 있다. 손인형은 아동에게 위협적인 느낌의 질문을 할 때 유용하다(McConaughy, 2013). 예를 들어, 아동의 손인형에게 답을 "짚어보라."는 요청을 할 수 있다. 아동이 보이는 반응의 타당성을 검증하는 방법으로 검사자는 아동에게 위협적이지 않으면서도 검사자가 답을 알고 있는 질문들(예 : 아동의 이름, 아동의 머리색 등)을 아동이 가지고 있는 인형에게 하여 아동 답변의 타당성을 입증할 수 있다.

## 면접 상황

　유아의 행동은 시간과 장소에 따라 크게 변할 수 있기 때문에 유아가 경험한 것이 무엇인지를 정확하게 아는 것은 어렵다. 따라서 면접 상황은 즉각적 평가 상황과 아동의 배경 상황 모두가 고려되어야 한다(Garbarino, Stott, & Faculty of the Erikson Institute, 1992). 평가가 이루어지는 상황과 관련된 많은 요소들이 유아의 반응에 영향을 미칠 수 있다. 예를 들어, 아동은 검사자를 잘 아는 경우와 그렇지 않은 경우에 다르게 반응한다. 유아는 새로운 환경에서 부끄러워하거나 겁을 내기 때문에(Hirschland, 2008) 모르는 사람과 친밀한 관계를 형성하는 데 있어서 시간이 걸린다. 아동이 검사자를 잘 알고 있는 경우에 아동은 검사자와의 과거의 경험에 근거해 검사자가 듣고 싶어하는 것에 대해 답변을 할 것이다.

　검사자가 아동에게 어떻게 질문하느냐에 따라 수집되는 정보의 유형도 달라진다. 검사자가 유도적인 질문을 하면 아동은 검사자가 원하는 답을 하게 되므로 발생한 일에 대해 부정확하며 잘못된 정보를 얻을 가능성이 많다. 유아는 어른들을 즐겁게 하고자 하는 경향이 있으므로 이런 위험성은 더 커진다(Hughes & Baker, 1990). 다음 두 가지 질문의 차이에 주목해 보자.

　유도(폐쇄형) 질문 : "엄마가 너를 때렸지, 그렇지?"
　비유도(개방형) 질문 : "엄마가 네게 화가 났을 때는 어떻게 하시니?"

　유아에게 "네 친구에 대해서 말해 보렴."과 같이 질문이 아닌 문장만 사용하면 정보를 얻기가 매우 힘들다. 따라서 유아의 말을 명료하게 하기 위한 짧고 비유도적인 질문, 개방형 질문, 유아의 말을 격려하기 위한 표현(예 : "아하", "그렇구나")을 사용하는 것이 바람직하다(McConaughy, 2013).

아동의 반응에 영향을 미치는 또 다른 요소는 면접이 실시되는 장소이다. 유아는 자신이 편하고 안전하다고 느끼는 장소와 낯선 사무실에 있을 때 서로 다르게 반응할 수 있다. 물론 검사자가 이러한 환경적인 요소를 변화시킬 수 없는 상황도 있겠지만 이러한 환경적 요소들이 아동에게 영향을 미칠 가능성이 있다는 것은 인식하고 있어야 한다. 아동에게 좋아하는 인형이나 담요, 헝겊인형 등을 가질 수 있도록 허락하는 것도 아동을 편안하게 하는 데 도움이 된다.

또한 아동이 면접 결과가 자신에게 미칠 영향을 인식하고 있는 경우에 아동의 참여 동기나 반응은 달라질 수 있다. 예를 들어, 학대에 대해 말하면 해를 입을 수 있다는 위협을 당하고 있는 학대 아동은 면접자에게 말하지 않거나 학대가 있었음을 부인할 것이다. 이러한 경우에는 라포 형성 전략, 재확신 및 관찰법을 사용하여 정보를 수집하는 것이 필요하다. 만약 아동이 "우리 아빠는 심술쟁이예요."라고 할 때 면접자는 아동의 말을 질문형으로 "아빠가 심술쟁이예요?"라고 언급해 주고 "아빠가 어떻게 심술을 부리시는데?"라고 말하며 구체적인 정보를 얻기 위해 질문을 한다(Sattler, 1998).

문화적 배경, 교육적 배경, 가족사, 법, 관습 등과 관련된 광범위한 문제도 고려되어야 한다(Garbarino et al., 1992). 면접자와 아동의 문화적인 차이도 여러 가지 방법으로 면접과정에 영향을 미친다. 문화적 차이는 병리적인 것으로 오인되거나 무례하다고 오인되기도 한다. 예를 들어, 인디언 문화에서는 눈맞춤을 하는 것이 무례하다고 여겨지는 반면(LeBeauf, Smaby, & Maddux, 2009), 미국 주류사회 문화에서는 눈맞춤을 하지 않는 것은 거짓말을 하거나 불안하다는 것을 의미하고 무례하다고 여겨지기도 한다. 따라서 아동이 불필요하게 병리적으로 간주되지 않기 위해서는 검사자와 아동 간에 문화적 차이가 있는지 반드시 검토해야 한다. 아동과 같은 문화적 배경을 가지고 있는 사람으로부터 아동의 문화와 관련된 관습에 대해 정보를 수집하는 것이 도움이 된다. 가족의 신념, 습관, 가치체계 등을 더 잘 이해하기 위해서 부모에게 자신들의 문화적 배경을 물어볼 수 있다.

면접과정에 영향을 미칠 수 있는 문화적 영향의 또 다른 유형은 아동이 자신의 문화가 아닌 사람에 대해 '문화적 불신'을 가지고 있는 경우이다. 외부인을 불신하는 아동은 면접에서 제한적인 정보만을 주거나 가족을 보호하기 위해 거짓말을 할 수도 있다. 이러한 경우에는 아동을 면접하기 전에 부모나 다른 가족구성원을 면접하여 가족의 신념체계를 파악하는 것이 좋다. 면접자가 면접의 이유와 평가 후에 아동이 받게 될 이득에 대해 명백하게 밝히는 것이 중요하다.

# 평정척도

부모나 교사가 아동이 다양한 행동을 얼마나 자주 하는지를 기록하는 평정척도는 다른 형태의 평가절차에 비해 특히 유아에게 유용한 많은 장점이 있다.

1. 평정척도는 관찰에 의해서 놓치기 쉬운 자주 일어나지 않는 행동과 관련된 자료수집과 그것을 양화(quantification)하는 데 도움이 된다(Barkley & Murphy, 2006).
2. 평정척도는 다양한 환경에서 아동을 돌보는 다양한 사람들로부터 정보를 수집하여 객관성과 명확성을 제공해 준다(Frick, Barry, & Kamphaus, 2010).
3. 평정척도는 아동의 행동이 또래에 비해 통계적으로 유의미하게 일탈되어 있는지를 결정하는 규준을 제공해 준다(Merrell, 2008a).
4. 평정척도는 시간과 비용 면에서 효과적이다(Frick et al., 2010).

특히 유아의 경우에, 아동면접 같은 방법에 비해 평정척도가 신뢰할 만하고 타당한 자료를 제공한다. 또한 평정척도는 초기의 관심사항에 대한 선별과 향상도 점검 둘 다를 위한 효과적인 도구가 될 수 있다.

비록 평정척도가 특히 유아들에게 사용하기에 많은 장점이 있지만 제한점 역시 설명되어야 한다. 예를 들어, 평정척도는 행동 자체를 측정하도록 설계되어 있지 않고 평정자가 오랜 시간에 걸쳐 갖게 된 행동적·정서적 특성에 대한 지각을 평가하는 것이다 (Merrell, 2008a). 그러므로 정보제공자의 특성과 기타 요인이 아동의 행동 평정에 영향을 미칠 수 있다. 예를 들어, 부모의 피로감은 아동 증상에 대한 부모 보고에 영향을 미칠지도 모른다(Frick et al., 2010). **시간 변량**(시간이 가면서 평정이 중간으로 모이게 되는 경향), **변량원**(평정자의 객관성 혹은 그것의 부족), **도구 변량**(유사한 개념을 측정하는 평정척도 간의 편차)과 같은 오차 변량 또한 평정에 영향을 미칠 수 있다. 또한 **묵인**(피검자가 참/거짓 혹은 예/아니요 문항에 한 방향으로 일관적으로 답하는 경향), **사회적 바람직성**(검사자를 참조하여 의식적 혹은 무의식적으로 사회적으로 바람직한 항목에 답하는 것), **날조**(특정 효과를 만들어내기 위해서 검사자가 반응을 왜곡하거나 조작하는 것), 일탈(비관습적이거나 특이한 방식으로 항목에 답하는 경향) 등의 반응 편견이 모든 행동 평정척도에 다양한 정도로 존재하여 평정의 정확성을 떨어뜨린다(Merrell, 2008a). 마지막으로, 불안이나 우울 같은 내면화 증상은 외현화 행동만큼 쉽게 관찰될 수 없는 것이기 때문에 관찰자가 놓치기 쉽다(Merrell, 2008a). 그러나 이러한 문제에도 불구하고 평정척도는 여전히 유아의 정서 및 행동 문제를 평가하는 제1차적인 도구로 간주된다. 다양한 방법, 자원, 장면에 대해 평정척도로 얻어진 정보로서 문제를 압축해야 한다(Merrell, 2008a).

지난 수십 년에 걸쳐 유아를 위한 평정척도가 많이 개발되었다. 일부는 유아를 위한 것으로 특별히 개발된 것도 있지만(예 : 유아행동 척도, Preschool and Kindergarten Behavior Scale), 이 척도들 대부분은 현존하는 척도의 확장형이다(예 : CBCL의 유아 버전). 이 책에서는 유아를 위해 개발된 행동 평정척도 중 심리측정학적 측면에서 볼 때 신뢰할 만한 것들을 검토하였다. 선별과 향상도 점검 그리고 진단 평가에 사용될 수 있는 평정척도 또한 다루어진다.

## 선별도구로서의 사회, 정서, 행동 척도

정서, 행동, 사회 문제를 선별하는 데 사용되는 척도의 개발이 많아지고 있다. 이러한 선별도구는 이 문제의 발생률을 결정하고 아동에게 추가의 서비스나 평가가 필요한지를 확인하기 위해 다수의 아동을 평가하는 데 사용될 수 있다. 이러한 선별도구 중 몇 가지를 살펴보기로 한다.

BASC-3 행동정서 선별체계(Behavioral and Emotional Screening System : BASC-3 BESS; Kamphaus & Reynolds, 2015)는 학교와 클리닉, 그리고 연구자가 여러 가지 정서행동장애를 선별하는 데 사용하도록 개발되었다. 이것은 25~30문항으로 구성되어 있으며 유아(3~5세) 버전이 있다. 연구(Harrell-Williams, Raines, Kamphaus, & Denver, 2015)에서 이전 버전(BESS-2)의 요인구조가 지지되었는데 BESS-2의 유아 버전이 유아의 사회 및 정서 발달 결과와 높은 상관을 나타냈다(Dowdy, Chin, & Quirk, 2013).

사회성 기술 수행 선별 지침(Social Skills Improvement System Performance Screening Guide; Elliott & Gresham, 2008)은 3~18세 아동의 학업 및 사회-행동 어려움을 선별하는 광범위한 도구로서, 중재를 안내하는 향상도 점검도구로도 사용될 수 있다. 이것은 교실차원의 평가도구로 사용될 수 있고, 좋은 심리평가적 타당성(psychometric properties)을 갖추고 있다.

행동장애 체계적 선별, 제2판(Systematic Screening for Behavior Disorders, Second Edition : SSBD-2;

Walker, Severson, & Feil, 2014)은 교사가 실시하는 다단계 선별도구이다. 첫 번째 단계는 학급에서 내면화 혹은 외현화 문제를 나타내는 학생을 선정하고 그들이 문제에 기초하여 순위를 매긴다. 두 번째 단계는 교사가 상위 학생 3명을 대상으로 두 가지 검사, 즉 주요 사건목록(Critical Events Checklist)과 연합빈도지표(Combined Frequency Index)를 측정한다. 여기에서 만일 어떤 학생의 점수가 각 검사의 기준선을 넘어가면 세 번째 단계가 시작된다. 세 번째 단계에서는 훈련된 학교 전문가(예 : 학교 심리학자)가 아동을 관찰한다. 비록 매뉴얼에는 훌륭한 심리평가적 타당성이 제시되어 있지만 현재까지는 이 선별도구에 대한 외부의 연구는 거의 없다. 비록 다단계 선별이어서 평가가 보다 복잡한 면이 있긴 하지만 SSBD 3단계 모델의 신뢰도와 타당도는 훌륭함이 입증되었다(Feil, Walker, & Severson, 1995).

수정된 영아자폐증체크리스트 추후검사 개정판(Modified Checklist for Autism in Toddlers, Revised with Follow-Up : M-CHAT-R/F; Robins, Fein, & Barton, 2009)은 특별히 ASD 위험을 평가하기 위해 고안된 것으로, 16~30개월 아동의 부모가 실시하는 선별도구이다. 이 도구는 소아과 보건 기관에서 일하는 사람들이 가장 많이 사용하고, 아동의 의료 정기 검진에서 부모에게 하게 할 수도 있다. 추후검사 후에 위험 점수를 받은 아동이 나중에 ASD 진단을 받을 위험성은 47.5%(95% 신뢰구간)이며, 다른 발달지체의 위험성은 94.6%(95% 신뢰구간)이다. ASD를 선별할 때는 대안 점수보다 전체 점수가 위험성을 결정하는 데 더 효과적임이 밝혀졌다(Robins et al., 2014).

# 진단/평가도구로서의 사회, 정서, 행동 척도

다음에서는 아동 평가에 사용되는 좀 더 포괄적인 몇 가지 평정척도를 살펴볼 것이다. 여기에서 다루어질 척도는 유아의 사회, 정서, 행동 기능을 평가할 수 있는 훌륭한 심리평가적 타당성을 갖추고 있다.

## 광대역 평정척도

평가에서 초기 검사로 광대역 평정척도를 사용할 때의 장점 중 한 가지는 내면화 영역과 외현화 영역 모두에 걸쳐 문제를 확인할 수 있다는 것이다. 만일 이 검사상에 임상적으로 유의미한 영역이 드러난다면 그 문제에 대한 보다 포괄적인 평가와/혹은 중재가 수행되어야 한다.

## 아동행동평가체계

아동행동평가체계(Behavior Assessment System for Children, Third Edition : BASC-3; Reynolds & Kamphaus, 2015)는 아동과 청소년의 문제행동을 종합적으로 평가하도록 고안된 평정척도 체계이다. BASC는 부모 척도와 교사 척도가 있으며, 2~5세, 6~11세, 12~21세 등 세가지 연령대의 아동을 평가할 수 있도록 구분되어 있다. 부모 평정척도-유아 버전(Parent Ratng Scale-Preschool version : PRS-P; 600명 규준)과 교사 평정척도-유아 버전(Teacher Rating Scale-Preschool version : TRS-P; 500명 규준)이 〈표 2.3〉에 소개되어 있다. 특히 애착, 훈육, 말려듦, 양육 자신감, 관계적 좌절감 등을 평가할 수 있는 양육관계질문지(Parenting Relationship Questionnaire-Preschool Version : BASC-3 PRQ)도 포함되어 있다.

PRS-P는 139문항, TRS-P는 105문항의 구성되어 있으며 모든 항목은 전혀, 가끔, 자주, 거의 언제나 등의 4점 척도로 측정된다. 두 가지 척도 모두 내면화 장애와 외현화 장애의 정서행동 문제를 폭넓게 보여 주는 유도 점수와 하위검사 점수를 가진다.

BASC-3의 검사요강에 보고된 신뢰도와 타당도는 상당히 높다(Reynolds & Kamphaus, 2015). 알파계수 신뢰도는 .77에서 .93으로 일반 집단과 임상 집단이 유사하다. BASC-3의 검사-재검사 신뢰도는 유아 버전에서 .79~.94였고, 평정자 간(interrater) 신뢰도는 .56(내면화 척도)에서 .83(적응 척도)의 범위였다. 이 척도는 꽤 최근의 것이기 때문에 이에 대한 연구물이 많지 않다. 그러나 Myers, Bour, Sidebottom, Murphy, 그리고 Hakman(2010)이 수행한 BASC-2에 대한 연구에서는 BASC-2 PRS-P가 유아의 과잉행동과 주의집중 문제를 신뢰할 만하게 측정해 주고, 문제행동에 대한 전반적인 수준을 제공해 주므로 꽤 좋은 진단 역량을 갖춘 것으로 평가된다고 밝혔다. 그러나 내면화 하위 척도들 간의 상관

---

**표 2.3** BASC-3 PRS-P와 TRS-P 척도

| | |
|---|---|
| **외현화 문제** | **기타 문제** |
|   과잉행동 |   비전형적 문제 |
|   공격행동 |   위축 |
| |   주의집중문제 |
| **내면화 문제** | |
|   불안 | **행동증상 목록** |
|   우울 | |
|   신체화(somatization) | **적응 기술** |
| |   적응력 |
| |   사회성 기술 |
| |   일상생활의 기능적 의사소통(부모 버전에만 있음) |

---

관계는 낮았는데, 최근 버전인 BASC-3 실시요강에도 동일하게 보고되었다.

새로운 BASC-3는 아동이 특정 영역에서 지속적으로 문제를 가질 가능성을 결정하기 위한 확률 지표이다. 이러한 지표는 BASC-3 PRS-P와 TRS-P의 일반임상확률지표(General Clinical Probability Index)와 기능결함지표(Functional Impairment Index)로서, 일반임상확률지표는 행동과 사회적 기능에 대한 다양한 일반적인 문제를 측정하고 기능결함지표는 다른 사람과의 상호작용, 기분, 연령에 적절한 과제 수행을 측정한다. BASC-3는 과잉행동, 사회성 기술, 적응 기능 등과 같은 광범위한 행동적 개념을 측정하는 것 외에도 흔히 ASD와 관련되는 자기 자극이나 위축, 빈약한 사회화 등과 같은 행동의 여부를 평가하는 사회적 발달장애(Developmental Social Disorders : DSD) 척도도 포함하고 있다. 지금까지 BASC-3 DSD에 관한 연구물은 없었다. 그러나 Bradstreet, Juechter, Kamphaus, Kerns, 그리고 Robins(2026)가 수행한 BASC-2 DSD에 관한 연구에서는 이 도구가 어떤 진단도 갖지 않은 아동들 중 ASD 아동을 진단해 내는 데는 적절한 민감성과 명확성을 갖추었으나, ASD 아동과 다른 진단을 가진 아동을 변별하는 데서는 그렇지 못하다고 밝혔다. Lane, Paynter, 그리고 Sharman(2013)은 ASD 아동의 부모 평정자는 교사에 비해 BASC-2상의 적응 행동을 평가할 때 자녀의 결함을 더 크게 평가하는 경향이 있다고 결론 내렸다. 따라서 연구자들은 ASD 아동의 문제행동을 평가하기 위해 BASC-2를 사용할 때 부모와 교사 관점 둘 다를 사용할 것을 권장하였다.

## 아동행동체크리스트와 교사보고양식

CBCL(Achenbach & Rescorla, 2001)은 아동의 문제행동을 평가하는 데에 광범위하게 사용되는 도구이다. 이 척도와 이것의 학교 버전, 교사보고양식(Teacher's Report Form : TRF; Achenbach & Rescorla, 2001)은 흔히 아동이 문제행동을 나타내는 영역을 파악하기 위한 광대역 도구로 사용된다. CBCL과 TRF는 6~18세 아동에 대한 규준을 갖추고 있다. CBCL과 TRF는 부모가 아동의 문제행동을 평가하는 데 가장 광범위하게 사용되는 평정척도이다. 이 척도들은 훌륭한 신뢰도와 타당도를 갖춘 것으로 알려져 왔다(Achenbach & Rescorla, 2001). 학령전 아동을 위한 CBCL과 TRF의 확장판이 개발되었다. 여기에는 아동행동체크리스트 1.5~5세(Child Behavior Checklist for Ages 1.5~5)와 양육자-교사보고양식 1.5~5세(Caregiver-Teacher Report Form for Ages 1.5~5)(CBCL 1.5~5 and C-TRF; Achenbach & Rescorla, 2000)가 포함된다. CBCL 1.5~5(700명 규준)와 C-TRF 1.5~5(1,192명 규준)은 영아와 유아가 나타내는 경향이 있는 문제행동을 특별히 반영하여 만든 99문항으로 구성되어 있다. 모든 문항은 그렇지 않다, 그저 그렇다, 매우 그렇다의 3점 척도로 평정된다. CBCL 1.5~5와 C-TRF 1.5~5는 수면 문제 하위 척도를 제외하고 모든 하위 척도가 동일한데, 수면 문제 하위 척도는 CBCL 1.5~5에만 포함되어 있다(표 2.4 참조). 증후군 척도 외에 세 개의 혼합 점수(내면화, 외현화, 총문제)와 DSM 척도가 있는데, DSM 척도는 심리학자와 정신과 의사가 DSM-5의 진단기준과 일치하는지를 평정하는 문항들을 포함한다. DSM 척도에는 정서 문제, 불안 문제, 자폐스펙트럼 문제, 주의력결핍/과잉행동 문제, 적대적 반항 문제 등을 포함한다. CBCL 1.5~5는 또한 언어지연을 확인하는 언어발달조사(Language Development Survey : LDS)를 포함하고 있다. CBCL은 실시요강에 다문화 부록이 있어 여러 가지 언어로 사용이 가능한데, 다문화 부록에는 다른 문화권이나 지역에 살고 있는 아동 표본에서 얻은 CBCL 1.5~5 척도의 자료가 포함되어 있다(Achenbach & Rescorla, 2009).

실시요강에 따르면, CBCL 1.5~5와 C-TRF 1.5~5는 훌륭한 심리평가적 타당성을 갖추고 있고, 지지하는 연구에서는 요인타당도를 포함하여 적절한 신뢰도와 타당도를 제안하고 있다(Achenbach & Rescorla, 2000; Pandolfi, Magyar, & Dill, 2009; Tan, Dedrick, & Marfo, 2006). 척도별 정보제공자 간 평정은 적합이었고(가정 평정자 간 .61, 학교 평정자 간 .65, 가정과 학교 평정자간 .40), 검사-재검사 신뢰도는 높았다(대부분의 척도에서 r = .80s~.90s)(Achenbach & Rescorla, 2000). 또한 ASD 유아의 정서행동 문제를 진단할 때는 CBCL 1.5~5를 다른 임상 자료와 결합하여 사용하는 것이 효과적이라고 보고되었다(Pandolfi et al., 2009).

---

**표 2.4** CBCL과 C-TRF 1.5~5 척도

| | |
|---|---|
| 총문제 | DSM 척도 |
| 내면화 문제 | 우울 문제 |
| 외현화 문제 | 불안 문제 |
| | 자폐스펙트럼 문제 |
| 정서적 반응 | 주의력결핍/과잉행동 문제 |
| 불안/우울 | 적대적 반항 문제 |
| 신체통증 호소 | |
| 위축 | |
| 주의집중문제 | |
| 공격 행동 | |
| 수면 문제(CBCL에만 포함) | |

---

## 코너스 평정척도

현재 제3판인 코너스 평정척도(Conners Rating Scales : Conners-3; Conners, 2008)는 아동과 청소년의 문제행동을 파악하는 데 오랫동안 사용되어 왔다. Conners-3 확장형은 주의집중과 행동 문제 평가 외에도 우울과 불안을 평가하는 선별 문항을 포함하고 있다. 평정자가 제한적이면 단축형도 선별도구로 사용될 수 있다(Conners, 2008). 코너스 평가에 새롭게 추가된 것은 코너스유아기(Conners Early Childhood : Conners EC; Conners, 2009) 평정척도이다. 코너스 유아기는 아동이 주요 발달 이정표(적응 기술, 의사소통, 운동 기술, 놀이, 학업전/인지; 표 2.5 참조)를 충족하든 안 하든 2~6세 유아의 행동, 사회, 정서 문제를 평가한다. 이 검사는 여러 명의 정보제공자(부모/보호자, 교사, 보모) 형식을 취하며 평정자 간 점수 비교가 쉽게 되어 있다. 부모, 교사, 보모는 지난달의 아동 행동을 고려하여 4점 척도(전혀, 조금, 꽤, 매우) 로 행동 발생을 평정한다. 아동용 버전과 같이 확장형과 단축형이 있다. 실시요강에 의하면, 비록 타당도는 다른 코너스 검사에서 인용한 것이긴 하지만, 코너스 유아기는 신뢰도와 타당도가 우수하다. 코너스 유아기는 내적 일치도(.86~.93)와 검사-재검사 신뢰도(.87~.95)가 높고 부모들의 평정자 간 상관관계는 조금 낮게(.72~.84) 나타났다(Conners, 2009).

## 유아행동척도

유아행동척도, 제2판(Preschool and Kindergarten Behavior Scales-Second Edition : PKBS-2; Merrell, 2003)은 3~6세 아동의 사회성 기술과 사회-정서적 문제행동을 측정하기 위한 76문항의 행동 평정척도이다. 이 검사는 부모, 교사, 어린이집 보육교사 및 아동의 행동을 잘 아

**표 2.5  코너스유아기 평정척도**

| 행동 척도 | 발달 이정표 척도 |
|---|---|
| 부주의/과잉행동 | 적응기술 |
| 반항적/공격적 행동 | 의사소통 |
| 사회적 기능/비전형적인 행동 | 운동기술 |
| 불안 | 놀이 |
| 기분과 정서 | 학업전/인지 |
| 신체적 증상 | |
| | 적대적 |
| | 인지적 문제/부주의 |
| | 과잉행동 |
| | ADHD 지표 |

는 사람들이 실시할 수 있다. PKBS-2는 유아기의 독특한 사회적 · 행동적 측면을 반영하여 고안되었다. PKBS-2는 34문항의 사회성 기술척도와 42문항의 문제행동척도로 나뉜다. 사회성 기술척도는 사회적 능력, 사회적 상호작용 및 사회적 독립성으로 구성되어 있으며, 문제행동척도는 내면화 및 외현화 문제를 평가하는 것으로서 5개의 문제행동 하위 척도로 구성되어 있다. PKBS-2는 유치원이나 아동보육 기관에서 볼 수 있는 전형적인 문제를 나타내는 유아의 일반적인 문제행동과 사회성 기술을 평가하는 유용한 도구이다. 임상 장면에 있는 아동이 나타내는 빈도가 낮고 심각한 문제행동을 평가하기 위해서는 CBCL, 코너스, BASC 등의 척도가 더 적절할 것이다. PKBS-2는 전국의 3,317명 아동을 규준집단으로 개발되었으며 적절한 신뢰도와 타당도를 포함하여 좋은 심리평가적 타당성을 갖추고 있다(Merrell, 2003). 발달지연이 있거나 없는 모든 유아들을 대상으로 PKBS를 선별도구로 사용하였을 때 비교 집단의 아동들이 발달적으로 지연된 아동들 보다 통계적으로 유의미하게 더 적은 결함과 행동을 가진 것으로 나타나, PKBS가 사회적 결함과 문제행동을 적절하게 선별하는 것으로 밝혀졌다(Merrell & Holland, 1997). 이러한 결과는 2판에서는 검증되지 않았다.

## 협소역 평정척도

여기에 속하는 평정척도는 다수의 영역에 대한 아동의 기능을 개관해 주는 광대역 척도와는 반대로 사회, 행동, 정서적 기능 등의 특정 영역을 측정한다. 이 척도들은 선별도구로 사용되거나 혹은 사회, 행동, 정서 영역에서 좀 더 심층적 평가의 일부로 사용된다. 협소역 척도는 광대역 척도와 함께 전체적인 평가에서 하나의 정보로만 사용되어야 한다. 행동 문제, 사회적 발달, 정서적 기능, ADHD, ASD를 평가하는 척도에 대해 살펴볼 것이다. ASD를 위한 평정척도는 면접, 의료적 평가, 그리고 자폐증진단관찰스케줄, 제2판(Autism Diagnostic Observation Schedule, Second Edition : ADOS-2; Lord, Rutter, DiLavore, Gotham, & Bishop, 2012)과 같은 표준화된 관찰 등과 함께 사용할 때 ASD 아동을 가장 잘 확인할 수 있다.

### 아이버그 아동행동목록

아이버그 아동행동목록(Eyberg Child Behavior Inventory : ECBI; Eyberg & Pincus, 1999)은 2~16세 아동이 나타내는 파괴적 행동의 빈도와 심각성을 평가하는 부모평정척도이다. 문항은 아동에게서 흔히 관찰되는 행동 문제에 관한 것이다. 부모는 각 문항에 기술되어 있는 행동들이 얼마나 자주 일어나는지 7점 척도로 평가하고, 각각의 행동이 그들에게 문제인지에 대한 질문에 '예' 또는 '아니요'로 답한다. 행동 빈도에 대한 평정은 합산하여 강도 점수(Intensity Score)로 기록되고, '예'로 답한 문항의 수는 문제 점수(Problem Score)로 기록된다. 때로는 강도 점수와 문제 점수 간에 불일치가 나타난다. 높은 문제 점수와 낮은 강도 점수는 부모가 정상적인 아동의 실수에 대해 인내심을 가지지 못하는 것으로 해석될 수 있고, 아동에 대한 비현실적인 기대를 가진 것으로 해석될 수도 있으며, 양육에 의해 압도당한 것으로 해석될 수도 있다. 반대로, 강도 점수가 높고 문제 점수가 낮다면 양육 방식이 과도하게 관대함을 의미할 수 있다. 어떤 경우이든 교사는 불일치에 대한 가능한 이유를 조사해야 하는데, 이것이 중재를 도울 수 있기 때문이다.

ECBI는 간단하고 빠르게 사용할 수 있으며 외현화 행동을 가진 아동을 확인하는 데 유용하다(Weis, Lovejoy, & Lundahl, 2005). 이 척도는 비록 표준화 집단이 제한적이어서(n = 798) 표본이 모든 연령을 대표한다고 볼 수 없기 때문에 주의가 필요하지만 적절한 신뢰도와 타당도를 확보하고 있다(Funderburk, Eyberg, Rich, & Behar, 2003; Gross et al., 2007). ECBI는 품행 문제를 정확하게 선별하는 것으로 밝혀졌다(Levitt, Saka, Romanelli, & Hoagwood, 2007). 이 검사도구의 교사 버전(Sutter-Eyberg Student Behavior Inventory : SESBI; Eyberg & Pincus, 1999)은 ECBI와 같은 방식의 문항으로 구성되어 있으나, 문항은 학교 환경에 적절한 용어로 수정되었다.

### 연령 및 단계 질문지 : 사회-정서

연령 및 단계 질문지(Ages and Stages Questionnaire: Social-Emotional : ASQ:SE-2; Squires, Bricker, & Twombly, 2015)는 2개월부터 5세 아동의 부모가 실시하는 선별 및 평가 목적의 평정도구이다. 경제적이고 간단한 이 선별도구는 서로 다른 아홉 가지 월령 수준(2, 6, 12, 18, 24, 30, 36, 48, 60)에서 사회 및 정서 능력과 문제를 평가한다. 각 월령 질문지의 문항은 발달적으로 특정한 일곱 가지 행동 영역(자기조절, 순종, 사회적 의사소통, 적응 기능, 자율성, 정서성, 다른 사람과의 상호작용)을 측정하도록 개발되었다. 이 척도는 최근에 개정되었기 때문에 관련 연구가 거의 없다. 일부 자료에서는 이전 버전인 ASQ:SE가 문화 교차적으로 사용되었을 때 적절한 심리평가적 타당성을 갖추고 있다고 보고하였다(Heo & Squires, 2012). 그러나 ASQ:SE는 매우 어린 월령의 경우 심리사회적 문제를 찾아내는 데 타당도가 낮은 것으로 나타났다(6개월의 .46부터 14개월의 .66까지)(de Wolff, Theunissen, Vogels, & Reijneveld, 2013).

ASQ:SE-2의 기술적 타당성(technical properties)을 조사하기 위한 더 많은 연구가 필요하다.

## 데버루 유아기 평가

유아용 데버루 유아기 평가, 제2판(Devereux Early Childhood Assessment for Preschoolers, Second Edition : DECA-P2; LeBuffe & Naglieri, 2012)은 3~5세 아동의 사회 및 정서 건강상태를 평가하기 위한 강점 중심의 전국 표준화 도구이다. 검사도구에는 회복력을 촉진할 목적으로 평정 양식, 연구에 기반한 전략과 아동의 사회 및 정서 건강상태를 강화하고 유치원 프로그램의 전반적인 질을 개선하는 비결을 제시한 부모 및 교사를 위한 지침서 등이 포함되어 있다. 현재 이 검사의 심리평가적 타당성을 알아볼 수 있는 외부 자료는 거의 없는데, 실시요강에는 적절한 신뢰도와 타당도를 갖추었다고 제시되어 있다(LeBuffe & Naglieri, 2012). DECA의 첫 번째 버전에 대한 연구에서는 전반적인 타당도(Nickerson & Fishman, 2009)가 지지되었고, 문화적으로 다양하거나 가난한 배경을 가진 유아들의 사회-정서 기술과 행동 문제 검사에 대한 신뢰도가 지지되었다(Crane, Mincic, & Winsler, 2011).

## 사회성 기술 개선체계 평정척도

사회성 기술 개선체계 평정척도(Social Skills Improvement System Rating Scales : SSIS-RS; Gresham & Elliott, 2008)는 3~18세 아동을 대상으로 사용하는 부모 및 교사 평정 양식이 포함된 종합 사회성 기술 평가 체계이다. SSIS-RS는 다양한 연령 범위와 평가도구를 포함하고 있지만 여기에서는 유아용 양식만 검토한다. SSIS-RS는 심리측정적 속성이 좋은 것으로 밝혀졌다(Frey, Elliott, & Gresham, 2011; Gresham & Elliott, 2008). 부모 및 교사 버전 모두 경험적으로 도출된 하위 척도를 포함하고 있어 점수 간 비교가 쉽다. 하위 척도에는 사회성 기술(의사소통, 협력, 주장, 반응성, 공감, 참여, 자기조절), 경쟁적 문제행동(외현화, 거만, 과잉행동/부주의, 내면화, 자폐스펙트럼), 학업 능력(읽기 성취, 수학 성취, 학습 동기) 등이 포함된다. 표준화는 미국 인구 집단의 인종, 지역, SES를 일치시킨 전국 표본에 기초하였다. Gresham, Elliott, Cook, Vance, 그리고 Kettler(2010)는 문제행동과 사회성 기술에 대한 정보제공자 간 동의를 조사하였는데 약함에서 보통(0.15~0.38)이었고 수렴타당도가 변별타당도보다 강했다. SSIS를 초등학생 및 중학생 집단에 사용했을 때는 평정자 간 내적 일치도가 높게 나타났다(Gresham, Elliott, Vance, & Cook, 2011).

## 주의력결핍장애 평가척도

주의력결핍장애 평가척도(Attention Deficit Disorders Evaluation Scale-Fourth Edition : ADDES-4; McCarney & Arthaud, 2013a, 2013b)와 유아기 주의력결핍장애 평가척도(Early Childhood Attention Deficit Disorders Evaluation Scale : ECADDES; McCarney 1995a, 1995b)는 ADHD 증상을 평가하도록 고안된 행동 평정척도이다. 지금까지 ECADDES의 개정은 이루어지지 않았다.

　　ADDES-4는 아동기와 청소년기(4~18세) 집단의 ADHD 증상을 측정한다. ADDES-4는 가정(46문항)과 학교(60문항) 버전이 있는데, 둘 다 부주의와 과잉행동-충동성 하위 척도를 포함하고 있다. 이 두 개의 하위 척도로부터 얻은 점수를 합산하여 총 점수를 산출한다. 부모와 교사는 0(행동이 발생하지 않음)부터 5(시간당 한 번 이상 행동이 발생함)까지 5점 척도로 아동을 평정한다. 가정 및 학교 ADDES-3의 실시요강에 제시된 신뢰도와 타당도는 전체 척도의 내적 일치도가 .99, 검사-재검사 신뢰도가 .91 이상, 하위 척도의 평정자 간 신뢰도는 .85와 .90 사이로서, 적절한 것으로 기술되어 있다.

　　ECADDES(McCarney, 1995a, 1995b)도 가정(50문항)과 학교(56문항) 버전이 있으며, 2~6세 유아의 ADHD 증상을 평가하도록 특별히 고안되었다. 이 척도의 형식은 아동용과 유사하여, 부모와 교사가 5점 척도로 아동을 평정하는 식이다. ECADDES도 총 점수 외에 두 가지, 즉 부주의와 과잉행동-충동성의 하위 척도로 구성되어 있다. 실시요강에 보고된 요인 분석에 의하면 비록 두 개의 하위 척도 간에 많은 부분이 중복되기는 하지만, 전체 척도에 대한 내적 일치도가 .99, 검사-재검사 신뢰도는 .89 이상(McCarney, 1995a, 1995b)으로 척도의 적합성이 지지되는 것으로 볼 수 있다.

## ADHD 평정척도-5

ADHD 평정척도-5(ADHD Rating Scale-5; DuPaul, Power, Anastopoulos, & Reid, 2016)는 DSM-5의 ADHD 진단기준에 기초한 18문항의 평정척도이다. 가정과 학교용으로 구분되어 있으며 둘 다 아동 버전(5~10세)과 청소년 버전(11~17세)이 있고 규준도 각각 마련되어 있다. ADHD 평정척도-5는 부주의 척도와 과잉행동-충동성 척도로 구성되어 있는데, 전체 점수는 이 두 가지를 합산하여 산출한다. 이 척도는 5~18세 아동의 부모 2,069명과 교사 1,070명의 평정 자료를 바탕으로 규준이 개발되었다. ADHD 평정척도-5의 저자는 검사-재검사 신뢰도가 교사 평정에서 좀 더 안정적으로 나타나긴 했으나 부모용과 교사용 모두 전체 점수와 부주의 및 과잉행동 하위 척도에 걸쳐 .80~.93으로 나타나 적절하다고 밝혔다. 계수는 부모와 교사 자료 모두 결합 평정에서 더 낮았다(.62~.90). 내적 일치도는 부모용과 교사용에서 모든 하위 척도에 걸쳐 높게 나타났다. 부모와 교사 평정을 함께 사용했을 때 예언력이 적절한 것으로 입증되었으며, 부모 평정만 사용했을 때는 예언력이 좀 더 낮아졌다. ADHD 평정척도-5는 최근에 개발되었기 때문에 이에 관한 연구는 제한적이다. 그러나 이전 버전인 ADHD 평정척도-IV에 대한 연구에서는 내적 일치도, 요인 구조, 수렴 타당도, 확산 타당도, 반응성 등을 포함하는 심리평가적 타당성이 수용할 만한 것으로 보고되었다(Zhang, Faries, Vowles, & Michelson, 2005).

더 나은 심리평가적 타당성을 갖기 위해 더 많은 연구가 필요하긴 하지만 ADHD 평정척도-IV의 유아 버전(Dupaul, Power, Anastopoulos, & Reid, 1998)도 사용이 가능하다. 이 척도는 이전 버전이 수정된 것인데, 유아의 발달 수준을 고려하여 원래의 18문항이 수정되었다. 부모 평정은 902명, 교사 평정은 977명의 아동을 대상으로 수집되었다. 내적 일치도, 검사-재검사 신뢰도, 공인 타당도가 좋은 것으로 보고되었다(McGoey, DuPaul, Haley, & Shelton, 2007).

### 아동기 자폐증 평정척도

아동기 자폐증 평정척도(Childhood Autism Rating Scale-Second Edition : CARS-2; Schopler, Van Bourgondien, Wellman, & Love, 2010)는 2세 이상의 ASD 아동을 선별 진단하고, ASD를 갖지 않은 발달지체 아동과 ASD 아동을 구분하기 위해 개발되었다. CARS 평정은 아동 행동의 강도, 빈도, 특색, 지속시간에 기초하여 직접 관찰한 후 완성하는 것이다. CARS-2 문항은 원래의 CARS 문항과 유사한데, 원래의 문항은 위양(false positives)이 낮은 것으로 입증되어 DSM-IV 기준과 매우 부합하는 것으로 나타났다(Rellini, Tortolani, Trillo, Carbone, & Montecchi, 2004). CARS-2는 자폐스펙트럼의 끝에 있는 고기능의 개인(평균 혹은 그 이상의 IQ 점수, 더 좋은 구어 기술, 더 가벼운 사회 및 행동 결함을 보이는 개인)에게 더 적합하다고 볼 수 있다. 표준과 고기능 평정을 제작하기 위한 정보 수집에 사용될 수 있는 비채점 척도인 부모나 양육자를 위한 질문지(Questionnaire for Parents or Caregivers)도 나와 있다. CARS-2의 실시요강에 의하면 신뢰도와 타당도를 포함한 심리평가적 타당성이 좋고(Schopler et al., 2010), 외부 연구도 좋은 신뢰도와 타당도를 갖춘 선별도구로 그 사용을 지지하고 있다 (Vaughan, 2011).

### 길리엄 자폐증 평정척도

길리엄 자폐증 평정척도(Gilliam Autism Rating Scale-Third Edition : GARS-3; Gilliam, 2013)는 교사, 부모, 전문가가 3~22세 개인의 ASD를 선별하고 확인하는 데 사용하는 행동평정척도이다. DSM-5와 미국자폐증협회(Autism Society of America)가 제시한 ASD의 정의에 기초한 56문항으로 구성되어 있다. 문항은 ASD의 핵심 증상을 반영하는 6개의 하위 척도―의식적/반복적 행동, 사회적 상호작용, 사회적 의사소통, 정서적 반응, 인지 스타일, 부적응적 말―로 나뉘어 있다. 저자들에 의하면 이 검사는 선별과 평가 및 점검 둘 다의 목적으로 고안되었다. 검사 실시요강에는 신뢰도와 타당도가 적절하다는 것을 보여주고 있다(Gilliam, 2013). 외부 연구에 의하면 이전 버전인 GARS-2는 진단적 타당도가 낮은 것으로 보아 자폐증 증상이 저평가되었을 수도 있다(Norris & Lecavalier, 2010; Pandolfi et al., 2009). 그러나 새로운 버전의 진단적 타당성을 결정하려면 더 많은 연구가 필요하다.

## 향상도 점검도구로서의 사회, 정서, 행동 척도

지금까지 소개된 평정척도들은 선별도구로서 유용할 뿐만 아니라 향상도 점검도구로서도 유용하다. 대부분의 척도들이 중재 효과를 결정하기 위한 사전-사후 검사로 사용될 수 있고 실제로 사용되고 있다(Hess, Pejic, & Castejon, 2014). 예를 들어, 인지행동중재를 사용할 때, 해당 영역에 대해 선별하고 중재 결과를 평가하기 위해 사전-사후 평정척도를 사용하는 것이 일반적이다(Plotts & Lasser, 2013). 다음에서 간단히 살펴볼 일부 평정척도는 점검 도구로 특별히 고안된 것이다.

Conners-3(Conners, 2008)는 발달 단계를 4단계로 안내하고 중재 효과를 점검할 수 있으므로 중재 도구로서도 유효하다(1단계 : 중재 표적을 확인하고 우선순위를 결정하기, 2단계 : 특정 중재 목적을 설정하기, 3단계 : 각 목적에 도달하기 위한 개별화된 전략을 개발하기, 4단계 : 진도를 추적하기, 정기적으로 검토하기와 목적을 재설정하기). 저자에 의하면 Conners 척도들은 중재 결과를 알아보기 위하여 중재 실행 전과 실행 동안에, 그리고 중재 실행 후에 사용될 수 있다. BASC-3 BESS(Kamphaus & Reynolds, 2015)는 선별 및 향상도 점검도구로 사용하도록 개발되었다. 이것은 다수의 자원으로부터 향상도 점검을 할 수 있는데, 완성하는 데 5~10분 정도밖에 소요되지 않으며 평정자가 별도의 훈련을 받을 필요도 없다. 또한 BASC-3 플렉스 모니터(Kamphaus & Reynolds, 2015)는 전문가(예 : 학교 심리학자)가 실행한 행동중재의 효과를 추적하고 점검하기 위해 학교에서 사용될 수 있는 인터넷 기반의 도구이다. 이것은 행동이나 정서 문항 은행을 제공하는데, 이 문항들은 개인의 주문형 양식을 만드는데 사용되고, 그것으로 향상도를 점검하여 점수를 전국 대표집단의 표본과 비교해 볼 수 있다. 이러한 도구들이 향상도 점검의 목적으로 고안되어 있지만 그 효과를 알아본 연구는 아직 없는 실정이다.

# 직접관찰

관찰은 유아 평가에서 가장 유용한 도구 중 하나이다. 유아들은 말보다는 행동으로 의사소통을 하기 때문에 유아들의 사회·정서·행동 기능을 평가할 때 관찰은 심리적 진단의 중요한 틀이 되는 요소이다. 행동 관찰에 의해 유용한 정보를 얻기 위해서는 평가될 행동인 '표적 행동'이 관찰 전에 확인되어야 한다. '공격적', '과잉행동적', '사회성 기술 결함', '불안한', '친근한' 등과 같은 넓은 의미의 개념은 관찰자가 특정 행동을 명확하게 이해할 수 있도록 조작적으로 정의되어야 한다(Kazdin, 2012). 예를 들어, 유치원 교사가 어떤 아동을 교실에서 '과잉적'이라고 기술했다면, 관찰자는 '과잉적'이 특별히 어떤 행동을 의미한 것인지를 이해하기 위해 교사를 면접해야 한다. 일단 관찰자가 교사로부터 그 행동의 세부사항(예 : '앉아 있어야 할 시간에 자리이탈', '의자 위로 오르기', '앉아서 안절부절못함')을 알게 되면 관찰자는 좀 더 세밀하고 정확하게 그 행동을 추적할 수 있다.

## 선별도구로서의 관찰

가정이나 학교 장면에서의 문제행동 관찰은 항상 아동에 관한 염려가 있다는 사실을 깨닫게 해 준다. 아동 주변의 성인이나 부모는 문제행동이나 어떤 증상이 있을지도 모른다고 말한다. 아동의 행동이 각 장면의 요구나 기대에서 벗어나는지를 파악하려고 가정이나 학교 내 다른 아동의 행동과 제멋대로 비교한다. 그리고 이러한 관찰은 부모, 교사, 기타 양육자 등 아동 삶의 주요 성인들에게 공유된다. 문제행동 선별의 일반적인 첫 번째 단계는 문제행동이 발생했을 때 관찰을 시작하여 문제가 되는 행동과 문제가 되지 않는 행동을 확인하는 것이다(Wacker, Cooper, Peck, Derby, & Berg, 1999). 어떤 중재는 행동을 시도하고 중재하기 위해 이 시점에서 실행될 수도 있다(예 : 지시, 강화, 재확인). 이러한 초기의 중재에 아동이 반응하지 않거나, 문제행동이 더 나빠지고 복합적으로 된다면, 좀 더 나아가 문제를 평가하기 위하여 SSBD(Walker, Severson, & Feil; '선별도구로서의 사회, 정서, 행동

척도' 부분 참조) 같은 약식의 구조화된 관찰방법이 사용될 수 있다.

## 진단/평가도구로서의 관찰

다음에서는 아동 평가 상황에서 사용되는 구조화 관찰과 비구조화 관찰의 사용에 대해 살펴볼 것이다.

### 비형식적, 구조화된 관찰

형식적 및 비형식적 부호화 체계를 포함하는 구조화된 관찰은 학교, 가정, 유아원 장면에서 문제행동을 확인하고 추적하는 데 도움이 될 수 있다. 이 책에서, 비형식적 관찰(informal observation)이란 부호표나 기타 보조물이 사용될 수는 있지만 형식적이거나 출판된 관찰 체계를 이용하지 않고 관찰하는 것을 의미한다. 유아의 행동이 서로 다른 장면, 시간, 사람에 대해서 다양하게 나타나는 것이라면 관찰자는 서로 다른 시간에, 다른 활동에 참여하고 있을 때 아동을 관찰해야 한다. 관찰자는 행동과 정서 상태를 관찰하기 위해 필요한 만큼 여러 번에 걸쳐 아동을 보려는 시도를 해야 한다. 또한 아동이 다른 또래나 성인과 상호작용하는 것을 여러 장면에서 관찰해야 한다(Benham, 2000).

자연 관찰—학교나 유아원 같은 자연스러운 환경에서 아동을 관찰하는 것—은 다른 관찰 방법보다 많은 장점이 있다. 자연 관찰에서는 아동의 표적행동이 자연스럽게 발생하는 정상적인 일상 활동을 관찰할 수 있다. 자연 관찰은 또한 관찰자에게 선행사건(행동 발생 직전에 일어난 일)과 아동의 행동을 유지시키는(이 장의 후반부에 있는 '기능평가' 참조) 후속결과(행동 발생 직후에 일어난 일)를 결정할 기회를 제공한다. 이러한 형태의 관찰 동안에는 아동이 관찰자의 존재로 인해 영향을 받지 않도록 가능한 한 관찰자가 아동의 눈에 띄지 않는 것이 중요하다(Merrell, 2008a).

아동의 행동을 관찰하는 것 외에도 그 장면에서 행동과 관련되는 변수들에 주의를 갖는 것이 중요하다. 관찰 장면에서 중요한 요소는 (1) 성인과 아동의 상호작용, (2) 가능한 주의산만 요인 혹은 외부 소음, (3) 아동에게 주어진 공간의 크기, 다른 아동과의 근접성, 사용가능한 자료 등을 포함하는 아동이 속한 물리적 환경 등이다.

관찰을 완성한 후에 관찰자는 관찰된 아동의 행동에 대한 자신의 견해를 교사에게 말해야 한다. 어떤 경우에는 관찰 동안에 나타난 아동의 행동이 평상시에도 나타나는 대표적인 행동인지를 교사에게 물어보아야 한다. 관찰자는 또한 교사가 아동에 대해 특별히 관대하거나 비난적인지, 교사의 관찰이 관찰자의 것과 일치하는지에 대해 주목해야 한다.

## 자료기록 방법

다양한 기록 방법이 제시되어 왔다(Kazdin, 2012; Merrell, 2008a). 여기서는 유아를 관찰할 때 가장 많이 사용되는 방법에 대해 살펴보기로 한다. 여기에 소개될 방법이 〈표 2.6〉에 제시되어 있다. 이 기법들 각각을 설명하기 위해 학급에서 소리지르는 아동의 예(예 : 또래나 특정 교실 환경에서 기대되는 것 이상으로 목소리를 높이기)가 이용된다.

사건 혹은 빈도 기록법(event or frequency recording)은 관찰자가 관찰 시간 동안에 특정 행동이 발생하는 횟수를 기록하는 것이다. 아동의 예에서, 아동이 학급에서 20분 관찰 시간 동안에 놀라는 횟수이다. 이 방법의 장점은 사용이 쉽다는 것(관찰자는 행동 발생을 표시하거나 간단한 카운터를 이용함)과 아동 행동의 선행자극 및 후속결과를 결정하는 데 사용(뒤에 나올 '기능평가' 참조)될 수 있다는 것이다. 이 방법의 단점은 시작과 끝이 명확하지 않은 행동에 대해 사용이 쉽지 않다는 것이다(예 : 안절부절못하는 행동은 시작과 끝이 분명하지 않기 때문에 이 기법으로 기록하기가 어려울 수 있음).

지속시간 기록법(duration recording)은 관찰자가 행동이 발생한 시간의 길이를 기록하는

### 표 2.6 관찰 부호화 방법

| 기법 | 정의 | 예 |
|---|---|---|
| 사건/빈도 기록법 | 관찰시간 동안 특정행동이 발생한 횟수를 기록한다. | 아동이 소리 지른 횟수를 기록한다. |
| 지속시간 기록법 | 행동이 발생한 시간의 길이를 기록한다. | 아동이 소리 지른 시간의 길이를 기록한다. |
| 간격 기록법 |  |  |
|   부분간격 기록법 | 한 간격의 어느 시점에라도 행동이 발생하면 기록한다. | 아동이 간격의 어느 시점에 소리를 지르면 행동이 발생한 것으로 기록한다. |
|   전체간격 기록법 | 행동이 한 간격 전체 동안 발생하는 경우에만 기록한다. | 아동이 한 간격 전체에 걸쳐 소리를 지르는 경우에만 행동이 발생한 것으로 기록한다. |
|   순간 표집법 | 행동이 간격의 정확한 시점에 발생하면 기록한다. | 15초마다 아동을 보고, 그 순간에 아동이 소리를 지르고 있으면 행동 발생으로 기록한다. |

것이다. 총 지속시간(관찰 시간 동안에 아동이 소리 지른 전체 시간, 예 : 20분 중 6분)과 사건당 지속시간(아동이 소리 지른 각 건의 시간 길이, 예 : 첫 번째는 1분이었고 두 번째는 5분이었음) 모두가 산출될 수 있다. 지속시간 기록법은 시작과 끝이 명확하지 않은 행동(예 : 자리에서 안절부절못하기)에는 도움이 되지 않지만 시계나 스톱워치를 사용할 수 있는 장점이 있다. 그러나 짧은 행동에 대한 사용은 크게 유용하지 않을 수도 있다.

간격 기록법(interval recording)은 사용하는 관찰자는 일정 시간 간격 내에서 정해진 일정 반응의 존재와 부재를 기록한다. 아동의 예에서, 20분 관찰 시간은 짧은 간격, 예컨대 30초 간격으로 나누어지고, 아동이 (1) 간격의 어느 시점에서(부분간격 기록법), 혹은 (2) 간격의 전체 시간 동안에(전체간격 기록법) 소리 지르기 행동을 하는지의 여부를 기록한다. 간격 기록법은 명확하게 구분되지 않는 행동이나, 적지도 많지도 않지만 꾸준한 비율로 발생하는 행동(예 : 엄지 빨기)을 기록하기에 좋다. 단점은 관찰자가 아동에게 온전히 주의를 기울여야 한다는 것이다. 따라서 이 방법은 사용이 좀 어려운데, 교실 내 다른 문제들에도 주의를 기울여야 하는 교사들이 사용하기에는 더욱 어렵다. 〈그림 2.1〉은 간격 기록의 예이고, 원본 양식은 〈양식 2.3〉에 제시되어 있다.

순간 표집법은 간격 기록법 중 하나이지만, 관찰자가 아동의 행동을 간격 내내 주시하고 있을 필요는 없다. 순간 표집법을 사용하려면 관찰자는 간격 기록법에서와 같이 전체 관찰시간을 동일한 간격으로 나눈다. 그러나 각 간격이 끝나는 순간에 행동이 발생한 경우에만 행동 발생으로 기록된다. 예를 들어, 15초 간격에서 행동은 매 15초마다 한번 발생 혹은 미발생으로 기록될 것이다. 아동의 예에서, 아동의 소리 지르기가 간격(예 : 15초)의 종료 순간에 발생할 때만 행동 발생으로 기록된다. 이 방법은 간격당 단 한 번의 관찰만 필요로 하며, 지속되기 쉬운 행동에 유용하다. 그러나 중요한 것은, 낮은 빈도의 행동에 대해 이 절차를 사용할 때 기록을 놓치기 쉽다는 것이다.

아동 관찰이 종료된 후에는 자료의 유의미성을 평가하는 것이 중요하다. 만약 아동의 행동이 위험하거나 파괴적이면 문제가 되므로 즉각적인 중재를 필요로 한다. 그러나 자리이탈이나 안절부절못하는 행동 등은 유아들에게는 흔히 나타나는 행동이므로 관찰자는 이 행동이 또래에 비해 비전형적으로 나타나는 것인지 또는 특정 환경에서 기대되는 행동이 아니기 때문에 문제가 되는 것인지 등을 결정해야 한다. 관찰자는 아동 행동이 또래에 비해 심각한 것인지를 결정하기 위해 아동의 학급이나 유아원 등에서 임의로 몇 명의 또래를 선정하여 동일한 행동에 대해 기록해 보아야 한다. 이때 간격 기간에 따라

# 행동 간격 기록 양식

아동 이름 : 제임스 스미스                    날짜 : 8월 7일
관찰자 : 조 존스                              관찰 장소 : 유치원
관찰 활동 : 동화이야기 시간                  시작/종료 시간 : 오전 9:30~9:45
간격 길이/형태 : 30초/부분간격 기록

| 간격 | 소리 지르기 | 자리 이탈 | 다른 사람 때리기 |
|---|---|---|---|
| 1 | × | | |
| 2 | | × | × |
| 3 | | × | |
| 4 | × | | |
| 5 | × | | |
| 6 | | | |
| 7 | | | |
| 8 | | | |
| 9 | | × | |
| 10 | | × | |
| 11 | | | |
| 12 | | | |
| 13 | | | |
| 14 | | | |
| 15 | × | | × |
| 16 | | | |
| 17 | | | |
| 18 | | | |
| 19 | | | |
| 20 | | × | |
| 21 | | × | |
| 22 | × | × | |
| 23 | | | |
| 24 | | | |
| 25 | | | |
| 26 | × | | |
| 27 | × | | |
| 28 | | | |
| 29 | | | |
| 30 | | × | |

총합 : _____

**그림 2.1  간격 기록의 예**

서로 다른 아동을 순환적으로 관찰할 수도 있고 한 번에 모든 아동을 관찰하거나 서로 다른 시간에 아동을 관찰할 수도 있다.

## 부모나 교사의 비형식적 관찰

교사는 흔히 부모에게 가정에서 보는 행동 문제를 관찰해 보도록 요청할 것이다. 이러한 관찰은 어떤 면에서 구조화된 것으로 볼 수도 있지만(예 : 기록 양식이 사용된 점) 교사가 하는 관찰보다는 덜 구조화된 것이다. 이러한 관찰은 특히 가정 환경에서 도움이 될 수 있다. 교사가 행동 관찰을 위해 가정으로 가는 것은 드문 일인데, 관찰자가 있다는 것에 대한 반응성과 강제성 때문이다(Merrell, 2008a). 부모로 하여금 가정에서 행동을 관찰하게 하면 표적 행동이 얼마나 자주 발생하는지에 대한 좋은 정보를 얻을 수 있다. 부모나 교사에게 행동을 관찰하도록 요청할 때는 주로 간단한 빈도 기록법을 사용하도록 한다. 〈양식 2.4〉는 가정에서 부모가 파괴적 행동을 관찰할 때 사용할 수 있는 '행동 기록'의 예이다. 이 방법은 문제행동의 초기 평가와 향상도 점검 둘 다에 사용될 수 있다(예 : 중재 동안에 행동이 거의 나타나지 않는다면 이것은 중재의 효과를 나타내는 것일 수 있다).

## 기능평가

행동의 기능을 평가한다는 것은 관찰을 통하여 행동을 강화하고 유지시키는 것에 대한 문제행동의 '목적'을 파악하는 것이다. 행동의 기능을 파악하고 이 기능에 맞는 중재를 적용함으로써 중재의 효과가 증가되어야 한다. 문제행동은 일반적으로 몇 가지 기능(또래나 교사로부터 사회적 관심 끌기, 과제로부터 도피하거나 회피, 감각적 강화 제공받기, 유형의 강화물을 얻기) 중 한 가지를 가진다고 연구자들은 밝혔다(Gresham & Lambros, 1998; Steege & Watson, 2009). 아동을 평가할 때, 이러한 강화의 전체적인 범위를 고려해야 하고, 한 가지 행동이 여러 가지 기능을 가질 수 있다는 것도 이해해야 한다(Steege & Watson, 2009). 행동의 기능을 알면 부주의하게 강화되는 문제행동을 예방할 수 있다. 예를 들어, 기능평가를 통해서 아동이 이야기 나누기 시간 참여를 회피하기 위해 문제행동을 했다는 것을 알게 되었다면, 이 상황에서 아동을 타임아웃시키는 것은 나쁜 행동을 강화하는 것이 될 수 있어 적절치 않다. 왜냐하면 그것은 아동이 이야기 나누기 시간을 회피하도록 허락하기 때문이다. 대신에 부적절한 행동은 무시하고 이야기 나누기 시간에 참여하는 것을 정적으로 강화할 수 있다.

비록 관찰 방법이 흔히 기능평가에 필요한 정보를 얻는 데 사용되기는 하지만 부모나 교사와의 면접은 행동의 선행사건과 후속결과를 확인하는 데에도 도움이 된다(예 : 아동의 문제행동 후에 부모가 무엇을 했는지를 물음). 이때 부모나 교사에게 ABC(선행사건-행동-후속결과) 기록지(양식 2.5와 같은)를 이용하여 문제행동 발생 전과 후에 일어난 일을 기록하도록 요청한다. 표적행동의 기능을 확인하기 위해 관찰을 수행할 때 관찰자는 문제행동(예 : 소리 지르기)의 후속결과(예 : 아동은 교사의 관심을 얻었고 소리 지르기가 멈추었음)뿐만 아니라 선행사건 혹은 아동이 소리 지르기 직전에 일어난 일(예 : 아동은 혼자 하는 활동을 하고 있음)을 상세히 기록한다. 이 예에서, 아동의 행동은 관심에 의해 유지되었고 중재는 소리 지르기에 대한 관심을 줄이고 적절한 행동(예 : 정상적인 목소리로 요구하거나 조용히 장난감을 가지고 놀기)에 대한 관심을 높이는 것에 초점을 맞추어야 한다는 것이 드러난다. 때로 행동에 대한 설명이 여러 가지가 있을 수 있어, 기능평가가 복잡해진다. 예를 들어, 소리를 지르는 아동은 교사의 관심 얻기와 혐오적 활동으로부터의 도피 둘 다에 의해 강화받을 수 있다.

기능평가 기법은 외현화 행동 문제 평가에 가장 흔히 사용된다. 이러한 기법은 내적 사고나 느낌 같은 내면화 문제에는 적용하기가 어려운데 유아들의 경우에는 더욱 그러하다. 그러나 내면화 문제에 기능평가 기법을 적용하는 예가 증가하고 있다. 예를 들어, 등교 거부와 선택적 함묵증은 흔히 환경 요인에 의해 유지되는데, 기능평가 방법을 통해 이러한 장애를 유지시키는 요인을 확인할 수 있다(Kearney & Spear, 2013).

기능평가 기법은 문제행동과 직접적으로 연관된 환경적 유관관계를 확인하는 데 유용한 한편, 설명이 필요한 요인도 있다. 예를 들면, 의사소통 문제, 가족 문제, 다른 사람에 의한 부적절한 행동의 모델링, 그리고 학습 환경에서의 좌절 등은 문제행동에 기여하는 열외의 당황스러운 요인들이다(Merrell, 2008a). 그러므로 기능평가가 특히 외현화 행동을 이해하는 데 유용한 도구가 될 수 있지만, 유아의 사회, 정서, 행동 평가에 대한 하나의 접근 방법으로만 사용되어야 하고, 가능한 한 다수의 장면, 다수의 방법, 다수의 자원을 통해 수행되어야 한다(Steege & Watson, 2009).

## 형식적 관찰

자연적 환경(예 : 가정, 학교, 유아원)에서의 아동 행동에 대한 정보를 제공하는 형식적 관찰 체계가 많이 있지만, 특별히 유아를 대상으로 한 것은 많지 않다. 유아 관찰이 가능한 하나의 도구는 **조기선별프로젝트**(Early Screening Project : ESP; Walker, Severson, & Feil, 1995)이다.

ESP는 사회적 행동 관찰(Social Behavior Observations)을 통해 유아 행동 관찰이 가능하도록 구성되어 있다. ESP 관찰은 아동의 사회적 행동에 대한 정보, 특히 아동의 또래나 성인과의 사회적 상호작용에 대한 정보를 얻도록 고안되었다. 지속시간 기록 절차를 이용해서 다른 사람과 잘 놀기 같은 친사회적 행동; 구어적 문제행동, 규칙 어기기, 성질부리기 같은 부정적인 사회적 행동; 혼자 놀기 같은 비사회적 행동에 참여하는 시간의 양을 기록한다. 규준 자료가 있어, 관찰된 아동의 문제행동이 유의미한 것인지를 또래의 다른 아동과 비교하여 판단할 수 있다. 연구에서는 ESP의 규준선을 넘는 아동과 넘지 않는 유아 간에 유의미한 차이가 있음이 밝혀졌다(Feil, Severson, & Walker, 1998).

또한 자폐스펙트럼장애 아동을 검사하는 '표준'으로 알려진 ADOS-2는 ASD나 다른 전반적 발달장애가 의심되는 아동의 의사소통, 사회적 상호작용, 놀이 행동을 검사하는 반구조화된 관찰평가 도구이다. ADOS-2에는 다섯 가지 모듈이 포함되어 있는데, 각 모듈은 12개월부터 성인기까지, 무발화부터 유창한 구어까지 서로 다른 발달적·언어적 수준에 따라 평가하도록 구성되어 있다. 영아 모듈(Toddler Module)은 구(phrase) 사용이 어려운 12개월에서 30개월의 아동을 위해 특별히 고안된 것이다. 검사자는 아동의 표현언어 수준과 생활연령에 따라 피검 아동에게 가장 적절한 모듈을 선정한다. 각 모듈에는 관찰하고 코드화하는 데 총 40~60분 정도가 소요되는 구조화 활동과 반구조화 활동, 관련 행동 등이 있다(Lord et al., 2012).

## 향상도 점검도구로서의 관찰

관찰은 보통 가정이나 학교 환경에서 중재 효과를 결정하기 위해 도구를 사용한다. 아동에게 중요한 성인이 아동의 개선사항을 관찰한 것은 중재의 효능성에 대한 유용한 정보를 제공할 수 있다. 이러한 관찰에 근거하여 중재 조정이 일어날 수 있다.

일반적으로, 학교 환경에서는 비형식적, 구조화된 관찰이 사용된다. 여기에는 매일 혹은 매주 관심 영역의 행동이 진전되고 있는지를 평가할 수 있는 일상 차트, 행동기록표, 혹은 가정-학교 알림장(가정-학교 알림장에 대해 6장 참조) 등이 이용된다. 가정에서는 보통 부모가 아동의 행동 진전을 점검하고 기록하는 데에 행동기록카드(BRCs) 혹은 행동기록표가 사용된다(Nadler & Roberts, 2013; 양식 2.4 참조). 향상도 점검도구로 행동기록표를 사용할 때 부모는 문제행동을 세는 방법을 배운다. 기록하게 되면 좀 더 기억하는 데 도움이 되고 효과적인 행동중재 전략을 일관적으로 사용할 수 있게 되므로 부모는 자신이 사용한 행동 관리 전략을 기록하는 것도 배운다. 부모와 교사의 지속적인 관찰과 점검은 중재의 성공을 보장해 준다. 일단 행동이 개선되거나 목적이 도달되면 중재 그리고 향상도 점검은 조정될 수 있다. 만일 문제행동이 재발하거나 더 나빠지면 일단 중재가 조정되어야 하고, 이러한 관찰 결과는 중재 연기를 알리는 것이 될 수 있다.

## 요약

유아들의 사회 · 정서 평가에 대한 연구는 잘 이루어지고 있다. 최근의 도약은 특별히 유아의 문제행동을 평가하도록 고안된 행동 평정척도의 발달과 유아 관찰방법 및 유아 대상 면접 기법에 대한 연구 분야이다. 유아 평가의 최선은 정상적인 아동기 행동을 지나치게 병리적으로 보지 않고 아동에게 낙인을 찍거나 과잉 진단하는 일이 없도록 다양한 자원과 도구로부터 정보를 수집하고 통합하는 것이다.

# 기밀 정보 요구 및 양도 동의서

**내담자 정보**

이름 : _____ 날짜 : _____

내담자 번호 : _____ 생년월일 : _____

나는 _____ (년/월/일)부터 _____ (년/월/일)까지 수집된 정신의학적 · 의료적 처치 및 학교기록 등의 정보를 교환하는 것에 동의합니다.

정보 양도자 이름과 직위 : _____

기관의 주소 : _____

정보 요구자 이름과 직위 : _____

기관의 주소 : _____

정보공유의 목적 : 평가 _____ 중재 계획 _____ 기타 _____

공유된 정보 내용 :

_____

_____

_____

_____

_____

_____

_____

_____

이 동의서는 아래 서명한 자들에 의해 언제든지 취소될 수 있다.

취소되지 않는 한, 이 동의서는 다음 기간 동안 유효하다 : _____ 3개월 _____ 6개월 _____ 12개월

부모 또는 법적 후견인 서명 : _____ 날짜 : _____

증인 서명 : _____ 날짜 : _____

전문가 서명 : _____ 날짜 : _____

동의서 발송 날짜 : _____ 자료 발송 날짜 : _____

# 아동신규면접

## 내담자 정보

이름 : _____    성별 : _____    날짜 : _____

생년월일 : _____    출생지 : _____    나이 : _____

주소 : _____    민족 : _____

형제자매(이름/나이, 내담 아동과의 관계)

1. _____

2. _____

3. _____

4. _____

5. _____

6. _____

비상시 연락자 : _____

전화번호 : (집) _____ (직장) _____ (핸드폰) _____

## 부모 정보

이름 : _____

결혼상태 (동그라미 하시오.) :      기혼      이혼      별거      동거

기타(기술하시오.) : _____

과거 및 현재의 결혼
[함께 산 햇수, 관계의 본질적 특성(예 : 친밀함, 소원함, 신체적/정서적 학대, 사랑함, 적대적임)] :

_____

_____

_____

_____

교육(최종학력) :

어머니 _____      아버지 _____

(계속)

# 아동신규면접(2/6)

현 직업 :

어머니 _____

아버지 _____

가정에 머무는 시간 :

어머니 _____

아버지 _____

우선 양육자와 아동의 관계 _____

## 현재의 문제

문제행동을 기술하시오.(가능한 한 상세하게 : 언제 시작되었는지, 문제행동이 아동에게 어떤 영향을 미쳤는지, 문제행동이 당신에게 어떤 영향을 미쳤는지) _____

_____

_____

_____

문제의 정도 : 가벼움 _____ 중간 _____ 심각함 _____ 매우 심각함 _____

당신이 시도했을 때 아동의 문제에 도움이 되었던 것은?

_____

_____

당신이 시도했을 때 아동의 문제에 도움이 되지 않았던 것은?

_____

_____

중재의 첫 번째 목적은?

_____

_____

## 과거 및 현재의 중재

의사(이름/전화번호) : _____

_____

(계속)

과거/현재의 의료 문제(주요 의료 문제, 수술, 사고, 쓰러짐, 질병) : _____

_____

_____

_____

발달사 :

임신 및 출생시에 어떤 문제가 있었는가?(출생 전 알코올 노출, 불법 물질 혹은 약물; 임신 및 출생 합병증; 조산; 출생후입원 등) _____

_____

_____

_____

자녀가 처음으로 한 시기 :

혼자 앉기 _____     기기 _____     걷기 _____

말하기(한 단어) _____     말하기(문장) _____

자녀가 현재 건강상의 문제가 있습니까? 예 _____ 아니요 _____

'예'라면 무엇입니까? _____

자녀는 보통 몇 시에 깹니까? _____

자녀는 보통 몇 시에 잡니까? _____

자녀가 수면상의 어려움이 있으면 기술하시오 : _____

자녀는 현재 어떤 약물을 복용하고 있습니까? 예 _____ 아니요 _____

'예'라면 : 약물 및 복용량 _____

　　　　　　무엇 때문에 처방된 것입니까? _____

　　　　　　얼마나 오랫동안 복용해 왔습니까? _____

　　　　　　누가 처방했습니까? _____

　　　　　　약물이 행동에 어떤 영향을 미쳤습니까? _____

과거의 복용 약물 : _____

입원 경력이 있습니까? 예 _____ 아니요 _____

'예'라면 목록을 쓰시오. _____

응급실에 간 적이 있습니까? 예 _____ 아니요 _____

'예'라면 목록을 쓰시오. _____

주요 질환이 있습니까? 예 _____ 아니요 _____

'예'라면 목록을 쓰시오. _____

(계속)

## 아동신규면접(4/6)

다음의 문제가 있습니까? :

　시력 _____　　청력 _____　　말 _____

가족력이 있는 의료적 상태가 있습니까?(예 : 당뇨, 갑상선 문제, 암)

　예 _____　　아니요 _____

　'예'라면 기술하시오. _____

_____

정신질환, 알코올 혹은 폭력의 가족력(자살, 우울, 정신병원 입원, 학대 등) : _____

_____

_____

_____

아동의 트라우마 경험(아동 신체적 학대, 성적 학대, 방치, 가정폭력, 자연재해, 혹은 기타 트라우마 사건에의 노출) :

_____

_____

_____

_____

인지적 수행 혹은 학교 수행에 관한 염려사항 : _____

_____

_____

_____

자녀의 학교/유아원 적응 및 기능에 대해 기술하시오 : _____

_____

_____

_____

_____

자녀의 기질과 정서발달에 관한 정보를 기술하시오 : _____

_____

_____

_____

_____

(계속)

**교우관계, 지역사회, 정신성**(질, 빈도, 활동 등을 기술하시오.) :

_____

_____

_____

_____

_____

_____

_____

**아동의 과거/현재 심리치료**[년, 월을 상세기술하시오(시작-종료), 예정된 회기수, 명칭, 정도, 주소 및 전화번호, 초기 치료 이유, 개인적/가족, 약물, 관계 그리고 얼마나 도움이 되었는지에 대한 간단한 기술, 어떻게/왜 종료되었는지] :

1. _____

_____

_____

2. _____

_____

_____

3. 심리치료사에 관한 정보를 더 쓰려면 이 양식의 뒷면을 사용하시오.

자녀가 심리 평가(검사)를 받은 적이 있습니까? 예 _____ 아니요 _____

'예'라면 누가 평가했으며 평가 결과가 어떠했습니까? _____

_____

_____

_____

일반적인 자녀의 아동기에 대해 기술하시오(부모, 형제자매, 다른 사람, 학교, 이웃, 재배치 등과의 관계) :

_____

_____

_____

_____

(계속)

자녀의 재능은 무엇입니까?(자녀의 강점)

<br>
<br>
<br>
<br>
<br>

당신의 자녀와 당신의 상황에 대해 상담사에게 알리고 싶은 것이 있으면 아래에 쓰시오.

# 행동 간격 기록 양식

아동 이름 : _____　　날짜 : _____

관찰자 : _____　　관찰 장소 : _____

관찰 활동 : _____　　시작/종료 시간 : _____

간격 길이/형태 : _____

| 간격 | 소리 지르기 | 자리 이탈 | 다른 사람 때리기 |
|---|---|---|---|
| 1 | | | |
| 2 | | | |
| 3 | | | |
| 4 | | | |
| 5 | | | |
| 6 | | | |
| 7 | | | |
| 8 | | | |
| 9 | | | |
| 10 | | | |
| 11 | | | |
| 12 | | | |
| 13 | | | |
| 14 | | | |
| 15 | | | |
| 16 | | | |
| 17 | | | |
| 18 | | | |
| 19 | | | |
| 20 | | | |
| 21 | | | |
| 22 | | | |
| 23 | | | |
| 24 | | | |
| 25 | | | |
| 26 | | | |
| 27 | | | |
| 28 | | | |
| 29 | | | |
| 30 | | | |

총합 : _____

# 행동기록지

아동 이름 : _____

저녁시간부터 잠잘 때까지 최소한 3일 동안 아동의 행동을 관찰하십시오.

문제행동이 전혀 발생하지 않은 날에는 해당 칸에 발생하지 않았다는 표시(0)를 하십시오.

'시간' 란에는 아동 행동을 기록한 시간을 기록하십시오.

| 날짜 | 시간 | 불순종 | 신체적 공격 | 심술부리기 |
|---|---|---|---|---|
| 예) 2015.1.1 | 3 | /// | 0 | /// |
|  |  |  |  |  |
|  |  |  |  |  |
|  |  |  |  |  |
|  |  |  |  |  |
|  |  |  |  |  |
|  |  |  |  |  |
|  |  |  |  |  |
|  |  |  |  |  |
|  |  |  |  |  |
|  |  |  |  |  |
|  |  |  |  |  |
|  |  |  |  |  |
|  |  |  |  |  |
|  |  |  |  |  |
|  |  |  |  |  |
|  |  |  |  |  |

# ABC 기록지

행동 : _____     아동 이름 : _____

| 날짜 | 시간 | 선행사건(Antecedent) : 행동 발생 전에 일어난 일 (장소, 상황, 기타)? | 행동(Behavior) | 후속결과(Consequence) : 행동발생 후에 일어난 일? |
|------|------|------|------|------|
|      |      |      |      |      |
|      |      |      |      |      |
|      |      |      |      |      |
|      |      |      |      |      |
|      |      |      |      |      |
|      |      |      |      |      |
|      |      |      |      |      |
|      |      |      |      |      |
|      |      |      |      |      |

**3**

# 외현화/품행 문제 중재

# 외현화/품행 문제 중재

미국 내 아동 정신건강 서비스에 의뢰되는 대부분의 아동은 불순종이나 울화, 공격과 같은 외현화 문제를 나타내는 아동들이며(Wolff & Ollendick, 2010), 이 문제는 소아과 검진에서 부모들이 가장 많이 의사에게 언급하는 내용이다(Arndorfer, Allen, & Aliazireh, 1999; Cooper, Valleley, Polaha, Begeny, & Evans, 2006). 그러나 파괴적 행동을 보이는 유아들은 DSM 진단을 정식으로 받지 않는다. 일부 아동에게 있어서 이러한 행동은 유아기에 정상적이거나 일시적인 것으로 간주되지만, 또 다른 일부 아동에게 있어서는 좀 더 유의미하고 장기적인 문제를 암시하는 발달적 전조증상으로 기능하기도 한다. 파괴적 행동을 지속적이면서 높은 비율로 나타내는 아동은 ODD나 CD 같은 DSM-5 진단을 받을 수도 있다. 문제행동의 예측 요인이 많이 밝혀져 있는데, 양육과 가족 요인이 가장 크게 영향을 미치는 것으로 알려져 왔다(Duncombe, Havighurst, Holland, & Frankling, 2012; Parent et al., 2011; Patterson, 1982). 예를 들어, 환경을 온화하고 명확하게 제한해 주는 양육 행동은 아동의 친사회적 행동을 이끌어 주는 반면, 부정적이고 비일관적이며 지배적인 양육 방식은 아동으로 하여금 행동적 어려움을 겪게 할 수 있다(Combs-Ronto, Olson, Lunkenheimer, & Sameroff, 2009; Scaramella & Leve, 2004).

부모양육이 아동기 행동 문제에 중요한 중재 역할을 할 수 있기 때문에 효과적인 부모양육 중재가 관심을 받아왔다. 다양한 중재 가운데서 행동주의 부모 훈련은 아동기 품행 문제를 다루는 데 있어 현재 최상의 실제로 받아들여지고 있다(Eyberg, Nelson, & Boggs, 2008). 행동주의 부모 훈련은 품행 문제를 가진 다양한 연령의 아동을 위한 중재로서 압도적인 경험적 연구의 지지를 받고 있다(Kaminski, Valle, Filene, & Boyle, 2008; Michelson, Davenport, Dretzke, Barlow, & Day, 2013). 많은 연구에서 파괴적 행동장애 유아의 가족을 위해 개별 및 집단 부모 훈련을 함께 사용할 것을 지지하고 있다(Maughn, Christiansen, Jensen,

Olympia, & Clark, 2005; Michelson et al., 2013). 또한 ADHD 유아를 위해서도 행동주의 부모 훈련을 사용하도록 연구에서는 지지하고 있다(Fabiano et al., 2009). 행동주의 부모 훈련은 양육 기술을 개선하고 아동의 파괴적 행동을 감소시키는 것 외에도 부모와 가족 기능에 또 다른 긍정적인 변화를 가져올 수 있다. 예를 들어, 부모 훈련 중재에 참여한 이후에 어머니의 만족 점수와 부모의 우울 증상이 모두 유의미하게 개선되는 것으로 나타났다 (Barlow, Smailagic, Huband, Roloff, & Bennett, 2014; Ireland, Sanders, & Markie-Dadds, 2003).

　　이 장에서는 먼저, 행동주의 부모 훈련을 언제 시작하고, 동기화를 위한 면접법을 어떻게 사용하는 것이 가족을 중재에 참여하도록 도울 수 있는지에 대해 논의한다. 다음으로는 행동주의 부모 훈련을 종합적으로 살펴보고, 전통적인 행동주의 부모 훈련 기법의 치료적 개념과 아동중심의 사회성 기술 중재를 검토할 것이다. 또한 이 장에서는 아동기 품행 문제의 발달적 궤도를 변경하고 장기화되는 부정적 영향을 개선하기 위해 실행되어 온 조기중재와 예방 프로그램에 대해 논의할 것이다.

# 외현화 문제에 대한 중재로서의 행동주의 부모 훈련

## 개관

행동주의 부모 훈련 프로그램은 사회학습이론뿐만 아니라(Patterson, 1982) 조작적 조건화에 기초하여 강화 및 벌 절차를 적용하는 행동 이론에 깊게 뿌리박고 있다(McMahon & Forehand, 2003). 조작적 조건화는 선제자극 수정(예 : 명백한 지시 내리기)과 후속결과의 일관적 적용을 의미한다. 강화인자의 기능을 갖는 후속결과는 해당 행동의 재발생 가능성을 증가시킬 것이고, 벌인자는 해당 행동의 재발생 가능성을 감소시킬 것이다. 예를 들어, 자신의 장난감으로 함께 노는 것을 제안한 아동은 칭찬받을 것이며, 친구에게서 장난감을 빼앗은 아동은 타임아웃 방에 가게 될 것이다. 이러한 훈련 프로그램은 아동기 품행 문제가 일반적으로 아동이 상호작용하는 중요한 다른 사람, 특히 자녀의 행동에 대해 중요한 단서와 후속결과를 제공하는 부모와 관련된다고 여긴다(Maughan et al., 2005). 따라서 부모에게 행동 수정 전략을 가르치고 일관적으로 수행하게 함으로써 중재의 효과를 볼 수 있게 된다. 일반적으로는 아동이 대부분의 회기에 참여하지만, 부모가 변화를 주도하는 중요한 사람이기 때문에 교사는 아동과 개인적으로 상호작용하지 않는다.

현재 사용되는 많은 행동주의 부모 훈련 프로그램은 Hanf(1969)가 최초로 개발한 2단계 조작적 부모-훈련 모델에 기초하고 있다. 첫 번째 단계는 부모의 참여 기술 습득을 강조하고, 부모-아동 관계 증진 및 아동의 적절한 행동 증가를 위해 서로 다른 방법을 사용할 것을 강조한다. 이러한 기술은 일반적으로 놀이 상황에서 배우게 된다. 긍정적 행동 관리 기술을 완전히 습득한 다음에는 효과적인 지시 내리기와 원칙(일반적으로 타임아웃)을 일관적으로 실행하는 것을 배운다. 중재 요소를 가르치는 순서에 대한 경험적 자료는 제한적이다. 최소한 한 연구에서는 순서가 중재 결과에 영향을 미치지 않는다고 밝히고 있지만(Eisdenstadt, Eyberg, McNeil, Newcomb, & Funderburk, 1993), 대부분의 행동주의 부모 훈련 프로그램은 Hanf 모델의 순서를 고수하고 있다. 부모-아동 관계의 위압적인 본질을 고려하면, 부모에게 먼저 긍정적 참여 기술을 가르쳐서 이 전략으로 좀 더 긍정적인 사회적 상황을 만들어 나가고 협력적 행동을 증대시켜 나갈 수 있도록 하는 것이 이론적으로 합당하다는 것을 알 수 있다(McMahon & Forehand 2003).

양육 기술을 가르치기 위해 다양한 훈련 방법이 사용된다. 처음에는 기술을 강의식으로 가르친다. 일반적으로 기술과 그 적용을 설명한 유인물을 부모에게 나누어준다. 그리고 교사가 각 회기에서 기술을 시범 보인다. 비디오 모델을 사용할 수도 있지만 일반적으로는 의뢰된 아동을 대상으로 직접 시행한다. 예를 들어, 부모는 기술을 적절하게 사용하는 예와 기술을 부적절하게 사용하는 예에 대한 비디오를 보고, 아동의 반응뿐만 아니라 기술을 적용하는 차이점을 관찰할 수 있다. 첫 번째 모델링 후에는 부모가 기술을 실습하고 교사로부터 피드백을 받는다. 또한 가정에서 새 기술을 연습하고 그들의 진전을 점검하도록 부모에게 숙제가 주어진다. 행동주의 부모 훈련의 피드백 혹은 코칭은 부모가 기술을 효과적으로 사용하는 법을 배우는 데 매우 중요하다. 새로운 기술을 배울 때 부모는 기술을 부적절하게 적용하거나 예상치 못한 어려움에 직면할 수도 있다. 관찰과 코칭은 이러한 어려움을 문제로 알리는 데 도움이 될 수 있다. 기술을 사용하는 부모를 직접 관찰하는 것은 교사가 부모의 기술 수준을 정확하게 아는 데 도움이 된다. 피드백을 제공할 때는 교정적 피드백 외에도 부모가 잘한 것에 관한 긍정적인 반응을 보이는 것이 중요하다.

## 초기 고려사항

행동주의 부모 훈련이 파괴적이고 불순종하는 행동을 나타내는 아동의 가족을 위한 효과적인 중재이긴 하지만 모든 가족에게 적합한 것은 아니다. 행동주의 부모 훈련의 사용을 결정하기 전에 몇 가지 요인이 고려되어야 한다. 초기 고려사항 중 한 가지는 아동의 연령이다. 행동주의 부모 훈련 프로그램은 청소년보다는 유아의 부모에게 초점이 맞추어져 있기는 하지만 다양한 연령의 자녀를 둔 부모에게 사용될 수 있다. 유아기의 잘못된 행동은 본질적으로 복합적인 경향이 적고 일시적인 것이기 때문에 보통 유치원 연령이 중재하기에 적합한 연령으로 여겨진다. 더욱이 강압적인 부모-아동 상호작용이 아직 깊이 뿌리박히지 않아서 이러한 행동을 좀 더 순응적으로 만들 수 있다(Lavigne et al., 2010). 따라서 많은 행동주의 부모 훈련 프로그램이 유아기 및 초등학교 초기 아동의 양육과 연관된다(Kaminski et al., 2008; McCart, Priester, Davies, & Azen, 2006).

사회경제적 수준, 결혼 갈등, 양육 정신병리, 심리사회적 스트레스(예 : 사회적 고립, 편부모세대, 제한된 가족 자원)와 같은 부모 관련 요인이 모두 행동주의 부모 훈련 프로그램의 효과에 영향을 미치는 것으로 밝혀졌다(Shelleby & Kolko, 2015). 따라서 교사는 종합적인 평가(제2장 참조)의 일부로서 그러한 요인에 대한 질문을 해야 한다. 일부 가족에게는 확인된 요구에 대한 추가 서비스를 제공하는 것이 필요할 수도 있다. 예를 들어, 만약 부모가 우울감을 갖고 있거나 부부가 결혼생활에 문제가 있다면 이 가족을 추가 치료 서비스에 의뢰하는 것이 적절하다. 반대로 행동주의 부모 훈련 프로그램에 치료적 요소를 강화할 수도 있다(예 : 부모 강화 치료; Griest et al., 1982). 아동은 또한 학업에 초점을 맞춘 프로그램이나 약물치료 같은 추가 서비스를 필요로 할 수도 있다. 부모 문제와 아동 문제 둘 다를 표적으로 하는 종합적인 서비스가 좀 더 가족의 요구를 철저하게 다룰 수 있고 그럼으로써 행동주의 부모 훈련의 전반적인 효과가 증가할 것이다(Barkley, 2013; Chacko, Wymbs, Chimiklis, Wymbs, & Pelham, 2012; Shaw et al., 2014).

부모의 동기 또한 행동주의 부모 훈련 프로그램의 성과에 중요하게 작용하고, 중재를 시작하기 전에 평가되어야 할 요소이다. 일부 부모들은 부모 훈련의 초점이 아동이 아니라 자신들에게 맞추어지기 때문에 부정적으로 반응하기도 한다. 처음 부모들이 서비스를 받고자 할 때, 그들은 교사가 자녀를 개별적으로 만나 중재하기를 원하고, 그들 자신은 중재에 깊이 관여하고 싶어 하지 않는다. 어떤 부모들은 행동주의 부모 훈련을 통해 양육 기술을 배운다는 것 자체에 모욕감을 느끼기도 하고, 어떤 부모들은 부모 훈련을 받을 시간과 에너지가 없다고 할 수도 있다. 흔히 행동주의 부모 훈련의 사용에 대한 합당한 이유를 부모에게 설명함으로써 이러한 문제를 해결하여 서비스에 대한 혼란(중도 탈

락으로 이어지는)을 예방할 수 있다.

동기강화상담(motivational interviewing)은 부모들이 일반적으로 저항이 크고 동기가 낮다고 밝혀 왔다(Shaw et al., 2014). 동기강화상담은 내담자가 탐색을 통하여 행동변화에 관한 양면감정을 풀어나가도록 다양한 기법을 사용하는 목적 지향의 상담법이다(Lundhal, Kunz, Brownell, Tollefson, & Burke, 2010). 동기강화상담에서 교사의 역할은 일방적인 판단을 피하고 협력적 접근을 통하여 내담자가 자신의 행동 변화 혹은 행동 유지의 결과로 얻게 되는 것을 인식하게 하는 것이다. 동기강화상담은 다음의 네 가지 기본 원리를 갖는다. (1) 공감 표현하기, (2) 불일치감 만들기, (3) 저항과 함께 구르기, (4) 내담자의 자기효능감 지원하기(Lundahl et al., 2010). 예를 들어, 교사가 동기가 낮은 부모와 불일치감 만들기를 한다면, 교사는 "어머니께서는 효과적인 전략을 배우는 것이 자녀를 위한 최선의 선택이라고 생각하시지만, 일정이 바빠서 상담 참석은 어려우신 거군요. 어머니의 현재 일정에서 시간이 안 맞는 것이 어떤 일인가요?"라고 말할 수 있다. 이러한 대화에서도 부모가 여전히 높은 저항감을 가지고 있으면, 교사는 다음과 같이 말하며 저항과 함께 구르기를 한다. "이러한 생각이 어머니께 불편하지 않다면 괜찮습니다. 어머니가 해 오셨던 것을 공유해 주시면 우리가 함께 어머니께 맞는 무언가를 찾을 수 있을 것입니다."

동기강화상담은 1980년대 초에 시작되었지만, 최근에야 비로소 소아과 영역에서 치료적 도구로 평가받기 시작했다. 소아과 영역에서의 행동주의 건강 중재와 동기강화상담 기법을 평가한 연구는 이것이 매우 유망하다는 결과를 보고하고 있다(Suarez & Mullins, 2008). 대부분의 연구가 신체적 건강(예: 당뇨, 비만)에 대한 중재에 초점을 맞춘 것이지만 아동 행동 관리 중재 또한 논의되었다. 예를 들어, 동기강화기법과 TAU(treatment-as-usual) 통제집단을 비교한 연구에서, 5~15분의 동기강화상담 중재로 구성된 동기강화기법이 초기 몇 회기 동안에 3배의 좋은 성과를 냈고 중재에 참여하는 것과 중재를 지지하면서 따르는 것이 중요하다는 결론을 내렸다. 양육자와 치료사 평가 모두에서 더 많은 회기에 참여한 동기강화집단의 양육자들이 더 높은 중재 동기와 더 강한 중재 지지를 보였다고 밝혔다(Nock & Kazdin, 2005).

가족점검(Family Check-Up)은 아동의 품행 문제를 중재하기 위한 생태학적 가족 중심 예방 프로그램으로, 동기강화기법을 이용하여 부모가 비효율적인 양육태도를 교정하도록 돕는 것이다(Chang, Shaw, Dishion, Gardner, & Wilson, 2014). 가족점검은 다양한 방법과 정보제공자에 의한 생태학적 평가를 통하여 가족 맞춤의 도전과 가능한 변화에 주목할

뿐만 아니라 양육과 가족의 강점을 피드백해 주는 2~3회기 중재이다(Smith, Stormshak, & Kavanagh, 2015). 교사는 변화를 위한 가족의 요구와 동기를 참작하여 생태학적 부모관리 훈련 관점에 근거한 가족 맞춤의 중재 계획을 개발한다. 가족 점검을 평가한 연구에서는 동기강화상담을 받은 어머니가 유의미하게 높은 참여 수준을 보였다고 밝혔다. 또한 가족 점검 집단의 아동은 비록 24개월 추후검사에서는 유의미한 차이가 나타나지 않았지만 12개월 추후검사에서는 비교집단에 비해 공격 행동이 유의미하게 감소되었다고 밝혔다(Shaw, Dishion, Supplee, Gardner, & Arnds, 2006). 유사한 중재인 교실 점검(Classroom Check-Up)은 학교 내 교실 수준 상담 모델로 개발되었다(자세한 내용은 제6장 참조).

일단 가족이 중재에 참여하겠다고 결정하면 행동주의 부모 훈련의 타당성을 설명하는 것이 중요하다. 교사는 이러한 훈련이 자녀의 품행 문제를 관리하는 데 매우 효과적일 수 있다는 것과 조기중재는 문제가 더 악화되는 것을 예방해 주는 데 매우 중요하다는 것을 강조해야 한다. 자녀의 품행 문제와 관련하여 부모를 비난하지 않으면서 부모의 행동을 자녀의 행동과 연계시키는 것이 중요하다. 부모에게 그들의 행동이 자녀의 반응에 영향을 미칠 수 있다는 것을 설명하고 그들 자신의 행동을 변화시킴으로써 자녀의 행동을 개선시킬 수 있다는 것을 설명하는 것이 효과적이다. 품행 문제를 가진 아동은 항상 또래와는 다른 행동 패턴을 갖는다. 따라서 부모는 자녀의 부정적인 행동을 감소시키고 긍정적인 행동을 증가시키기 위한 다른 상호작용 방법을 배울 필요가 있다. 양육은 스트레스가 많고 더욱이 품행 문제를 가진 아동을 양육하는 것은 더 말할 것도 없다는 것이 용인되어야 한다. 이러한 스트레스가 부모의 좌절을 초래할 수 있다는 설명이 위로가 될 수 있지만 부모가 좌절하는 반응은 자녀의 부정적 행동을 증가시킬 뿐이라는 것도 설명되어야 한다. 부모는 자신의 행동을 변화시킴으로써 자녀의 부정적 행동을 감소시키고 양육 스트레스를 줄이며 부모-아동 간 더 긍정적인 상호작용을 이끌어 낼 수 있다.

## 행동주의 부모 훈련 실시

전형적인 행동주의 부모 훈련 프로그램은 다음의 회기에 따른다. 이 프로그램은 다른 사람들(예, Barkley, 2013; McMahon & Forehand, 2003; McNeil & Hembree-Kigin, 2011; Webster-Stratton, 2011)이 언급한 행동주의 부모 훈련 프로그램과 유사하다. 앞서 언급한 바와 같이, 최근의 행동주의 부호훈련 프로그램 대부분은 Hanf(1969)가 개발한 불순종 아동에 대한 2단계 조작적 부모 훈련 모델에 기반하고 있다. 첫 번째 단계는 부모의 참여 기술 개발과 부

---

**표 3.1**  행동주의에 근거한 부모 훈련 프로그램의 구성요소

- 행동주의 관점에서 사용하는 용어 설명하기
- 전략적 관심 사용하기
- 아동주도 놀이 실행하기
- 효과적으로 명령하기
- 부적절한 행동에 대한 훈육 기법
  타임아웃
  특권 사용
- 공공장소에서 행동 관리하기(기술의 일반화)
- 습득된 기술 유지하기(예 : 추가적 회기 실시)

---

모-아동 관계를 강화하기 위한 전략적 관심의 사용을 강조한다. 두 번째 단계는 잘못된 행동에 대한 후속결과의 효과적인 실행에 초점을 맞춘다. 프로그램에 포함된 이러한 단계에 대한 요약이 〈표 3.1〉에 제시되어 있다.

## 행동주의 원리에 대한 설명

행동주의 부모 훈련은 사회학습과 조작적 조건화 원리에 기초한다. 양육 기술이 기반하고 있는 이러한 과학적 원리를 부모에게 가르침으로써 부모는 그들이 왜 기술을 특정 방법으로 수행해야 하는지를 더 잘 이해할 수 있게 된다(Patterson, Chamberlain, & Reid, 1982). 또한 부모는 새로운 행동 문제에 맞닥뜨렸을 때 이전에 배운 행동주의 원리를 적용하여 문제를 더 잘 해결할 수 있게 된다. 결국 치료 서비스가 종료된 후에도 부모가 계속해서 기술을 실행할 가능성이 커진다. 분명한 것은 지나치게 이론적으로 깊이 들어가면 부모가 좌절하기 쉬우므로 중요한 행동주의 원리들을 간단히 설명하는 것이 좋다는 것이다. 부모에게는 정적 강화, 부적 강화, 반응대가 및 소거 등의 행동주의 원리에 대한 설명이 포함된 자료를 나누어 준다(양식 3.1 참조). 교사는 자료의 내용을 부모와 함께 검토하면서 자녀 행동의 예를 들어 가며 설명을 해야 한다. 교사가 먼저 예를 제시하고, 부모로 하여금 최근에 있었던 자녀와의 상호작용에서 예를 들어 보도록 요청하는 것이 좋다.

## 전략적 관심 사용하기

행동주의 부모 훈련의 첫 번째 단계에서 부모는 자녀가 나타내는 적절한 행동에 관심을 보이면서 칭찬함으로써 그들의 관심을 전략적으로 사용하는 것을 배운다(예 : "자녀가 잘한 것을 포착하기"; 양식 3.2 참조). 부모가 적절한 행동에 관심을 보임으로써 (1) 아동의 적절한

행동의 발생빈도가 증가할 것이며 (2) 아동이 하지 말아야 할 행동에 초점을 맞추는 것이 아니라 해야 하는 행동을 가르칠 수 있게 된다. 행동주의 부모 훈련의 이러한 긍정적 요소로 말미암아 부모-아동 간 관계가 보다 긍정적이고 바람직하게 형성될 수 있다. 또한 긍정적 피드백은 부모들의 공통적인 관심사인 아동의 자신감도 향상시키게 된다.

행동 문제를 가진 아동의 부모는 흔히 자녀의 부정적인 행동을 점검해야 하는(그리고 없애기 위해 노력해야 하는) 스트레스에 시달린다. 이러한 일방적 상호작용은 제1장에서 설명된 강압적 양육 사이클로 귀결되기 쉽다. 긍정적인 부모-아동 관계를 형성하고 자녀가 적절한 행동을 할 가능성을 높이기 위하여 부모는 긍정적인 관심을 제공하는 것과 원칙을 일관적으로 적용하는 것 간의 균형을 잘 유지해야 한다. 중재의 첫 시간에 교사는 부모가 지켜야 할 자녀와의 긍정적 상호작용과 부정적 상호작용 간 비율인 '매직 비율'을 설명해야 한다(예 : 5:1 규칙). 자녀에게 부정적 관심이나 원칙을 적용할 때마다 긍정적인 상호작용 기회를 5회 가져야 한다는 것이다. 이 비율은 어떤 행동이 바람직하고 어떤 행동이 부적절한지에 대한 대조를 강력하게 제공한다. '매직 비율'은 원래 갈등 해결에 참여한 부부를 대상으로 한 연구에 기초하고 있지만(Gottman & Levenson, 1992) 교육 및 가족 상황에 폭넓게 적용되고 있다(Armstrong & Field, 2012; Flora, 2000). 그러나 유아기 자녀양육에서 어떤 비율(예 : 5:1 대 4:1)을 지지하는 경험적 자료는 없다.

부모는 자녀의 적절한 행동에 긍정적 관심을 제공하는 것을 배워야 할 뿐만 아니라 계획적으로 무시하는 것도 배워야 한다. 아동은 흔히 부모의 관심을 얻기 위해 부적절한 행동을 한다. 이러한 관심 끌기 행동은 징징대기, 토라지기, 불만 터뜨리기, 울기 등으로 나타난다. 부모는 이 행동에 대해 꾸짖기, 호통치기, 혹은 다른 원리적 방법 사용하기 등으로 반응한다. 불행히도 이러한 반응은 자녀가 부모의 관심(비록 부정적 관심이지만)을 얻게 되는 결과를 가져와, 결국은 자녀의 바람직하지 않은 행동을 강화하게 된다. 계획적으로 무시하는 것은 이러한 형태의 행동을 줄이는 데 매우 좋은 전략이다. 이 전략은 관심 끌기 행동에 대해 관심을 주지 않는 것이다(예 : 눈맞춤하지 않기, 신체적 혹은 구어적 반응하지 않기). 이 전략을 처음 사용했을 때는 일시적으로 자녀의 행동이 더 나빠질 수 있다는 것(예 : 소거 발작)을 부모에게 설명하는 것이 중요하다. 부모가 자녀의 행동 상승에 굴복하면 결과적으로는 자녀가 강화를 받게 되는 것이므로, 이것이 결국은 자녀의 행동을 더 나빠지게 만들 것이라는 것을 부모가 인지하도록 해야 한다. 지속적으로 행하는 것이 중요하다는 것을 부모에게 강조해야 하고, 결국은 행동이 개선될 것이라는 확신을 부모가 가질 수 있도록 해야 한다.

## 아동주도 놀이 실행하기

부모는 모델링과 촉구를 통하여 아동과의 자연스러운 상호작용에서 관심을 전략적으로 사용하는 것을 배우며, 또한 '아동주도 놀이' 혹은 '타임 인' 상황인 아동중심의 놀이 상황에서 긍정적인 관심 기술을 배우고 연습해야 한다. 이를 위해 건설적이며 상호작용을 촉진할 수 있는 연령에 맞는 몇 가지 장난감이 필요한데, 보통 레고, 적목 놀이, 그림 그리기 등이 사용된다. 부모와 아동 간에 자발적 상호작용을 할 수 없게 하는 놀이나 공격성이 있는 놀이는 피하는 것이 좋다. 예를 들어, 엄격한 규칙이 적용되는 보드 게임은 적절하지 않다. 긍정적 놀이시간 동안, 부모는 아동에게만 온전히 관심을 기울여야 하며, 아동이 놀이를 주도할 수 있어야 한다. 아동중심의 놀이가 되기 위해서 부모는 질문을 하거나 지시를 하는 것을 피하고 비판적이지 않은 것이 좋다. 또한 중요한 문제행동이 발생할 경우에는 놀이를 종료해야 하지만 사소한 문제행동이 발생할 경우에는 무시하고 놀이를 지속하도록 한다. 놀이시간 동안 부모는 (1) 아동이 하고 있는 행동을 기술해 주거나(예 : "노란 적목을 파란 적목 위에 올려 놓았네.") (2) 아동이 한 말을 다시 해 주기(예 : 아동이 파란색이 좋다고 이야기 할 때 "너는 파란색을 좋아하는구나. 나도 파란색을 좋아해. 파란색은 정말 예쁜 색깔이야.") (3) 아동의 적절한 행동을 칭찬해 준다. 부모는 구체화된 칭찬(예 : "내가 필요한 적목을 줘서 고맙구나. 내가 말하지도 않았는데 적목을 내게 주었네.")과 일반적인 칭찬(예 : "정말 잘했어.") 등을 적절하게 활용해야 한다. 특히 구체화된 칭찬은 아동으로 하여금 부모가 무엇을 좋아하는지에 대해 알게 해 주므로 부모는 아동과의 상호작용에 구체적인 칭찬을 사용해야 한다.

교사가 부모에게 아동주도의 긍정적인 놀이기술을 가르칠 때, 먼저 활동을 설명한 후에 이 기술의 기본적 원리를 알려주어야 한다. 또한 이 활동을 하면서 부모가 사용해야 할 기술과 아동주도 놀이를 상세하게 기술한 유인물(양식 3.3 참조)을 부모에게 나누어 준다. 부모에게 활동을 설명하고 나서, 이 기술이 실제로 어떻게 쓰이는지를 부모에게 보여 주기 위해 아동에게 기술을 어떻게 적용할지를 시범 보여야 한다. 이 활동은 상대적으로 쉬워보일지 모르지만, 부모가 이것을 처음 실행할 때는(특히 교사 앞에서) 매우 어색하게 느낀다는 점과, 많은 부모들이 처음 아동주도의 '게임'을 학습할 때 질문을 하지 않는 것이 어려운 일이라는 것을 알게 된다는 사실을 인정하는 것이 중요하다. 부모 입장에서는 아동과 상호작용할 때 질문을 하는 것이 일반적인 방법이기 때문에 부모들은 이러한 긍정적인 놀이시간에 왜 질문을 하지 말아야 하는지를 묻곤 한다. 교사는 이 놀이 활동의 목적은 부모가 긍정적인 참여 기술을 익히는 것이라는 점과, 아동주도라는 이 활동의 본질을 없애는 어떤 것도 있어서는 안 된다는 점을 설명해야 한다. 놀이(예: "우리 가족 그림을 색칠해 볼까?")나 대화(예: "이 블록은 무슨 색이야?")를 이끄는 질문, 그리고 활동을 부모주도로 만드는 질문 등은 이 시간에는 없어야 한다. 그러나 일상에서 아동과 상호작용할 때 질문을 하는 것은 괜찮다는 것을 부모에게 알려주어야 한다.

일단 교사가 기술을 시범 보이고 나면 부모가 점진적으로 놀이에 합류하도록 인도하고 궁극적으로는 부모가 아동과의 놀이를 이어받게 해야 하며, 교사는 부모가 아동주도의 기술을 사용하도록 코치해야 한다. 예를 들어, 부모가 질문을 하면서(예: "이것은 색깔 블록이네, 그렇지?") 오류를 깨닫지 못하면, 교사는 그것을 지적해 주어야 한다(예: "질문을 하셨네요. 그냥 말하는 것으로 해보세요. '색깔 블록을 가지고 놀고 있구나'라구요."). 만일 부모가 무엇을 말하는지 알지 못하면(즉, 침묵의 시간이 오래 지속되면) 교사는 부모에게 설명이나 칭찬의 말을 예로 들어줘야 한다(예: "영희에게 크레용을 빌려 주면 좋겠다는 말을 지금 하면 좋아요."). 방금 말한 바와 같이, 교사는 부모가 기술을 잘 사용하는 순간에 긍정적 피드백을 주어야 한다(예: "순희가 빌려 준 것에 대해 칭찬 잘하셨어요.").

부모가 아동에게 하는 말을 코치하는 것 외에도 말이 전달되는 방법에 대한 코치도 필요하다. 부모는 흔히 처음 이 활동에 참여할 때 열정적이지 않으며, 목소리에 억양이 거의 없다. 교사가 아동과 상호작용할 때 가지는 열정을 시범 보이고 부모에게 보다 열정적인 태도를 갖도록 코치하는 것이 매우 중요하다. 열정적이지 않거나 진정성이 없는 부모는 자녀를 이 활동에 참여시키고 흥미를 갖게 하는 데 어려움을 겪을 수 있다. 왜냐하면 자녀가 부모의 흥미 결여를 배울 것이기 때문이다.

부모는 하루에 5~15분 정도 이 기술을 실행하고 혹시라도 발생하는 문제를 메모해 놓도록 배운다(양식 3.4 참조). 만일 가정에 여러 명의 자녀가 있다면 한 번에 한 명씩을 대상으로 실행해야 한다. 점점 자녀들 모두에게 이 기술을 사용하도록 권장되지만, 모든 아동이 반드시 각각의 실행 시간을 가져야 한다. 가정에 부모 두 명이 모두 있다면, 각 부모가 독립적으로 이 기술을 실행하는 것이 좋다.

이 기술은 부모가 완전히 숙달할 때까지 회기 내에서 다루어진다. 일부 행동주의 부모 훈련 프로그램은 이 기술이 숙달되는 시기를 결정하는 지침이 마련되어 있다. 예를 들어,

부모-아동 상호작용 중재(사용 가능한 특정 훈련 프로그램 중 한 가지)에서는 부모가 5분 동안에 칭찬문, 반영문, 행동주의적 기술을 10회 사용하고, 명령, 질문, 비난을 3회 미만으로 하면 이 기술이 숙달되었다고 인정한다(McNeil & Hembree-Kigin, 2011).

## 효과적으로 명령하기

긍정적인 양육 기술의 사용을 숙달한 후에 부모는 원칙적인 전략을 실행하기에 앞서 효과적이면서 적절하게 명령하는 것을 배워야 한다. 부모는 흔히 아동이 따르기가 어렵거나 불가능한 명령을 내리곤 한다. 예를 들어, 아동이 명령을 따르는 데 충분한 시간을 주지 않고 명령을 줄줄이 내리거나 아동이 어떻게 해야 하는지에 대한 충분한 정보가 없는 애매한 명령을 내리기도 한다. 또한 질문형태로 명령을 하기도 하는데(예 : "블록을 집어 줄 수 있니?"), 이것은 아동에게 순종을 해도 되고 안 해도 된다는 의미로 전달된다. 게다가 부모는 아동의 불순종을 강화하는 명령을 하기도 한다.

부모는 발달적으로 적합한 명령만을 내려야 하고, 아동이 주어진 명령을 수행할 수 있는 신체적 능력이 있는지 확인해야 한다(Schroeder & Gordon, 2002). 부모는 명령을 내리기 전에 아동의 주의를 끌어야 한다. 아동의 이름을 말하거나 아동 앞에 서거나 눈맞춤 하는 것 등은 아동과의 교섭을 위한 좋은 방법들이다. 명령은 한 번에 한 가지씩 주어져야 한다. 만일 아동이 다단계 과제를 완성하기를 원한다면 과제를 작은 소단계로 나누어야 한다. 각 단계에서 부모는 (1) 명령을 내리고, (2) 아동이 순종하도록 기다리고, (3) 적절한 후속결과를 제공한다. 또한 명령은 질문이나 제안보다는 직접적으로 주어져야 한다는 것을 명심해야 한다. "네가 장난감을 치우면 참 좋을 것 같아."라는 말은 아동에게 장난감을 즉각 치워야 한다는 의미로 전달되지 않는다. 만일 이 과제가 완수되길 원한다면 "방바닥에 있는 장난감을 장난감 상자에 넣어라."가 훨씬 적절한 명령이다. 명령은 아동으로부터 기대하는 것을 분명하게 나타내는 것으로서 가능한 한 상세해야 한다.

만일 선택을 해야 하는 경우라면, 부모는 명령 안에 선택을 포함시킬 수 있다. 예를 들어, 엄마가 자녀에게 신발을 신으라고 지시하는데, 운동화를 신을지 구두를 신을지 아동이 선택해야 한다면, "경희야, 공원에 갈 준비가 다 되었어. 하얀 운동화나 갈색 구두 중에 선택해서 신어라."라고 말할 수 있다. 명령을 하는 이유는 간단해야 하고 명령 전(위의 예에서처럼)이나 아동이 순종한 후에 주어져야 한다. 예를 들어, 앞의 예에서 명령에 순종한 후에 부모는 "엄마 말을 잘 듣고 갈색 구두를 신었구나. 잘했어. 우리가 공원 갈 준비가 다 되어서 네게 신발을 신으라고 말했던 거야." 유아에게는 긴 이유가 필요하지 않다. 유아들은 가끔 명령에 순종하는 시간을 벌기 위해 이유(즉, "왜요?")를 묻기도 한다.

부모는 자녀가 지시에 순응 혹은 불순응하는 것에 대해 적절한 후속결과를 준비해 놓고 지시를 사용해야 한다. '중요한 것을 선택하기'의 중요성에 관해 이야기하고 후속결과를 간헐적으로 사용하는 것이 중요하다. 아동이 '잭팟의 꿈'(즉, 과제를 하지 않고 후속결과도 받지 않기)을 안고 '도박'(즉, 불순종하기)을 할 것인지를 설명하는 데에 '슬롯머신'을 이용할 수 있다. 부모는 '집이 항상 이겨야 한다'(즉, 부모는 불순종 행동 하나하나마다 일관적으로 후속결과를 주어야 한다)는 것을 명심해야 한다. 부모는 (1) 부모에게 중요한 것에 대해 명령을 줄이기, (2) 항상 후속결과를 제공하기, (3) 명령을 적절하게 말하기를 실행함으로써 자녀의 순종을 높일 수 있다. 명령을 적절하게 사용하는 것에 대한 이러한 지침은 부모와의 회기에서 논의되는데, 명령 사용에 대한 유인물(양식 3.5 참조)이 배포된다.

## 적절한 훈육기법 사용하기

명령을 잘하는 것에 대해 배운 후에는 불순종에 대한 훈육기법을 배우게 된다. 부모는 이전에 습득한 긍정적인 양육 기술을 지속적으로 적용해야 하는 것을 유념해야 한다. 부모는 구조화된 놀이 활동(즉, 아동주도 놀이)에 규칙적으로 계속해서 참여해야 하며, 자녀의 적절한 행동에 긍정적인 관심을 가지고 하루 종일 기회를 엿보아야 한다. 더욱이 자녀가 주어진 명령에 순종할 때마다 항상 정적 강화를 제공해야 한다.

유아에게 적절한 훈육기법은 타임아웃이다. 대부분의 부모가 타임아웃의 경험을 가지고 있고 그것이 자녀에게 "효과가 없는 것 같다."고 주장한다. 따라서 교사가 직면하는 과제는 부모가 사용하고 싶어 하지 않는 이 기법을 그들에게 납득시키는 것이다. 타임아웃이 별 효과가 없는 것은 부모가 적절하게 사용하지 못했기 때문이다. 효과적인 타임아웃은 아동에게서 모든 강화인을 제거하는 것이다. 많은 부모들이 타임아웃 상황에서도 자녀에게 계속해서 말을 한다. 부정적인 말이라고 하더라도(예 : "앉아. 네가 행동하는 법을 배워야겠다. 아니면 여기서 나가지 못할 거야.") 자녀가 받는 관심은 전형적인 강화이다. 이러한 예처럼 아동은 진정한 타임아웃을 경험하지 못한다.

흔히 부모들은 아동을 너무 긴 시간 동안 타임아웃시킨다. 가장 좋은 규칙은 1세당 1분의 타임아웃을 적용하며 최고 5분을 넘지 않는 것이다. 타임아웃을 길게 하는 것은 실시도 어렵지만 아동의 학습 기회를 박탈한다. 타임아웃은 아동이 그 상황에 재진입하여 부정적 혹은 긍정적 행동을 보이면 그에 따라 적절한 후속결과를 받는 간결한 것이어야 한다. (1) 부적절한 행동을 하는 아동은 타임아웃당하고, (2) 적절한 행동을 하는 아동은 정적 강화를 받는 상황을 반복함으로써 아동은 적절한 행동 혹은 부적절한 행동이 무엇인지를 배우게 된다. 부모는 자녀가 타임아웃 위치에 머물지 않고 이탈하면 타임아웃이 작동하지 않는다고 생각하고 좌절하여 자녀를 그대로 내버려 두기도 하는데, 이것은 그들이 무엇을 하고 있는지에 대해 확실하게 알지 못하기 때문이며 그로 인해 아동은 쉽게 타임아웃에서 벗어나게 된다. 이런 경우, 아동은 자신의 부적절한 행동에 대한 후속결과로부터 회피하는 것을 배우게 되어 결국 타임아웃은 비효과적으로 종료되고 만다.

〈양식 3.6〉은 부모에게 타임아웃을 설명할 때 사용될 수 있다. 교사는 부모로 하여금 자신들이 이전에 사용해 보았던 타임아웃에 대해 이야기해 보도록 해야 한다. 부모 훈련 초기에는 자녀의 불순응에 대해 타임아웃을 사용하는 것을 학습한다. 부모가 자녀에게 지시(예 : "코트를 입어.")한 후 순응할 때까지 10초 기다려 준다. 자녀가 10초 동안 지시에 따르지 않으면 부모는 지시를 다시 한 번 반복하고 그래도 지시에 따르지 않으면 타임아웃시킬 것이라고 말한 후(예 : "코트 입어. 말 듣지 않으면 타임아웃 시킬 거야."), 다시 10초를 기다려 준다. 그래도 자녀가 지시에 따르지 않으면 부모는 자녀에게 말대로 타임아웃시킨다(예 : "코트를 입으라고 했는데 입지 않았으니 타임아웃해야 해.").

물론 대부분의 아동이 타임아웃 장소로 가기 싫어하므로 부모가 타임아웃 장소로 데려가야 할 필요가 있기도 하다. 그러한 경우 부모는 아동을 뒤에서 들어 타임아웃 장소에 데려다 놓으면서 "내가 나오라고 말할 때까지 여기에 있어야 해."라고 단호한 지시만 한다. 타임아웃 장소에 있는 동안 아동의 모든 말과 행동은 무시(예 : 말하지 않음)해야 한다. 왜냐하면 아동이 타임아웃되어 있는 동안 부모가 주의를 기울여 주면 아동은 강화받고 결국 타임아웃을 시키는 목적은 상실된다. 아동이 허락 없이 타임아웃 장소를 이탈하면 아동을 즉각 타임아웃 장소로 가게 해야 한다. 타임아웃을 적용하는 초기에는 부모가 타임아웃 장소 가까이에 서 있다가 아동을 타임아웃 장소로 되돌려 보내야 하는 경우도 있다.

대부분은 제외시키는 것으로 충분하지만 타임아웃 장소에 머물지 않으려고 고집하는 일부 아동에게는 백업룸이 필요할 수도 있다. 부모가 이 방법을 사용할 때는 먼저 집의 어느 곳을 적절한 백업룸으로 정할 것인지에 대해 안내받아야 한다. 백업룸은 닫을 수 있는 문이 있어야 하고 밝아야 하며 움직일 수 있는 충분한 공간이어야 함과 동시에, 재미있거나(예 : 장난감) 위험한(예 : 약, 부러지기 쉬운 물건, 무거운 가구) 물건 등은 사전에 반드시 치워야 한다. 일단 백업룸이 정해졌으면 부모는 백업룸 사용에 대해 배워야 한다. 만일 아동이 타임아웃 의자를 이탈하면 부모는 "네가 타임아웃 의자를 이탈했기 때문에 너는 백업룸으로 가야 해."라고 말해야 한다. 그런 후 아동을 신체적으로 안내하여 백업룸으로 데려간다. 부모는 문을 닫되 필요하면 문을 잡고 있어야 하지만 잠그지는 말아야 한다. 1분 후에, 아동을 다시 타임아웃 의자로 데리고 간다. 이러한 절차는 필요한 만큼 반복될 수 있다. 이 과정에서 타임아웃 횟수에 대한 '인정'이 아동에게 주어져서는 안 된다. 만일 어떤 타임아웃 절차 동안에 백업룸으로 가는 것이 세 번째 반복되면 아동의 타임아웃은 백업룸에서 종료되어야 한다. 이런 경우가 발생하면, 앞서 언급된 타임아웃 종료에 대한 모든 요건이 충족되어야 한다(예 : 타임아웃 종료 시간, 아동이 조용히 해야 하는 것). 부모는 첫 번째 타임아웃 장소로 사용할 방을 선택할 수 있다. 타임아웃 방의 요건은 백업룸의 요건과 동일하다(예 : 밝고, 충분히 넓고, 모든 강화 물건을 없앨 것). 부모는 타임아웃이 시작되면 아동을 타임아웃 방에 보내어 타임아웃 종료 요건(예 : 타임아웃 종료시간, 아동이 조용히 해야 하는 것)이 충족될 때까지 남겨둔다. 이 타임아웃 시간 동안에 아동이 심각한 파괴행동이나 자해 행동을 하면 부모는 정신건강 전문가와 이 문제를 논의할 때까지 타임아웃 사용을 중단해야 한다.

타임아웃을 처음 사용할 때는 아동이 울음을 멈추고 조용히 안정되기까지 시간이 오래 걸릴 수 있으므로, 처음에는 아동이 매우 짧은 시간 동안(예 : 10초) 조용히 하면 타임아웃을 해지해 준다. 이 시간을 점진적으로 늘려가고 아동에게 맞는 적절한 시간 동안(즉, 1세당 1분 최고 5분) 아동을 타임아웃시킨다. 궁극적으로 아동은 타임아웃 총 시간을 채워야 하는데, 일단 최소 15~30초 동안 조용히 하면 타임아웃을 해지해 주어야 한다. 이 과정에서, 부모는 부주의로 인하여 시간이 종료되었을 때 발생할 수 있는 잘못된 행동을 강화하지 않도록 해야 한다. 그밖에도 이 절차는 타임아웃으로부터 풀려나는 것은 자신의 안정화와 관련된다는 것을 통해 아동이 정서적 자기조절 능력을 발달시키도록 도울 수 있다(Shelleby et al., 2012). 아동이 적절한 시간 동안 조용히 했을 때 부모는 "네가 조용히 했기 때문에 지금 타임아웃을 끝내는 거야."라는 말과 함께 아동을 타임아웃으로부터 벗어나도록 해 주어야 한다. 일단 아동이 타임아웃에서 벗어나면 부모는 원래의 지시를 다시 해야 하고 적절한 후속결과(즉, 순응에 대한 칭찬, 불순응에 대한 또 다른 타임아웃)를 제공해야 한다. 원래의 지시를 다시 하는 이 마지막 과정이 매우 중요하다. 이 과정이 없으면 아동은 타임아웃을 자신이 하고 싶지 않은 과제로부터 도피하는 방편으로 삼게 될 것이다.

타임아웃 장소를 정하는 것은 매우 중요하다. 타임아웃을 위한 장소는 부모가 아동을 관찰할 수 있는 곳이어야 하며 아동이 파괴할 수 있는 물건이 있어서도 안 된다. 타임아웃 장소로 아동의 발이 땅에 닿지 않을 만큼 높은 어른용 의자를 사용할 수도 있다. 타임아웃을 위한 의자는 부모가 아동을 관찰할 수 있는 장소에 놓아야 하며, 아동의 손과 발이 닿는 물건이 아무것도 없어야 하고, 잠재적 강화물에 접근 가능해서는 안 된다.

부모가 타이머를 사용할 경우, 부모나 아동은 타이머가 타임아웃을 종료시키는 것으로 인식하기 쉽다. 부모는 아동이 타임아웃을 통해 울음도 그치고 안정되며 조용히 있는 경우에 타임아웃을 종료해야 하며 무조건 일정 시간이 경과하여 타이머가 울렸다고 해서 타임아웃을 종료시키면 안 된다. 타이머는 아동이 타임아웃되어 있다는 것을 잊을 가능성이 있는 부모에게는 도움이 된다.

아동이 타임아웃되어 있는 동안 부모가 아동을 점검해야 하는 이유는 (1) 아동이 타임아웃 장소에서 이탈하면 아동을 즉시 되돌아가게 해야 하고, (2) 아동이 안정을 되찾아 조용해지자마자 타임아웃을 종료시켜야 하기 때문이다. 일반적으로 타이머는 문제를 초래할 수 있으므로 타임아웃을 적용하는 데는 필요하지 않다고 간주된다.

타임아웃을 사용하는 데 있어서 잠재적인 문제들이 있을 수 있으므로 부모 훈련 회기 동안 타임아웃의 사용을 연습할 필요가 있다. 교사가 효과적으로 지시하기와 타임아웃에 대해 부모에게 설명한 후, 부모는 놀이 상황에서 아동과 상호작용을 하기 시작하고 아동에게 단계적으로 지시를 한다. 처음에는 아동이 쉽게 순응할 수 있는 지시(예 : "빨간 적목을 나한테 주렴.")를 사용하고 점차 아동이 불순응을 할 가능성이 높은 지시(예 : "적목들을 모두 정리하거라.")를 사용한다. 교사는 부모가 지시를 적절히 할 수 있도록 도와준다. 아동이 부모의 지시에 순응하면 부모는 언제나 아동의 순응을 칭찬해야 한다(예 : "엄마가 달라고 한 빨간 적목을 줘서 고마워."). 만약 아동이 순응하지 않으면, 부모는 아동을 타임아웃시키고 타임아웃 시간 동안 아동의 말이나 행동을 무시한다. 타임아웃을 처음 적용할 때, 아동은 부모의 관심을 끌기 위해 소리 지르고 울고 부정적인 말을 하기 때문에(예 : "엄마는 날 사랑하지 않아.", "엄마 미워.") 부모가 아동의 말이나 행동을 무시하기가 매우 어렵다.

일단 훈련을 통해 타임아웃을 사용하는 방법을 학습한 후, 부모는 집에서 타임아웃을 적용해 보면서 부딪히게 되는 문제들을 기록한다(양식 3.7 참조). 아동의 불순응에 대해 타임아웃을 사용하고자 하는 부모는 '가정 규칙'을 정하여, 그 규칙을 어기면 타임아웃을 적용하도록 한다. '가정 규칙'은 어린 아동인 경우 2~3개가 적절하며 꼭 지켜야 할 만큼 중요해야 한다. 아동이 규칙을 어기면 타임아웃시키는 데 이 상황에서 경고는 사용하지 않는다.

## 기타 강화/훈육 방법

타임아웃이 유아를 위한 훈육 방법이지만 유관계약 같은 방법도 유아에게 사용될 수 있다. 유관계약은 종합적인 토큰경제 체계로서, 아동의 적절한 행동에 대해 칩이나 포인트(유형의 강화물과 교환될 수 있는 것)를 부여하고 부적절한 행동에 대해서는 그것을 빼앗는 것이다. 그러나 부모에게는 토큰경제 체계가 꽤 복잡하고 성가신 면이 있어 특권(교환되어야 하는 토큰이나 포인트 대신)이 더 잘 사용된다. 행동 관리를 위해 특권을 사용할 때는 먼저 아동이 적절한 행동에 대해 획득하거나 부적절한 행동에 대해 박탈당할 수 있는 특권의 목록을 작성해야 한다(양식 3.8과 3.9 참조). 긍정적이고 친사회적인 행동을 함으로써 아동이 획득할 수 있는 특권은 매일의 일반 특권(예 : TV 1시간 시청) 외에 주어지는 과외의 특수 특권이다. 부적절한 행동에 대해 박탈되는 특권은 매일 자동으로 주어지는 일반 특권이다. 규칙을 어겼거나 해야 할 일을 안 했을 때는 일반 특권 중 하나를 잃게 된다. 이 체계에서 유형의 강화물은 특권 이외에 추가적으로 사용될 수 있다.

부모는 아동이 특정 강화물을 얻기 위해 점수를 얻도록 하는 긍정적 강화체계를 사용할 수도 있다. 예를 들어 아동이 특정 영화를 보고 싶어 할 경우에 도로 모양의 차트를 만들어 보고 싶어 하는 영화의 주인공을 도로 끝에 두고, 적절한 행동을 보일 때마다 도로 한 칸씩을 칠해서 영화 주인공에게 가까이 다가가게 해서 결국 주인공에게 도달하면 강화물을 획득(예 : 영화 보러 가기)하는 것이다. 이 방법을 어린 아동에게 사용하고자 할 때에는 아동이 강화물을 빨리 얻을 수 있도록 하는 것이 중요하다. 어린 아동의 경우, 자신이 행동을 보인 후 강화물이 부여되는 시간이 며칠이나 몇 주가 되면 행동과 강화의 연관성이 상실되어 중재가 성공하기 어렵다. 만일 지연이 길어지면 도로를 따라 작은 강화물을 삽입하는 것도 좋다. 예를 들면, 아동이 최소한 2주 내에 영화 강화물을 획득할 수 없으면 '도로'의 일정 칸에 표시를 해두어 그곳을 지날 때 작은 강화물을 준다. 이러한 작은 강화물은 즉각 주어질 수 있는 것이어야 한다(예 : 엄마와 게임하기).

## 기술의 일반화와 유지

부모는 교사로부터 배운 기술을 집에서 연습해야 하며, 식당이나 백화점 등 집 이외의 상황에서 습득한 기술을 일반화하는 것을 배워야 한다. 다른 상황에 일반화하기 위해서는 부모가 습득한 기술을 능숙하게 사용할 수 있어야 한다. 부모가 지시를 적절하게 사용하고 행동관리 기술을 일관성 있게 사용하는 데 어려움을 가지는 상태에서 집 이외의 다른 상황에 습득한 기술을 일반화시키려고 시도할 경우에는 또 다른 어려움에 부딪히게 된다. 부모가 습득한 기술을 집 이외의 상황에 일반화시키도록 가르치는 것은 보통 행동주의 부모 훈련의 마지막 단계이다. 〈양식 3.10〉은 이를 위한 양식이다.

부모가 습득한 기술을 집 이외의 환경에서 연습하고자 할 때는 완성이 필요한 것이 아니라 상대적으로 간단한 '출장 훈련'으로 시작해야 한다. 예를 들어, 부모가 그날 반드시 사지 않아도 되는 몇 가지 물건을 사기 위해 마트에 가면서 아동과 함께 규칙을 정한다. 예를 들어, 마트에서의 적절한 행동 규칙은 (1) 카트가 손에 닿을 거리에 머물기, (2) 허락받지 않은 물건을 카트에 넣지 않기, (3) 작은 목소리로 이야기하기이다. 규칙을 지키지 않았을 때의 후속결과에 대해서도 의논해야 한다.

마트에 갔을 때 아동이 규칙을 잘 따르거나 다른 적절한 행동을 보이는 경우에 부모는 반드시 칭찬해야 한다. 부모는 아동으로 하여금 선반에서 물건을 꺼내 카트에 넣게 함으로써 쇼핑경험을 제공할 수도 있다. 부모는 아동이 규칙을 잘 지켰을 때의 보상 체계도 고려해야 한다. 예를 들어, 아동이 규칙을 따르거나 다른 적절한 행동을 보이면 토큰을 주고 쇼핑이 다 끝났을 때 아동이 모은 토큰과 강화물(예: 사탕, 집에서 비디오 시청, 엄마와 공원 가기)을 교환할 수 있다.

아동의 부적절한 행동에 대해서는 할 수 있다면 상점 안에서 타임아웃을 사용할 수 있다. 상점 내 다니는 길이 아닌 곳에 아동을 앉거나 서 있게 하는 것이다. 아동이 좋아하는 물건에 접근할 수 있어서는 안 되고 아무런 관심도 주어져서는 안 된다. 보통의 타임아웃 시간보다 조금 짧게 시행하고, 일단 아동이 15~30초 동안 조용히 하면 타임아웃을 종료한다. 만일 아동이 상점 내에서 타임아웃을 거부하면(예: 극도의 울화 발작, 앉아 있기 거부) 아동을 좀 더 사적인 타임아웃 위치로 가도록 한다(예: 자동차, 화장실). 타임아웃 후에 바로 집으로 가면 향후 아동의 잘못된 행동을 조장하는 것이 될 수 있으므로 반드시 원래의 장면으로 돌아와야 한다.

일부 부모에게는 지역사회에서 타임아웃을 실행하는 것이 항상 가능한 것은 아니며 너무 불편하게 여겨질 수도 있다. 이때는 부적절한 행동에 대해 아동이 토큰을 잃게 되는 보상 체계인 반응 대가를 함께 사용해도 된다. 만일 아동이 상점에서 울화를 터뜨리기 시작할 때 부모는 아동의 행동에 굴복하거나 당황해선 안 된다. 예를 들어, 자신이 원하는 사탕을 사주지 않는다고 아동이 울화를 터뜨릴 때 부모가 단지 울화를 정지시키기 위해 사탕을 사주어서는 안 된다. 이때 사탕을 사주는 것은 울화를 크게 터뜨리면 원하는 것을 얻게 된다는 잘못된 가르침을 아동에게 주게 되는 것이다. 이 상황에서는 아동을 철저히 무시해야 한다. 상점 안에서 아동을 무시하는 것이 부모에게 너무 어려운 일이라면 아동을 밖으로 데리고 나와야 한다. 그러나 부모는 항상 아동을 떠나지 말고 아동에게 주의를 집중해야 한다는 것을 잊지 말아야 한다. 아동을 자동차로 데리고 가서 혼자 남겨 두어서는 안 된다. 앞서 언급한 바와 같이, 일단 아동이 울화를 그치면 부모는 집으로 가기 전에 원래의 장면으로 아동과 함께 되돌아가야 한다.

집 밖의 상황에 기술을 일반화시키는 법을 배우는 것 외에도, 아동의 문제가 여러 장면에서 나타나는 것이라면, 부모는 그들이 없는 상황(예 : 유치원)에서의 일반화에 대한 계획도 필요하다. 교사는 유치원교사와 상담하여(부모도 함께) 유치원에서의 행동 관리 프로그램을 개발한다. 또 한 가지 방법은 가정-유치원 알림장을 사용하는 것이다(예, Barkley, 2013; 제6장에 자세하게 기술함).

시간이 지난 후에도 기술이 유지되는 것 또한 중요하다. 불행히도 중재 효과는 시간이 갈수록 중재 직후보다 감소된다(Lundahl, Risser, & Lovejoy, 2006). 중재 효과를 유지시키는 최선의 방법에 관한 경험적 연구는 거의 없는데(Eyberg et al., 2008), 몇몇 다른 접근방법이 제안되었다. 가장 일반적으로 사용되는 방법은 부모에게 '지원 회기'를 제공하는 것이다(Kolko & Lindhiem, 2014). 이것은 간단한 월례회(예 : 30~60분) 형식을 취할 수 있고, 기술을 검토하고 연습하며 문제점에 대해 논의하는 것으로 진행될 수 있다.

## 행동주의 부모 집단훈련

교사가 개인 부모 훈련을 실시하기 위한 충분한 시간과 자원이 없는 경우에 행동주의 부모 집단훈련을 실시할 수 있다. 행동주의 부모 집단훈련은 개인 부모 훈련과 동일한 방법으로 실시된다. 부모 집단훈련에는 일반적으로 아동이 참여하지 않으므로 부모가 자신의 아동과 훈련회기 동안 연습할 기회는 없다. 그러므로 부모는 훈련회기 중 다른 부모들과 역할놀이를 통해 연습하고 집에 가서 자녀에게 적용하게 된다. 집단 부모훈련 동안 부모에게 실제 기술이 적용되는 역할모델은 비디오테이프를 통해 제시된다.

가장 널리 알려진 행동주의 부모 집단훈련 프로그램은 비디오테이프에 기초한 인크레더블이어즈(Incredible Years)이다(Webster-Stratton, 2011). 이 프로그램은 Hanf 모델에 기초한 전략을 채택하여(앞서 언급한 기본적인 포맷과 일치함) 긍정적인 양육을 강조하고 부모가 부적응적인 양육 전략을 효과적인 전략으로 바꾸도록 가르친다. 또한 이 프로그램은 부모와 교사가 협력하여 환경 간에 중재가 일치하도록 한다. 기술은 비디오테이프에 녹화된 사례를 사용하여 보여 준다. 사례는 부모가 기술을 적절하게 사용하는 것과 부적절하게 사용하는 것 둘 다를 보여 준다. 그런 후 사례에 대해 집단 토의와 문제 해결, 협력적 학습을 한다. 이러한 모델의 사용은 이 프로그램에서 매우 중요한 요소로 보인다. Webster-Stratton과 Hancock(1998)은 비디오 모델이 사용되지 않았을 때와 사용되었을 때를 비교하여 이 프로그램의 우수성을 주장하였다. 프로그램에서는 아동주도의 상호작용 놀이, 아동의 바람직한 행동에 대한 칭찬, 고무적인 프로그램을 통하여 부모와 아동 간 긍정적 관계를 강화하는 전략을 가르친다. 부모는 효과적인 지시, 무시하기, 점검하기, 타임아웃 등과 같은 적절한 훈육 전략을 배우게 된다.

인크레더블이어즈 부모 프로그램에 관한 최근의 메타분석 연구는 이 프로그램이 매우 효과적이며 부모들이 좋아한다고 밝혔다(Menting, de Castro, & Matthys, 2013). 헤드스타트 유아 부모에게 이 프로그램을 사용하였을 때 거친 훈육법이 감소하고 정서적 지지가 증가하는 등 양육 기술의 유의미한 개선이 보고되었다(Hurlburt, Nguyen, Ried, Webster-Stratton, & Zhang, 2013). 다른 연구에서는 부모 프로그램 종료 후에 부모의 양육태도가 개선되었고 아동기 품행 문제가 감소되었음이 증명되었다(Posthumus, Raaijmakers, Maassen, Engeland, & Matthys, 2012). 인크레더블이어즈 부모 프로그램을 사용한 50개의 연구를 메타분석한 연구에서는 전반적으로 효과가 있었는데, 아동의 파괴적 행동이 감소하였고 특히 좀 더 심각한 문제행동을 가진 아동들에게서 매우 큰 효과가 입증되었다(Menting, Orobio de Castro & Matthys, 2013).

Webster-Stratton은 기본적인 부모 훈련 외에 부모의 요구를 충족시키고자 추가적인 프로그램을 개발하였다. 추가 프로그램에는 부모의 자기조절, 의사소통 기술, 협력적 문제해결 기술에 초점을 맞춘 사례가 보강되었고, 사회적 지지와 자기 보호를 강화하였다. 추가 프로그램 참여가 특정 영역(예 : 의사소통)과 어머니의 우울, 그리고 아동의 문제해결 능력과 사회적 기술 등에서, 기본 부모 훈련 중재로부터 습득한 것을 넘어서는 추가의 개선점을 가져온다는 것이 연구로 입증되었다(Webster-Stratton, 2011).

부모 집단훈련은 부모 개인훈련만큼 효과적이며(Menting et al., 2013) 경제적이다(Chronis, Chacko, Fabiano, Wymbs, & Pelham, 2004). 그러나 부모 집단훈련 프로그램은 단점도 있다. 부모 집단훈련 프로그램은 부모가 서로 지식이나 경험을 나누도록 구성되어 있는데, 일부 부모들은 자신의 지식이나 경험을 나누는 것에 불편함을 느끼기도 한다. 또한 기술이 부족한 부모들은 집단 프로그램보다는 개인 프로그램이 적절하다. 부모 개인훈련 프로그램은 한 가족의 독특한 요구를 충족시킬 수도 있고 프로그램의 진행 속도도 각 가족에 맞게 조절할 수 있다는 장점이 있다.

## 사회적 기술 중재

아동의 사회적 문제가 처음으로 나타나는 시기는 주로 학령 전이다. 아동에게 사회적 기술과 사회적 능력을 가르치기 위한 방법으로 두 가지 접근법이 사용되어 왔다. 구조화 학습법(structured learning approach)은 실제적 기술(예 : 대화를 시작하는 법)을 단계로 나누어 사회적 기술을 가르치는 접근법이다. 사회적 문제해결법(social problem-solving approach)은 사회적 상황(예 : 운동장에서 소외당한 느낌이 들 때 어떻게 할지 적절한 행동 결정하기)에 적용될 수 있는 문제해결 기술을 가르치는 데 좀 더 중점을 둔다. 사회적 기술 훈련 중재는 흔히 작지만 의미 있는 단기 효과를 가져온다고 연구에서는 밝혔지만 이러한 중재는 사회적 타당도, 유지, 일반화 등이 문제이다(Merrell, 2008a).

구조화 학습법을 적용하는 사회적 기술 프로그램이 많이 있는데, 이들은 모두 다음의 요소를 포함하고 있다. (1) 교훈적 의미를 담은 기술의 정의 및 소개, (2) 기술 시범, (3) 아동의 기술 연습을 감독, (4) 리허설/역할놀이에서 학생의 기술 수행에 대한 피드백 제공. 이 방법을 사용하는 프로그램은 주로 집단 훈련에 적용되며, 4~8명의 소집단이나 학급 전체 학생이 참여할 수 있다. 특히 유아인 경우에는 학급 전체가 참여하는 것이 좋다. 예를 들어, 널리 사용되는 스킬스트리밍 프로그램(Skillstreaming program)은 사회적 기술이 요구되는 장소(예 : 놀이실, 식당)나 교실에서 훈련을 실시하도록 권장하고 있다(McGinnis, 2011). 아직 교실이 있는 기관에 소속되지 않은 어린 유아들에게는 유아원이나 어린이집이 적절한 장소가 될 수 있다. 사회적 기술을 가르치는 데 있어 어려움 중 하나는 훈련 장면과 실제 생활 장면이 다른 데서 오는 일반화의 어려움이다. 교사가 훈련사인 교실에서의 적용은 하루 전반에 걸쳐(단지 훈련회기 동안이 아닌) 적절한 사회적 기술에 대한 강화가 가능한데, 이것은 사회적 기술의 일반화와 유지를 향상시키는 데 매우 중요한 것이다.

구조화 학습법으로 사회적 기술을 가르치는 첫 번째 단계는 기술을 소개하고 정의해 주는 것이다. 원래 교사는 기술을 일반적으로 설명한 후 그것을 완성하는 데 필요한 특정 단계를 설명한다. 예를 들어, 스킬스트리밍 프로그램(McGinnis, 2011)에서 정의한 기술은 다음의 단계를 포함한다. (1) 듣기, (2) 들은 것에 대해 생각하기, (3) 필요하면 질문하기, (4) 실행하기. 아동에게 이 단계를 가르친 후에 기술이 실제로 어떻게 사용되는지를 볼 수 있도록 집단의 리더가 기술을 시범 보인다. 그런 후에는 아동이 역할놀이를 통해 그 기술을 연습하는 순서를 갖고, 기술이 잘못 사용되었을 때는 피드백을 통해 교정을 받는다. 그다음 회기에서는 실제 생활 장면에서 아동이 그 기술을 연습하도록 숙제를 내준다.

처음에는 아동이 기술을 적절하게 사용하지 못하기 때문에 부모나 교사가 피드백을 제공할 필요가 있다. 만일 소집단에서 사회적 기술이 교수되었다면 교사는 실제 생활에서의 훈련을 돕기 위해 아동이 배운 기술이 무엇인지 알고 있어야 한다. 또한 부모는 아동의 숙제를 도와줌으로써 가정에서도 아동이 습득한 사회적 기술을 적용하도록 돕고 집단 리더와 지속적으로 의사소통을 해야 한다.

이러한 단계 외에도 집단 회의에서 기본적인 집단 규칙을 정하고, 적절하거나 부적절한 행동에 대한 행동 계약을 작성하는 것이 필요하다. 예를 들어, 적극적으로 참여한 아동은 포인트나 토큰을 획득하여 집단 회의가 종료되었을 때 원하는 강화물로 교환할 수 있게 하고, 순서를 지키지 않거나 공격적인 행동을 하는 아동은 포인트나 토큰을 잃게 하는 것이다.

문제해결 기술 훈련은 공격 행동을 줄이고 친사회적 행동을 높이기 위해 아동에게 적용되는 또 다른 형태의 중재이다. 이 프로그램은 아동이 문제에 직면하였을 때 일련의 문제해결 단계를 통하여 해결하도록 돕는다(표 3.2 참조). 먼저 무엇이 문제인지를 정의하도록 배우고(예 : 놀이실에서 다른 친구와 놀고 싶은데 어떻게 다가가야 할지 모름), 다음에는 문제해결을 위한 해결책을 확인한다. 이 단계에서는 가능한 한 다양한 해결책을 생각해 보는 것에 초점을 맞추는데, 이 해결책에는 친사회적인 해결책뿐만 아니라 반사회적인 해결책도 포함한다. 부모나 교사는 이 단계에서 제안된 해결책을 평가하거나 비난하지 말고, 제안된 반사회적인 해결책을 단념하도록 설득한다. 놀이실에서 친구와 놀고 싶은 문제

**표 3.2 문제해결 단계**

- 무엇이 문제인가?
- 문제에 대한 가능한 해결책은 무엇인가?
- 만일 …이면 어떤 일이 일어날까? (가능한 각 해결책의 결과를 평가)
- 나는 어떤 해결책을 선택할 것인가?
- 내가 선택한 해결책의 실시 결과는 어떠한가?

에 대한 아동의 해결책으로는 같이 놀자고 요청하기, 친구에게 공 던지기, 선생님께 친구들한테 말해달라고 요청하기 등이 있을 수 있다. 이러한 목록이 작성된 후에는, 각 해결책을 평가하고(예 : "선생님께 내가 같이 놀아도 되냐고 물어봐 달라고 하면 다른 친구들이 나를 선생님이 편애하는 아이로 생각할지도 몰라."), 가장 적절한 해결책을 선정하여 실행한다. 해결책의 실행 후에는 선택한 해결책의 결과에 대해 평가한다(예 : "처음에는 물어보는 것이 겁났지만 친구들이 '그래'라고 대답해서 너무 좋았어.").

　문제해결 프로그램은 단독으로 적용한 경우나 다른 방법과 혼합하여 적용한 경우 모두에서 좀 더 나이 든 아동(7~13세)에게 긍정적인 효과를 나타냈다. 예를 들어, 문제해결 기술 훈련, 부모 훈련, 그리고 이 두 가지 혼합 프로그램의 효과에 관한 최근 연구에서는 어느 것 한 가지만 적용한 경우보다 혼합 적용한 경우에 더 긍정적인 결과가 나타났다고 보고하였다(Kazdin, 2010). 그러나 유아에게 문제해결 기술을 사용한 연구는 아직 제한적이다. 4~8세 유아를 대상으로 부모 훈련의 효과를 아동 훈련(문제해결 기술 훈련), 교사 훈련, 아동과 교사 훈련, 부모와 아동과 교사 훈련, 그리고 통제집단과 비교한 연구에서는 혼합된 모든 훈련에서 긍정적인 중재 효과가 나타났다. 비록 부모를 훈련하는 중재가 아동의 행동 문제를 크게 변화시켰으나, 아동에게 초점을 맞춘 중재가 아동의 문제해결 기술을 더 좋게 개선시켰으며 부정적인 또래 상호작용도 감소시켰다. 나아가 부모 훈련이나 아동 훈련에 교사 훈련을 더한 경우에는 교실에서의 문제행동이 개선되었다(Pidano & Allen, 2015).

　유아를 대상으로 한 사회적 기술 프로그램 관련 연구가 부족한 것은 문제해결 접근법에만 국한된 것은 아니다. 어떤 사회적 기술 프로그램은 특별히 유아용으로 개발되기도 했는데(예 : 스킬스트리밍 프로그램 유아버전), 관련 연구 결과는 대해 일반 유아가 아닌 발달지체 유아를 대상으로 한 것이다. 사회적 기술 훈련에 관한 결과보고는 대체로 지극히 긍정적이진 않다. 앞서 언급했듯이, 사회적 기술 중재는 일반화가 제한적이고 사회적 타당도가 약하다(Merrell, 2008a). 사회적 기술 중재가 가장 효과를 얻기 위해서는 사회적 타당도를 갖추어야 하고, 실제 생활 장면에서 학습과 훈련이 이루어져야 하며, 여러 장면에 걸쳐 강화되어야 하고, 증거 기반으로 이루어져야 한다.

# 예방 및 조기중재 프로그램

제1장에서 언급하였듯이 외현화 문제를 나타내는 유아는 아동기와 청소년기까지도 계속 문제를 나타낼 위험이 있다. 불행히도 품행 문제를 가진 유아는 거의 서비스를 받지 못하는데, 약 70%가 어떤 중재도 받지 못하며, 나머지 중에서도 경험적으로 지지되는 서비스를 받는 경우가 더 적다(Webster-Stratton & Reid, 2003). 일부 아동은 결국 서비스를 받게 되겠지만 시기적으로 너무 늦는 경우가 많다. 품행 문제가 나타난 초기에 잘 발견하여 아동이 학령기가 되기 전에 충분한 시간을 가지고 효과적인 예방과 조기중재 프로그램을 적용해야 한다(Campbell, 2002). 아동과 가족이 중재를 받지 않고 시간을 끌수록 의미 있는 변화를 기대하기는 어려워진다.

품행 문제 발달 경로와 연관된 위험 요인이나 보호 요인이 밝혀짐에 따라 외현화 행동 문제를 가진 아동을 위한 예방 및 조기중재 프로그램 개발에 더 많은 관심을 기울이게 되었다. 예방적 노력은 주로 선택적으로 이루어졌다. 즉, 중재의 대상이 되는 유아는 품행 문제를 가질 위험이 있거나 이미 높은 비율의 품행 문제를 가진 유아, 혹은 임상적 수준에 있는 유아였다. 예를 들어, 대상이 되는 유아는 ODD의 기준은 충족되지만 CD의 기준은 충족되지 않을 수 있다. 예방 프로그램은 앞서 검토된 여러 가지 중재를 혼합한 종합 패키지로서 다양한 중재로 구성된다. 이러한 프로그램은 통상 양육 기술(행동주의 부모 훈련을 통한), 아동의 사회적 능력(사회적 기술/사회적 능력 훈련을 통한), 일반적인 공격적/파괴적 행동(가정-학교 중심의 행동중재를 통한)의 개선을 목적으로 한다. 아동의 품행 문제와 연관된 다른 위험 요인(예 : 학업 기술 부족)이 목적이 되기도 한다. 나아가 이러한 프로그램은 환경 간의 연계성을 위해 부모, 교사, 또래와 지역사회 간의 협력에도 관심을 갖는다. 이 장의 앞부분에서 주요 중재 요소가 설명되었으므로, 여기서는 나와 있는 예방 프로그램에 대해 간략히 알아볼 것이다.

**패스트트랙 프로그램**(Fast Track program)은 부모중심 중재, 학급 중재, 아동중심 중재를 통합한 종합적인 조기중재/예방 프로그램이다. 이 프로그램에서는 대상 학교의 모든 아동에게 정서적 이해, 교우관계 기술, 자기조절 기술, 사회적 문제해결 기술 등에 대한 학급 수준의 중재를 제공한다. 또한 '고위험군'으로 확인된 아동에게는 양육 중재, 사회적 기술 훈련, 학업지도가 제공된다. 1년 후(1학년 말)의 프로그램 평가에서 고위험군 학생들의 유의미한 긍정적 효과가 입증되었다(예 : 사회적 문제해결 증가, 긍정적 또래 상호작용 증가, 부모의 체벌 감소). 그러나 파괴적 행동과 관련된 요인에서(예 : CBCL과 TRF의 외현화 점수), 유의미한 향상이 나타나지 않았다(Conduct Problems Prevention Research Group[CPPRG], 1999a). 고위험이 아닌 학급수준의 예방 중재를 받은 아동의 공격성과 과잉-파괴적 행동은 유의미한 긍정적 효과가 보고되었고(또래 평가에서), 중재를 받은 학급이 더 긍정적인 것으로 평가되었다. 그러나 교사가 평가한 결과에서는 변화가 보고되지 않았다(CPPRG, 1999b). 프로그램 적용 3년 후에 실시한 종단적 분석에서는 공격성 감소와 친사회적 행동 증가(교사와 또래 평가 모두에서), 그리고 학업 참여 개선(교사 평가에서)의 긍정적 효과가 보고되었다(CPPRG, 2010). 흥미로운 것은 또래 평가의 유의미성이 남아에게만 나타났고, 불리한 환경의 학교에서 더 강한 효과가 보고되었으며, 공격성의 기초선 수준이 더 높았던 아동에게서 공격성에 대한 효과가 더 크게 나타났다(CPPRG, 2010).

Barkley와 동료들도 조기중재 프로그램을 연구하였다. 그들은 포괄적인 학교중심의 조기중재 프로그램과 가정중심의 프로그램 그리고 혼합(학교와 가정 중재) 프로그램을 비교하였다. 참여 아동은 유치원 입원 전에 높은 수준의 파괴적 행동이 확인된 아동이었다. 포괄적인 학교중심 프로그램은 사회적 기술 훈련(구조화된 사회적 기술 학습, 스킬스트리밍 모델 적용, 자기조절 및 분노조절 훈련), 반응대가가 포함된 교실 토큰 시스템, 기타 행동주의 유관 중재 등이 포함되었다. 가정 중재는 10주의 집단 행동주의 부모 훈련 프로그램이었다. 결과는 학교중심 중재가 효과적이었고 아동의 파괴적 행동, 사회적 기술, 자기조절을 개선시킨 반면, 행동주의 부모 훈련은 효과적이지 않았다. 연구자들은 행동주의 부모 훈련이 유의미한 결과를 내지 못한 것은 부모들이 결석을 많이 한 것과 적극적으로 서비스를 요구하지 않았기 때문이라고 설명하였다(Barkley et al., 2000). 학교중심 프로그램이 초기에 효과를 나타냈지만 이 효과는 2년 후의 추후검사 시까지 유지되지 않았다(Shelton et al., 2000).

트리플피-긍정 양육 프로그램(Triple P-Positive Parenting Program : Triple P; Sanders, 1999)은 강도는 높아지고 폭은 좁아지는 층으로 된, 다섯 가지 수준의 중재로 구성된 프로그램이다. 이 프로그램은 원래 출생부터 12세 아동을 위한 것으로 개발되었는데 최근에는

12~16세 아동도 포함하는 것으로 확대되었다. 보편적 예방으로 분류되는 제1수준은 매체, 안내서, 비디오테이프 등을 통해 전체 대상에게 양육 전략을 전달하는 것이다. 제2수준은 1차 보건의료 제공자가 가벼운 행동 문제에 대해 20~30분간 일반적인 아동 관리와 발달 문제를 해결하는 방법에 대해 안내하는 1회기 상담 중재이다. 제3수준은 1차 보건의료 제공자가 20분간 수행하는 4회기 상담 중재로서, 부모는 이를 통해 가벼운 정도에서 중간 정도의 문제행동에 대한 적절한 양육 기술을 배우게 된다. 제4수준은 심각한 행동 문제를 가진 아동을 위한 개별 및 집단 치료를 제공하고, 제5수준은 심각한 어려움(예 : 배우자 갈등, 아동학대)을 가진 가정에 집중적인 지원을 제공한다. 이 서비스는 훈련받은 정신건강 전문가가 제공하는 것이며, 중재기간이 길다(일반적으로 최소 10~12회기; Sanders, 2010). 최근에는 제4, 제5수준이 강조되고 있는데 이 중재는 행동주의 부모 훈련 원리를 적용한 임상적 중재로 구성된다.

가족과 3세 자녀를 무선 표집한 연구에서 제4수준, 제5수준, 그리고 대기자 통제집단을 비교하였다. 결과는 제5수준 집단에서만 유의미한 개선이 관찰되었으나 중재를 받은 두 집단 모두 아동의 품행 문제가 감소되었다고 보고하였다. 또한 중재집단의 부모는 통계적인 유의미한 집단 차이가 나타나진 않았지만 혐오적인 양육법 사용이 감소하였다고 보고하였다. 1년 추후검사에서 중재로 인한 변화가 유지되고 있음이 확인되었다(Bor, Sanders, & Markie-Dadds, 2002). 보다 최근에는 트리플피의 제4수준을 유아와 그 가족들에게 보편적으로 보급하려는 노력이 이루어지고 있다. 한 연구에서는, 지역의 유치원에서 186 가정을 무선 표집하여 집단중심의 트리플피 예방 프로그램에 참여시켰다. 사후중재에서 역기능적 양육 행동과 아동의 행동 문제가 유의미하게 감소되었음이 보고되었다. 4년 추후 검사에서 개선된 양육 행동이 유지되었으나 아동의 행동 문제에 대한 장기 효과의 증거는 찾지 못했다(Heinrichs, Kliem, & Hahlweg, 2014). 일반적으로 트리플피의 거의 모든 수준은 아동과 양육 행동 모두에 대해 중간 이상의 효과를 나타내는 것으로 보이는데, 제1수준은 상대적으로 적은 효과를 보였다(Thomas & Zimmer-Gembeck, 2007).

부모 집단훈련을 연구했던 Webster-Stratton은 인크레더블이어즈 프로그램(Incredible Years program)을 중재에서 예방으로 확대 적용하였다. 한 연구에서(Reid, Webster-Stratton, & Baydar, 2004), 헤드스타트 아동의 어머니들을 2시간씩 8~12주 동안 비디오 모델링을 사용하는 행동주의 부모 훈련 집단 회기에 참여시켰다. 또한 헤드스타트 교사들도 부모들이 배우는 것과 동일한 내용(예 : 긍정적 행동 관리 및 적절한 훈육 기법)의 연수를 2~6일 동안 받았다. 결과는 아동이 가진 문제행동의 초기 수준과 어머니의 비효율적인 양육 전략 사용에 따라 프로그램 효과가 다른 것으로 나타났다. 기초선에서 높은 수준의 품행 문제를 나타낸 아동과 초기에 매우 혹독하고 비효율적인 양육 전략을 사용한 엄마가 프로그램으로부터 가장 좋은 효과를 얻었다.

보다 최근에는, 기타 행동주의 부모양육 교육과정뿐 아니라 인크레더블이어즈 프로그램도 의료 장면에서 수행되었을 때 예방 프로그램으로 평가된다. 1차 의료 현장에서 예방 프로그램을 사용할 때는 잘 적용해야 한다. 예를 들어, Reedtz, Handegard, 그리고 Morch(2011)는 보건소에서 비임상 지역사회 표본을 만들어 인크레더블이어즈 프로그램의 단기버전을 평가하였다. 이 연구는 단기 부모 훈련 프로그램이 아동기 행동 문제와 관련된 위험 요인(예 : 혹독한 양육, 부모의 자존감, 긍정적 양육)을 감소시킬 수 있는지를 밝히기 위함이었다. 단기 중재는 표준 프로그램과 길이가 다르고(부모회기 6 대 12), 긍정적 훈육 전략(놀이, 칭찬, 보상)과 관련된 내용만 다루며 장면 제한, 무시, 타임아웃과 관련된 내용은 다루지 않는다. 2~8세 유아(평균 3.88세)의 부모들은 무선으로 중재집단 및 통제집단에 배치된다. 이 연구의 결과, 혹독한 양육과 아동의 행동 문제 감소에 대한 중재집단과 통제집단 간 차이가 유의미하게 나타났고, 긍정적 양육과 부모의 자존감 향상도 집단 간 차이가 유의미하였다.

1차 보호기관에서의 유아의 조기 확인과 중재에 대한 다른 연구도 수행되었다. 한 연구(Berkovitz, O'Brien, Carter, & Eyberg, 2010)는 1차 소아 의료기관에서 ECBI를 이용하여 아동을 선별하였다. 연구자들은 정상분포의 평균에서 1표준편차 이상의 점수를 갖는 아동과 자녀의 행동에 대한 도움을 원하는 어머니를 대상으로 하였다. 아동은 무선으로 두 가지 조건, 즉 (1) 4회기의 치료사 집단 중재 혹은 (2) PCIT의 기본 개념과 지침이 기술된 유인물 중재 중 한 곳에 배치되었는데, 두 집단 모두 PCIT의 축약 버전을 사용하였다. 두 집단 모두 아동 문제행동과 비효율적 양육 전략의 감소에 있어서 중간 이상의 효과 크기를 나타냈다.

전반적으로 볼 때 현재까지의 연구결과는, 비록 긍정적인 효과가 항상 유지되는 것은 아니지만, 예방 및 조기중재 프로그램이 아동과 부모의 행동에 긍정적인 효과를 나타낸다고 보고하고 있다. 이러한 결과는 예방 프로그램의 적용 대상이 임상적으로 이미 관심 수준에 있는 아동이기 때문이다. 문헌에 따르면 상대적으로 나이가 어린 아동일수록 중재가 성공할 가능성이 크고, 가족들도 끝까지 중재에 참여할 가능성이 크다(Lundahl et al.,

2006). 외현화 행동 장애로 이끄는 발달 경로에 대한 연구가 많이 이루어졌으므로 이러한 아동의 발달에 대한 조기중재가 이루어져야 한다. 품행 문제와 그에 대한 중재 및 예방을 다룬 연구들이 많이 수행됨에 따라 프로그램 요인(예 : 부모 참여, 중재 장면)이 밝혀지고 보다 긍정적인 결과가 산출될 것이다.

## 요약

이 장에서는 외현화 문제를 나타내는 유아를 중재하는 데 있어서 임상적으로 가장 지지되고 있는 전략들을 검토하였다. 학령 전 아동의 문제행동은 장기적으로 부정적 결과를 초래할 가능성이 있으므로 조기에 발견하여 적절한 중재를 하는 것이 매우 중요하다. 지금까지 품행 문제에 대한 가장 효과적인 중재로 알려진 것은 행동주의 부모 훈련이다. 따라서 이 중재는 아동이 파괴적 행동을 나타낼 때 반드시 고려되어야 한다. 그러나 최근의 연구에서 보고한 바와 같이, 서로 다른 장면에서 다양하게 기능하는 여러 가지 중재의 혼합이 보다 폭넓은 긍정적인 결과를 가져올 것이다. 그러므로 아동의 가정과 학교, 유아원에서의 행동에 대한 다각적인 중재가 고려되어야 한다.

# 행동주의 기초

행동주의 원리를 이해하면 아동의 행동을 이해하는 데 도움이 된다. 부모가 이러한 원리에 근거해 기술을 적용하면 자녀의 바람직한 행동은 증가하게 되고, 부정적인 행동은 감소하게 된다.

## 행동의 ABC

**A = 선행사건(Antecedent)** : 행동이 발생하기 전에 일어난 일

**B = 행동(Behavior)** : 실제로 발생한 행동

**C = 후속결과(Consequence)** : 행동이 발생한 후에 일어난 일. 후속결과가 좋은 것이면 행동이 다시 발생할 가능성이 높아지며, 후속결과가 좋지 않은 것이면 행동이 다시 발생할 가능성이 낮아진다.

ABC를 구체적인 예에 적용해 보자.

예 1 : 선행사건('A') : 아동이 상점의 계산대에서 사탕을 본다.

    행동('B') : 아동이 엄마에게 사탕을 사달라고 조른다.

    후속결과('C') : 엄마가 사탕을 산다.

    장기 후속결과 : 아동은 앞으로 무언가 원하는 것이 있을 때, 전에도 '사줬으므로', 엄마를 조를 가능성이 높다.

예 2 : 선행사건('A') : 아동이 상점의 계산대에서 사탕을 본다.

    행동('B') : 아동이 엄마에게 사탕을 사달라고 조른다.

    후속결과('C') : 엄마가 무시하고 아동에게 사탕을 사주지 않는다.

    장기 후속결과 : 아동은 앞으로 무언가 원하는 것이 있을 때, 전에도 '안 사줬으므로' 엄마를 조를 가능성이 낮다.

## 정적 강화

- 행동을 증가시키는 좋은 후속결과(강화제)의 제공. 장난감, 특권, 관심, 칭찬 등이 강화제가 될 수 있다.
  - 좋지 않은 어떤 것도 강화제가 될 수 있다. 예를 들어, 아동은 흔히 부모의 관심으로 강화받기 때문에 부정적 관심(예 : 소리 지르기)도 행동을 증가시킬 수 있다.
  - 강화제가 최대의 효과를 갖기 위해서는 행동 후에 즉각 제공되어야 한다.

## 도피

- 부적 강화라고도 한다. 이것은 행동을 증가시키기 위해 불쾌한 무엇인가를 제거하는 것이다.
  - 예를 들어, 아동은 음식을 모두 먹은 후에 식탁에서 일어나는 것('도피')을 허락받는다.
  - 가끔 우리가 벌주는 것이 실제로는 아동의 행동을 강화한다. 예를 들어, 식탁에 앉아 있기가 싫은 아동에게 바르게 행동하지 않으면 식탁에 못 앉아 있게 할 것이라고 말하면, 아동은 식탁을 떠나기 위해 바른 행동을 하지 않을 것이다.

(계속)

# 행동주의 기초(2/2)

## 차별강화

- 바람직하지 않은 행동을 무시하고 바람직한 행동을 강화하는 것이다.
  - 예를 들어, 아동이 부모의 관심을 끌기 위해 장난감을 던질 때 던지는 행동을 무시하고 **어떤 다른** 적절한 행동 (예 : 장난감을 가지고 놀기)을 하면 그것을 즉각적으로 강화한다.

## 소거

- 이전에 강화되었던 행동에 대해 강화를 멈추는 것. 이것은 행동을 **감소시키기** 위한 방법이다.
  - 예를 들어, 아동이 계산대에서 사탕을 사달라고 떼쓰는 행동에 대해 사탕을 더 이상 사주지 않으면 떼쓰는 행동은 감소될 것이다.

## 소거 폭발

- 문제행동에 소거가 적용되면 행동이 좋아지기 전에 **일시적으로 더 심해진다.**
  - 이 반응은 일반적인 것이며 지속적으로 소거를 적용하면 결국은 멈춘다. 지속성이 중요하다. 만일 처음에 문제 행동을 무시하다가 결국 그 행동에 굴복하면 행동은 더 강해질 것이고, 이것은 강하게 행동하면 결국은 강화를 받게 된다는 것을 아동에게 가르치는 것이 된다. 다시 말해, 문제가 더 악화될 것이다! 이것이 소거 폭발 전에 소거 사용에 대해 잘 알아야 하는 이유이다.

## 벌

- 행동을 감소시키는 후속결과의 실행. 혐오적 후속결과의 제공(예 : 과제 추가) 혹은 가치 있는 것의 제거(예 : 특권 박탈). 일반적으로, 벌의 형태 중 가장 효과적인 것은 아동이 소유하고 있는 가치 있는 것을 제거하는 것이다.

# 관심을 전략적으로 사용하기

## '타임 인'

효과적인 양육의 첫 번째 단계는 부모-아동 간 긍정적인 상호작용(즉, '타임 인')을 확립하는 것이다. '타임 인'은 긍정적인 부모-아동 관계를 조장하고, 적절한 행동에 대한 관심과 부적절한 행동에 대한 훈계 간 균형을 유지해 준다. 적절한 신체 접촉과 언어적 칭찬으로 아동을 격려하면 아동은 사회적 행동을 발달시키게 되어 높은 자신감과 자존감을 갖게 된다.

## 5:1 규칙

원칙을 일관적으로 적용하고 그와 함께 '타임 인'을 사용하면 당신이 원하는 아동의 행동과 원하지 않는 행동 간에 극명한 차이를 알 수 있다. 중요한 것은 '타임 인'과 일관적인 원칙 간의 조화이다. 당신이 아동에게 적용해야 하는 긍정적 상호작용 빈도와 부정적 상호작용 빈도에 대한 '매직 비율'이 있다. 한 번 '꾸짖거나' 훈육할 때마다 다섯 번의 긍정적인 상호작용 기회를 갖는 것이다. 다시 말해, 긍정적 상호작용과 부정적 상호작용의 비율이 5:1이 되게 하는 것이다.

## 바람직하게 행동할 때를 포착하기

아동의 부적절한 행동에 대해 훈육하는 것은 해서는 안 되는 행동에 대한 정보만 제공한다. 아동의 적절한 행동에 대해 언어적 칭찬이나 관심을 주는 것('아동이 바람직한 행동을 할 때를 포착하는 것')은 바람직한 행동을 가르치는 것이다. 우리는 흔히 아동이 조용히 있거나 적절한 행동을 할 때 아동을 무시한다. 아동이 칭찬과 관심을 받을 만한 엄청난 어떤 일을 할 때까지 기다릴 필요가 없다. 예를 들어, 당신이 전화하고 있을 때 아동이 방해하지 않았는데 칭찬하지 않았다면, 당신의 자녀는 좋은 행동은 무시된다는 것을 배우게 될 것이다.

## 긍정적 관심 제공 방법

아동이 바람직한 행동을 하는 것을 보았을 때 **즉각적으로** 그렇게 행동하니 좋다고 말하라. 칭찬할 때는 **바람직한 것을 특정하여 말하라.** 예를 들어, "네가 장난감을 조용히 가지고 노니까 정말 좋다." 또한 보상으로 특별한 활동을 사용할 수 있으나 항상 재미있는 활동이어야 할 필요는 없다. 다음의 예와 같은 칭찬도 좋다.

| 신체적 | 언어적 |
|---|---|
| 안기 | "네가 _____ 하니까 좋다." |
| 머리나 어깨 토닥이기 | "고마워! 네가 _____ 할 때 멋졌어." |
| 미소, 뽀뽀, 윙크 | "대단해! 멋져! 잘했어!" |
| 하이파이브 | "잘하면 우리 함께 _____ 할 거야." |
| 엄지 척 | "네가 _____ 하니 참 자랑스럽다." |

성의 없는 칭찬은 하지 말아야 한다. 예를 들어, "동생이랑 잘 놀아줘서 고마워. 왜 항상 그렇게 하지 못했어?" 같은 말은 피해야 한다. 아동은 칭찬을 받으면 자신이 한 일에 대해 기분 좋게 느껴야 한다. 과거에 잘못했던 행동을 떠올리게 해서는 안 된다.

(계속)

# 관심을 전략적으로 사용하기(2/2)

## 계획적 무시

아동이 많이 하는 보채기, 토라지기, 불평하기, 울기 등과 같은 '관심 끌기' 행동이 있다. 부모는 이에 대해 흔히 꾸짖는 것으로 반응을 보인다. 비록 부정적일지라도 어떤 관심은 무관심보다 더 낫기 때문에 불행히도 이러한 반응은 아동에게 보상이 될 수 있다.

계획적 무시는 이러한 행동을 감소시키기 위한 유용한 전략이다. 이것은 관심 끌기 행동에 대해 무관심(예 : 눈맞춤, 신체적 반응, 언어적 반응 등을 하지 않기)을 나타내는 것이다. 이 전략을 사용하면 행동이 좋아지기 전에 더 나빠진다(소거 폭발). 만일 소거 폭발이 일어나도 굴복하지 말고 일관적으로 무시하는 것이 중요하다. 이 전략을 사용할 때는 아동의 첫 번째 적절한 행동에 대해 긍정적 관심을 나타내는 것이 매우 중요하다.

# 아동주도 놀이

자녀의 좋은 행동을 증가시키기 위해서는 좋은 행동에 관심을 가지고 그 행동을 강화하는 것이 중요하다. 이것은 놀이 장면에서 가장 잘 이루어질 수 있다. 이러한 형태의 상호작용은 또한 부모-아동 간 유대에 도움이 되고 긍정적 관계를 증대시킬 수 있다. 다음은 이러한 놀이에 관한 지침이다.

1. **시간을 결정하라.** 매일 아동과 놀이하는 시간 5~15분을 정하라.

2. **한 아동과만 상호작용하라.** 놀이 시간 동안에는 한 번에 오직 한 아동과만 놀이를 해야 한다. 모든 자녀와 이 활동을 하되 각 아동과 별도로 놀이 시간을 가져야 한다는 것을 유념해야 한다. 산만을 최소화하고 동시에 여러 가지를 수행하지 않도록 한다.

3. **적절한 장난감을 선정하라.** 놀이 시간 동안에 사용할 서너 개의 장난감을 선정하라. 장난감은 구성적인 것, 비구조화된 것, 비폭력적인 것이어야 한다(예 : 블록, 레고, 링컨 로그).

4. **아동중심의 말을 사용하라.**

   a. **칭찬.** 적절한 행동에 대해 아동을 칭찬하라. 특별한 말을 사용하고 노력(결과가 아닌)을 칭찬하라. 모든 칭찬은 진정성 있어야 한다.
   - 예 :
     - "아직까지 자리에 잘 앉아 있으니 좋구나!"
     - "탑을 잘 쌓았네. 블록을 아주 조심스럽게 쌓아올렸구나."

   b. **기술.** 아동이 하고 있는 것을 상세하게 기술하라. 진정성 있게 열심히 하라. 이러한 말을 아동 활동의 '놀이'로 생각하라.
   - 예 :
     - "파란 블록을 빨간 블록 꼭대기에 놓았구나."
     - "초록색 크레용을 가지고 있네. 동그라미를 그릴 거구나."

   c. **반향.** 당신이 듣고 있다는 것을 보여 주기 위해 아동이 의사소통하려는 기본 메시지를 반향하라.
   - 예 :
     - 아동 : "나는 괴물을 그릴 거야." 교사(부모) : "괴물을 그릴 거구나. 빨리 보고 싶네!"
     - 아동 : "나는 초록색이 제일 좋아." 교사(부모) : "너는 초록색을 좋아하는구나. 멋진 색깔이야."

   d. **참여/모방.** 아동과 함께 놀고 아동의 놀이를 모방하라.
   - 예 :
     - 아동이 블록으로 탑을 쌓고 있으면 당신도 탑을 쌓는다.

5. **지시적인 말을 피하라.** 놀이시간 동안에 다음의 것들을 삼가야 한다.

   a. **질문하기** : 예컨대, "뭘 그리고 있니?" 혹은 "이거 무슨 색이야?"
   b. **지시하기** : 예컨대, "우리 집을 그려 볼래?"
   c. **비판하기** : 예컨대, "우리 집 같지 않네―우리 집은 빨간색이 아니고 하얀색이야."

6. 때로는 놀이시간에 아동이 잘못된 행동을 한다. 이 잘못된 행동이 작은 것이면 그냥 무시한다. 아동이 다시 적절한 행동을 할 때 아동과 함께 놀이한다. 잘못된 행동이 심각한 것이면 놀이시간을 종료한다.

# 아동주도 놀이 기록장

아동 이름 : _____

| 날짜 | 연습 여부(예/아니요) | 비고 |
| --- | --- | --- |
| | | |
| | | |
| | | |
| | | |
| | | |
| | | |
| | | |
| | | |
| | | |
| | | |
| | | |
| | | |

# 효과적으로 지시하기

아동의 적절한 행동에 전략적으로 관심을 주는 것은 매우 중요한 일이지만 그것이 바람직한 행동을 보장하는 것은 아니다. 아동은 구조화, 명백한 기대, 예측성을 제공하는 조건하에서 잘 성장한다. 지시를 효과적으로 내려 주는 것은 아동에게 적절한 행동을 가르치는 중요한 부분이다. 다음은 아동의 지시 따르기를 향상시키기 위한 간단하고 중요한 지침이다.

1. **목표를 정하고 집중 공략하라.** 지시를 하는 것이 중요하고 당신이 통제할 수 있는 상황에서만 지시를 하라. 불순응 행동에 대한 후속결과를 일관적으로 하는 것이 중요하다.

2. **아동의 주의를 끌어라.** 지시를 하기 전에 눈맞춤을 하거나 아동의 이름을 부르거나 아동 가까이로 가서 반드시 아동의 주의를 끌어야 한다. 아동에게 지시를 할 때는 아동과 같은 방에 있어야 하며 잠재적 산만성을 줄여야 한다 (예 : TV 끄기).

3. **아동이 완수할 수 있는 지시만 하라.** 아동이 이해하거나 수행하기에 너무 어려운 활동이 포함된 과제가 주어져서는 안 된다.

4. **지시는 직접적이고 간단하게 하라.** 간단하고 직접적인 지시문(예 : "신발 들어.")을 단호한 톤으로 하라. 아동이 무언가 하기를 원할 때 질문을 사용하지 않는다(예 : "신발 신을 수 있어?"). 질문은 선택을 함축하고 있고 아동이 "싫어."라고 대답한 것을 당신은 기꺼이 수용해야 한다.

5. **한 번에 한 가지씩 지시하라.** 아동은 다단계의 지시 따르기를 어려워한다. 한 번에 한 가지씩 지시를 하고, 각 지시 후의 순응/불순응에 대한 후속결과를 제시해야 한다.

6. **긍정적인 말로 지시하라.** 하지 말아야 할 것(예 : "침대에서 뛰지 마.")을 말하지 말고, 해야 할 것(예 : "앉아라.")을 말하라.

7. **설명을 제한적으로 하라.** 아동은 지시에 따르기 싫어서 지시에 대한 설명이나 이유에 대해 묻곤 한다. 지시 후에 설명을 제공하는 것은 지시의 초점을 흐린다. 지시에 대한 이유는 지시를 하기 전이나(예 : "할머니 댁에 갈 건데 밖이 추우니까 코트를 입어라."), 아동이 지시에 반응을 보인 후(예 : "코트를 입었구나. 우리가 할머니 댁까지 걸어갈 건데 밖이 춥단다.")에 제시한다.

8. **가능하면 선택의 여지를 주어라.** 아동에게 선택이 주어질 때 아동의 순응 가능성이 높아진다. 아동이 선택을 할 수 있다면, 지시에 선택사항을 포함시켜야 한다(예 : "빨간 코트나 파란 코트 중 골라 입어라.").

# 타임아웃을 효과적으로 사용하기

타임아웃은 아동의 부적절한 행동을 감소시키기 위한 효과적인 방법이다. 그러나 타임아웃은 다른 긍정적인 기법과 병행하여 사용해야 한다. 적절한 행동에 긍정적인 관심을 주고 효과적인 지시를 사용할 것을 명심하라. 끝까지 피드백해 주지 못할 지시는 사용하지 말아야 하며 아동이 지시에 순응하면 반드시 칭찬을 해야 한다. 타임아웃을 효과적으로 사용하기 위한 지침은 다음과 같다.

1. **간단하고 직접적으로 지시하라.** 단호하면서도 중립적인 목소리로 지시해야 한다(양식 3.5 참조).

2. **지시 후 10초를 기다려라.** 지시를 한 후 아동이 순응하도록 10초를 기다린다. 마음속으로 10을 세어도 좋다(큰소리로 세지 말 것).

3. **순응을 칭찬하라.** 아동이 10초 내에 지시를 따르면, 바로 칭찬하라.

4. **순응하지 않으면 재지시를 하라.** 아동이 10초 내에 전혀 순응하려 하지 않으면, 타임아웃을 경고하며 재지시하라 (예 : "네가 _____ [지시 반복] 하지 않으면, 타임아웃 될 거야."). 경고를 한 후 순응하도록 다시 10초를 기다려라.

   참고 : 만약 순응 외의 다른 것에 대해 타임아웃을 사용할 때는(예 : 형제자매를 때리는 것 같은 가정 규칙을 어겼을 때) 아동을 즉시 타임아웃시키고 경고문을 사용하지 않는다.

5. **순응을 칭찬하라.** 아동이 경고에 순응하면 즉시 칭찬하라.

6. **순응하지 않으면 타임아웃시켜라.** 아동이 10초 내에 지시에 순응하지 않으면, 아동을 타임아웃시켜라. "네가 내 말을 듣지 않았기 때문에 타임아웃한다."라고 말한다. 아동에게 말대꾸나 뒤늦게 순응하기 등을 허용해서는 안 된다. 처음에는 타임아웃시킬 때 신체적으로 촉진할 필요가 있을 수도 있다. 아동의 팔을 잡거나 필요에 따라서는 아동을 안고 타임아웃 장소로 보낸다. 아동을 일단 타임아웃시켰으면 "내가 나오라고 할 때까지 조용히 앉아 있어."라고 단호하게 말한다.

7. **아동에게 주의를 기울이지 말라.** 아동이 타임아웃되어 있는 동안에 아동에게 주의를 기울여서는 안 된다. 아동에게 말을 걸어서도 안 되며 아동을 주시하되 아동을 쳐다보지 말고 당신이 하던 일을 계속하라. 아동이 적당한 시간 동안 타임아웃 장소에 조용히 있으면 "네가 조용히 있었기 때문에 이제 나와도 돼."라고 말한다.

8. **지시를 반복하라.** 아동이 타임아웃 장소에서 나오면 다시 지시를 반복한다. 아동이 지시에 따르면 칭찬을 하고, 지시에 따르지 않으면 다시 타임아웃 장소로 보낸다.

# 타임아웃을 효과적으로 사용하기(2/2)

## 타임아웃에 대해 흔히 하는 질문

### 타임아웃 시간은 얼마 동안이 적절한가?

일반적으로 타임아웃은 1세당 1분이며 최대 5분을 넘지 말아야 한다. 그러나 타임아웃을 처음 사용하는 것이라면 이 시간이 너무 길 수도 있으므로 시간 계획을 잘해야 한다. 만약 아동이 울거나 징징대거나 소리를 질러서 타임아웃을 사용한 경우 아동이 10~30초만 조용히 하더라도 타임아웃을 해제해야 한다. 그 후에 점차 타임아웃 해제를 위해 조용히 있어야 하는 시간을 늘려 갈 수 있다.

### 타임아웃 장소는 어떤 곳이어야 하나?

어린 아동의 경우, 의자에 타임아웃시켜 놓는 것이 좋다. 의자는 어른용이어야 하며, 아동이 의자에 앉아 있는 동안 벽을 포함한 모든 물건으로부터 충분히 떨어져 있어야 한다. 또한 아동의 손이 닿는 곳에 강화물이 있어서는 안 된다 (예 : TV, 장난감). 타임아웃 의자는 아동을 관찰할 수 있는 곳에 두어야 한다(예 : 복도, 옷장이나 욕실 안은 안 됨).

### 아동이 타임아웃 의자를 이탈하면 어떻게 하나?

처음 부모가 타임아웃을 사용할 때 아동은 자리에서 이탈하여 행동반경을 시험하려 한다. 의자에서 소리 지르고 뛰고 구르는 등의 행동을 한다고 해서 타이아웃을 해제해서는 안 된다. 이러한 행동은 무시해야 한다. 아동은 흔히 타임아웃되자마자 의자에서 이탈하려고 할 것이다. 만약 그러하면 아동을 타임아웃 장소로 되돌아가게 하여 조용히 있도록 하는 것이 중요하다. 타임아웃을 처음 사용할 때(아동이 의자를 이탈할 가능성이 가장 클 때)는 아동 옆에 서 있는 것이 좋다(그러나 아동을 쳐다보거나 어떤 주의도 기울여서는 안 된다). 그래야 아동이 의자로부터 이탈하면 즉시 데려다 놓을 수 있다. 아동이 계속해서 타임아웃 의자를 이탈하면 전문가와 상의하여 다른 방법을 의논한다.

### 아동이 의자에서 내려와야 한다고 하면 어떻게 하나?

아동이 타임아웃되어 있는 동안 화장실을 가야 한다거나 물을 마셔야 한다고 요구해도 무시해야 한다. 만약 이러한 요구를 한 번 들어주기 시작하면 아동은 매번 타임아웃으로부터 회피하기 위한 수단으로 이러한 요구들을 하게 된다. 아동이 하는 모든 요구를 무시하라.

# 타임아웃 기록장

아동 이름 : _____

| 날짜 | 시간 | 타임아웃 지속시간 | 비고(문제점 기술) |
|------|------|------------------|-------------------|
|      |      |                  |                   |
|      |      |                  |                   |
|      |      |                  |                   |
|      |      |                  |                   |
|      |      |                  |                   |
|      |      |                  |                   |
|      |      |                  |                   |
|      |      |                  |                   |
|      |      |                  |                   |
|      |      |                  |                   |
|      |      |                  |                   |
|      |      |                  |                   |
|      |      |                  |                   |

# 행동 관리에 특권 사용하기

특권은 아동의 적절한 행동을 강화하고 부적절한 행동을 통제하는 방법으로 사용될 수 있다. 이 방법은 타임아웃의 대안으로 사용될 수 있고 타임아웃과 함께 사용될 수도 있다.

## 적절한 행동에 대해 특권 부여하기

1. 아동과 함께 적절한 행동을 한 후 얻을 수 있는 특권의 목록을 작성한다. 이 목록은 일반적인 특권(예 : 자는 시간 15분 지연, 디저트 더 먹기, 텔레비전 더 보기)뿐만 아니라 특별한 특권(예 : 장난감 사기, 부모님과 외식하기)도 포함해야 한다.

2. 특권을 얻을 수 있는 행동과 과제의 목록을 작성한다. 아동에게 지나친 기대를 해서는 안 된다는 것을 명심해야 한다. 유아에게 적절한 과제는 장난감 정리하기, 상차림 돕기, 강아지 밥 주기, 옷 정리 등이다.

3. 아동이 목록의 행동이나 과제를 끝내면, 아동을 칭찬하고 특권 중 하나를 준다. 예를 들어, 아동이 텔레비전 프로그램을 보는 특권을 얻은 경우에 "거실에 있는 장난감을 모두 치워 줘서 고마워. 네가 약속대로 장난감 정리를 모두 했기 때문에 이제 딩동댕 유치원을 봐도 돼."라고 말한다. 일상적인 특권을 정기적으로 사용하고, 특별한 특권은 가끔 사용해야 한다.

4. 처음에는 강화를 많이 제공하라. 처음 시작할 때, 특권을 주기 위한 적절한 행동을 적극적으로 찾고, 목록에 있지 않은 좋은 행동에 대해서도 보상할 수 있음을 기억한다. 부모는 흔히 한 번에 너무 많은 것을 기대하고, 강화를 위한 '대단한' 행동을 기다린다. 이렇게 되면 아동이 특권에 접근하기가 어렵기 때문에 이 전략이 성공하기 어렵다.

## 부적절한 행동에 대해 특권 박탈하기

1. 아동이 매일 자동적으로 받게 되는 특권의 목록을 작성한다. 이러한 특권은 아동이 특정 행동이나 과제를 해서 얻는 것이 아니라, 일과를 수행하면 주어지는 일상의 특권(예 : 텔레비전 시청 1시간, 장난감 가지고 놀기, 친구 초대하기)을 의미한다.

2. 자동적으로 얻게 되는 특권을 누리기 위해 아동이 지켜야 하는 행동이나 규칙의 목록을 작성한다. 이러한 목록은 짧아야 하며 행동이나 규칙은 아동이 매일 하는 일상적인 것들이다(예 : 옷 입기, 밤에 이 닦기).

3. 해서는 안 되는 부적절한 행동의 목록을 작성한다(예 : 동생 때리기, 씹던 음식 뱉기).

4. 아동이 2에서 제시된 행동이나 규칙을 잘 지키면 자동적 특권을 얻을 수 있다. 그러나 이러한 일상의 과제를 하지 않거나 3에서 제시한 부적절한 행동을 하면 자동적 특권을 빼앗긴다. 부적절한 행동을 잃게 될 특별한 특권과 짝지어 놓으면 적용하기 쉽다. 아동이 자신에게 기대되는 행동이나 규칙을 이해하고, 해서는 안 되는 부적절한 행동과 그에 따라 잃게 되는 특권에 대해 인식하도록 아동과 함께 목록을 검토한다.

당신이 뇌물로 자녀를 매수하는 것이 아님을 이해하는 것이 중요하다. 부모들은 흔히 가정의 규칙을 지키는 것이 책임이므로 아동이 복종해야 한다고 생각한다. 당신이 직장에서 일한 것에 대해 대가를 받는 것처럼 가정의 규칙을 지키는 것은 자녀가 해야 할 일이며 당신의 월급과 마찬가지로 아동은 특권을 얻을 수 있어야 한다.

양식 3.9

# 특권 목록표

## 적절한 행동에 대한 특권

### 수행할 행동이나 과제

1. _____
2. _____
3. _____
4. _____
5. _____
6. _____
7. _____
8. _____
9. _____
10. _____

### 일상적 특권

1. _____
2. _____
3. _____
4. _____
5. _____
6. _____
7. _____
8. _____
9. _____
10. _____

### 특별한 특권

1. _____
2. _____
3. _____
4. _____
5. _____

## 부적절한 행동에 대한 특권 박탈

### 기대되는 행동이나 과제

1. _____
2. _____
3. _____
4. _____
5. _____
6. _____
7. _____
8. _____
9. _____
10. _____

### 자동적 특권

1. _____
2. _____
3. _____
4. _____
5. _____
6. _____
7. _____
8. _____
9. _____
10. _____

### 부적절한 행동

1. _____
2. _____
3. _____
4. _____
5. _____

# 공공장소에서 행동 문제 관리하기

아동이 집에서 규칙과 지시를 따르는 것을 학습한 후에는 상점이나 식당 같은 공공장소에서 올바르게 행동하는 것을 배우는 것은 더 쉽다. 공공장소에서도 부모는 집에서와 마찬가지로 적절한 행동을 칭찬하고 부적절한 행동에 대해서는 일관성 있는 후속결과를 제시해야 한다. 다음은 참고할 지침이다.

- **공공장소에 가는 연습을 하라.**
  - 15~20분이 소요되는 가까운 공공장소를 지정하여 다음의 지침을 연습하라.

- **사전에 기대행동에 대한 규칙을 미리 정하고 아동과 함께 이 규칙을 검토하라.**
  - 최고 3~4개의 규칙을 만들어라.
  
    (예) 식품점에 데려갈 경우에, "쇼핑카트 근처에 있어야 하고, 선반에서 물건을 함부로 꺼내서는 안 되며, 작은 목소리로 말해야 한다."는 규칙을 정할 수 있다.

- **아동의 착한 행동을 칭찬하라.**
  - 적절한 행동에 대해 정적 강화를 제공하라.
  - 아동이 규칙을 지켰을 때는 구체적으로 칭찬하라.
  - (예) "카트 옆에 있어줘서 고마워."
  - 다녀온 후에 제공할 특별한 보상을 고려하라.
  - 아동이 적절한 행동에 대해 획득할 수 있는 포인트나 토큰(나중에 특별 강화제로 교환할 수 있는 것) 시스템 사용을 고려하라.

- **부적절한 행동에 대한 후속결과를 정하라.**
  - 후속결과를 미리 정하고 이것을 사전에 아동에게 설명하라.
  - 아동을 강화하기 위해 포인트나 토큰을 사용한다면, 부적절한 행동에 대해 포인트/토큰을 박탈하는 반응-대가를 덧붙여 사용할 수 있다.
  - 가정에서 타임아웃을 성공적으로 사용했다면, 공공장소에서 타임아웃을 수정하여 사용할 것을 고려하라.
  - 짧은 시간 동안 아동을 한 장소에 앉거나 서 있게 한다(예 : 조용히 30~45초).

- **아동에게 할 일을 부여하라.**
  - 아동에게 자주 말을 걸고 작은 할 일을 부여하라.
  
    (예) 식품점이라면, 낮은 선반에서 당신이 지목한 물건을 집어 달라고 요청할 수 있다.

- **아동이 울화를 터뜨려도 굴복하지 말라.**
  - 아동의 울화 행동을 무시하라.
  - 필요하다면 아동이 진정될 때까지 상점이나 식당 등에 그대로 내버려 두어라. (참고 : 아동을 혼자 두어서는 안 된다. 공공장소에 아동을 내버려 두어야 할 필요가 있을 때도 반드시 아동과 함께 있어야 한다.)
  
    일단 아동이 진정되면 반드시 원래의 활동으로 되돌아가야 한다. 그렇지 않으면 울화는 상황에서 도피하는 효과적인 방법이라고 아동은 배울 것이다.

**4**

# 내면화 문제 중재

# 내면화 문제 중재

이 책의 제1장에서 논의한 바와 같이, 내면화 장애는 우울, 불안, 신체적 증상, 사회적 고립 등 광범위한 증상을 나타내는 것이 특징이다. 이러한 내면화 장애는 외현화 행동장애에 비해 아동이 어릴수록 인지하기 어렵다. 내면화 증상을 인지하고 중재하는 과정은 복잡하기 때문에 흔히 잘못 진단되거나 방치되기 쉽다. 뿐만 아니라 우울장애나 불안장애 유아들은 학령기 아동들과는 다른 증상을 나타내므로 유아를 교육하는 전문가들은 이러한 차이점을 아는 것이 중요하다. 이 장에서는 유아들이 나타내는 불안, 선택적 함묵증, 신체 증상, 우울 등의 예방과 중재 방법에 대한 개요를 제시하였다. 또한 충격적인 상황이나 학대에 노출되었던 아동과 내면화 장애를 가지고 있는 아동을 위한 중재에 대해 살펴보았다.

## 불안장애

아동기 불안장애 증상은 다양하게 나타나지만 불안장애 아동은 발달 단계와 상황을 고려할 때 적절하지 않을 정도로 두려움과 불안을 나타낸다. 아동의 두려움과 불안을 감소시키기 위하여 아동에게 두려워하고 불안해하는 것이 어리석고 바보 같다고 이야기하는 것은 치료에 도움이 되지 않는다. 오히려 아동이 느끼는 두려움과 불안의 감정을 타당화해 주어야 한다. 아동기 불안은 시간이 지나면 없어진다거나 불안 문제 때문에 아동이 다루기 어렵다거나 아동이 관심을 끌려고 불안한 척을 한다고 대수롭지 않게 생각하는 경향이 있지만, 일부 아동기 초기 불안 문제는 아동기 후기뿐만 아니라 성인기까지 지속될 수 있다(Merrell, 2008b). 따라서 아동의 두려움이나 불안이 발달 단계와 연령 등을 고려할 때 지나치게 심할 경우에 중재를 적용하는 것이 필요하다.

아동의 불안 문제가 제기되고 불안 증상을 진단하면(제2장 참조), 중재계획을 수립해야 한다. 불안 증상에 따라 중재가 개별화되기도 하지만, 일반적으로 공통적인 중재가 적용된다. 이 장에서는 아동기 특정 공포증과 분리불안을 포함한 불안 증상에 대한 중재에 대해 살펴보았다. 이 장 끝에 제시한 〈양식 4.1〉은 학부모에게 제공할 수 있는 불안 중재에 관한 자료이다.

# 두려움과 특정 공포증

## 특정 공포증의 예방

아동기 두려움이 점차 심해져서 공포증이 되는 것을 예방하기 위해서 여러 단계의 중재가 필요하다. 아동의 두려움을 대수롭지 않게 여기거나 잘못된 방법으로 감소시키려고 시도를 해서는 안 된다. 예를 들어, "네 방 창문 밖에 괴물이 있다고 생각하는 것은 어리석은 생각이야!"라고 말하는 것은 아동으로 하여금 자신의 두려움에 대해 어른들과 이야기할 수 없다고 느끼게 만들 뿐만 아니라 아동의 두려움을 감소시키지도 못한다. 아동에게 두려움을 야기하는 자극이 실제라는 것을 언급하지 않은 채 아동의 두려움을 인정해 주는 방법이 좋다. 예를 들어, 부모가 자녀에게 "철수야, 창문 밖의 나무 그림자가 무섭다고 느끼는 것 알아. 나무일 뿐인데 밤에는 나무가 많이 움직이는 것 같지?" 이렇게 반응을 하면 아동은 자신의 두려움이 이해받고 있다고 느끼고, 두려움을 야기하는 자극에 대해 이해할 수 있게 된다(Garber, Garber, & Spizman, 1992).

아동의 두려움을 대수롭지 않게 여기는 태도도 지양해야 하지만, 아동의 두려움을 부주의하게 강화하는 것도 지양해야 한다. 아동의 삶에 있어서 영향력이 있는 사람이 아동으로 하여금 두려워하고 공포를 느끼도록 학습시키고 유지시키고 강화시킬 수 있다. 예를 들어, 아동이 개를 무서워할 경우에 부모가 "진희야, 저기 개가 있는데 진희가 개를 무서워하니까 다른 길로 가자."라고 말하는 것은 아동의 두려움을 강화시킨다. 부모의 입장에서는 아동을 진정시키기 위하여 이러한 말을 하지만, 장기적으로 이러한 부모의 반응은 자녀의 두려움을 강화시킬 뿐이다(Ollendick, Davis, & Muris, 2004).

## 두려움과 특정 공포증의 중재

두려움과 특정 공포증을 감소시키기 위하여 체계적 둔감법, 모델링, 행동계약 등의 전형적인 행동중재 방법과 긍정적인 자기 말(self-talk) 등의 인지적 중재 방법이 사용되고 있다. 초등학생과 중등학생에게 사용되는 중재 방법들을 유아의 인지수준에 맞게 수정하면 유아에게도 효과적으로 사용할 수 있다.

## 체계적 둔감법

체계적 둔감법은 두려움을 야기하는 자극과 불안과 양립할 수 없는 반응(예 : 이완)을 조합하여 점진적으로 노출시키는 것이다. 먼저 아동은 자신이 두려워하는 대상들과 관련된 두려움의 정도를 정한다. 두려움의 정도에 따라 '두려움 단계'(최소의 두려움부터 최대의 두려움까지)를 정하고, 아동에게 점진적 이완과 같은 불안해소 기법을 사용하여 최소의 두려움 대상부터 최대의 두려움 대상까지 점차적으로 노출시킨다. 이러한 노출은 실생활의 상황(in vivo)에서 이루어질 수도 있고, 혹은 상상을 통하여 이루어질 수도 있다. 이러한 기법은 아동의 두려움이나 공포증에 대한 중재로 가장 효과적인 것 중 하나일 뿐만 아니라 가장 일반적으로 적용되는 것이다(Morris et al., 2008; Ollendick et al., 2004). 심호흡과 점진적 근육이완 기법도 유아에게 효과적이라고 보고되고 있다(Friedberg et al., 2011).

　　수미의 거미 공포증을 예로 들어 체계적 둔감법의 절차를 설명하면 다음과 같다. 수미는 거미를 보면 도망가거나 울거나 소리를 지르는 등의 극도불안 반응을 보여 교사에게 의뢰되었다. 수미는 거미에 대한 두려움 때문에 거미에 노출될 가능성이 있는 활동(예 : 친구와 놀이터에서 놀기)을 모두 거부하였으며, 이 두려움은 수미의 일상생활 기능을 방해하고 있었다. 다음은 수미와 교사가 나눈 대화이다.

교사 : 수미야, 거미에 대해 내게 말해 줄래?

수미 : 거미는 무서워요…. 나는 거미가 정말 싫어요.

교사 : 거미가 무엇 때문에 무섭지?

수미 : 거미는 갈색이고, 털과 큰 다리가 있고 사람을 먹어요.

교사 : 그리고 또 다른 이유도 있니?

수미 : 거미가 거미집에 갇힌 아이를 물어서 먹는 영화를 봤어요.

교사 : 수미는 거미를 보면 어떻게 하니?

수미 : 소리 지르면서 도망가요. 유치원에서 한 번 본 적이 있었는데 화장실에 숨었어요.

아동에게 두려움을 유발하는 것이 무엇인지, 그리고 그것에 노출되었을 때 아동이 어떻게 반응하는지에 대해 자유롭게 이야기하게 하는 것이 아동의 공포증에 대한 상세한 자료를 수집하여 두려움의 단계(fear hierarchy)를 정하는 데 도움이 된다. 흔히 유아들은 자신의 공포증과 연관된 반응을 자세히 설명하는 데 어려움을 나타낸다. 따라서 유아의 부모가 두려움의 대상에 대한 아동의 반응에 관한 정보를 제공하고 두려움의 단계를 정하는 것을 도와줄 필요가 있다. 두려움의 단계는 유아에게 거의 두려움을 주지 않는 자극(예 : 책에 있는 거미 그림 보기)에서부터 시작하여 가장 두려운 자극(예 : 거미 만지기)까지 정한다. 두려움의 단계에 포함되는 자극의 항목 수는 아동이 가지는 두려움의 복잡성에 따라 달라진다.

두려움의 단계에 있는 각 항목에 대한 두려움의 정도는 아동이 결정해야 한다. 유아의 두려움의 정도가 어느 정도인지에 대한 자료를 수집하는 데 있어서 〈양식 4.2〉에 제시한 시각적 평가체계(visual rating system)와 같은 시각 자료를 이용하는 것이 유용하다. 아동은 약간의 두려움을 표시하기 위해 "무릎까지 두려움이 찼어요."라고 말하고, 좀 더 강한 두려움을 표시하기 위해 "배까지 두려움이 찼어요."라고 말하며, 심각한 두려움을 표현하기 위해 "머리까지 두려움이 찼어요."라고 말할 수 있다. 아동이 어떠한 환경에서 최대의 두려움을 느끼는지에 대해 아동에게 일련의 질문을 하는 것이 도움이 될 수도 있다. 다음은 수미와 교사 간 대화의 예이다.

교사 : 수미야, 네가 거미를 얼마나 무서워하는지 이해할 수 있을 것 같구나. 수미가 어느 정도 거미를 두려워하는지 알아보자. 거미에 대해 이야기할 때 수미의 두려움이 어느 정도인지 말해 볼래?

수미 : 무릎까지 무서워요.

교사 : 그렇구나. 책에 있는 거미 그림을 볼 때는?

수미 : 배까지 무서워요. (자신의 배를 가리킨다.)

교사 : 좋아. 그럼 TV에서 거미를 보면 어느 정도 무섭니?

수미 : 어깨까지 무서워요.

교사 : 그럼, 벽에 붙어 있는 거미를 실제로 볼 때는 어느 정도 무섭니?

수미 : 두려움이 목까지 꽉 차요. (턱을 가리킨다.)

교사 : 수미가 거미를 만지면 어느 정도 무서울까?

수미 : 두려움이 머리끝보다 더 올라갈 거예요. (천장을 가리킨다.)

**표 4.1  두려움의 단계**

최대의 두려움

옆의 테이블 위에 있는 거미 보기
벽 위에 있는 거미 보기
영화에 나오는 거미 보기
책에 있는 거미 그림 보기
거미라는 단어 말하기

최소의 두려움

이러한 유형의 질문들을 하면서 수집한 자료를 이용하여 교사는 수미에게 두려움을 일으키는 자극의 단계를 〈표 4.1〉과 같이 작성할 수 있다. 이러한 두려움의 단계를 만드는 것이 아동을 불안하게 만들 수도 있으며, 일반적으로 여러 번의 시행착오를 거쳐 단계를 확정하게 된다. 앞서 언급한 바와 같이 일반적으로 유아의 경우, 부모가 아동의 두려움의 단계를 결정하는 데 도움을 준다. 부모는 자녀가 어떤 대상이나 상황을 회피하는지, 어떤 자극이 아동에게 불안 반응(예 : 울기, 찰싹 달라붙기)을 일으키는지에 대한 질문에 답하게 된다.

일단 두려움의 단계가 확정되면, 교사는 각 항목을 두려움과 양립할 수 없는 반응과 짝짓기 한다. 일반적으로 이완이 두려움과 양립할 수 없는 반응으로서 사용된다. 유아에게 보편적으로 사용하는 이완 기법을 설명하면 다음과 같다.

### 깊은 호흡

스트레스는 성인이나 아동 모두에게 다양한 방법으로 신체에 영향을 미친다. 예를 들면, 사람은 스트레스를 받을 때 숨을 적게 쉴 뿐만 아니라 짧고 얕은 호흡을 하는 경향이 있다('숨 쉬기'를 잊음). 성인과 아동 모두에게 도움이 되는 방법은 깊게 호흡하는 방법을 배우는 것이다.

아동과 깊은 호흡을 연습하기 위해서는 조용하고 사적인 장소를 택하는 것이 좋다. 아동과 함께 바닥에 누워 아동으로 하여금 한 손을 배 위에 얹게 하고 다른 한 손은 가슴에 놓도록 한다. 배 위의 손이 아래위로 움직이고 가슴 위의 손은 움직이지 않아야 깊은 호흡을 바르게 하는 것이다. 아동에게 깊은 호흡을 하는 방법을 시범 보이면서 "배에 공기를 풍선처럼 가득 채워 보세요."라고 가르쳐 주며 피드백을 제공한다(예 : "등을 굽히지 마세요." 또는 "배를 내밀지 마세요."). 아동으로 하여금 복식 호흡이 많은 연습을 필요로 한다는 것을 알게 하고 매일 연습하도록 격려해 줘야 하며, 부모로 하여금 아동이 복식 호흡을 잘했을 때 칭찬을 해 주도록 해야 한다. 아동이 누운 자세로 복식 호흡을 하는 기술을 숙달하면, 다양한 상황에서 앉은 자세나 선 자세로 복식 호흡을 연습하도록 한다(Friedberg, Gorman, Hollar Witt, Biuckian, & Murray, 2011).

## 느린 호흡

아동이 깊은 호흡을 숙달하면, 다음 단계는 아동이 천천히 숨을 쉬도록 도와준다. 일반적인 방법은 넷까지 세며 숨을 들이쉰 후 숨을 참으면서 넷까지 세고 나서, 다시 넷까지 세며 숨을 내쉰 후 숨을 참으면서 넷까지 세는 것이다. 아동의 연령과 허파의 용적을 고려하여 느린 호흡을 할 때 몇까지 세어야 할지를 결정해야 한다. 교사가 아동이 느린 호흡을 하는 방법을 습득할 수 있도록 시범을 보이고 함께 연습해야 한다. 아동의 느린 호흡의 개념을 이해하기 위해서 비눗방울 불기를 연습하는 것이 좋다. 비눗방울은 호흡이 느릴수록 많이 만들어진다.

## 점진적 근육 이완

사람들은 긴장되거나 불안할 때 근육이 단단해지고, 두통이나 요통, 복통 등의 신체적 증상을 나타낸다. 아동은 화가 날 때 신체적 증상을 나타내는 경향이 있다. 점진적 근육 이완은 점진적으로 이러한 신체 증상을 경감시키며 불안을 감소시키는 방법이다. 점진적 근육 이완 방법은 근육의 생리적 원리에 기초한다. 즉 근육을 긴장시킨 후에 긴장을 풀면서 근육을 이완시키는 것이다.

점진적 근육 이완의 첫 번째 단계는 아동을 편안하게 앉히거나 편안한 의자에 기대게 하는 것이다. 근육 이완을 위해서 아동에게 깊고 느린 호흡법을 연습시킨다. 아동에게는 근육을 이완하기 위하여 다양한 훈련을 하게 될 것이라고 알려 준다. 교사가 아동과 함께 훈련을 하면서 올바른 자세의 시범을 보이고 각 자세의 좋은 점에 대해 이야기를 나누는 것이 바람직하다. 이 과정에 〈양식 4.3〉과 같은 스크립트를 사용하기도 한다. 이러한 스크립트는 아동의 연령과 인지 수준에 맞게 수정되어야 하며, 깊고 느린 호흡은 훈련의 각 단계에서 사용되어야 한다. 다음에 제시하는 심상(imagery)과 정서적 심상(emotive imagery)도 체계적 둔감법에 포함시킬 수 있다.

## 심상/상상

심상은 깊은 호흡 또는 점진적 근육 이완과 함께 적용될 수 있다. 아동으로 하여금 자신이 재미있는 이완활동을 하고 있다고 상상해 보라고 한다. 아동이 아무것도 생각할 수 없다고 하는 경우에는 놀이터에서 그네를 타거나, 운동장에서 놀거나 해변에 놀러 갔다고 상상해 보라고 한다. 상상 속에서 즐거운 놀이에 참여하고 있는 아동에게 시각적 심상뿐만 아니라 촉감이나 향기, 소리 등을 제안할 수도 있다. 예를 들어, 그네를 타고 있다고 상상하고 있는 아동에게 머리카락을 스치는 바람, 놀이터의 소리, 향기로운 잔디 냄새, 그리고 그네를 타고 높이 올라갔을 때 배에서 느껴지는 간지러움을 느껴보도록 제안하는 것이다.

## 정서적 심상

정서적 심상은 아동이 좋아하는 영웅을 정하고, 가상적 이야기에 이 영웅과 아동을 함께 등장시키는 방법이다. 가상적 이야기에 아동이 좋아하는 영웅을 등장시키면 아동의 흥미를 끌 수도 있고 중재에도 도움이 된다. 아동에게 눈을 감으라고 하고 이야기 속에 등장하는 영웅을 상상해서 말해 보라고 한다. 일단 아동의 이야기가 완성되면 교사는 아동의 두려움의 단계 중 두려움의 수위가 가장 낮은 자극을 이야기 속에 등장시켜서 두려움을 유발하는 자극과 영웅에 의한 긍정적인 정서를 연합시킨다. 교사는 이 이야기를 이완 전략으로 사용하여 아동의 두려움의 단계의 순서에 따라 두려움의 순위가 가장 낮은 자극부터 가장 높은 자극까지 훈련을 시킨다. 이때 교사는 훈련을 너무 빨리 진행하여 아동이 불안해하지 않는지 아동의 비언어적 단서에 주의를 기울여야 한다.

이완과 심상이 체계적 둔감법에서 사용되는 가장 일반적인 '양립할 수 없는 반응'이기는 하지만, 유아를 대상으로 하는 이완 방법으로 적절하지 않을 수도 있다. 유아에게는 관심을 다른 데로 돌리도록 하는 방법을 사용할 수 있다. 아동이 가장 좋아하는 장난감을 가지고 노는 동안 아동의 두려움의 단계에 있는 불안 자극에 노출시킨다. 아동으로 하여금 자기가 좋아하는 사람과 상호작용을 하게 하거나 웃게 만드는 재미있는 활동을 하게 하는 것도 효과적인 이완방법이다(Schroeder & Gordon, 2002).

아동이 이완방법을 습득하거나 불안반응과 양립할 수 없는 대체반응이 정해지면, 교사는 두려움의 단계에 있는 항목들을 이완반응 또는 대체반응과 짝지어 체계적 둔감법의 단계를 시작할 수 있다. 두려움의 단계 중 가장 두려움을 덜 일으키는 항목부터 시작하므로 〈표 4.1〉에 제시한 수미의 경우에 거미라는 단어를 말하기부터 시작하는 것이다. 단어를 말하기 전후에 수미와 함께 이완훈련을 하여 수미가 최대한 이완할 수 있도록 해야 한다. 이는 아동이 불안과 이완을 동시에 느낄 수 없음을 전제로 하는 것이며, 실제적으로도 불안과 이완을 동시에 느낄 수 없다. 그러므로 아동이 이완된 상태에서 아동으로 하여금 두려움이나 공포에 직면하게 함으로써 불안 반응을 감소시키고 불안의 대상이 되는 사물이나 상황에 대한 두려움을 조절하고 줄여 주게 된다. 이 과정은 시간을 많이 필요로 하기 때문에 여러 회기를 통해 진행해야 한다. 급히 서둘러 진행해서는 안 되며 두려움 단계의 더 높은 단계로 진행하기 전에 아동이 두려움 단계의 낮은 단계들을 완전히 습득하고 익숙해질 때까지 충분한 시간을 제공해야 한다. 이러한 과정을 다음의 예에 제시하였다.

교사 : 수미야, 깊은 호흡과 근육 이완하는 것 정말 잘했어. 두려움을 평가하는 그림에서 수미의 두려움이 지금 발에 있다고 말했잖아. 이제 수미가 거미라는 단어를 말해 보면 좋겠는데, 깊은 호흡을 하고 숨을 내뱉으면서 거미라고 말해 봐. 이렇게 해 봐. (교사가 시범을 보이면 수미가 따라서 연습을 한다.)

수미 : (깊은 호흡을 한다.) 거미.

교사 : 잘했어. 이제 좀 더 깊은 호흡을 내뱉으며 해 보자. (교사가 깊게 숨을 쉬는 시범을 보이고, 두려움 평가를 위한 그림을 보여 주며) 지금은 두려움이 어느 정도인지 말해 줄래? 발, 무릎, 배, 어깨, 목, 머리 중 어느 정도일까?

수미 : 무릎이요.

교사 : 그렇구나. 이제 좀 더 깊은 호흡을 해 보고 근육을 이완시켜 보자. (근육 이완 훈련의 단계를 진행시킨다.) 지금은 두려움의 느낌이 어느 정도지?

수미 : 발이요.

교사 : 좋아. 자 이제 깊은 호흡을 하고 내쉬어 봐. 이번에는 깊은 호흡을 들이쉰 후에 내쉬면서 거미라는 단어를 말해 볼래? 이렇게. (교사가 시범을 보인다.)

수미 : (깊은 호흡을 한다.) 거미.

교사 : 잘했어. 깊은 호흡을 한 번 더 들이쉬고 내쉬자. 지금은 두려움이 어느 정도이지?

수미 : 발이요.

교사 : 좋아. 그럼 이제 깊은 호흡을 한 번 더 들이쉬고 내쉬면서 다시 거미라고 말해 봐.

이 예시에서 보는 바와 같이 교사는 두려움의 다음 단계로 서둘러 진행하는 것이 아니라, 아동이 편안함을 느낄 때까지 한 항목에 지속적으로 초점을 맞추어 진행해야 한다. 이것이 숙달되면 두려움 단계의 다음 단계인 '책에 있는 거미 그림 보기'를 소개하면서 그 그림을 이완 기법과 조합시킨다. 각 회기는 두려움의 단계에서 가장 두려움을 적게 일으키는 항목부터 시작하여 아동이 각 회기를 시작하는 것에 부담을 느끼지 않게 해야 한다. 각 회기를 진행하면서 필요에 따라 칭찬 등의 정적 강화를 사용한다.

체계적 둔감법 등의 노출에 기초한(exposure-based) 중재 방법이 유아의 불안을 감소시키는 데 효과적이다(Higa-McMillan, Francis, Rith-Najarian, & Chorpita, 2016). 노출에 기초한 중재 방법은 실생활의 두려운 자극에 점진적으로 노출하는 실제 노출 방법과 아동이 두려운 자극을 상상하도록 하는 상상 노출 방법이 있다. 실제 노출 방법이 훈련하는 데 한계가 있기는 하지만 상상 노출 방법보다 아동의 공포 반응을 감소시키는 데 더 효율적이다. 실제 노출 방법과 상상 노출 방법을 비교한 연구에서 3~10세 아동의 경우, 실제 노출 방법을 사용하는 것이 상상 노출 방법을 사용하거나 중재하지 않는 것보다 더 효과적이라고 보고되고 있다(Cowart & Ollendick, 2013; Ollendick & King, 1998). 수미의 사례에서도 두려움의 대상인 거미를 책, 사진, 플라스틱 모형, 실제 거미 등의 순서로 점진적으로 제시하는 실제 노출 방법을 이완 훈련과 함께 사용하였으며 중재 효과가 있었다.

부모가 유아의 중재 과정에 참여하는 것은 매우 중요하다. 부모가 아동의 불안과 양립이 불가능한 반응을 배워서 가정에서 아동이 불안을 야기하는 자극에 직면할 때 중재 방법을 적용할 수 있어야 한다. 이렇게 부모가 아동에게 노출에 기초한 중재 방법을 적용할 때 두려움 단계의 각 항목에 대한 노출을 급히 서둘러서 다음 단계로 진행해서는 안된다. 부모는 학교에서 훈련받은 내용만 아동에게 적용해야 한다. 예를 들어, 개 공포증을 가진 아동이 학교에서 책에 나온 개 그림 보기를 숙달하였다면 부모는 가정에서 책에 나오는 개 그림을 보면서 아동이 습득한 기술을 연습하게 하고 아동이 불안을 나타내지 않고 적절하게 반응하면 칭찬해야 한다.

### 두려움과 공포에 대한 기타 중재 방법

체계적 둔감법이 두려움과 공포에 대하여 가장 일반적으로 사용되는 방법이기는 하지만, 유아들에게 적용하기에 어느 정도의 어려움이 있기 때문에 다음에서 살펴볼 중재 방법들과 연합하여 사용하는 것이 권장된다.

인지적 접근   긍정적 자기 말 같은 인지행동중재(CBT) 방법은 유아기 불안에 대한 효과적인 중재 방법이다. 어린 아동들에게 복잡한 인지행동중재 방법은 지양해야 하고 단순한 인지적 접근 방법을 사용해야 한다. Hirshfeld-Becker 등(2010)의 연구에 따르면, 4~7세의 아동에게 부모-아동 인지행동중재를 적용한 결과, 실험집단의 아동이 통제집단의 아동보다 사회 공포증/회피 장애(효과 크기 = 0.95)와 특정 공포증(효과 크기 = 0.78)이 감소되었으며, 1년 후에도 중재 효과가 유지되었다. 3~18세 아동과 청소년의 불안에 대한 중재 연구들을 종합하여 검토한 결과, 인지행동중재가 불안을 감소시키는 효과적인 중재이며 효과 크기가 1.19였다(Higa-McMillan et al., 2016).

긍정적 자기 말은 불안하거나 우울한 아동이 다양한 상황에서 긍정적인 자신감을 가질 수 있도록 돕기 위한 최고의 도구라고 할 수 있다. 교사는 아동으로 하여금 자신이나 상황에 대해 긍정적인 문장을 작성하도록 하고, 부정적인 생각이나 문장에 대해서는 긍정적인 대체 문장을 만들도록 한다. 이러한 방법을 아동에게 걱정 지우개라고 소개할 수 있다. 예를 들면, 유치원에 가기를 무서워하는 아동은 스스로 자신에게 "나는 무섭지 않아.", "아빠가 데리러 오실 거야.", 또는 "나는 용감해. 그리고 친구도 생길 거야." 등의 말을 할 수 있다. 아동에게 긍정적인 자기 말을 자주 연습시키는 것이 중요하며, 처음에는 아동이 큰 소리로 말하도록 연습을 하지만 점차 소리를 작게 내는 훈련을 하여 실제 사회적 상황에서 내적으로 자기 말을 할 수 있도록 한다(예 : 머릿속에서 문장을 말하거나 부드럽게 말하기).


모델링   불안 증세를 가지고 있는 2~16세 아동을 대상으로 하는 연구들을 체계적으로 검토한 결과, 모델링이 연구의 증거가 가장 많고 폭넓게 사용되는 중재기법이다(Higa-McMillan et al., 2016). 이 방법은 아동이 두려워하는 자극과 상호작용하는 사람을 아동이 직접 관찰하는 것이다. 예를 들면, 개 공포증을 가지고 있는 아동에게 다른 아동이 개를 쓰다듬는 것을 보도록 하는 것이다. 모델링은 실제적인 상황에서 적용할 수도 있고 상징적인 상황에서 적용할 수도 있다. 실제적 모델링(live modeling)은 실제적 상황에서 아동이 두려워하는 자극과 상호작용하는 사람을 아동이 직접 관찰하는 것이다. 상징적 모델링(symbolic modeling)은 아동이 두려워하는 자극과 상호작용하는 사람이 나오는 비디오를 보거나 그러한 사람을 상상하는 것이다. 참여적 모델링(participant modeling)은 아동이 모델과 함께 불안이 감소된 행동을 하는 것이다(예 : 아동이 모델과 함께 개를 쓰다듬기 시작한다). 모델링은 긍정적 자기 말이나 깊은 호흡 등의 방법과 함께 사용된다. 적응적 대처 전략과 인지적 재구조화를 적용하여 부정적이고 부적응적인 생각을 긍정적이고 적응적인 생각으로 재구조화한다(Dasari & Knell, 2015; Schoenfield & Morris, 2009). 예를 들면, 참여적 모델링에서 모델이 개에게 다가가면서 "무섭지만 곧 괜찮아질 거야. 나는 개에게 좀 더 다가갈 수 있어."라고 말하는 것을 아동이 관찰한 후에 아동이 모델이 적용한 대처 전략과 긍정적인 자기 말을 하면서 개에게 다가가도록 한다. 모델링은 모델이 두려움을 유발하는 자극에 점진적으로 노출될 때 가장 효과적이다(Morris et al., 2008).

3~5세 아동을 대상으로 한 연구에서 아동이 두려워하는 자극에 다가가는 모델을 관찰한 경우가 아동이 모델을 관찰하지 않고 두려운 자극에 노출되는 경우보다 두려움을 덜 느꼈으며 두려운 자극에 대해 접근 행동을 더 많이 나타냈다(Ollendick & King, 1998). 실제적 모델링과 상징적 모델링이 극도의 두려움과 공포를 중재하는 데 효과적이지만, 참여적 모델링이 참여 요소의 안내(guided participation component)가 없는 실제적 모델링이나 상징적 모델링보다 더 효과적이다(Cowart & Ollendick, 2013; Ollendick & King, 1998). 일반적으로 또래가 모델로서의 역할을 하지만, 부모와 교사가 아동이 두려워하는 자극과 상호작용하는 것을 보여 줌으로써 모델의 역할을 할 수도 있다.

유관 관리　유관 관리는 두려움과 공포를 나타내는 아동을 중재하는 방법이며, 유아의 공포를 감소시키는 데 가장 폭넓게 사용되는 방법은 행동형성법과 정적 강화이다. 행동형성법은 목표행동에 점진적으로 다가가는 것을 정적으로 강화하는 것이다. 예를 들어, 개 공포증이 있는 아동의 경우 처음에는 개와 같은 방에 있기만 해도 강화해 주고, 다음에는 개에게 다가가는 것을 강화하고 그다음에는 개를 쓰다듬는 것을 강화해 주는 것이다. 칭찬과 강화물(예 : 작은 장난감 또는 스티커)을 이용한 정적 강화는 아동이 습득한 행동을 강화해 주고 유지시켜 준다. 다양한 강화물을 사용하는 것이 아동의 흥미를 유발하는 데 도움이 된다(Friedberg et al., 2011). 도표를 이용하여 아동이 두려움을 극복하는 과정을 시각적으로 보여 주는 것도 도움이 된다. 예를 들어, 포스터 크기의 보드 용지에 여러 단계로 구성된 길을 그린 후, 개 공포증을 가지고 있는 아동이 두려움을 한 단계씩 극복할 때마다(예 : 책에 있는 개 그림 보기, 같은 공간에 개와 함께 있기, 개에게 다가가기, 개 쓰다듬기) 보드 용지에 그려 있는 길을 따라 한 단계씩 전진하는 것을 표시하는 것이다. 소거 방법을 사용할 경우에 아동이 두려운 자극에 대해 회피행동을 보이는 것에 더 이상 강화하지 않아야 한다(Morris et al., 2008; Ollendick et al., 2004). 즉 교사와 부모는 아동이 두려운 자극에 대해 보이는 회피행동에 주의를 기울여서는 안 된다.

Ollendick과 King(1998)이 유관 관리를 적용한 연구들을 검토하여 분석한 결과에 따르면, 두려운 자극에 점진적으로 노출시키며 강화하는 강화 훈련 방법이 중재를 하지 않은 경우보다 효과적인 것은 물론이고, 실제적 모델링이나 말을 따라 하는 방법보다 더 효과적인 것으로 나타났다. 유관 관리는 인지적 요소가 요구되는 긍정적 자기 말이나 이완 등 다른 중재 방법의 적용이 어려운 유아에게 유용한 방법이다.

## 학교 또는 어린이집 등교 거부를 포함한 분리불안

대부분의 아동은 특정 발달 단계에서 주 양육자로부터 분리될 때 불안을 경험한다. 이러한 분리불안이 영유아기(18~24개월)에 나타나는 경우에는 발달적으로 적절하다. 영유아들은 잘 울고 달라붙으며, 부모로부터 분리될 때 심한 짜증을 내기도 한다. 그런데 일부 아동은 이 발달 단계를 지나서도 이러한 불안증상을 지속적으로 나타낸다(Huberty, 2010). 이 장의 첫 부분에서 언급한 바와 같이, 분리불안의 주요 특성은 애착을 형성하고 있는 사람이나 가정으로부터의 분리에 대해 과도한 불안을 나타내는 것으로서 그 정도가 아동의 발달수준에서 기대되는 범위를 넘어서고 적어도 4주 이상 지속되는 것이다(American Psychiatric Association, 2013).

거의 모든 아동은 어린이집이나 학교에 처음 입학할 때 느끼는 불안으로 인해 스트레스를 받는다. 부모로부터 분리되어 새로 만나게 되는 친숙하지 않은 사람과 환경은 아동에게 불편한 감정을 초래한다. 그러나 대부분의 아동은 이러한 불편함을 극복하고 빠르게 새로운 환경을 즐기기 시작한다. 주 양육자로부터 분리되는 순간이나 분리를 예측할 때 분리불안 증상을 지속적으로 나타내는 아동에게는 중재가 반드시 필요하다. 이러한 문제를 어떻게 예방하고 중재해야 하는지에 대해 살펴보기로 하자. 여기에서 언급된 중재가 학교나 어린이집 상황에서 주로 적용하는 것이기는 하지만, 이러한 전략들은 보모나 낯선 친척에게 아동을 맡기거나 아동이 두려움을 느끼는 낯선 상황에서도 적용될 수 있다.

### 분리불안의 예방

어린 아동은 주로 학교나 어린이집에 들어갈 시기에 분리불안을 나타내므로 분리불안의 예방은 교사들에게는 해결해야 하는 과제이다. 따라서 분리불안의 예방은 분리불안의 문제 자체를 악화시키지 않도록 예방하고, 분리불안을 나타내었을 때의 후속결과에 초점을 맞출 필요가 있다(Huberty, 2008). 부모는 자녀가 새로운 교육환경에 배치되기 전에 자녀의 불안이 심각하게 악화되지 않도록 예방하는 단계별 접근을 할 수 있다. 무엇보다 먼저 부모가 다가올 상황에 대해 편안함을 가져야 한다. 부모는 자녀가 들어가게 될 어린이집이나 유치원을 선택하기 전에 여러 군데 방문하여 어느 기관이 자녀와 부모에게 가장 적합한 곳인지 주의 깊게 평가해야 한다. 각 기관의 전형적인 하루 일과를 관찰하고 원장이나 교사와 면담을 하는 것이 부모에게 안정감과 편안함을 줄 수 있고, 교육기관에 대한 부모의 안정감과 평안함은 자녀에게 자신감을 느끼게 해 준다. 아동이 새로운 보모에 대해 불안감을 가진다면 보모로 하여금 부모가 집에 있을 때 방문하도록 하여 아동이 낯선 사람에게 친근감을 형성할 기회를 주는 것이 좋다. 또한 부모는 아동이 새로운 어린이집이나 학교 환경에 친숙해질 수 있도록 자주 방문해야 한다. 부모가 자녀를 데리고 주말이나 평일 저녁에 새로운 교육환경의 건물이나 운동장을 여러 번 보여 줌으로써 자녀가 새로운 교육환경에 대해 편안함을 느끼게 도울 수 있다.

부모가 새로운 교육환경이나 상황에 대하여 긍정적인 태도를 나타내는 것도 중요하다. 새로운 교육환경에 있는 신나는 활동(예: 게임, 미술활동, 야외활동)에 대하여 자녀와 함께 이야기를 나누는 것이 좋다. 자녀와 이야기할 때 새로운 교육환경에서 만나게 될 선생님, 원장님, 보모 등의 이름을 언급함으로써 자녀가 친숙함을 갖도록 해야 한다.

자녀가 새로운 교육환경에 가는 첫날에 부모는 함께 동행해야 하며, 자녀가 버려진 느낌이 들지 않도록 잠시 동안 그곳에 머물러 있어야 한다. 만일 부모가 자녀를 떼어 놓는 것에 어려움이 있다면 자녀가 친근하게 느끼는 다른 성인을 동행시키는 것이 좋다. 부모는 자녀가 일과의 첫 번째 활동에 참여하도록 격려해 주고, 자녀가 어려움을 나타내지 않으면 부모는 자녀와 헤어지기 전에 하루 일과가 끝날 때 데리러 온다는 것을 확인시켜 줘야 한다. 부모는 자녀를 데리러 갈 때, 특히 처음 며칠 동안은 절대로 늦지 말아야 한다. 만일 자녀가 활동에 참여하는 데 망설이거나 부모가 떠날 때 짜증을 낸다고 해도 부모는 잠시 머문 후에 자녀와 분리되어야 한다. 어린이집이나 유치원 교사들은 이러한 행동에 익숙하고 아동을 활동에 참여하도록 도울 수 있다.

자녀가 새로운 어린이집이나 학교에 다녀온 후 또는 새로운 보모와 일과를 보낸 후에 부모는 자녀로 하여금 새로운 환경이나 상황에 대해 이야기를 할 수 있는 시간을 허락해야 하며, 자녀가 정보를 공유할 수 있도록 적극적으로 반응해야 한다. 또한 부모는 자녀의 성취를 칭찬하고, 자녀가 새로운 환경에서 가져온 학습물이나 미술작품을 냉장고에 붙여 놓거나 스크랩북을 만들어서 자랑할 수 있도록 해 주어야 한다.

## 분리불안의 중재

어린이집이나 학교와 관련되어 나타나는 분리불안의 첫 증후는 등원이나 등교를 거부하는 것이다. 아동은 일반적으로 이러한 거부 의사를 새로운 환경에 더 이상 가고 싶지 않다고 하거나 부모와 집에 있는 것이 더 좋다고 말함으로써 직접적으로 표현한다. 그러나 때로 아동은 이러한 거부 의사를 등교 전에 복통이나 두통을 호소하거나, 어린이집이나 유치원에 가기 전에 짜증을 내거나, 유치원에서 부모와 분리될 때 부모에게 달라붙는 등의 간접적인 방법으로 표현하기도 한다. 만일 자녀가 어린이집이나 유치원에 대해 특별한 불만이나 걱정을 이야기하면 부모는 주의 깊게 듣고 자녀의 주장에 대한 정당성을 판단하는 것이 중요하다. 만약에 자녀가 어린이집 선생님이 심술궂다고 표현하면 그 의미가 무엇인지 설명해 보라고 하는 것이 중요하다. 예를 들어, 부모는 자녀에게 "철수가 선생님이 심술궂다고 느끼는구나. 선생님이 어떻게 심술궂게 행동하시는지 말해 줄래?"라고 질문할 수 있다. 이렇게 질문하여 자녀의 반응을 살핌으로써 자녀의 특별한 불만이나 걱정이 학대의 가능성은 없는지 판단해야 한다. 필요할 경우, 부모는 사전에 통보하지 않고 유치원에 방문하여 교사가 자녀와 어떻게 상호작용하는지 관찰하고 특이한 사항이 있는지 알아볼 수 있다. 매우 드문 일이긴 하지만, 만일 어린이집이나 학교에서 학대가 의심될 경우에는 철저하게 조사를 해야 하며, 필요하다고 판단되면 아동을 다른 교육기관으로 전학시켜야 한다. 대부분의 경우에 아동이 새로운 환경에 대해 단순히 불안을 느끼는 것이라고 해도 그 불안이 더 심각해지기 전에 중재해야 한다.

하지만 모든 등교 거부가 분리불안에 기인하는 것은 아니다. 만일 아동의 염려가 유치원이나 학교에 있는 다른 아동으로부터 괴롭힘을 당하는 것과 같은 특정한 상황과 연관되어 있다면 (이것은 부모와 분리되는 것에 대한 불안과 달리) 이 아동은 학교 공포증을 나타내는 것일 수도 있다. 즉, 분리불안은 아동이 부모로부터 분리되는 것에 대한 염려에 기인하는 반면에, 학교 공포증 또는 사회적 공포증은 특정 상황과 관련된 두려움에 기인한다. 아동이 유치원이나 학교에 가지 않고 집에 남음으로써 혐오적인 사회적 상황이나 평가적 상황을 회피하는 것이 강화되는 것은 아닌지 면밀하게 살펴보아야 한다. 만약 자녀가 유치원이나 학교의 특정 상황이나 사건이 두렵다고 정확하게 표현할 경우에 부모는 가능한 한 빨리 어린이집 원장이나 교사에게 이를 알려야 한다(Huberty, 2011; Kearney, 2006). 아동이 어린이집이나 학교에 가지 않고 집에 있으면서 부모의 사랑과 관심을 받거나 텔레비전 시청을 할 수 있는 것이 강화로 작용할 가능성도 있다.

유아들이 호소하는 전형적인 신체 증상은 실재하는 증상이 아닐 수도 있다. 많은 아동이 실제로 감기나 다른 병에 걸리기도 하지만 부모가 가능한 한 빨리 꾀병인지 판단하는 것이 중요하다. 부모가 판단하는 데 사용할 수 있는 단서는 아동이 학교에 가기 전에 아팠다가 일단 학교에 안 가게 되면 증상이 기적처럼 나아지는 것, 콧물이나 발열 등 신체적인 증상이 없는 것, 가기 싫은 장소에 가기 전에 자주 고통을 호소하면서 부모와 함께 있는 동안에는 아프다고 하지 않는 것, 아무렇지 않다가 어린이집이나 학교에 갈 시간이 되면 아픔을 호소하는 것 등이다. 부모가 아동을 소아과에 데려가서 의학적 질병이 있는지 확인하는 것도 적절한 해결방법이다. 아동이 결석할 아무런 의학적 이유가 없다면 아동은 반드시 어린이집이나 학교에 가야 한다. 신체적 증상에 대한 중재 방법에 대해서는 이 장의 뒷부분에서 자세히 다룰 것이다. 부모와 다른 성인들이 아동의 불안이나 회피행동을 강화해서는 안 된다. 부모가 아동을 등교하지 않고 집에 머물게 함으로써 의도하지 않게 아동의 불안을 악화시킬 수도 있다. 따라서 아동은 신체적 증상이 호전되면 최대한 빨리 반나절이라도 어린이집이나 학교에 가야 하고, 집에 머무는 동안에 강화(예 : 텔레비전 시청)에 접근하지 못하도록 해야 한다. 부모는 아동이 학교에 가는 것을 정적 강화(예 : 칭찬)를 사용하여 강화해야 하고, 아동이 학교에 가지 않으려고 하는 행동(예 : 울기, 징징대기)을 무시해야 한다. 아동이 울거나 떼쓰는 등의 문제행동을 하지 않고 학교에 가면 물질적 강화물을 얻을 수 있다는 강화체계가 갖추어지면 부모에게 도움이 된다. 부모가 자녀의 분리불안과 등교 거부를 다루는 데 사용할 수 있는 부모용 자료를 〈양식 4.4〉에 제시하였다.

다음은 유치원에 가기를 거부했던 진희의 분리불안을 중재하는 단계이다.

1. 진희의 부모는 등교하기 전날 밤에 다음 날이 학교에 가는 날이라는 것을 말해 주었다. 진희가 울거나 짜증을 내거나 집에 있겠다고 애원하는 것은 무시하였다.
2. 다음 날 아침에 부모는 진희를 깨워서 옷 입는 것을 도와주고 아침 식사를 한 후에 사무적인 어조로 진희에게 엄마가 학교에 진희를 데려다주고 출근을 할 것이라고 말했다. 학교에 가지 않겠다는 진희의 애원은 무시하였다.

3. 진희가 익숙하지 않은 학교 환경에서 정신적으로 안정감과 평안함을 느낄 수 있도록 돕는 상징적인 물건(transitional object)을 주었다. 이러한 상징적인 물건은 아동이 주요 애착대상을 마음에 간직할 수 있도록 돕는 물건이다. 예를 들어, 부모의 사진을 넣은 목걸이, 행운의 동전, 파워 반지, 부모가 쓴 글이나 그림 등을 통해 아동이 특별하고 사랑받고 있으며 스스로 강하다고 느낄 수 있게 돕는다. 진희 엄마는 진희가 다시 부모를 만나기까지 하루 종일 강하고 행복하게 느낄 수 있도록 행운의 동전을 진희의 주머니에 넣어 주었다.

4. 진희 엄마는 담임교사에게 진희의 분리불안에 대해 미리 알려 주었고, 교사는 진희가 편안함을 느낄 수 있도록 도와주었다. 진희는 그날 여러 번 울었고 또래와 떨어져 혼자 있기도 했지만 온종일 교실에 머물러 있었다. 진희가 다른 아동과 게임을 하고 놀았을 때 교사는 진희를 칭찬해 주었다.

5. 진희 엄마는 하교 시간에 진희를 데리러 와서 진희가 어떻게 지냈는지 교사와 이야기를 나누었다. 그날 저녁에 진희 엄마는 진희가 학교에 다녀온 것을 강화하면서 학교에 가는 것이 어려운 일이지만 점차 나아질 것이라고 말해 주었다. 진희가 다시 학교에 가기 싫다고 짜증내고 애원하였지만 진희 엄마는 그러한 진희의 행동을 무시하였다.

6. 다음 날 아침에 진희는 소리를 지르며 울면서 학교에 가기를 거부하는 행동을 나타내기 시작했다. 진희 엄마는 그 전날에 했던 동일한 일상을 반복하였으며 진희를 학교에 데려다 주었다. 하교시간에 진희 엄마가 진희를 데리러 갔을 때 교사는 진희가 그 전날보다 친구들과 더 잘 어울렸다고 말했다. 그날 저녁에 진희 엄마는 진희의 성취를 강화하기 위하여 진희가 좋아하는 식당에서 외식을 하였다.

7. 진희가 불평 없이 긍정적인 태도로 학교에 등교하게 되기까지 이러한 일상이 몇 주 동안 반복되었다. 진희는 분리불안을 극복하고 적극적인 학교생활을 경험하게 되었다.

이 사례에서 보는 바와 같이, 진희가 학교에 성공적으로 등교할 수 있기까지 부모의 일관성 있는 태도가 중요한 역할을 했다. 아동이 오랫동안 등교하지 않은 경우나 심각한 불안 증상을 가지고 있는 아동의 경우에는 학교환경에 점진적으로 노출할 필요가 있다. 예를 들어, 처음에 아동은 하루에 한 시간만 학교에 머물지만 점차 학교에 머무는 시간을 늘려서 온종일 학교에 있을 수 있도록 하는 것이다. 아동이 회피하던 학급에 완전히 통합되기 전에 인지적 전략, 사회성 기술, 이완기술 등의 기술을 가르칠 필요가 있다 (Doobay, 2008). 그러나 대부분의 경우에 아동이 학교에 즉시 돌아가서 온종일 있는 것이 적절하다. 분리불안장애의 중재에 있어서 인지행동중재와 더불어 아동이 회피하던 환경으로 돌아가는 것이 일차적인 중재이다(American Academy of Child and Adolescent Psychiatry, 2007). 분리불안장애를 가지고 있는 4~7세 아동과 부모에게 인지행동중재(아동에게 기술습득과 노출기법을 교수하고, 부모에게 기술습득과 불안관리 전략을 교수하는 것을 포함)를 적용한 결과, 통제집단에 비해 아동의 불안 증상은 감소하였고(효과 크기 =.82) 1년 후에도 그 효과가 유지되었다(Hirshfeld-Becker et al., 2010). 아동을 학교환경으로 돌아가게 하는 데 사용할 수 있는 전략들을 소개하면 다음과 같다.

| 중재 전략 | 예시 |
|---|---|
| 이완 기법 | 깊고 느린 호흡기법<br>점차적인 근육 이완<br>심상 안내 |
| 긍정적 자기 말 | "나는 할 수 있어."<br>"나는 용감해." |
| 스티커 도표 | 학교에 등교하면 스티커를 주고 특정 개수의 스티커를 모으면 특별한 강화를 받는다(예 : 방과 후에 엄마와 아이스크림 가게에 간다). |
| 행동 계약 | 아동이 아침에 문제행동을 보이지 않고 등교하면 하교 후에 한 시간 동안 텔레비전을 볼 수 있다는 것을 내용으로 하는 문서화된 동의서 |

# 선택적 함묵증

선택적 함묵증이 정신건강 전문가에게 의뢰될 정도가 되면 중재하기 쉽지 않다. 왜냐하면 아동의 선택적 함묵증이 아동의 환경에 의해서 이미 오랫동안 강화되어 변화하기 쉽지 않기 때문이다. 따라서 선택적 함묵증의 예방과 중재는 아동의 행동에 대한 환경 내 성인들의 반응과 행동을 중재하는 것도 포함한다.

## 선택적 함묵증의 원인과 예방

일반적으로 선택적 함묵증은 침묵에 대한 부적 강화(예 : 말하지 않고 침묵함으로써 싫어하는 과제를 회피할 수 있게 됨)로 인해 촉발되고 유지된다고 생각하지만, 실제로 선택적 함묵증에 대한 설명은 다양하다. 예를 들어, 아동의 또래가 함묵증 아동의 요구를 다른 친구들에게 대변하기 시작하면, 아동은 말하지 않는 것에 대해 특별한 관심을 받아서 함묵증은 정적 강화가 되고, 교사는 함묵증 아동의 요구가 황당한 것이거나 자신을 귀찮게 하는 것일 때 요구를 들어주는 것을 보류하기도 한다(Kehle, Bray, & Theodore, 2010). 따라서 선택적 함묵증을 예방하기 위해서 성인들은 아동이 스스로 말하도록 요구해야 하며, 만약 아동이 스스로 말하지 않으면 아무런 관심도 받을 수 없고 자신이 싫어하는 과제로부터 회피할 수도 없다는 것을 아동이 분명히 알 수 있게 해야 한다. 아동이 선택적 함묵증을 나타내기까지 불안이 중요한 역할을 하므로 DSM-5에서 불안장애 유형으로 포함시키고 있다. 따라서 선택적 함묵증의 배경이 되는 불안을 파악해서 중재하는 것도 중요하다(Manassis, 2013). 흔히 선택적 함묵증은 문제가 심각해질 때까지 주변 사람들이 인식하지 못하는 경우가 많다.

## 선택적 함묵증의 중재

아동이 선택적 함묵증을 나타내는 가장 일반적인 환경 중 하나가 학교이다. 학교에서 말을 하지 않는 아동은 심각한 학습문제를 나타내므로 신속하게 중재해야 한다. 선택적 함묵증에 대한 가장 효과적인 중재는 학교에서 실행하는 행동중재이다. 따라서 학교 상담심리 전문가는 교사와 부모에게 선택적 함묵증에 대한 교육을 제공하고 중재 전략을 세워야 한다. 자녀의 선택적 함묵증에 대한 부모교육은 가정환경에서의 효과적인 중재를 위하여 반드시 필요하다(Luby, 2013).

선택적 함묵증에 대한 가장 보편적인 중재는 말하는 행동에 대한 행동형성과 일반화이다(Manassis, 2013). 행동형성은 목표행동에 연속적으로 점점 더 근접한 행동을 보이는 것에 대해 체계적으로 정적 강화를 하여 목표행동을 학습하게 하는 것이며, 선택적 함묵증의 경우 목표행동은 상대방이 알아들을 수 있도록 말하는 것이다. 정적 강화 전략은 언어적 칭찬, 사회적 관심, 스티커, 작은 장난감 등의 강화물을 포함한다. 교사의 질문에 대해 강화를 받을 수 있는 연속적으로 점점 더 목표행동에 근접한 일련의 반응은 (1) 한 단어로 대답하기, (2) 여러 단어를 사용하여 대답하기, (3) 자발적으로 대답하기 등이다. 예를 들어, 교사가 아동에게 "무슨 색 크레용으로 그림을 그리고 싶니?"라고 묻고 목표행동을 "빨간색 크레용으로 그림을 그리고 싶어요."로 정한 경우, 중재의 초기 단계에서는 교사의 "무슨 색 크레용으로 그림을 그리고 싶니?"라는 질문에 아동이 "빨강"이라고 대답하면 빨간색 크레용을 주면서 언어적으로 칭찬을 해 준다. 그다음 단계에서는 교사의 질문에 대해 아동이 "빨간색 크레용"이라고 대답할 경우에 강화를 제공하고, 단계가 거듭할수록 점차 목표행동에 가까운 행동을 할 경우에만 강화를 제공하여 마지막 단계에서는 교사의 질문에 대해 아동이 "빨간색 크레용으로 그림을 그리고 싶어요."라고 대답할 경우에만 강화를 제공하는 것이다.

중재 초기에는 아동에게 간단한 반응을 하도록 요구해야 하며, 중재에 또래를 참여시킬 수도 있다. 예를 들어, 중재 초기에는 아동으로 하여금 학급 전체를 대상으로 말을 하도록 요구하기보다는 소집단 활동에서 말을 하도록 촉진할 필요가 있다. 일단 아동이 소집단에서 편하게 말하게 되면 소집단에 포함되는 또래 아동의 수를 늘린다.

선택적 함묵증을 중재하는 방법으로서 자기모델링(self-modeling)이 효과적이다. 예를 들어, 선택적 함묵증 아동이 가정에서 부모의 요구에 반응하는 동영상을 교사의 요구에 반응하는 동영상으로 편집하여 아동으로 하여금 학교에서 여러 번 시청하게 한다. 아동은 비디오를 시청할 때마다 강화를 받으며, 선택적 함묵증 아동의 적절한 말에 대한 또래의 반응을 촉진하기 위하여 또래에게도 비디오를 시청하게 한다(Kehle et al., 2010).

앞서 언급한 바와 같이, 선택적 함묵증 아동이 말하지 않는 것에 대해 어떠한 강화도 제공하지 않아야 한다. 말을 할 수 있는 능력이 있는 선택적 함묵증 아동이 자신이 원하는 것을 손으로 가리키거나 다른 신호를 사용하여 표현하는 것을 허용해서는 안 되며, 학교와 가정에서 일관성이 있게 비언어적인 의사소통 시도가 효과가 없다는 것을 알게 해야 한다. 또한 또래나 형제자매에게 아동 스스로 말해야 할 필요성이 있다는 것을 주지시켜서 아동을 대신하여 말하지 않도록 한다.

선택적 함묵증 아동이 좀 더 많은 사람들 앞에서 더 자주 말하기 시작하면, 이전 단계에서 사용했던 촉진이나 강화물을 점진적으로 용암(fade out)시켜야 한다. 아동이 말을 하는 것 자체가 강화된다는 것을 알고 구어가 유창해질 때까지 구어적 행동을 강화하고 비구어적 행동을 강화하지 않아야 한다(예 : 아동의 구어적 요구에 반응한다. 아동이 친구를 사귀게 된다. 아동이 질문에 대답하면 교사가 긍정적으로 반응한다).

선택적 함묵증의 또 다른 중재 전략으로서 부모가 학교 친구를 주말에 집으로 초대하여 아동과 구어적 의사소통을 하거나 놀이를 하는 것을 강화하는 것이다. 만일 선택적 함묵증 아동이 형제자매와는 말을 한다면 교사는 방과후에 형제자매를 교실에 오게 하여 교실에서 아동과 게임을 하며 놀게 할 수도 있다. 선택적 함묵증 아동이 게임을 하면서 말을 하게 되면 교사는 몇 명의 또래를 게임에 합류시킨다(Kehle et al., 2010).

아동이 가정에서 자유롭게 말을 하는 경우에 부모는 학교에서의 자녀의 선택적 함묵증을 인식하지 못한다. 부모가 자녀의 학급에서 봉사활동을 해 보면 자녀의 문제를 잘 알 수 있게 되고 교사와도 협력할 수 있다. 부모는 자녀의 구어적 행동만을 강화해야 하며, 자녀가 다양한 장소에서 말하도록 격려해야 한다(Kehle et al., 2010).

이러한 효과적인 중재 전략들을 적용하기 위해서는 아동과 상호작용하는 교사, 또래, 부모 및 전문가들의 시간과 에너지가 요구된다. 일단 중재를 시작하면 아동의 선택적 함묵증 문제가 모두 해결될 때까지 중재를 지속하는 것이 매우 중요하다. 왜냐하면 비일관적인 중재가 아동의 선택적 함묵증을 악화시킬 수 있기 때문이다.

# 신체적 증상

제1장에서 언급한 바와 같이, 신체적 증상은 어린 아동들에게 흔히 나타나며, 특정 신체 장애가 되기도 하고 불안과 우울과 같은 내면화 장애와 함께 나타나기도 한다. 우선 의학적 원인이 신체적 증상의 유일한 원인인지 아닌지 여부를 진단하는 것이 중요하므로 신체적 증상을 나타내는 아동을 의료 전문가에게 의뢰하는 것이 첫 단계이다.

신체적 증상을 치료하는 방법은 증상의 원인이 무엇이냐에 따라 달라진다. 예를 들어, 분리불안을 가지고 있는 아동이 그 결과로서 신체적 증상을 나타낼 수 있다. 우울한 아동이 신체적 증상을 호소하는 경우도 흔하다. 또는 부모의 스트레스나 부모의 신체적 증상 때문에 자녀가 신체적 증상을 나타내기도 한다. Wolff 등(2010)의 연구에 따르면 어머니가 스트레스 및 신체적 증상과 어린 자녀의 신체적 증상 간에 상관관계가 있다. 이러한 경우에는 가족의 스트레스를 감소시키고 부모의 신체적 증상을 치료하는 것이 아동을 돕는 최상의 방법이 될 수 있다.

신체적 증상을 치료하는 많은 방법들이 우울과 불안의 치료에도 효과적으로 사용될 수 있다. Warner 등(2006)이 개발한 '불안과 신체적 증상의 치료법(Treatment for Anxiety and Physical Symptoms : TAPS)'은 의학적 원인에 일차적으로 기인하지 않은 신체적 증상을 인지행동중재와 가족심리교육으로 중재하는 방법이다. 이 방법은 초등학생과 중등학생을 위하여 개발되었으므로 8세 이하의 아동을 대상으로는 중재 효과가 검증되지는 않았으나, 중재 방법을 발달 단계에 적절하게 수정하여 어린 아동들에게 적용할 수 있다. 예를 들어, 교사는 중재 초반에 아동에게 간단한 심리교육을 한 후 아동으로 하여금 자신이 신체적 증상으로 경험하고 있는 감정을 인식하고 표현할 수 있도록 돕는다. 다음 단계에서 교사는 아동에게 불안과 우울이 신체적 증상으로 나타날 수 있다는 것을 알려주고, 아동으로 하여금 복식 호흡을 연습하고 신체적 증상을 리커트 평정 척도를 사용하여 표현하게 한다. 인지적 재구조화 전략을 도입하여 아동으로 하여금 부정적인 생각을 건강하고 긍정적인 생각으로 대체할 수 있도록 지도한다. 불안 단계(최소의 불안을 초래하는 상황부터 최대의 불안을 초래하는 상황)를 정하고, 아동으로 하여금 이완 기법이나 긍정적인 자기 말(positive self-talk)을 사용하도록 하면서 불안을 유발시키는 자극의 단계에 따라 불안의 원인이 되는 좀 더 큰 자극에 점진적으로 노출시킨다. 또한 부모교육을 통하여 자녀의 불안과 그와 관련된 신체적 증상에 대해 이해하도록 지원하고, 자녀가 불안과 신체적 증상에 있어서 긍정적인 변화를 보일 때 강화하는 방법을 교수한다(Reigada, Fisher, Cutler, & Warner, 2008). 교사는 아동이 인지적 재구조화에 참여하고, 이완 기법을 적용하고 긍정적인 자기 말을 하는 것이 어려울 수도 있음을 인지해야 한다. TAPS 프로그램에 참여한 8~16세 아동의 80%가 통제집단에 비해 신체적 증상과 불안이 감소하였고, 중재 효과가 3개월 후에도 유지되었다(Warner et al., 2011). 또한 Hirshfeld-Becker 등(2010)이 수정된 인지행동중재 프로그램이 어린 아동들에게 효과적이라고 보고하였으나, 증거기반의 실제로 인정받기 위해서는 더 많은 후속연구에 의해 중재 효과가 검증되어야 한다.

## 외상후 스트레스 장애와 아동학대

제1장에서 언급한 바와 같이, 외상후 스트레스 장애(PTSD)는 아동이 충격적 경험을 한 후에 나타날 수 있다. 충격적인 사건을 경험한 모든 아동이 외상후 스트레스 장애의 증상을 보이거나 진단을 받지는 않는다. 그러나 일반적으로 아동학대나 다른 유형의 충격적인 경험을 한 아동들은 자신이 경험한 충격적인 사건을 재경험하고, 충격적인 사건과 관련된 자극을 회피하고, 인지적으로 부정적 변화를 경험하고, 각성 수준이 높아져서 불쾌한 증상을 나타내는 등 외상후 스트레스 장애의 증상을 나타낸다(American Psychiatric Association, 2013).

유아들이 가장 많이 경험하는 정신적 충격은 학대와 방임, 가정폭력의 목격, 지역사회 폭력의 목격, 자연재해, 사고 등이다(Nickerson, Reeves, Brock, & Jimerson, 2009). 그런데 이러한 스트레스 요인들은 통제가 불가능하고 예측이 불가능하기 때문에 외상후 스트레스 장애의 증상들을 예방하기는 어렵다. 아동은 과거의 학습 경험, 생리적 기질, 사회적 지원, 대처전략에 따라 스트레스 요인에 대해 각기 다른 반응을 나타낸다. 충격적인 경험을 한 후 외상후 스트레스 장애의 증상을 나타내는 아동은 증상의 심각성을 감소시키기 위해 즉각적인 중재를 받아야 한다. 외상후 스트레스 장애는 중재하지 않고 방치할 경우에 사회적, 학업적 및 심리적 기능을 저해하고 발달에 있어서 심각한 문제를 초래할 수 있다(Nickerson et al., 2009).

미국은 법령에 따라 아동학대가 의심될 경우에 법적 신고 의무자가 적절한 아동 보호기관에 신고해야 한다. 대부분의 지역에서 정신건강 임상가, 교사 및 관련 전문가들이 아동학대의 합리적인 의심이 있을 경우에 신고를 한다(Child Welfare Information Gateway, 2014). 대부분의 주에서는 신고자가 아동학대를 선의에 따라 신고했다면 아동학대가 사실이 아닌 것으로 밝혀져도 법적 책임을 면제시켜 준다. 전문가가 아동학대가 의심되는데도 신고하지 않는 경우에 벌금을 물거나 면허를 취소당하거나 투옥이 되기도 한다. 따라서 전문가는 아동학대가 의심될 경우에 아동학대 관련법을 검토하고 언제 어떻게 신고할지 결정해야 한다.

또한 교사는 각 가정의 자녀양육에 관련된 문화적인 요소들도 파악해야 한다. 각각의 문화권은 각기 다른 자녀양육 실제와 그에 따른 용어들을 사용하므로 아동을 교육하기에 앞서서 각 가정의 문화적 유산과 종교적 신념을 고려해야 한다(Bornstein, 2013). 예를 들어, 아동이 집에서 매 맞았다고 하는 경우에 (1) 아동이 잘못할 때마다 손바닥으로 엉덩이를 맞는 것인지, (2) 주먹으로 맞은 것인지, (3) 물건으로 맞은 것인지, 또는 (4) 신체의 다른 부위로 맞은 것인지 파악하는 것이 중요하다. 사건과 관련된 상황이 호전되었다고 해도 아동학대나 방임이 의심되면 신고하는 것이 의무이다. 교사의 의무는 아동의 주변 상황을 이해하는 것이 아니라, 의심되는 아동학대를 신고하여 적절한 권한이 있는 관련 기관이 상황을 조사하도록 하는 것이다.

유아기 아동의 세상을 들여다볼 수 있는 가장 좋은 방법은 아동의 행동을 관찰하는 것이다. 아동은 학대의 경험을 잘 표현하지 않는데 가해자가 부모일 경우에 더욱 그렇다. 그러나 아동이 학대의 경험에 대해 언급할 경우에는 아동학대 보고서를 제출하는 것이 필수적이다.

학대의 심리적 및 정서적 영향은 신체적인 영향보다 밝혀내기 어렵다. 불행히도 심리적 영향은 아동에게 장기적인 어려움을 야기하며 성인기까지 정신건강문제로 이어질 수도 있다(Nickerson et al., 2009). 따라서 이러한 학대의 부정적인 영향을 발견하고 중재하는 것이 매우 중요하다. 학대받은 아동이 나타내는 심리적인 어려움은 매우 폭넓은 형태로 나타날 수 있고, 학대받은 모든 아동에게 나타나는 정형화된 형태는 없다. 신체적 학대를 받은 아동은 흔히 애착의 문제를 나타내고 공격행동을 보이기도 하고, 또는 위축되거나 불안해할 수도 있다. 성적 학대를 받은 아동은 행동 문제와 불안을 공통적으로 나타내고, 성적 표출행동이나 성적 과잉행동을 보이기도 한다. 성적 학대를 받은 2~6세 아동은 부적절한 수준의 성적 행동(예 : 과도한 자위행위)을 나타낼 수도 있고, 대부분의 또래 아동이 알지 못하는 성적 용어를 알고 있을 수도 있으며, 자신의 성기를 부끄러움 없이 다른 사람들에게 보여 줄 수도 있고, 과도한 성적 행동을 보일 수도 있다(Lowenstein, 2011).

학대받은 아동의 대부분은 심리적 고통을 경험하지만, 학대받은 모든 아동이 심리적 고통을 경험하는 것은 아니다. 심리적 고통을 전혀 경험하지 않는 아동도 있고, 초기에 자각 증상을 보이지 않던 아동이 나중에 증상이 나타나기도 하는데, 이를 수면자 효과(sleeper effect)라고 한다. 학대를 받았으나 심리적 고통을 경험하지 않는 아동은 여러 가지 회복 요인(예 : 가족의 지지, 뛰어난 사회성 기술)을 가지고 있거나, 학대가 심리적 고통을 초래할 만큼 정신적 충격을 주지 않은 경우이다(Saywitz, Mannarino, Berliner, & Cohen, 2000).

## 외상후 스트레스 장애의 중재

외상후 스트레스 장애의 중재 첫 단계는 아동의 안전을 보장하고 아동이 더 이상 충격적인 환경에 노출되지 않도록 확인하는 것이다. 아동이 충격적인 상황에 지속적으로 노출되어 있는 상황에서 중재를 시도하기란 거의 불가능하다. 또한 심리적 안전도 중요하다는 것을 명심해야 한다.

전통적인 놀이치료만을 유일한 중재 방법으로 적용하는 경우에 중재 효과에 대한 임상적 증거가 미흡하지만, 놀이기반의 중재 방법이 중재 초기에 아동으로 하여금 중재에 대한 편안한 마음을 가지게 하는 데 유용하게 사용될 수 있다. 놀이는 아동으로 하여금 자신의 생각과 심상과 감정뿐만 아니라, 말로 표현하는 것이 불가능한 느낌을 표현하는 것을 돕는다(Gil, 2010). 다양한 아동기 장애와 관련하여 실험집단과 통제집단을 비교한 93개 놀이기반의 중재연구를 메타분석한 결과, 효과 크기가 0.80이었으므로 놀이기반의 중재 접근 방법이 비교적 효과적이라고 할 수 있다(Bratton, Ray, Rhine, & Jones, 2005). Lin

과 Bratton(2015)의 메타분석 연구의 결과에 따르면, 아동중심의 놀이치료의 효과 크기는 0.47이었으며, 부모가 중재에 참여하지 않은 경우의 효과 크기(0.33)보다 부모가 중재에 참여한 경우의 효과 크기(0.59)가 높게 나타났다.

놀이기반의 중재에서 주로 사용되는 장난감은 인형의 집과 인형 가족, 종이와 크레용 또는 물감, 진흙, 공룡 등의 동물, 장난감 음식과 접시, 모래 쟁반, 아기 인형 등이다. 놀이실에서의 규칙과 중재자의 역할을 소개하는 예시를 〈그림 4.1〉에 제시하였다. 치료적이고 발달적으로 적절한 놀이의 반복은 충격을 경험한 아동으로 하여금 자신이 경험한 충격적인 사건을 재현하는 것을 돕는다. 충격적인 사건을 경험한 아동은 놀이 상황에서 공격적인 행동을 보이거나 신체적 공격을 나타내어 교사를 당황하게 만들 수도 있으나, 교사는 아동이 느끼는 두려움을 통제와 안전과 역량으로 대체하도록 도와야 한다(Gil, 2010). 만약 아동이 치료실 상황이 아닌 학교와 어린이집 등에서 공격적인 행동을 보일 경우에는 이 책의 제3장에서 다룬 중재 방법들의 적용을 고려해야 한다.

인지행동중재(Cognitive Behavioral Therapy : CBT)는 PTSD 증상을 나타내는 아동을 위해 가장 잘 검증된 중재이다. 많은 CBT 프로그램이 아동과 부모를 위한 중재요소를 갖추고 있으며, 이는 관련 문헌을 검토한 논문에서 입증되었다(Higa-McMillan et al., 2016; Nickerson et al., 2009). 특히 아동이 어릴 경우에 아동과 부모를 대상으로 하는 통합적인 중재 프로그램이 가장 효과적이다.

부모는 여러 가지 방법으로 중재에 참여할 수 있다. 대부분의 부모는 장애의 진단기준과 아동기 장애 출현 가능성과 중재 과정 등에 대한 기본적인 정보가 필요하다. 또한 부모가 전형적인 아동기 신체적, 성적, 정서적 발달에 대해 교육을 받을 경우에 자녀의 정

---

나는 아이들이 겪고 있는 괴로움을 함께 이야기하고 함께 놀아 주는 김 선생님이야. 우리는 여기서 이야기도 하고 놀기도 할 거란다. 너는 여기서 네가 원하는 걸 다 할 수 있어. 우리는 매주 45분 정도 만날 건데 여기는 세 가지 규칙이 있단다. 첫 번째 규칙은 네가 자신에게 스스로 상처를 입힐 수 없다는 것이야. 두 번째 규칙은 네가 나에게 상처를 입히면 안 된다는 것이고, 세 번째 규칙은 네가 장난감에 상처를 내면 안 된다는 거야. 여기에서 가지고 노는 장난감을 집에 가져가면 안 되지만, 그 외에는 네가 원하는 무엇이든지 할 수 있어. 여기서 네가 하는 모든 말과 모든 행동은 너와 나만 아는 것이란다. 네가 스스로 상처를 입히거나 다른 사람을 해치거나, 누군가가 너를 해치지 않는다면 나는 여기에서 일어나는 모든 일을 아무에게도 말하지 않을 거야. 그런데 만일 이런 일이 일어나면 나는 다른 사람들에게 네가 안전하다는 것을 말해야 하고, 우리는 일어난 일에 대해 이야기해야 알 수 있을 거야. 내가 한 말에 대해 질문이 있니?

**그림 4.1** 놀이실 규칙과 중재자의 역할을 소개하는 예시

상 발달을 병리적으로 간주하지 않을 수 있고, 자녀가 안전하게 느끼도록 도울 수 있다. 자녀가 경험한 충격적 사건 때문에 부모도 정서적 고통을 경험하므로 심리적 지원이 필요하다. 부모의 자기 비난을 감소시키는 인지전략과 자녀의 경험과 증상에 대한 부모의 생각과 감정을 표현하는 중재가 도움이 될 수 있다(Cohen, Mannarine, Berliner, & Deblinger, 2000; Yule, smith, Perrin, & Clark, 2013). 이 책의 제3장에서 언급한 인지행동중재 프로그램의 구성요소인 부모 훈련을 통해 부모가 자녀의 공격행동에 대응하고, 가정에서 자녀의 바람직한 행동을 강화하며, 아동주도의 긍정적인 시간을 제공하도록 도울 수 있다(King et al., 2000). 엄한 훈육이나 벌이 상처받은 아동의 낮은 자아존중감과 불안정한 느낌을 더 악화시킬 수 있기 때문에 부모는 인내심을 가지고 비혐오적인 방법으로 훈육해야 한다(Yule et al., 2013). 가족 치료도 인지행동중재에 포함될 수 있다(James & Mennen, 2001). 마지막으로 가정과 학교에서의 일과를 규칙적으로 실행하고 비구조화된 시간을 구조화시키면 아동의 불안을 감소시키는 데 도움이 될 수 있다. 전반적으로 충격적인 사건을 경험한 아동의 중재에 부모가 참여하면 효과적이고 긍정적인 성과를 도출할 수 있다.

인지행동중재의 아동주도의 구성요소는 심리교육(psycho-education), 대처기술 훈련, 사회성 기술 훈련, 점진적 노출 등이 포함된다. 심리교육은 개인적 안전에 대해 연령에 적합한 정보를 제공하고, 성적 학대를 받은 아동에게 성관계와 성적 학대에 대한 정보를 제공하여 아동이 미래에 발생할 수 있는 학대 상황을 피할 수 있도록 돕는다. 대처기술 훈련은 아동이 충격적 사건과 관련된 고통과 역기능적인 사고와 부정적인 감정에 효과적으로 대처하도록 돕는 중재이다. 대처기술 훈련에서 사용되는 기법은 이 장의 앞에서 소개한 이완훈련과 불안장애와 우울장애 아동에게 적용되는 것과 유사한 인지적 대처기술을 포함한다. PTSD 아동에게 성공적으로 사용되어 온 대처기술 훈련은 아동으로 하여금 부정적이고 부적응적인 사고를 긍정적이고 적응적인 사고로 대체하고, 자기 비난과 인지적 왜곡을 감소하도록 지원하는 것이다(Cohen et al., 2000; Yule et al., 2013). 이완훈련은 아동이 충격적인 사건을 재경험하는 신체적 증상을 감소시키는 데 효과적이다(Catani et al., 2009). 충격적 사건을 경험한 아동은 공격행동과 반사회적 행동을 많이 나타내므로 이 책의 제3장에서 소개한 사회성 기술과 사회적 문제해결 기술 훈련이 필요할 수 있다(King et al., 2000).

점진적 노출은 PTSD를 중재하기 위한 인지행동중재의 핵심 요소로서 이 장애의 성공적인 중재 프로그램의 가장 중요한 부분으로 간주되고 있다. 아동이 충격적인 사건과 관련된 항목으로 불안 단계를 작성할 때, 불안을 가장 덜 야기하는 항목(예 : 학대하지 않는 가해자와의 상호작용)을 최하위에 두고, 불안을 가장 많이 야기하는 항목(예 : 학대 사건의 특정 순간)을 최상위에 둔다. 중재자가 불안 단계의 각 항목을 말하기, 그리기, 이야기하기, 놀이하기 또는 아동의 연령과 발달 수준에 적합한 다른 방법을 사용하여 아동에게 점진적으로 노출한다. 이완훈련과 긍정적인 자기 말도 점진적 노출의 일부로서 불안에 대처하는 전략으로 사용될 수 있다(King et al., 2000).

충격적인 사건에서 벗어나지 못한 아동은 악몽을 꾸거나 수면 문제와 섭식 문제를 나타낼 수도 있다. 아동은 꿈이 불안을 야기한다는 사실을 제외하고는 꿈의 내용을 인지하지 못할 수도 있다. 부모가 잠자리에서 책을 읽어 주고, 잠자리에 드는 시간과 식사시간을 규칙적으로 지키고, 자녀를 자주 안심시키고 위로하는 것이 중요하다. 아동이 악몽의 내용을 인지하는 경우에 중재자는 아동과 함께 아동의 악몽에 슈퍼 히어로를 등장시켜서 긍정적이고 대안적인 악몽의 결말을 유도할 수 있다. 이러한 긍정적인 결말을 아동으로 하여금 인지적으로 반복하여 떠올리게 하고 낮 동안 그림으로 표현하게 하면 꿈에 긍정적인 영향을 미칠 수 있다(Yule et al., 2013). PTSD 중재자와 부모 간 의사소통은 아동의 관련된 증상을 점검하고 중재하는 데 중요하다.

## 아동학대와 방임의 예방

아동학대와 방임은 방치할 경우에 장기적으로 부정적인 결과를 초래하므로 예방을 위해 상당한 노력을 기울여 왔다. 가장 이상적으로는 아동학대와 방임의 위험 요인을 미리 파악하여 아동학대와 방임이 발생하기 전에 가족에게 지원을 제공하는 것이다. 이 장에서는 학대와 방임의 일반적이 위험 요인들과 가족지원 서비스에 대해 살펴보았다.

아동의 위험 요인을 파악하여 학대와 방임이 발생하기 전에 중재하기 위한 일차적인 예방(primary prevention)은 주로 교사, 어린이집 보육교사, 또는 아동과 매일 만나며 가까이에서 관찰할 수 있는 관련 전문가에 의해 제공된다. 이러한 위험 요인들은 동시에 발생할 수도 있고 누적될 수도 있는데, 한 개의 위험 요인이 아동학대가 발생할 가능성이 있는 상황의 지시자라기보다는 여러 가지 위험 요인들이 가족으로 하여금 학대 사건에 취약하게 만든다. 일반적인 위험 요인은 조숙아, 어머니의 우울과 불안 증세, 편부모 가정, 이혼 또는 심각한 가정불화가 있는 가정, 강압적인 훈육, 가난 및 관련 변인들(예 : 낮은 교육수준, 물질 남용, 범죄, 대가족 등)을 포함한다(Crossen-Tower, 2014; Juntunen, 2013).

만약 이러한 위험 요인들 중에 몇 가지가 가정에 존재한다면 전문가는 부모와 가족에게 적절한 사회적 서비스를 연결시켜 줌으로써 중재할 수 있다. 예를 들어, 부모가 강압적인 훈육을 하는 경우에 부모는 긍정적인 양육 기술에 대한 자료나 책을 얻을 수 있고, 자녀를 효과적으로 훈육하는 기술을 가르쳐 주는 강좌에 참석할 수도 있다. 이 책의 제3장에서 살펴보았듯이, 개별적 부모 훈련은 부모가 강압적인 훈육의 악순환을 끊을 수 있도록 지원할 수 있다. 이 책의 제3장에서 소개한 부모 훈련 프로그램은 부모로 하여금 자녀의 행동을 중재하고 다루는 전략을 습득하도록 돕고, 자녀와의 긍정적인 상호작용을 증가시켜서 부모-자녀의 관계를 강화하도록 지원한다. 정신건강문제를 가지고 있는 부모는 개별적인 치료를 받도록 권면해야 한다. 이혼이나 잦은 가정불화를 경험하고 있는 부모를 위해 부부치료나 가족치료 서비스를 제공하는 자원과 연계시켜 주거나, 부부의 별거 과정을 지원하는 법적 서비스를 소개시켜 줘야 한다. 또한 경제적인 어려움이나 음식, 직업, 주거의 필요로 인한 스트레스 요인에 대해 사회적 서비스가 도움을 줄 수 있다.

위기 가정이 자원을 제공해 주는 사람들과 긍정적인 관계를 형성하도록 돕는다면 아동학대와 방임의 위험은 감소하게 될 것이다(Crossen-Tower, 2014). 사회적 관계망은 부모의 지속되는 좌절에 대한 배출구를 제공하고, 가족이 스트레스를 받을 경우에 필요한 자원과 대안적인 관점을 제공하며, 가족이 고립된 느낌을 가지지 않도록 도울 수 있다. 교사, 사회복지사, 어린이집 보육교사, 친구, 의사와 간호사, 치료사, 학교 심리학자 등 누구든지 도움이 필요한 가족과 사회적 관계망을 형성할 수 있다. 가족과 사회적 관계망을 형성한 사람은 가족에게 자신들의 특별한 요구를 충족시켜 줄 수 있는 서비스와 프로그램에 참여할 것을 제안해야 한다.

가족의 역경에 대한 탄력성과 저항성을 증가시키는 보호 요인을 찾아내어 강화해 주어야 한다. 아동 관련 보호 요인은 지능과 재능 등이며, 부모 관련 보호 요인은 적절한 훈육 기술과 사회적 지원망이다(Crossen-Tower, 2014). 위험 요인과 마찬가지로 보호 요인도 누적되는 특성이 있고, 가족이 대처기술과 회복력을 많이 가지고 있을수록 가정 내 학대가 일어날 가능성은 낮아진다. 가족이 위기에 직면할 때 탄력성과 긍정적인 대처기술을 발휘하도록 돕는다면 학대의 발생을 예방할 수 있다. 지역사회 내 아동학대와 방임의 위기 군에 속하는 가족을 도울 수 있는 예방적 자원이 많이 존재하며, 각 가족의 독특한 필요에 따라 요구되는 자원의 유형은 다를 것이다. 여러 영역에서의 예방적 자원 목록을 〈표 4.2〉에 제시하였다. 전문가는 가족이 거주하고 있는 지역의 가족 지원과 관련

**표 4.2** 아동학대 위기군 가족을 위한 예방적 자원

| | |
|---|---|
| • 익명의 아동학대 부모모임 | • 위기 아동 단기 보호시설 |
| • 국립 아동학대 및 방임 센터 | • 응급 주거 보호소 및 서비스 |
| • 익명의 알코올/담배 중독자 모임 | • 지역구 정신건강 서비스 |
| • 아동보호 서비스 | • 아동발달 센터 |
| • 사회복지 서비스 | • 자녀양육 관련 긴급 전화 |
| • 헤드 스타트(Head Start) 프로그램 | • 학교 심리학자 및 상담가 |

된 자원에 대해 잘 알고 있어야 한다.

기타 권장되는 자원은 (1) 교회나 유대교 회당에서 제공하는 집단 상담, 음식 및 경제적 도움, (2) 지역대학이나 법학 전문 대학원에서 제공하는 저가 또는 무료 상담 서비스, 의료 서비스 및 법률 자문, (3) 대중매체가 제공하는 음식과 옷 기부 서비스 등을 포함한다.

전반적인 아동학대 발생률을 감소시키고, 아동학대 발생 시 신고하는 비율을 높이며, 죄책감과 부끄러움 등의 부정적인 결과를 최소화하는 예방책들은 아동중심으로 제공된다(Finkelhor, 2007). 예를 들어, 헤드 스타트 프로그램은 아동의 성적 학대를 예방하기 위하여 프로그램을 실시한다. 아동은 적절하고 좋은 신체 접촉과 부적절하고 나쁜 신체 접촉에 대한 비디오를 시청한 후 비디오 내용에 대해 토론하고, 만약 누군가 부적절하고 나쁜 신체 접촉을 시도할 경우에 어떻게 대처할지에 대해 학습한다(예 : 싫다고 말한다, 그 자리를 박차고 나온다, 신뢰할 만한 성인에게 이야기한다). 비디오나 책을 통한 이러한 유형의 성적 학대 예방교육은 어린이집, 유치원, 치료실 및 가정에서 실시할 수 있다.

아동학대와 방임의 위기군에 속하는 아동과 부모의 특성이 이질적이기 때문에 모든 프로그램이 모든 가족에게 유익한 것은 아니다. 따라서 아동과 가족의 위험 요인에 대해 충분한 정보와 지식을 습득한 후에 예방 프로그램을 선택하여 적용해야만 효과적일 수 있다(Beckwith, 2000).

# 우울장애

아동이나 성인이 때때로 슬프고 우울한 것은 정상적인 것이다. 어느 연령에서나 가끔씩 우울한 기분이 나타날 수 있으며 원인도 다양하다. 일반적으로 유아는 우울한 기분과 슬픔을 느끼다가도 빠르게 회복된다. 이러한 아동에게는 아무런 중재가 필요하지 않다. 반면에 어떤 아동은 전반적인 우울한 기분을 장기간 느끼며 회복이 되지 않아서 대인관계

와 가정 및 학교에서의 기능을 저해할 만큼 일상 활동이 방해받는다. 이러한 증상들을 나타내는 아동은 이 책의 제1장에서 소개한 우울장애의 진단기준을 충족하여 중재가 필요할 수도 있다.

## 아동기 우울장애의 예방

만성적인 아동기 우울장애를 예방하기 위한 첫 단계는 우울장애의 증상과 신호 등을 조기에 알아차리는 것이다. 교사, 부모, 어린이집 보육교사 등 아동을 가까이에서 관찰할 수 있는 성인은 누구나 아동의 우울 증상을 발견하는 역할을 할 수 있다. 일반적으로 아동은 자신의 생각과 감정을 이해하거나 말로 표현하는 데 어려움을 나타낸다. 그러나 Luby(2000)의 연구결과에 따르면, 만 3세 아동은 자신의 감정을 정확히 인지할 수 있고, 만 5세 아동은 자신의 감정을 행동이 아닌 말로 표현할 수 있다.

아동에 대한 지원을 증가시키고 아동의 기능을 긍정적으로 변화시킬 수 있는 요인들을 찾아내는 것이 중요하다. 예를 들어, 학교에서 어떤 학생이 아동을 괴롭히면 교사는 아동이 경험하고 있는 괴롭힘에 대해 부모에게 알려야 할 뿐만 아니라, 학급에서도 적극적인 중재를 해야 한다. 아동학대의 증상과 신호에 주의를 기울여야 한다. 어머니의 우울장애가 아동의 우울장애에 있어서 위험 요인이므로 가족 치료나 부모 치료가 필요할 수도 있다. 가정에서 규칙적인 일상생활을 하고 아동을 위한 긍정적인 활동을 증가시키면 아동의 우울장애를 예방할 수 있고, 아동의 우울 증상에 대한 초기 중재로서도 효과적이다.

## 아동기 우울 증상의 중재

청소년기와 성인기 우울장애의 중재는 다양한 인지행동중재 전략을 포함한다. 몇몇 연구가 발달 수준에 적합한 인지행동중재와 부모-아동 간 상호작용 중재 등이 효과적이라고 보고하였지만, 최근에 들어서야 아동기 우울장애의 중재에 대한 연구가 활발히 진행되기 시작했다(Luby, 2013). 인지행동중재의 인지적 구성요소는 아동에게 적용하기 어렵기 때문에 아동의 발달 수준에 맞게 수정해야 한다. 일반적으로 아동기 우울 증상의 중재는 부모교육, 가족체계 지원, 그리고 아동 중재 등을 포함한 다차원적인 중재가 권장된다 (Lenz, Pautsch, & Luby, 2011; Luby, 2013).

교사가 부모와 효과적인 중재를 위한 협력관계를 가능한 한 빨리 구축하는 것이 가족과 아동을 중재에 참여시키는 데 있어서 중요하다. 이러한 전문가-부모 간 협력관계를 형성하기 위해서는 아동기 우울장애의 특성과 장애의 진행 과정과 효과적인 중재에 대해 부모 교육을 제공해야 한다. 부모 교육을 진행하면서 가족 문제나 부모의 우울장애 등 아동의 우울 증상을 지속시키는 요인들에 관하여 이야기할 수 있다. 우울한 부모의 자녀는 우울 증상을 나타낼 가능성이 높다(Lewis, Rice, Harold, Collishaw, & Thapar, 2011). 부모의 정신병리가 문제가 되는 경우에는 아동의 우울 증상을 치료하는 것과 더불어 부모도 치료받아야 한다. 또한 취약한 부모-아동 간 관계나 가족의 역기능이 문제가 되는 경우에는 부모-아동의 긍정적인 관계 형성 또는 가족의 순기능에 대한 중재가 필요하다(Merrell, 2008b).

아동을 위한 중재는 아동이 나타내는 증상이 어떤 형태인지와 무엇이 아동의 우울 증상을 유지시키는지에 따라 달라지며, 정확한 진단평가에 기초하여 중재가 실시되어야 한다. 교사는 감정 카드를 사용하여 아동의 현재 감정을 알 수 있다. 감정 카드의 예시를 〈양식 4.5〉에 제시하였고, 아동이 부모의 도움을 받아 매일 자신의 감정을 기록할 수 있는 감정 기록표를 〈양식 4.6〉에 제시하였다.

아동이 부정적인 사고와 낮은 자아존중감을 나타내면 긍정적인 사고로 바꿀 수 있도록 지원을 제공하여 인지적 재구조화를 해야 한다. 여러 가지 주제에 대해 가벼운 질문을 하면 아동의 부정적인 사고에 대해 알 수 있다. 흔히 아동은 또래나 형제자매 또는 부모가 자신에게 한 부정적인 말을 스스로에게 반복하여 말하곤 한다. 다음은 자신을 바보라고 생각하는 5세 영민의 부정적인 사고를 긍정적으로 대체하는 중재 회기의 예시이다.

영민 : 난 이 퍼즐을 못해. 난 바보야.

교사 : 네가 바보라고 생각하니? 무엇 때문에 그렇게 생각하니?

영민 : 학교에서 퍼즐을 해야 하는데 나는 한 번도 하지 못했어요.

교사 : 그래, 퍼즐은 꽤 어려워.

영민 : 나는 바보라서 모든 퍼즐이 어려운 거예요.

교사 : 사람마다 잘할 수 있는 게 있고 잘하지 못하는 게 있어. 잘하지 못하는 게 있다고 바보는 아니고, 다른 것을 더 잘할 수 있다는 의미야.

영민 : 하지만 나는 잘할 수 있는 게 없어요.

교사 : 네가 주말에 자전거 타는 것을 배워서 잘 탈 수 있게 되었다고 했잖아? 지난주에 네가 점토로 강아지도 잘 만들었고 어제 네가 만든 점토 강아지를 수업시간에 보여 주며 발표도 했지?

영민 : 네, 모두 제가 점토 강아지를 잘 만들었다고 했어요.

교사 : 그것 봐! 너는 바보가 아니고 퍼즐이 아닌 다른 것을 잘하는 거야. 자신이 바보 같다는 생각이 들 때마다 "나는 바보가 아니야. 나는 많은 것을 잘할 수 있어."라고 자신에게 말할 필요가 있어. 나랑 연습해 보자. "나는 많은 것을 잘할 수 있어. 예를 들어…"

영민 : 나는 많은 것을 잘할 수 있어. 나는 자전거를 잘 타.

교사 : 영민아! 잘했어.

아동이 불안해하고 초조해하면 중재하는 동안 복식 호흡 등의 이완 기법을 훈련하고 평상시에도 연습하도록 격려한다. 부모가 이러한 이완 기법을 학습하여 가정에서 아동을 위하여 모델링하면 아동이 이완 기법을 적용하는 데 도움이 된다.

앞서 언급하였듯이, 아동의 인지적 수준이 낮기 때문에 인지적 재구조화 같은 전략을 적용하는 것이 어려울 수 있다. 연령을 고려할 때 아동을 위한 중재에 부모를 적극적으로 참여시키는 것이 적절하다. 아동기 우울 증상을 완화시키기 위한 중재에 운동과 신체적 활동 등을 포함시키는 것이 효과적이므로 부모는 자녀를 활동적이고 즐거운 다양한 활동에 참여시키도록 노력해야 한다(Brown, Pearson, Braithwaite, Brown, & Biddle, 2013). 예를 들어, 부모는 아동이 술래잡기나 자전거 타기 등의 신체활동을 하도록 돕고, 방과 후나 주말에 학교 친구를 집에 초대하도록 제안할 수도 있다. 아동이 가정에 유사한 연령의 형제자매가 없거나 이웃에 친구가 없어서 사회적으로 고립되어 있을 경우에 또래를 중재에 참여시키는 것이 효과적인 전략이다. 부모가 함께 활동을 하며 아동의 활동 참여에 대해 정적 강화를 제공하고 칭찬을 할 수 있으면 아동이 수동적으로 TV를 보는 것보다 즐거운 활동에 참여하거나 공예작품 만들기 등을 하는 것이 우울 증상을 감소시키는 데 유용하다. 부모가 아동과 함께 할 수 있는 활동은 그림 그리기, 노래하기, 춤 추기, 점토 놀이하기, 단순한 보드 게임하기, 색칠하기, 자전거 타기, 야외에서 신체 활동하기 등이다. 아동이 재미있어 하고 즐거워하는 활동이나 우울 증상이 나타나서 흥미가 감소하였지만 이전에 아동이 즐겼던 활동들을 하는 것도 도움이 된다.

부모는 아동이 적극적으로 활동에 참여할 때 정적 강화를 많이 제공해야 한다. 아동이 통제할 수 없는 것들에 대한 일반적인 칭찬(예 : "너는 똑똑하구나.", "잘했어.", 또는 "넌 예쁘구나.")보다는 아동의 활동 참여와 노력에 관련된 특정 행동에 초점을 맞추어 강화를 제공해야 한다(예 : "네가 여러 가지 물감을 섞어서 그림을 그리니까 멋있네."). 부모는 아동이 우울과 상반되는 적절한 행동을 보일 때 칭찬을 해야 한다. 만일 아동이 자신에게 비판적인 말을 하면 부모는 부드럽게 아동의 자기 비판적인 말이 적절하지 않다는 것을 깨닫도록 도와야 한다(Saklofske, Janzen, Hildebrand, & Kaufmann, 1998). 부모와 아동 간 관계가 친밀하지 못할 경우에 아동의 우울 증상에 부정적인 영향을 미치므로 부모와 아동이 함께 이 책의 제3장에서 소개한 구조화된 긍정적인 놀이 활동에 참여하거나 행동지원에 관한 부모 훈련을 받는 것이 부모와 아동에게 유용하다. 아동의 우울 증상을 완화시키기 위한 부모 훈련 프로그램의 효과를 검증한 연구가 부모 훈련의 긍정적인 효과를 보고하고 있다. 예를 들어, Lenze 등(2011)의 연구에서 부모와 아동 간 상호작용 훈련 프로그램이 학령 전 아동의 우울 증상을 감소시켰다. 이 연구에서 사용된 중재 방법은 부모 훈련의 기본적인 전략(예 : 아동 주도의 긍정적인 상호작용, 적절한 훈육)과 정서발달 능력을 촉진하기 위한 이완 기법, 부정적인 감정을 촉발하지 않는 방법, 공감 훈련 등을 포함하였다. 일과의 구조화가 결여되어 있으면 아동의 우울 증상에 부정적인 영향을 미치므로 부모는 아동을 위하여 식사시간, 잠자는 시간, 활동 시간 등과 관련하여 규칙적인 일과를 유지하는 것이 중요하다. 가능한 한 가정 내 변화를 최소화하고, 임박한 변화에 대해서는 아동과 사전에 충분한 대화를 하여 갑작스러운 변화로 인한 아동의 고통을 감소시켜 주어야 한다.

교사와 어린이집 보육교사는 우울장애 아동을 여러 방법으로 도울 수 있다. (1) 아동이 쉬는 시간, 식사시간 및 활동 시간에 친구 또는 친구가 될 수 있는 아동 옆에 앉을 수 있도록 허용한다; (2) 집단 프로젝트나 게임을 위해 아동이 팀의 구성원을 선택할 때 우울장애 아동이 사회적으로 소외되는 상황을 피해야 한다. (3) 아동의 노력에 대해 칭찬을 포함한 정적 강화를 자주 제공한다. (4) 아동으로 하여금 부정적인 것보다는 긍정적인 것에 초점을 맞추도록 돕는다(Huberty, 2013; Saklofske et al., 1998). 또한 교사는 상황에 대처하는 말을 시범 보일 수 있다. 예를 들어, 우울장애 아동이 미술 작품을 망친 후에 "나는 아무것도 제대로 하는 것이 없어요."라고 말하는 경우에 교사는 "이 미술 작품은 어려워서 다른 아이들도 힘들어하고 있어. 선생님하고 함께 해 보자."라고 말할 수 있다. 이렇게 교사가 미술 작품이 어려워서 다른 아이들도 힘들어하고 있다고 말함으로써 우울장애 아동의 체면도 살릴 수 있고, 교사가 도와줌으로써 아동이 미술 작품을 성공적으로 완성할 수도 있다. 우울장애 아동이 미술 작품을 성공적으로 완성하면 교사는 칭찬을 해야 하며, 다음 미술 작품을 해야 할 상황이 오면 교사는 아동에게 지난 미술 작품을 아동이 얼마나 잘 완성했는지 상기시켜 주어야 한다.

## 요약

전통적으로 정신건강 전문가들이 어린 아동의 내면화 장애를 간과해 왔지만, 최근에 이 중요한 분야에 관심이 쏠리고 있다. 이 장은 내면화 문제를 경험하고 있는 학령 전 아동들을 위해 사용되고 있는 예방적 접근과 중재 방법을 개괄적으로 설명하였다. 많은 연구들이 인지행동중재의 효과에 대하여 과학적 증거를 제시하고 있지만, 어린 아동을 대상으로 하는 연구는 아직 미흡하다. 어린 아동들을 위해 인지행동중재를 적용할 경우 아동의 발달 수준으로 언어를 단순화해야 하고, 중재 계획에 교사와 부모를 참여시켜야 하며, 구체적인 예시를 사용하는 것이 효과적이다.

# 부모용 자료 : 불안 중재

대부분의 아동들이 두려움을 가지고 있다. 전형적인 아동기 두려움은 어두움, 특정 동물, 부모 또는 주 양육자와의 분리 등과 같은 것들이다. 아동의 두려움이 아동의 기능(예 : 등교 거부)이나 가족의 기능(예 : 부모가 두려움에 어떻게 대처해야 할지를 모름)을 방해하기 시작하면 중재를 고려해야 한다. 다음은 부모가 적용할 수 있는 일반적인 두려움 중재기법들로서 아동의 불안과 두려움을 감소시키는 데 도움을 줄 수 있다. 그러나 다음의 내용을 적용하기 전에 반드시 전문가와 상의해야 한다.

## 체계적 둔감법

이 기법은 아동을 두려움의 대상이 되는 사물에 점진적으로 노출을 시키는 것이다. 아동기 후기 아동에게는 두려움과 동시에 할 수 없는 활동을 이용하여 흔히 이완 기법을 적용한다. 아동기 전기 아동에게도 이완 기법이 사용될 수는 있지만, 비눗방울 불기, 마당에서 뛰어 놀기, 짧은 게임하기 등과 같은 재미있는 활동을 사용하는 것이 더 바람직하다.

아동을 두려움을 느끼는 대상에 급하게 노출시키지 않아야 하며, 아동이 강한 두려움을 나타내지 않는 상황에서 중재를 시작하는 것이 중요하다. 예를 들어, 개에 대한 두려움이 있는 아동에게 처음에 개의 그림을 보여 주고 나서, 그 다음 단계로서 밖에 있는 개를 관찰한 후 개와 함께 방에 잠시 있게 하고, 그다음 단계로서 아동으로 하여금 개를 만지게 하도록 하는 것이다.

아동 전문가가 부모를 도와 체계적 둔감 프로그램을 작성한다. 전문가는 중재 회기 동안 아동에게 체계적 둔감법을 실시하고, 부모가 가정에서 아동에게 체계적 둔감법을 실시할 수 있도록 돕는다.

## 긍정적인 자기 말

부모는 자녀가 어떤 말을 하는지 귀 기울여 듣고 자녀의 부정적인 생각을 긍정적인 생각으로 바꿀 수 있도록 도와야 한다. 예를 들어, 자녀가 "밖에 개가 있어서 나는 나갈 수 없어. 개는 무서워."라고 말하면, 부모는 "개가 무서울 수 있지만 밖에 있는 개는 순하고 너는 용감하잖아. 네 자신에게 나는 용감하다고 말해 봐. 그럼 밖에서도 아무 일 없을 거야."라고 반응할 수 있다. 이 접근법을 사용할 때 중요한 것은 부모가 자녀의 두려움을 대수롭지 않은 것으로 평가해서는 안 된다는 것이다. 중재 목표는 부모가 자녀의 두려움을 인정하는 동시에 자녀의 부정적인 생각을 긍정적인 생각으로 바꾸는 것이다.

## 모델링

모델링은 부모가 자녀에게 적절한 상호작용을 시범 보이는 것이다. 만일 부모가 개를 두려워하는 자녀와 함께 있는데, 이웃집 개가 다가오면, 부모는 개에게 큰 소리로 "참 착하고 순한 개로구나. 내가 쓰다듬어보고 싶네."라고 말한다.

## 유관 강화

유관 강화는 목표 행동이 일어났을 경우에만 강화를 제공함으로써 행동과 후속결과 간 인과관계를 형성하는 것이다. 예를 들어, 자녀가 두려워하는 대상과 상호작용하는 행동에 대해 부모가 강화하는 것이다. 강화를 받을 수 있는 목표 행동의 수준을 점차 높일 수도 있다. 처음에는 개를 두려워하는 아동이 창밖에 있는 이웃집 개를 보고 있는 행동이 강화를 받을 수 있다. 아동이 창밖에 있는 이웃집 개를 두려움 없이 볼 수 있게 된 후에는 아동이 잠깐 동안 개와 함께 같은 공간에 있는 행동을 강화해 준다. 아동이 잠깐 동안 개와 함께 같은 공간에 있는 것에 대해 두려움을 느끼지 않으면 아동이 좀 더 오랫동안 개와 함께 있는 것을 강화해 준다. 스티커나 사탕 등을 강화제로 이용할 수 있지만, 언어적 칭찬도 제공해야 한다(예 : "마당에서 개와 함께 있다니 참 장하다. 정말 용감해.")

## 현재의 불안 단계를 자가평가하기 위한 아동용 시각자료

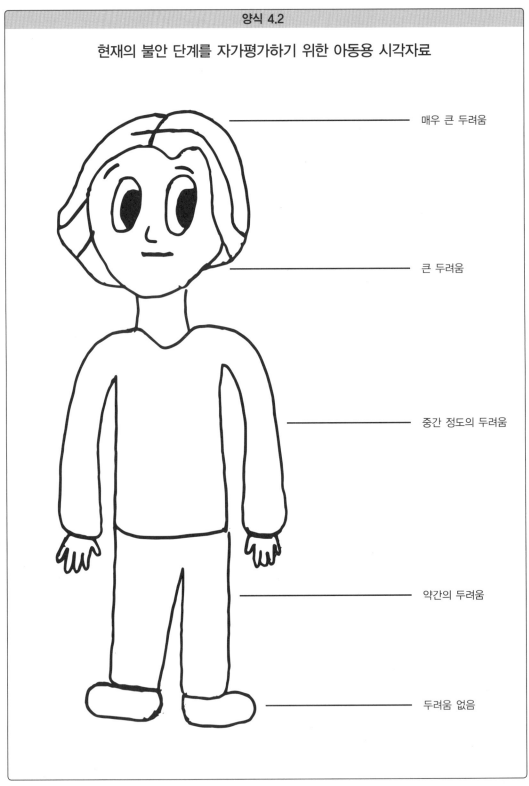

매우 큰 두려움

큰 두려움

중간 정도의 두려움

약간의 두려움

두려움 없음

# 아동용 이완훈련 대본

숨 쉬기 훈련으로 시작한다.

**발** : 숨 쉬기를 잘했어요. 이제 발가락을 밀어서 작고 단단한 공에 넣을 것입니다. 이렇게요. 마치 동그란 과자처럼 말렸네요! 그렇게 한 채로 8~10초간 있을 거예요. 자, 이제 푸세요. 발가락과 발에 열이 나는 느낌을 느껴 보세요. 발가락이 지금 매우 이완되어 있습니다.

**다리** : 이제 발가락을 위로했다가 정강이 쪽으로 당겨 봅시다. 이렇게요. 다리 뒤가 얼마나 조이는지 느껴 보세요. 고양이들은 낮잠에서 깨어나자마자 몸을 쭉 뻗으며 이 동작을 합니다. 좋아요, 조금 더 강하게 누르고 8~10초간 그 상태를 유지하다가 풀어 주세요. 다리와 발 그리고 발가락에서 느껴지는 따뜻하고 이완되는 느낌을 느껴 보세요.

**넓적다리** : 무릎을 늘려서 빠짝 조이게 하고 다리까지 조이는 느낌이 들도록 그 상태를 유지합니다. 좋아요. 조금 더 세게 눌러서 그 상태를 8~10초간 유지하다가 풀어 주세요. 얼마나 유쾌하고 편안한지 느껴 보세요.

**배** : 좋아요. 이제 배를 강하게 죄어 볼 거예요. 마치 코끼리가 배를 밟고 있는 것처럼 말이죠. 정말로 세게 조여야 합니다. 8~10초간 그 상태를 유지하다가 풀어 보세요. 유쾌함과 편안함을 느껴 보세요.

**손** : 이번에는 손을 작은 공에 넣듯이 말아 볼 겁니다. 주먹을 꽉 쥐어서 작은 공 안에 동그란 과자처럼 말아 넣어 봅니다. 그 상태를 유지하고 8~10초 동안 좀 더 세게 죄다가 풀어 봅니다. 손가락과 손에 열이 나면서 찌릿한 느낌이 오나요?

**팔/가슴** : 이제 손을 기도하듯이 포개어 손바닥을 서로 밀어 봅니다(손을 가슴 부위에 대고 기도하는 자세를 시범 보임). 더 강하게 밀어서 8~10초간 그 상태를 유지하다가 풀어 봅니다.

**어깨** : 어깨를 귀에 닿게 하듯이 올려 봅시다. 이렇게 하면 마치 원숭이 같겠지요! 올린 상태를 8~10초간 유지하다가 풀어 봅니다. 따뜻하고 이완되는 느낌을 어깨에서 팔과 손, 배를 거쳐 다리와 발가락으로 내려가는 느낌을 느껴 보세요. 몸이 얼마나 따뜻하고 이완되며 편안해지는 느낌이 드는지 느껴 보세요.

**얼굴** : 이번에는 얼굴을 조여 볼 겁니다. 얼굴의 모든 근육-뺨, 입, 코, 이마를 조여 보세요. 얼굴이 얼마나 재미있는 모습일까요? 좋아요. 그 모습을 8~10초간 유지하다가 풀어 줍니다. 편안함을 느껴 보세요.

숨 쉬기 훈련으로 끝낸다.

# 부모용 자료 : 분리불안과 등교 거부

아동은 흔히 부모와 분리되는 것에 어려움을 겪는다. 부모와 분리될 거라는 것을 알게 되면 아동은 울거나 찰싹 달라붙거나 성질을 부리는 등의 행동을 하게 된다. 등교 거부가 분리불안장애의 일부로 간주되기도 한다. 그러나 일반적으로 등교 거부는 학교 또는 학교에 있는 특정한 사람 때문에 발생한다. 분리불안장애 아동의 경우 양육자로부터의 분리에 대한 공포가 주요 불안의 원인이며, 분리가 예견되는 장소(예 : 학교에서 또는 보모에게 맡길 때)에서 일어난다. 아동이 새로운 상황에 접하게 될 때(예 : 학교 입학) 어느 정도의 불안이 나타나는 것은 일반적인 것이지만, 불안 증상이 없어지지 않으면 중재를 하는 것이 중요하다.

## 분리불안의 예방

자녀가 어린이집이나 유치원과 같은 새로운 상황에 처음 접하게 될 때 부모와의 분리에 따른 고통을 예방하고 분리불안장애가 발생하지 않도록 부모는 다음과 같은 절차를 고려해야 한다.

1. 편안하고 친근감이 가는 어린이집이나 유치원을 선택하라.
2. 새로운 장소에서 일어나게 될 긍정적인 활동(예 : 게임하기, 새 친구 만나기)에 대해 자녀와 이야기를 나누어라.
3. 아동이 새로운 환경에 갈 때 부모가 함께 가고 잠시 동안 새로운 환경에 자녀와 함께 머물라.
4. 하교 시 자녀를 만나면 학교에서 잘한 것을 칭찬해 주고, 자녀에게 그날 일어난 일에 대해 이야기할 기회를 주어라.

## 분리불안/등교 거부의 중재

분리불안이 있는 아동은 일반적으로 부모와의 분리가 일어나지 않게 하려는 행동을 한다. 아동은 학교에 가지 않겠다고 직접 말하기도 하지만, 일반적으로는 이러한 등교 거부가 간접적인 방법, 즉 아침에 복통이나 두통을 호소한다든지 등교할 준비를 할 때 울화를 터뜨린다든지 하는 것으로 나타난다. 또한 어린이집이나 유치원에 자녀를 떼어 놓으려 할 때 아동은 부모에게 찰싹 달라붙는다. 아동이 이런 행동을 나타내면 문제를 즉시 알리는 것이 중요하다.

1. 자녀의 불안 행동과 회피 행동을 강화하지 않는 것이 매우 중요하다. 아동이 실제로 정말 아픈 것이 아니라면 자녀를 집에 머물게 하지 말고, 애처롭게 우는 것에 굴복하지 말고, 집에 머물도록 허락하지 말라.
2. 만일 그동안 자녀를 집에 머물도록 허락해 왔다면, 즉시 자녀를 학교로 보내고 다시는 학교에 안 가는 일이 없도록 하라.
3. 학교에서 도움을 받을 '상징물'을 가지고 있도록 하라. 상징물은 부모를 상기할 수 있도록 자녀에게 주는 물건이다. 예를 들어, 부모 사진이 붙은 로켓이나 '행운의 동전', '힘의 반지' 혹은 자녀로 하여금 특별하고, 사랑받고 있으며, 강함을 느끼게 하는 부모가 만든 메모 쪽지나 그림이다.
4. 어린이집 원장이나 교사에게 자녀의 분리불안에 대하여 미리 알려라.
5. 어린이집이나 유치원에 다녀온 것을 강화하라.

자녀의 등교 거부 행동을 해결하는 데 있어서 일관성이 관건이다. 자녀가 등교 거부를 할 때마다 학교에 가지 않도록 장기간 허락해 왔거나 아동의 불안 증상이 심각하다면, 아동을 학교 환경에 점진적으로 노출시키는 것이 필요하다. 예를 들어, 처음에는 하루 한 시간 동안만 학교에 머물게 하고, 점차 시간을 늘려서 나중에는 온종일 학교에 머물 수 있도록 하는 것이다. 그러나 대부분의 경우에 아동을 학교에 즉시 데려와서 온종일 있게 하는 것이 최선이다.

# 현재의 감정을 자가평가하기 위한 아동용 감정 카드

불안한

슬픈

행복한

신이 난

화난

# 아동용 일일 감정 기록표

지금 느끼는 감정에 동그라미 해 보세요.

| | | | | | |
|---|---|---|---|---|---|
| 월요일 | 불안한 | 슬픈 | 행복한 | 신이 난 | 화난 |
| 화요일 | 불안한 | 슬픈 | 행복한 | 신이 난 | 화난 |
| 수요일 | 불안한 | 슬픈 | 행복한 | 신이 난 | 화난 |
| 목요일 | 불안한 | 슬픈 | 행복한 | 신이 난 | 화난 |
| 금요일 | 불안한 | 슬픈 | 행복한 | 신이 난 | 화난 |
| 토요일 | 불안한 | 슬픈 | 행복한 | 신이 난 | 화난 |
| 일요일 | 불안한 | 슬픈 | 행복한 | 신이 난 | 화난 |

**5**

일상생활 문제의 관리와 예방

# 일상생활 문제의 관리와 예방

아동을 양육하는 부모에게 가장 스트레스를 주고 관심을 불러일으키는 문제는 섭식, 수면, 화장실 사용과 같은 일상생활의 일과와 관련이 있다. 일반적으로 이러한 문제는 일시적인 것이고 장애 진단으로 이어질 만큼 심각한 문제도 아니다. 그러나 이른 시기에 적절한 중재를 하면 부모와 아동의 스트레스를 줄이고 부모와 아동 간 긍정적인 관계를 형성하는 데 도움을 줄 수 있다. 아동이 어릴 때 이러한 문제를 관리하고 중재해야만 나중에 문제가 더 심각한 수준으로 발전되는 것을 예방할 수 있다. 이 장에서는 일상생활의 일과와 관련된 문제에 대한 효과적인 중재 방법을 소개하였다.

## 배변

### 배변 훈련

배변 훈련은 아동에게 중요한 발달적 사건이다. 그러나 배변 훈련을 어떻게 하고, 배변 훈련과 관련한 문제를 어떻게 다루어야 하는지에 관한 과학적인 문헌은 거의 없는 실정이다. 대부분의 아동은 배변 훈련을 큰 어려움 없이 수행하지만, 많은 부모들이 배변 훈련 과정에 관하여 질문과 관심을 가지고 있다. 부모들이 일반적으로 가지는 질문 중 하나는 언제 배변 훈련을 시작해야 하는가이다. 이에 대한 명확한 지침은 없지만, 아동이 신체적으로나 심리적으로 모두 준비가 되기 전까지 배변 훈련을 시작해서는 안 된다. 부모가 자녀의 준비도를 과대평가하여 너무 일찍 배변 훈련을 시작하는 경우에 배변 훈련 기간이 길어질 수도 있고 배변 문제가 발생할 수도 있다(Choby & George, 2008) 영아기에는 방광을 반사적으로 비우므로 아동이 배변 활동을 조절할 수 없다. 점차적으로 아동은 자신의 방광이 꽉 차 있다는 것을 알 수 있게 되며, 3세경이 되면 대부분 자신의 괄약근을 자의적으로 조절할 수 있게 되어 낮 시간에 소변을 참을 수 있게 되지만, 밤에 소변을 참을 수 있게 되는 것은 1~2년 후에 가능하다. 일반적으로 방광을 조절할 수 있다는 것은 아동이 몇 시간 동안 소변을 보지 않은 상태를 유지할 수 있고, 소변을 볼 때 방광을 완전히 비울 수 있으며, 소변이 보고 싶다는 자각을 표현할 수 있는 것을 의미한다(Kuhn, Marcus, & Pitner, 1999; Rogers, 2013). 대부분의 경우에 아동의 배변 훈련은 21개월부터 36개월 사이에 시작된다(Choby & George, 2008).

배변 훈련을 성공하기 위해서는 생리적인 준비 외에 아동발달의 다른 측면도 준비되어 있어야 한다. 예를 들면, 화장실까지 걸어가고, 옷을 벗고, 변기에 앉는 것과 같은 배변에 필요한 운동능력을 갖추어야 한다(Rogers, 2013). 그 밖에도 기본적인 언어기술을 갖추어야 하고, 배변과 관련된 단어를 이해하고 의사소통할 수 있어야 한다. 또한 부모의 지시를 따르는 능력은 배변 훈련에서 매우 중요하다. 불순종적이고 문제행동을 나타내는 아동은 배변 훈련을 시키기 어려울 것이다. 순한 기질을 가진 아동의 배변 훈련이 까다로운 기질을 가진 아동의 배변 훈련보다 33배 쉽다는 연구 보고도 있다(Schonwald, 2004). 부모가 자녀의 배변 훈련을 시키는 데 어려움을 겪는다면, 배변 훈련을 시키기 전에 자녀의 행동적 특성을 평가해 볼 필요가 있고, 필요하다고 판단되면 부모는 행동에 관련된 부모 훈련(제3장 참조)을 받고 자녀에게 부모의 지시에 순종하는 것을 먼저 가르쳐야 한다(Kuhn et al., 1999).

배변 훈련은 기본적으로 두 가지 접근 방법이 있는데, Brazelton(1962)이 주장한 아동중심의 접근 방법과 Azrin과 Foxx(1974)가 주장한 구조화된 행동적 접근 방법이다. 아직 임상적인 증거는 미흡하지만 미국 소아과학회(Americaan Academic of Pediatrics)는 전문가들의 의견에 따라 아동중심의 접근 방법을 권고하였다(Kiddoo, 2012). 학술적으로 발표된 연구결과가 많지는 않지만, 대규모의 전향적 동세대 연구에 따르면, 아동중심 접근 방법에 의하여 배변 훈련을 받은 아동의 61%가 36개월 이전에 배변 훈련에 성공하였고, 98%가 48개월 이전에 배변 훈련에 성공하였다. Brazelton의 아동중심의 접근 방법은 배변 훈련을 18개월에 시작하여 아동에게 배변 훈련을 점진적으로 소개하는 것이다. 처음에는 아동에게 유아용 변기를 보여 주고 옷을 입은 채로 변기에 몇 분 동안 앉아 보도록 한다. 그다음에는 아동에게 기저귀를 채우지 않고 변기에 앉게 한다. 아동이 변기에 흥미를 가지고 편안함을 느끼게 되면 아동의 기저귀가 젖었을 때 아동을 변기에 앉게 한 후, 변기에 기저귀를 버림으로써 아동이 변기의 사용 목적을 학습할 수 있도록 한다. 그다음에는 변기를 아동의 놀이 영역에 배치하고 필요할 때 변기를 사용하라고 아동에게 말해 준다. 아동이 일단 변기를 사용하기 시작하면 아동으로 하여금 훈련 팬티(training pants) 또는 면 팬티를 착용하고 변기를 계속해서 사용하도록 한다. Brazelton은 아동이 배변 훈련 중 어떤 진전도 보이지 않으면 훈련을 중단하고 시간이 경과한 후에 다시 시작하라고 권고한다. 배변 훈련의 준비가 된 아동은 준비가 안 된 아동보다 빠르게 배변 훈련의 진전을 보일 뿐만 아니라 훈련과정도 수월하게 진행된다.

Schroeder와 Gordan(2002)는 아동중심 방법을 수정한 접근 방법을 소개하였다. 아동이 배변 훈련할 준비가 되었으면 부모는 자녀의 기저귀를 점검하면서 배변습관을 추적하기 시작한다. 이렇게 하면 부모는 자녀가 어느 주기로 소변을 보는지 알게 된다. 그다음에 자녀가 소변을 볼 가능성이 가장 큰 그 시간에 자녀를 변기에 앉도록 한다('변기에 앉기'에 대한 자세한 정보는 이 장 168쪽의 '보유성 유분증의 중재' 참조). 아동이 배변을 하면 강화해 준다. 이 훈련 기간 동안에 기저귀는 사용하지 않으며 실수하면 아무런 감정표현 없이 사무적인 태도로 변을 처리한다. Schroeder와 Gordan은 이 프로그램에 참여한 대부분의 아동이 2~4주 내 배변 훈련을 성공적으로 마쳤다고 보고하였다.

좀 더 빠른 배변 훈련을 원하는 부모들은 Azrin과 Foxx(1974)의 하루도 안 걸리는 배변 훈련 프로그램을 선호할 수도 있다. 프로그램의 제목에서 알 수 있듯이 이 프로그램은 배변 훈련을 하루 동안 적용하는 방식으로 구성되어 있다. 이 훈련은 부모중심적이고 매우 강도가 높으며 아동에게 성공적인 배변 경험을 많이 제공한다. 이 프로그램의 효과를 임상적으로 평가하여 발표한 최근 연구는 없으나, 오래전에 실시된 동세대 연구결과에 따르면, Azrin과 Foxx의 배변 훈련 방법을 적용한 결과, 25개월 미만 아동의 74~100%가 배변 훈련에 성공하였고, 25개월 이상의 아동의 경우에는 성공률이 93~100%이었다(Butler, 1976). 이러한 성공률에도 불구하고 소아과 의사들은 이 배변 훈련 방법을 추천하지 않는다. Polaha, Warzak, 그리고 Dittmer-McMahon(2002)의 연구에 따르면, 소아과 의사 103명 중 29%만 집중적인 배변 훈련을 추천하였으며, 아동이 배변 실수에 대해 혐오적인 후속결과를 제공하거나 과잉교정을 하는 것도 추천하지 않았다. 이 배변 훈련 방법은 자녀의 배변 훈련을 일찍 끝내고 싶어 하는 부모들이 선호하지만, 모든 아동에게 강도 높고 엄격한 배변 훈련이 적합하지는 않다는 것을 명심할 필요가 있다.

Azrin과 Foxx의 배변 훈련 방법을 사용할 때 부모는 인형을 사용하여 아동에게 물을 마시고 변기에서 소변을 보는 과정을 시연해서 보여 준다. 아동에게 많은 양의 음료수를 마시도록 하여 화장실을 사용하는 연습의 기회를 많이 갖도록 한다. 훈련 초기에 부모는 아동으로 하여금 15분마다 변기에 앉게 하고, 아동이 성공적으로 변기 사용에 성공하기 시작하면 점차 변기에 앉는 빈도를 줄인다. 부모는 아동이 성공적으로 배변을 할 때마다 다양한 정적 강화를 즉각적으로 제공한다. 아동의 속옷이 젖었는지 5분마다 점검하고, 훈련 중 아동이 소변 실수를 하면 그것에 대해 가벼운 혐오적 후속 결과(예 : 언어적 질책, 청소 돕기)를 부여한다. 그다음에 아동에게 인형을 이용하여 변기 사용하는 것을 시범 보이며 10회기 긍정적인 연습을 하도록 한다. 이 프로그램을 적용할 때 특히 까다로운 기질을 가지고 있는 아동의 경우 울화 터뜨리기 같은 부작용이나 문제가 일어날 가능성이 있으므로 반드시 전문가와 상담한 후 적용해야 한다(Schroeder & Gordan, 2002).

대부분의 부모들은 의료 전문가나 정신건강 전문가의 도움 없이 자녀에게 배변 훈련을 시킬 수 있다. 그러나 아동기 후기의 자녀가 계속해서 대소변 실수를 하거나 배변 훈련을 성공한 후에 다시 대소변 실수를 하면 전문가의 도움을 구한다. 일반적으로 부모들은 심리학자나 다른 정신건강 전문가보다는 소아과 의사에게서 도움을 구할 것이다. 만일 부모가 소아과 의사와 상담하지 않고 정신건강 전문가의 도움을 먼저 구했다면 정신건강 전문가는 치료를 시작하기 전에 부모를 내과 의사에게 의뢰해야 한다. 유뇨증과 유분증이 신체적 문제에 기인하는 경우가 드물기는 하지만, 아동에게 행동중재를 시작하기 전에 아동에게 배변 문제에 대한 신체적 원인이 있는지 먼저 점검해야 한다.

## 유뇨증

제1장에서 살펴본 바와 같이 유뇨증(enuresis)은 낮(주간형)이나 밤(야간형)에 옷에 소변을 배설하는 것이다. 유뇨증으로 진단되기 위해서는 아동이 최소한 5세는 되어야 하므로 대부분의 학령 전 아동은 연령 제한으로 인해 진단받기 어려우나 유뇨증으로 진단되면 치료를 받아야 한다. 그러나 치료를 시작하기 전에 아동의 유뇨증에 대해 철저하게 이해해야 한다. 의학적 진단을 통해 아동이 신체적 기관에 원인이 있는지 점검해야 하며, 정신건강 전문가는 아동의 배변 문제의 이력에 대한 정보와 아동의 발달사에 대한 정보를 수집해야 한다. 부모는 유뇨증 진단과정의 일환으로 아동의 소변 실수에 대한 기록을 해야 하며, 치료 중에도 아동의 소변 실수에 대한 부모의 자료 수집이 필요하다. 아동의 배뇨에 대한 자료 수집에 활용할 수 있는 양식을 〈양식 5.1〉, 〈양식 5.2〉, 〈양식 5.3〉, 〈양식 5.4〉에 제시하였다.

## 주간형 유뇨증의 중재

야간형 유뇨증에 대한 연구는 많이 수행된 반면에, 주간형 유뇨증의 중재에 대한 연구는 미흡하다. 여러 연구에서 행동 전략(예 : 일정 시간 간격에 따른 배뇨, 음료 섭취량 조절, 긍정적 강화)이 주간형 유뇨증을 중재하는 데 효과적이라고 보고하였다(Mulders, Cobussen-Boekhorst, de Gier, Feitz, & Kortmann, 2011; Wiener et al., 2000). 아동이 주간에 번번이 소변 실수를 한다면 배변 훈련이 완전히 되지 않았을 가능성이 크다. 이 경우에 부모는 배변 훈련을 다시 시작할 것을 고려해 보아야 한다. 만일 아동이 얼마 동안 소변 실수를 하지 않다가 다시 실수하기 시작한다면 어떠한 환경적, 사회적, 또는 심리적 요인이 아동에게 영향을 미쳤는지 철저하게 진단해야 한다. 만약에 유뇨증에 영향을 미친 요인이 밝혀지면 유뇨증 치료에 반영해야 한다. 다음과 같이 Schroeder와 Gordan(2002)의 수정된 배변 훈련 접근법이 권유되기도 한다. 부모는 아동이 변기에 앉는 연습을 하도록 하는 것뿐만 아니라, '마른 속옷 점검표'를 이용하여 일정 시간 동안 아동의 속옷을 점검한 후, 소변 실수를 하지 않았으면 아동에게 강화물을 제공할 수 있다. 아동이 소변 실수를 한 경우 아동의 연령에 맞는 수준으로 세탁을 돕도록 해야 한다. 예를 들어, 아동이 스스로 옷을 갈아입거나 아동이 젖은 옷을 빨래 바구니나 다른 적절한 장소에 가져다 놓는 일을 시킬 수도 있다. 또한 Schroeder와 Gordan은 아동으로 하여금 '긍정적 연습' 활동에 참여할 것을 제안하였는데, 이는 아동이 화장실까지 걸어가고, 여러 장소(예 : 마당, 집의 다른 방)에 있는 변기를 사용하도록 연습시키는 것이다.

## 야간형 유뇨증의 중재

대부분의 부모는 초등학교 저학년이 될 때까지 야간형 유뇨증에 대한 중재를 실행하지 않을 것이므로 이에 대한 논의는 유치원생 연령의 아동에게 적용된다. 최근 미국 소아과학회는 야간형 유뇨증의 핵심적인 중재 방법으로서 소변 알람장치와 데스모프레신(desmopressin) 같은 약물치료를 제안하였다(Vande Walle et al., 2012). 가족의 중재에 대한 내적 동기와 아동의 특성(예 : 축소된 방광 크기, 과도한 소변 배출)을 고려하여 적절한 중재 방법을 선택해야 한다. 일반적으로 소변 알람장치가 야간형 유뇨증에 장기적인 효과가 높아서 추천되고 있다. 그러나 가족이 중재하고자 하는 동기가 결여되어 있는 경우, 부모가 아동의 유뇨증에 대해 심한 벌을 줄 가능성이 있는 위기군에 속하는 경우, 야간에 소변이 과다하게 생산되는 야간 다뇨증(noctunal polyuria)의 경우에 약물치료가 권장되고 있다

(Campbell, Cox, & Borowitz, 2009; Vande Walle et al., 2012). 데스모프레신은 소변 생산을 감소시키고 농축시키므로 효과가 좋지만, 치료 약물이 아니라서 약물치료를 중단하면 유뇨증이 재발한다. Vande Walle 등(2012)의 연구결과에 따르면, 약물치료를 체계적으로 서서히 중단할 경우에 유뇨증의 재발 비율이 감소되었다.

야간형 유뇨증에 대해 임상적인 증거가 가장 많은 중재 방법은 소변 알람장치이다. 야간에 소변을 배출하는 아동의 경우에 적절한 방법이지만, 부모는 중재 효과가 수주 또는 수개월 후에 나타날 수도 있고, 야간에 알람이 울리기 때문에 아동과 온 가족이 잠을 설칠 수도 있으므로 부모가 소변 알람장치의 사용을 중단하게 될 가능성이 높다(Vande Walle et al., 2012). 그러나 중재 효과가 나타나기까지 중재를 계속하는 것이 중요하다. Robson(2009)의 연구결과에 따르면, 소변 알람장치를 사용하여 중재를 받는 도중에 중재 대상 아동의 2/3에게서 중재 효과가 나타났으며, 중재가 종료된 후에도 중재 대상 아동의 1/2에게서 중재 효과가 유지되었다.

초기의 알람장치는 침대를 덮고 있는 큰 패드가 알람과 연결되어 있어서, 아동이 소변을 배출하기 시작하면 수분이 패드의 센서를 자극하여 알람 소리가 나도록 하는 것이다. 요즘에 사용하는 알람장치는 간편해져서 아동의 속옷에 스냅이나 클립을 붙이고, 이것을 아동의 손목이나 어깨에 착용할 수 있는 작은 알람상자와 연결한다. 아동이 소변을 배출하면 스냅과 알람이 연결되어 있어서 소리가 나도록 되어 있다. 소변 알람장치가 아동을 잠에서 깨우는 데 효과적인 이유는 고전적 조건화와 조작적 조건화로 설명되기도 한다(Axelrod, Tornehl, & Fontanini-Axelrod, 2014). 예를 들어, 알람의 소음이 아동에게 혐오적이어서 회피하기 위하여 아동이 방광이 꽉 찼음을 느꼈을 때 이불에 소변을 배출하기보다 잠에서 깨는 것을 학습한다는 것이다. 그러나 아동이 소변 실수를 더 이상 하지 않는 경우에, 아동은 밤에 깨어 화장실에 가는 것이 아니라 밤새 깨지 않고 자는 것이라고 밝혀졌다(Harari, 2013). 소변 알람장치가 유뇨증에 작동하는 원리는 아직도 불분명하다.

일반적으로 소변 알람장치를 유뇨증에 대한 유일한 중재로 사용하지 않는다. 아동이 알람 절차를 잘 따르는 것과 소변 실수 후 옷을 갈아입고 침구 세탁을 돕는 등의 행동에 대해 강화를 제공하는 전략도 종합적인 중재 방안의 일부분이다. 또한 아동에게 많은 양의 음료수를 마시게 한 후에 가능한 한 소변을 오래 참는 보유조절 훈련(retention-control training) 방법과 아동으로 하여금 자기 전에 의도적으로 음료수를 많이 마시게 하는 과잉학습(overlearning) 방법은 소변 알림 절차에 추가적인 요소로 연구되어 왔다. Brown,

Pope, 그리고 Brown(2011)은 가정에서 적용할 수 있는 다중요소 중재 방법이 임상적으로 효과적이었으며, 중재 2~4개월 후 평균유지 성공률이 79%라고 보고하였다. 이 연구에서 사용된 다중요소 중재 방법은 소변 알람장치, 소변 보유조절 훈련, 금전적 강화, 소변 실수 후 청결하게 처리하는 훈련, 야간 소변 실수에 대한 자기점검, 과잉학습 절차 등을 포함한다. 소변 알람장치와 다른 중재 방법을 함께 사용하면 중재 기간도 단축할 수 있고 재발률도 감소시킬 수 있다. 중재 요소들을 추가할수록 중재 효과를 증가시킬 수는 있지만, 소변 알람장치가 중재의 가장 중요한 요소이다(Brown et al., 2011).

소변 알람장치는 다양한 회사 제품이 있는데 대략 가격은 50~150달러이며 처방전 없이 구매가 가능하다. 그러나 의사의 처방이 있을 경우에 보험회사에서 지원을 받을 수 있다. 부모가 전문가의 도움 없이도 소변 알람장치를 사용할 수 있으나, 소변 알람장치를 사용하기 전에 정신의학 전문가와 상의를 하는 것이 도움이 되며, 사용하는 도중에도 전문가의 도움을 받는 것이 좋다.

소변 알람장치를 사용하기 전에 부모는 아동과 함께 소변 알람장치에 대해 충분히 논의해야 하며, 서면 자료를 이용할 수도 있다. 〈양식 5.5〉는 부모용 자료로서 소변 알람장치에 대한 설명글이고, 〈양식 5.6〉은 아동용으로서 글을 읽을 수 있는 아동은 스스로 자료를 읽거나 자기보다 어린 아동들에게 읽어 줄 수도 있다. 부모와 아동이 소변 알람장치를 이용한 중재에 적극적으로 참여해야 하므로 부모와 아동 모두 소변 알람장치의 사용에 동의를 하는 것이 매우 중요하다. 부모와 아동에게 소변 알람장치를 부착하는 방법을 가르치기는 하지만, 잠자리에 들기 전에 매일 밤 소변 알람장치를 부착하는 책임은 아동에게 있다. 아동이 소변 알람장치를 처음 사용하는 경우에 부모는 아동이 장치를 적절하게 착용하였는지 점검할 필요가 있다. 부모는 알람이 울리는 즉시 아동의 방으로 가야 한다. 모니터기를 아동의 방에 설치하고 방문을 열어 두는 것이 부모가 알람 소리를 듣는 것에 도움이 된다. 알람을 처음 사용할 때 아동에게 알람 소리를 듣는 훈련과 알람을 듣자마자 일어나야 한다는 것을 교육해야 한다. 아동이 알람 소리를 듣고 혼자 일어나는 것을 어려워하면 부모가 깨워야 하며, 아동이 잠에서 깬 후에는 스스로 알람을 끄고 욕실로 가서 소변을 배출해야 한다. 아동이 욕실에 갈 필요가 없다고 주장하더라도 이 절차를 지켜야 한다. 또한 아동은 잠옷을 갈아입고 침대보를 교환하는 등의 청소를 도와야 한다. 침대보에 소변이 소량만 흘렀을 경우에는 침대보를 교환하기보다는 젖은 부분에 수건을 깔 수 있으나, 소변이 다량 흘렀을 경우에는 침대보를 교환해야 한다.

침대가 다 정리되면 아동은 소변 알람장치를 다시 부착하고 잠자리에 들고, 다시 알람이 울리면 이 절차를 반복해야 한다. 아동이 야간에 소변 실수를 했더라도 부모는 화를 내거나 벌을 주면 안 되고, 아동을 도와서 절차를 수행해야 한다.

아동이 밤새 소변 실수를 하지 않았거나 소변 알람장치의 사용 절차를 잘 따른 경우에 아동에게 강화를 제공해야 한다. 아동이 야간에 소변 실수를 하지 않게 되기까지 시간이 필요하므로, 소변 실수를 하더라도 소변 알람장치의 사용 절차를 잘 따르면 강화를 제공하고, 아동이 이러한 사용 절차를 매일 밤 잘 따르면 유뇨증이 점차 완화된다. 아동 스스로 자신의 소변 실수를 기록하면 점차 향상되는 것을 확인할 수 있다. 아동이 야간에 소변 실수를 하지 않으면 부모는 칭찬을 해야 하며, 소변 실수를 하더라도 아동을 낙담시키는 말이나 부정적인 말을 하면 안 된다. 부모는 아동에게 "네가 어젯밤에 소변 실수를 했지만 소변 알람장치의 사용 절차를 정말 잘 따라주었어. 오늘밤에는 아무 문제가 없을 거야."라고 사실 그대로 말해 준다.

소변 알람장치를 적용해도 즉각적인 효과가 나타나지 않으며, 아동이 연속적으로 소변 실수를 하지 않게 되기까지 수개월 걸릴 수도 있다. 아동이 침대보에 소변 실수를 하는 크기가 작아지고, 알람 소리를 듣고 잠에서 깨는 시간이 짧아지며, 일어나서 욕실에 갈 때까지 소변을 참는 경우가 많아지면 향상되고 있는 것이다. 아동이 14일 동안 연속해서 소변 실수를 하지 않으면 알람장치의 사용을 중단한다. 그러나 아동이 소변 실수를 다시 하면 소변 알람장치를 다시 사용하기 시작하고 14일 동안 연속해서 소변 실수를 하지 않을 때까지 지속하여 사용한다.

# 유분증

제1장에서 소개한 바와 같이 유분증은 옷 같은 부적절한 곳에 대변을 배출하는 것이다. 가장 흔한 유형의 보유성 유분증(retentive encopresis)은 일반적으로 심한 변비에 기인한다. 행동 요인, 식이 요인, 장의 감소된 운동, 대변 보유 등의 다양한 원인이 아동의 변비에 영향을 미친다(Friman, Hofstadter, & Jones, 2006). 대변을 보고 싶을 때 보지 못하면 배설물이 장으로 되돌아 가서 딱딱해져 배설이 더 어렵고 아동을 고통스럽게 만든다. 변비가 생기면 식욕을 잃고 포만감이 쉽게 생기며, 구역질이 나기도 하고 실제로 구토를 하기도 한다. 변비가 점점 심해질수록 배설물이 장에 꽉 차게 된다. 이 결과 장 주위 근육이 늘어나서 아동은 변을 보고 싶은 신호를 느낄 수 없게 되고, 효과적으로 배설을 할 수 없

게 된다. 이렇게 대장에 분비물이 꽉 차면 흘러나오게 되는데, 보유성 유분증 아동은 분비물이 흘러나오는 것을 인식하지 못해서 변이 옷에 묻어 더러워져도 알지 못한다. 때로는 분비물이 조금 흘러 나오는 것이 아니라 큰 덩어리 대변이 나오기도 한다(Friman et al., 2006; Schroeder & Gordan, 2002). 비보유성 유분증 아동은 변비가 아니기 때문에 장에 배설물이 꽉 차는 것은 문제가 아니다. 일반적으로 비보유성 유분증 아동은 정기적으로 배설을 하고 적절한 양의 용변을 본다. 보유성 유분증 아동이 복통을 호소하는 반면에 비보유성 유분증 아동은 복통을 호소하지 않는 것이 일반적이다(Boles et al., 2008; Bongers, Tabbers, & Benninga, 2007).

## 보유성 유분증의 중재

보유성 유분증을 완화시키는 데 효과적인 것으로 밝혀진 중재 프로그램은 약물 처방과 행동중재의 통합 프로그램이다(Campbell et al., 2009; Friman et al., 2006). 보유성 유분증 아동에게 중재를 적용하기 전에 인체 장기와 관련된 병인(예 : 질병, 장의 기형)을 제거하기 위하여 의료적 평가를 받는 것이 중요하다. 인체 장기와 관련된 원인이 있는 경우에 고열, 구역질, 구토, 복부 팽만, 체중 감소 등의 증상이 나타난다(Montgomery & Navarro, 2008). 유분증이 인체 장기와 관련된 원인을 가지는 경우는 매우 드물다. 보유성 유분증의 약 95%와 비보유성 유분증의 99%의 경우에 기질적 병인이 없다(Kuhn et al., 1999). 그러나 행동중재를 하기 전에 기질적 병인이 있는지를 확인하는 것이 중요하다. 아동의 유분증이 인체 장기와 관련된 원인이 있는지 점검하는 것 이외에도 부모는 의사와 함께 필요한 의료적 중재가 있는지에 관하여 의논해야 한다. 아동의 장이 배설물로 꽉 차 있기 때문에 이것을 제거하기 위해 관장을 할 필요가 있다. 아동의 장이 심하게 꽉 차 있을 때는 관장에 성공하기 어렵기 때문에 관장은 의사의 지시하에 실행되어야 하며, 변비가 아동에게 상당한 영향을 미치기 때문에 행동중재를 시작하기 전에 관장을 해야 한다. 의사는 아동의 대변 배설을 위해 유연제나 완화제를 사용하도록 권할 수도 있다.

또한 부모는 아동의 적절한 식이요법에 대하여 교육을 받아야 한다. 유분증이 있는 아동은 적당한 양의 식이섬유를 섭취할 필요가 있고, 과일과 야채를 반드시 섭취해야 한다. 밀 싹이나 겨 등을 음식 위에 뿌릴 수도 있다. 부모는 자녀가 음료수를 충분히 마시도록 해야 하며 유제품의 섭취량이 많으면 조금 낮추어야 한다. 부모는 식이요법을 적절히 조정할 수 있게 도움을 줄 수 있는 영양사와 상담하는 것이 좋다.

유분증 중재 프로그램의 중요한 행동적 요소는 아동이 정기적으로 변기에 앉고 변기에서 배변을 하는 경우에 강화를 하는 것이다. 변기는 아동에게 변기 사용을 촉진하고 변이 보고 싶을 때마다 변기를 사용하는 것이 일과가 되도록 돕는다. 변기 사용이 중재 프로그램의 핵심 요소이므로 변기 사용의 지침을 따르지 않는 아동은 유분증이 거의 개선되지 않는다(Brooks et al., 2000). 아동은 대변이 마려울 때마다 하루에 2~4회 변기를 사용해야 한다(예 : 기상 직후, 식사 후). 아동은 변기에 5~10분 동안 앉아 있어야 하고, 재미있고 즐거운 경험이 될 수 있도록 아동에게 가지고 놀 장난감이나 읽을 책을 주거나 음악을 들을 수 있게 한다. 화장실은 아동에게 편안함을 주어야 하며 아동의 발끝이 바닥에 닿아야 한다(부모는 아동용 변기를 설치하거나 발을 올려놓을 수 있는 작은 받침대를 준비해야 한다). 아동이 배설에 성공했으면 아동에게 강화를 제공한다. 또한 부모는 하루에 여러 번 '깨끗한 속옷 점검표'를 작성하고 아동이 대변 실수를 하지 않았으면 강화를 준다. 대변 실수로 더럽혀진 속옷은 훈련 절차에 따라 처리하고, 아동에게 속옷을 빨도록 한 후(필요할 경우 부모가 도와줘도 된다), 스스로 몸을 씻고 새 옷을 입도록 한다. 부모는 아동의 실수에 대해 꾸중을 하거나 벌을 주어서는 안 되며, 부모의 부정적인 감정이 섞인 목소리보다 사무적인 목소리가 더 효과적이다(Friman et al., 2006). 〈양식 5.7〉은 유분증의 중재에 대한 부모용 지침이고, 〈양식 5.8〉은 부모가 중재 효과를 점검하기 위하여 사용할 수 있는 기록용지이다.

## 배변 거부의 중재/비보유성 유분증

보유성 유분증이 흔하고 일반적인 형태의 유분증이지만 아동은 변비가 아닌 다른 원인으로 인해 유분증을 가질 수 있다. 특히 변기 사용을 거부하는 아동의 경우 문제가 될 수 있다. 아동이 변기 사용을 거부하는 것은 변기 사용 훈련과정에서 흔하게 일어나는데, 변기를 사용하여 대변을 배설하는 훈련을 받는 일반 아동 중 20%가 변기 사용을 거부하고, 그중 25% 정도만 지속적으로 변기 사용을 거부하여 중재를 받는다(van Dijk et al., 2007). 변기 사용을 심하게 거부하는 아동은 고집스러운 기질을 가지고 있거나 행동적 또는 정서적 문제를 가지고 있을 가능성이 높다. 또는 변기 사용을 거부하는 아동은 과거에 배설하면서 경험한 고통 때문에 화장실과 변기와 관련된 부정적인 연관성을 가지고 있거나 혹은 다른 부정적인 배변 경험(예 : 배변에 대한 부모의 무서운 벌)을 가지고 있을 수도 있다(Friman et al., 2006). 비보유성 유분증과 관련된 메커니즘은 아직 밝혀지지 않았으며, 최근에는 다중요인장애로 간주되고 있다. 비보유성 유분증과 관련된 요인은 (1) 배변 훈련을 성공해 본 경험이 없거나, (2) 정서적 문제 또는 행동 문제가 있거나, (3) 화장실에 가고 싶다는 정상적이고 적절한 생리적인 신호를 부정하거나 무시하는 것 등이다(Bongers et al., 2007).

아동이 화장실이나 배변과 관련하여 공포를 나타내면 배변 절차와 관련된 긍정적인 자극이 필요하다. 아동으로 하여금 화장실과 변기를 긍정적인 자극과 연계하여 학습할 수 있도록 변기 사용을 계획적이고 긍정적으로 실시해야 한다(Boles et al., 2008). 이 경우 변기 사용의 첫 번째 목적은 아동이 변기에서 배설을 하도록 촉진하는 것이 아니고, 단순히 변기에 대한 아동의 불안을 감소시키는 것이다. 따라서 아동이 처음 변기를 사용할 때 기저귀를 차거나 다른 옷을 입고 앉아도 된다. 처음에는 1분 미만 아주 짧은 시간 동안 앉도록 하고, 아동이 편안해하면 시간을 늘려 나간다. 변기와 화장실 환경은 매력적이어야 하고 아동이 음악을 듣거나 읽을 책을 화장실에 가지고 들어갈 수 있도록 한다. 특히 변기 사용과 긍정적인 부모-아동 간 상호작용이 연관되어야 한다. 부모는 아동이 변기를 사용하는 동안 아동에게 잔소리를 하거나 꾸짖어서는 안 되며, 아동주도적인 긍정적 상호작용을 해야 한다.

아동이 스케줄에 따라 변기를 사용하는 것에 심한 거부반응을 보이면 절차를 점진적으로 적용해야 한다. Kuhn 등(1999)은 이런 경우에 부모가 적절한 배변행동을 시범 보일 것을 권장하였다. 그다음에 부모는 화장실 혹은 화장실 근처에서 아동과 함께 재미있는 활동을 해야 한다. 예를 들어, 부모가 화장실 문 앞에서 아동이 좋아하는 게임을 함께 하는 것이다. 이 게임을 하는 장소를 점차 변기 가까이로 옮기고 결국에는 아동이 변기에 앉아서 게임을 할 수 있도록 유도한다. 이 책의 제4장에 소개된 불안과 두려움 관련 증상의 중재(예 : 체계적 둔감법)를 참고하라.

일단 아동이 변기에 대한 두려움을 극복하면 부모는 아동이 변기에서 대변을 배설하도록 훈련을 할 수 있다. 비보유성 유분증의 경우 스케줄에 따라 엄격하게 배변 훈련을 하는 것이 중요하다(Bongers et al., 2007). 부모는 아동으로 하여금 더 이상 기저귀를 차지 않고 하루에 2~4회 정도 정기적으로 변기에 앉도록 훈련시켜야 한다. 아동이 변기에 앉아 있는 동안 재미있는 활동이 지속되어야 하고, 아동이 변기에 배변하는 것을 성공하면 강화를 제공하는 것이 중요하다(Boles et al., 2008).

# 급식/섭식 문제와 중재

아동이 나타내는 급식/섭식장애는 매우 다양하지만(그중 일부는 복합적인 의료적 합병증에 기인함), 이 장에서는 부모들이 자녀를 양육하며 흔히 겪는 일상적인 유형의 급식/섭식 문제 위주로 살펴보았다. 가장 먼저 아동이 건강한 식습관을 습득하도록 촉진하고 아동기 비만을 예방하는 것에 대해 소개하였다. 그다음에 제한된 종류의 식품만 섭취하는 편식 아동과 먹기를 거부하는 아동을 위한 중재에 대해 소개하였다. 이식증과 반추의 중재, 식사 시간에 나타나는 부적절한 행동(예 : 울화 터뜨리기), 그리고 심한 섭식장애에 대해서도 간단하게 설명하였다. 식사시간에 부적절한 행동을 보이거나 심한 섭식장애를 나타내는 아동을 위한 중재 방법은 외현화 문제의 중재를 다룬 제3장에서 제안한 지침을 따라야 한다.

## 건강한 식습관

아동은 부모의 행동을 관찰하면서 학습하기 때문에 아동의 식습관과 신체적 활동 양상이 발달하는 것을 사회학습 원리를 적용하여 설명할 수 있다. 예를 들어, 부모가 건강한 식습관을 가지고 있고 정기적으로 신체적 활동을 하는 것을 관찰한 아동은 부모의 식습관과 운동습관을 모방할 가능성이 높다. 부모는 아동의 환경을 구조화하고, 신체적 활동, 전자기기의 사용 및 특정 음식의 섭취 등에 있어서 적절한 수준의 기회를 제공해야 한다. 즉 부모는 아동이 건강한 생활양식을 습득하는 것을 촉진하는 가정환경을 제공해야 한다.

아동이 건강한 식습관을 습득하는 것을 촉진하기 위한 첫 단계는 아동이 다양하고 건강한 음식에 접근할 수 있게 하고 인스턴트 식품을 제한해야 한다. 건강한 식품을 섭취할 기회가 정기적으로 제공되는 아동은 건강한 식품을 선호하고 섭취할 가능성이 높다(Anzman, Rollins, & Birch, 2010). 최근 자료에 따르면 성인은 물론 심지어 어린 아동까지 설탕, 지방 및 소금이 지나치게 많이 들어간 식품을 섭취하고 있는 반면에 과일, 야채 및 복합탄수화물을 너무 적게 섭취한다(Institute of Medicine, 2011). 부모는 아동이 사탕, 감자칩, 단맛의 음료수 등 영양가 없는 음식을 섭취하는 것을 제한해야 한다. 아동에게는 통알곡으로 만든 음식, 과일, 야채, 저지방 유제품을 제공해야 한다. 또한 아동은 목이 마를 때 과일 주스와 소다 같은 당도가 높은 음료수보다 물을 마시는 습관을 길러야 한다.

부모는 식사시간에 반응적인 급식(responsive feeding)을 해야 하는데, 이는 아동이 자신이 느끼는 배고픔과 포만감에 대한 단서에 반응하여 섭식행동을 스스로 자기조절할 수 있도록 부모가 지원하는 것이다(Black & Aboud, 2011). 어린 아동도 음식 섭취를 조절할 수 있는 능력을 어느 정도 가지고 있다(Institute of Medicine, 2011). 부모가 아동이 인스턴트 식품을 섭취하는 것을 엄격하게 제한하면서 맛있는 음식을 너무 많이 먹게 하거나 그릇의 음식을 남김 없이 먹으라고 할 경우에 아동은 음식을 스스로 섭취하며 자기조절하는 것을 학습할 기회를 잃게 된다. 부모가 반응적인 급식을 할 경우에 부모는 아동에게 적당량의 건강한 음식을 제공하며, 아동 스스로 섭취하는 음식의 양을 조절한다. 아동이 규칙적인 식사 스케줄에 따라 하루에 세 끼를 먹고, 식사 중간에 두세 번의 간식을 먹는다면 아동이 지나치게 배고프거나 과식을 하는 것을 예방할 수 있다. 아동이 음식을 섭취할 때 부모가 함께 앉아서 아동의 식사행동을 관찰하고, 아동에게 배고픔과 포만감의 단서를 상기시켜 준다. 아동에게 적합한 크기의 접시, 식기 및 음식의 크기(예 : 샌드위치 1/4 쪽)를 사용하면 아동이 음식을 섭취하며 자기조절하는 것을 학습할 수 있다. 부모는 아동이 스스로 음식을 섭취할 수 있도록 지원하고, 한 번에 음식을 어느 정도 섭취해야 하는지에 대해서도 지도해 준다(예 : 먼저 한 숟가락 먹어보고 그래도 배고프면 더 먹는 게 좋겠구나).

부모는 아동이 매일 적절한 신체활동을 하는지도 점검해야 한다. 왜냐하면 신체활동량과 아동기 비만과 높은 상관관계가 있기 때문이다. 아동은 하루 최소한 3시간 이상 신체활동을 해야 한다(Institute of Medicine, 2011). 이 신체활동의 목표를 이루기 위해서는 아동의 전자기기의 사용 시간을 제한해야 한다. 전자기기의 사용 시간이 감소하면 아동이 앉아 있는 시간이 줄고 음식과 음료수의 섭취량도 감소한다. 아동이 전자기기를 사용하는 시간을 하루 1~2시간 이내로 제한하는 것이 바람직한데, 최근 통계에 따르면 학령 전 아동이 전자기기를 사용하는 시간은 하루 4시간 정도였다(Pooja, Zhou, Lozano, & Christakis, 2010). 부모는 건강한 식습관과 운동습관에 관련하여 가족문화를 형성하려고 노력해야 한다. 온 가족의 식습관과 운동습관이 바뀌어야 아동이 새로운 식습관과 운동습관을 받아들이고 유지할 수 있다.

## 전형적인 급식 문제

급식 문제의 일차적인 중재는 행동중재이다. 급식 문제의 초기 원인이 어떤 것이든지 급식 문제를 가지고 있는 아동의 급식 시 부적절한 행동이 강화된 경우가 많다. 예를 들어,

(1) 아동이 음식을 뱉는 행동을 수정하려고 부모가 주의를 기울이는 것이 아동에게는 부모의 관심을 받는 사회적 강화가 될 수 있다. (2) 아동이 자기가 싫어하는 음식이 주어질 때 문제행동을 보일 때마다 부모가 아동이 좋아하는 음식을 먹게 해 준다면 아동의 문제행동은 물질적 강화가 될 수 있다. (3) 아동이 식사시간에 문제행동을 보일 때마다 부모가 아동으로 하여금 급식 상황을 회피할 수 있게 해 준다면 아동의 문제행동은 부적 강화가 될 수 있다(Adamson et al., 2013). 아동이 급식시간에 나타내는 부적절한 행동이 강화를 받을 경우에 급식 문제가 발생하거나 악화될 수 있으므로 급식 문제를 해결하는 가장 보편적이면서 효과적인 방법이 행동중재 방법이다. 가장 간단한 증거기반의 행동원리는 바람직한 급식행동에 대한 정적 강화, 부적절한 급식행동을 유지시키는 강화인 제거, 그리고 부적절한 급식 행동에 대한 가벼운 혐오적 후속결과의 적용이다.

급식장애는 기질적인 요소와 관련될 수 있기 때문에 급식 문제를 나타내는 아동은 의료적 평가를 먼저 받아야 한다. 의료적 평가의 결과 문제가 있는 것으로 나타나면 행동중재가 중재 프로그램의 일부가 될 수는 있지만 의료적 중재가 우선적으로 필요하다. 의료적 문제가 없이 정상적으로 발달하는 아동의 급식 문제에도 환경적인 요소가 영향을 미칠 수 있으므로 급식 문제의 평가는 아동이 나타내는 적절한 급식 행동과 부적절한 급식 행동에 대한 선행사건과 후속결과를 밝혀야 한다. 아동이 나타내는 특정 급식 행동을 규명하고, 조작적으로 정의하여 이 행동에 영향을 미치는 환경 요인을 명백하게 밝혀야 한다. 또한 교사는 아동의 행동에 대한 부모의 반응과 아동이 좋아하는 음식과 싫어하는 음식 등에 관한 정보도 수집해야 한다(Babbitt et al., 1994; Kedesdy & Budd, 1998; Linscheid, 2006). (표 5.1의 면담지 참조) 이러한 진단 정보는 교사가 아동의 급식 문제를 유지시키는 유관 요인을 고려하여 중재 프로그램을 개발하는 데 도움이 될 수 있다.

아동의 섭식습관을 개선하기 위해 식사시간과 관련된 환경적 변화가 필요할 수 있다. 부모는 일관성이 있는 급식환경(예 : 모든 음식은 식탁에서 먹는다)을 조성해야 하며, 아동으로 하여금 편안하고 안전한 의자에 앉게 하고(예 : 아동의 식사용 높은 의자 또는 벨트가 있는 보조 의자), 아동의 주의를 산만하게 하는 전자제품이나 장난감을 제거해야 한다(Kedesdy & Budd, 1998; Silverman & Tarbell, 2009). 아동의 발달 수준과 체중에 적합한 크기의 음식이 제공되어야 한다. 아동의 급식 스케줄은 아동의 식욕을 촉진하고 음식을 거부하는 동기를 최소화시키기 위하여 의도적으로 구조화되어야 한다. 예를 들어, 식사시간은 규칙적이어야 하며, 아동이 급식시간이 아닌 시간에 음식 먹는 것을 제한해야 한다. Benjasusantep,

**표 5.1** 자녀의 섭식 문제에 관한 부모 면담지

1. 섭식에 관한 아동의 문제 행동에 대해 설명해 보세요.

2. 섭식 문제가 얼마나 오래 지속되었나요?

3. 섭식 문제를 해결하려고 어떤 방법들을 사용해 보셨나요? 어떤 방법이 가장 효과적이었나요? 어떤 방법이 효과가 없었나요?

4. 아동이 식사시간에 식탁에 앉아 있는 시간은 얼마나 되나요? 아동이 섭취하는 음식의 양이 어느 정도인가요?

5. 아동이 독립적으로 식사를 하나요? 다른 사람이 먹일 경우 누가 먹이나요? 급식 문제가 있나요?

6. 간식과 식사를 포함하여 아동이 하루 몇 번 먹나요?

7. 아동이 주로 어디에서 음식을 먹으며 무엇을 먹나요?

8. 아동이 좋아하는 음식과 싫어하는 음식은 무엇인가요? 선호하는 특정 질감이나 음식의 종류가 있나요? 아동이 주로 뱉어내는 음식은 어떤 것인가요?

9. 아동의 섭식 문제를 일으키는 특정 상황이나 음식이 있나요?

10. 아동이 섭식 문제를 나타낼 때 부모님은 어떻게 하시나요?

11. 아동과 부모간의 최근 섭식에 관련된 상호작용의 예를 들어 보세요. 식사환경의 선행사건, 아동의 섭식행동 및 부모의 반응을 설명해 보세요.

12. 가정의 전형적인 식사시간에 대해 설명해 보세요.

13. 아동의 행동에 대해 특별한 염려가 있으신가요?

출처 : Kedesdy & Budd(1998), Silverman & Tarbell(2009).

Chaithirayanon, 그리고 Eiamudomkan(2013)의 연구에 따르면, 30분보다 긴 식사시간과 급식 문제 간 통계적으로 유의미한 정적 상관관계가 있다. 즉, 식사시간이 길어지면 급식 문제가 발생할 가능성이 높아지므로 급식시간은 30분 이내로 제한하는 것이 바람직하다. 정해진 급식시간이 경과되면 아동이 섭취한 음식의 양에 상관없이 정해진 다음 식사시간이나 간식시간까지 아동이 음식을 먹는 것을 허용해서는 안 된다. 이렇게 해야만 아동은 음식을 급식시간에 섭취하지 않은 것에 대한 후속결과로서 배고픔을 경험할 수 있고, 다음 급식시간에 음식을 섭취하고자 하는 동기가 증가할 수 있다(Silverman & Tarbell, 2009).

급식 문제를 해결하기 위해 가장 권고할 만한 중재 방법 중 하나는 아동의 바람직한 급식행동에 대해 부모가 긍정적인 관심을 보여 주는 것이다. 아동이 음식을 잘 먹을 때 부모는 칭찬과 사회적 관심을 제공해야 한다. 아동과 함께 식사를 하는 형제자매가 음식을 잘 먹을 때 형제자매에게도 정적 강화를 제공해야 한다. 아동이 음식을 잘 먹지 않을 때는 부모는 일정 시간 동안 무시하고, 아동이 음식을 다시 잘 먹을 때만 다시 아동에게

관심을 보여야 한다. 중재 초기 단계에서는 아동이 바람직한 섭식행동을 나타낼 때마다 정적 강화를 제공한다. 아동이 점진적으로 바람직한 행동을 더 많이 나타내면 강화를 점 진적으로 감소시켜야 한다(Linscheid, 2006).

아동의 바람직한 섭식행동을 격려하기 위해 아동이 좋아하는 음식을 강화로 사용할 수도 있다. 이는 프리맥 원리(나타날 가능성이 낮은 행동을 강화하기 위해 나타날 가능성이 높은 행동을 사용하는 것)에 기초한 중재로서 일반적으로 칭찬 및 사회적 관심과 함께 사용한다. 예를 들어, 아동이 싫어하는 당근을 먹은 후 아동이 매우 좋아하는 피자를 먹을 수 있는 것이다. 아동의 바람직한 섭식행동을 형성하기 위해서는 구체적인 강화물이 도움이 될 수 있다. 예를 들어, 아동이 바람직한 섭식행동을 나타내면 특권(예 : 집에 친구 초대하기, 취침시간 늦추기)을 얻을 수 있다.

아동의 적절한 섭식행동에 대해 정적 강화를 제공할 수 있고, 아동의 부적절한 섭식행동(예 : 음식 뱉기, 음식 거부하기, 성질 부리기)에 대해서는 가벼운 벌의 형태인 타임아웃을 사용할 수 있다. 그러나 만약 아동이 섭식을 혐오적인 것으로 인식하고 있는 경우에 아동에게 타임아웃을 적용하면, 아동은 타임아웃을 벌이 아니라 자신이 원치 않는 섭식으로부터 회피할 수 있는 방법으로 인지하게 될 것이다. 따라서 아동에게 타임아웃을 적용할 경우 아동의 적절한 섭식행동에 대한 강력한 정적 강화와 함께 사용하는 것이 중요하다(Kedesdy & Budd, 1998; Linscheid, 2006). 부적절한 섭식행동에 대해 적용할 수 있는 다른 부정적 후속결과는 아동이 좋아하는 음식을 제거하거나 아동이 원하는 특권을 잃게 하는 것이다(이러한 중재 방법을 요약한 부모용 안내문 〈양식 5.9〉 참조).

정상적으로 발달하는 아동의 경우, 아동의 적절한 섭식행동에 정적 강화를 제공하고 부적절한 섭식행동에 부정적 후속결과를 제공하면 섭식과 관련한 대부분의 문제는 충분히 극복할 수 있다. 그러나 발달적으로 지체된 아동과 심각한 급식 문제를 가진 아동에게는 특별한 문제해결 방법을 적용할 필요가 있다. 예를 들어, 신체적 안내 전략인 턱 자극법(jaw prompting)은 교사나 부모가 엄지와 검지로 아동의 턱을 잡고 아동의 입에 음식을 넣은 후, 아동이 음식을 씹어 삼키면 아동의 턱을 놓아 준다(Williams, Field, & Seiverling, 2010). 유관 접촉(coontingency contacting) 중재 방법은 부모가 아동이 먹을 때까지 아동의 식기, 음식, 음료를 쥐고 있으면서 아동의 부적절한 행동을 무시하는 것이다(Linscheid, 2006; Williams et al., 2010). 벌의 유형에는 아동이 부적절한 섭식행동을 할 때마다 아동의 입에 레몬주스를 넣는 것과 과잉교정(예 : 아동이 바닥에 음식을 뱉으면 바닥 전체를 청소시키는 것)

이 포함된다. 이와 같은 혐오적인 중재 방법은 정적 강화와 가벼운 벌(예 : 타임아웃) 등 다른 중재 방법이 모두 실패할 경우에만 사용되어야 한다(Kedesdy & Budd, 1998; Williams & McAdam, 2013). 정상적으로 발달하는 대부분의 아동에게는 이러한 혐오적 중재 방법은 필요하지 않다.

## 이식증

제1장에서 소개한 바와 같이, 이식증(pica)은 음식이 아니고 영양가도 없는 물질을 먹는 것이다. 이식증은 아동에게 위험할 수 있으므로(예 : 납이 든 페인트 섭취) 반드시 중재되어야 한다. 다른 급식 문제와 마찬가지로, 이식증의 중재 방법은 행동중재가 가장 많이 권장된다. 발달지체 아동에게는 변별 훈련(즉 먹을 수 있는 음식과 먹을 수 없는 물질을 변별하도록 가르치는 것)이 필요하다. 이식증의 중재 전략은 아동이 적절한 음식물을 먹은 것에 대해 강화물을 주고, 음식물이 아닌 것을 먹으면 가벼운 벌을 준다. 타임아웃은 효과적인 벌이다. 아동의 얼굴에 분무기로 물을 뿌리거나 아동의 입에 레몬주스를 넣는 것도 효과적인 것으로 밝혀졌다(Kedesdy & Budd, 1998; Motta & Basile, 1998; Williams & McAdam, 2013). 과잉교정도 여러 중재 프로그램에서 성공적으로 사용되었다. 예를 들어, 한 연구에서 아동이 음식이 아닌 것을 먹으면 소독제의 구강 청결제로 치아를 몇 분 동안 닦은 후에 세수를 하고 방을 정리정돈하게 하였다(Stiegler, 2005). 그러나 이러한 혐오적인 중재 방법은 신중하게 사용해야 하며 사회적으로 타당해야 한다.

## 반추

반추(rumination)는 반복적으로 음식을 토하여 다시 씹는 것이다. 일반적으로 반추장애는 해롭지 않다고 간주되지만, 반추장애 아동은 기능적 장애를 경험할 가능성이 높은 위험군이다. 반추장애 아동은 영양실조, 체중 감소, 치아 문제 등의 건강 문제뿐만 아니라 사회적 어려움과 학교 결석 같은 많은 위험을 나타낸다(Chial, Camilleri, Williams, Litzinger, & Perrault, 2003). 따라서 반추장애의 임상적 특징을 초기에 인식하여 중재에 의뢰할 필요가 있다.

다른 급식장애와 마찬가지로 반추장애도 일반적으로 행동중재가 적용된다. 아동이 먹은 음식을 반추하지 않는 것을 강화하고, 반추행동이 발생하지 못하게 만드는 반응을 강화한다. 예를 들어, 아동이 반추를 유도하기 위해 손가락을 사용한다면 아동이 손가락으로 다른 활동을 하고 있을 때 강화하는 것이다(예 : 그리기, 블록 쌓기, 가구 다루기). 또한 복식호흡과 다른 이완 전략들이 효과적인 중재로 나타났다(Chial et al., 2003). 최근 실시된 연구에 따르면 식사 후 아동으로 하여금 껌을 씹게 하면 삼키는 횟수가 증가하여 반추장애를 중재하는 데 효과적이다(Green, Alioto, Mousa, & Di Lorenzo, 2011). 벌 절차를 행동지원 계획에 포함시킬 수는 있으나 벌이 중재 효과를 유지하지도 못하고, 부작용이 있으며 소화기관 출혈 등 상해를 초래할 수 있으므로 최근에는 많이 사용하지 않고 있다(Lang et al., 2011). 타임아웃이나 레몬즙 사용과 같은 가벼운 벌도 사용된다. 아동에게 한 번에 많은 양의 음식을 제공하기보다는 적은 양의 음식을 여러 번에 나누어 제공하고, 아동으로 하여금 식사시간에 음식의 양을 무제한으로 먹도록 허락하는 포만 등이 반추장애의 중재에 사용되어 왔다(Lang et al., 2011). 이러한 중재 방법들이 어느 정도의 임상적 지지를 받아 왔지만, 이러한 중재 방법들의 효과에 대한 연구(특히 어리고 발달 지체가 없는 아동)의 결과는 아직도 제한적이며 일관성이 없다.

## 수면장애

제1장에서 살펴본 바와 같이, 수면 문제는 학령 전 아동에게 흔하게 나타난다. 수면 문제 자체가 스트레스를 초래할 뿐만 아니라, 아동이 수면 부족으로 인해 다른 문제들도 겪게 되므로 중재를 할 필요가 있다. Turnbull, Reid, 그리고 Morton(2013)의 연구결과에 따르면, 수면은 아동의 신경발달에 영향을 미치므로 아동의 인지발달과 자기조절 기술에도 영향을 미치게 된다. 다수의 연구에서 유사한 연구결과를 발표하였다. 즉 수면 문제는 아동의 정서행동 문제(예 : 불안, 충동성), 사회성 문제(예 : 부정적인 상호작용 개시, 사회적 상호작용의 참여와 동기 감소, 낮은 사회적 능력), 및 인지적 손상(예 : 저조한 학업수행, 실행기능 감소, 창의성과 추상적 추론 능력 손상)과 연관되어 있다(Reid, Hong, & Wade, 2009; Stores, 2001; Turnbull et al., 2013; Vaughn, Elmore-Staton, Shin, & El-Sheikh, 2015). 아동의 수면 문제는 부모의 스트레스 요인이 되며, 부모의 수면의 양과 질에도 영향을 미치게 되고, 부모가 아동을 효과적으로 양육하는 것을 방해한다(Owens, 2008). 또한 아동의 수면 문제는 부부의 불화를 초래할 수도 있고 역능적인 가정으로 전락시킬 수도 있다(Kelly & El-Sheikh, 2011). 따라서 아동의 수면 문제를 중재하면 아동의 정서 및 행동 문제가 감소하고, 학업수행도 향상되며, 또래관계와 가족과의 관계도 향상될 수 있다. 앞서 언급한 바와 같이, 아동의 수면 문제

표 5.2 자녀의 수면 문제에 관한 부모 면담지

1. 현재 아동의 수면 패턴과 수면의 어려움은 무엇입니까?(예 : 어떤 문제가 언제 일어났습니까?)

2. 아동이 수면 문제를 나타낸지 얼마나 오래되었나요?

3. 수면 문제가 나타난 특별한 계기가 된 일(예 : 형제자매 출생, 어린이집 등원, 부부간 문제)이 있었나요?

4. 아동의 수면 문제를 완화시키거나 악화시키는 요인이 있나요?

5. 아동이 깨거나 잠드는 데 어려움을 보일 때 부모는 어떤 반응을 보이나요?

6. 아동의 취침 절차는 어떠한가요? 누가, 언제, 어디서 자녀를 재우고, 자녀와 얼마나 머물러 있나요?

7. 취침 절차를 시작하기 전에 아동은 어떤 일을 하나요?

8. 아침에 아동은 몇 시에 일어나나요? 스스로 깨나요? 아니면 누가 깨우나요? 어떻게 깨우나요?

9. 밤중에 자녀가 깨나요? 얼마나 자주 깨나요? 부모는 어떻게 반응하나요?

10. 아동이 악몽을 꾸나요? 몽유병이 있나요? 밤중에 소변 실수를 하나요? 수면과 관련된 다른 문제가 있나요?

출처 : Stores(2001), Meltzer & Crabtree(2015).

와 정서 및 행동 문제가 연관이 있기 때문에 교사는 부모로부터 아동의 수면 문제에 대해 정기적으로 정보를 수집해야 한다.

아동의 수면 문제에 대한 중재를 계획하기 전에 아동의 수면 문제에 대한 철저한 진단이 선행되어야 한다. 부모와의 면담(표 5.2)과 아동의 수면 일지(양식 5.10, 양식 5.11)를 통해 정보를 수집하는 것이 필요하다. 특히 아동의 취침 절차와 아동의 수면 문제에 대한 부모의 반응에 대한 정보는 필수적이다. 부모는 아동이 밤중에 깨자마자 즉각적으로 반응하면서 자신도 의식하지 못한 채 아동의 수면 문제를 강화하고 있을 수도 있다. 이런 경우에 아동은 자신이 밤중에 깨서 울기만 하면 부모가 반응한다는 것을 학습한다. 악몽을 꾸는 것은 아동에게 흔히 일어나며 어린 아동의 경우에 하룻밤에 2~6회 악몽을 꾸기도 한다(Meltzer & Crabtree, 2015). 아동이 밤중에 깰 때마다 부모가 즉각적으로 반응하고 아동이 다시 취침하기 전까지 함께 있어 줄 경우에 아동은 스스로 마음을 달래어 안정감을 찾는 것을 학습하지 못하고, 다시 취침하는 데 있어서 부모에게 의존적이 된다(Thomas, Moore, & Mindell, 2014).

## 취침 문제

아동의 취침 문제는 부모에게 중요한 관심거리이고, 아동의 수면 문제에 관련된 문헌에서 많이 다루어 온 주제이다. 수면 문제를 가지고 있는 아동은 취침을 거부하거나, 자지 않으려고 오래 시간을 끌거나, 밤중에 깬 후 다시 취침하는 데 어려움을 나타낸다. 밤중에 깨는 문제는 일반적으로 영유아기에서 학령 전기로 가면서 점차 감소되기는 하지만, 학령 전기 아동들도 여전히 어려움을 가지며, 출현율은 20~30%로 추산된다(Honaker & Meltzer, 2014). 행동중재가 취침 문제의 중재로서 매우 효과적이라는 것이 증명되었으며, 취침 절차의 확립, 소거, 규칙적인 기상시간 등의 전략이 사용된다. 이러한 중재 전략은 모두 임상적인 지지를 강력하게 받고 있다(Meltzer & Crabtree, 2015). 이러한 중재를 요약한 부모용 지침을 〈양식 5.12〉에 제시하였다.

## 취침 절차

일관성 있는 취침 절차를 개발하여 적용하는 것이 아동의 수면 관련 문제를 감소시키는 데 효과적이다. 왜냐하면 이러한 취침 절차가 아동이 24시간 주기 리듬을 유지하는 데 있어서 환경적인 단서를 제공하기 때문이다(Meltzer & Crabtree, 2015). 중재 초기에는 취침 시간을 아동이 자연스럽게 졸려 하는 시간으로 정한다. 또한 아동이 잠자리에 드는 것을 돕는 취침 절차는 단순하고 편안해야 하며, 3~5단계보다 많아서는 안 된다(Meltzer & Crabtree, 2015). 취침 절차는 목욕하기, 이 닦기, 이야기책 읽기, 부드러운 음악 듣기 등을 포함한다. 이러한 취침 절차는 아동의 방에서 실행되어야 취침 절차 후에 곧장 잠자리에 들 수 있다. 아동의 수면 환경과 수면 절차는 수면을 유도하도록 조성해야 하며, 수면 절차는 아동으로 하여금 자신의 침대와 비자극적이고 편안한 행동과 연계할 수 있도록 돕는다(Stores, 2001). 일단 아동이 큰 문제없이 잠자리에 들기 시작하면, 아동의 취침 시간과 취침 절차를 점진적으로 부모가 원하는 시간으로 수정해 간다(Kuhn & Weidinger, 2000; Mindell, 1999).

아동의 취침 시간과 이완 활동을 연관시키는 것이 중요하기는 하지만, 부모가 아동이 스스로 취침할 수 있는 능력을 저해하는 취침 절차를 만들어서는 안 된다. 예를 들어, 부모는 아동이 잠들 때까지 흔들어 주어서는 안 되며, 아동의 침대에 함께 누워서도 안 되고, 아동이 잠들 때까지 젖병을 빨도록 해서도 안 된다. 그러한 취침 절차가 습관이 되면 아동은 그 활동이나 물건의 도움 없이 잠들기 어렵다. 취침 시 이러한 부모의존적 단서를 줄이면 아동이 밤중에 깨더라도 다시 쉽게 잠들 수 있다(Meltzer & Crabtree, 2015; Stores, 2001). 부모는 아동의 수면을 유도할 수 있도록 수면 환경을 조성해야 한다. 침실은 조용해야 하고, 실내 온도는 너무 높지도 낮지도 않은 적정 온도여야 한다. 아동의 침대는 편안해야 하고 연령에 적합해야 하며, 아동이 원하는 경우에는 야간 등을 켜 준다. 아동의 침실에서 모든 전자 기기를 제거해야 하며, 최소한 취침 1시간 전부터 아동이 전자 기기를 사용하지 못하도록 해야 한다. 취침 시 전자 기기를 사용하지 않으면 자극이 감소되어 아동이 이완하게 되고, 멜라토닌의 분비를 억제하는 전자기기의 빛에 노출되지 않을 수 있다.

## 소거중심의 중재

소거중심의 중재는 아동의 수면 문제에 가장 흔하게 사용되는 전략이다. 이 중재의 효과는 상당히 빠르게 나타나는데, 표준 소거 절차를 사용하는 경우에 중재 적용 3~5일 후에 중재 효과가 나타나기도 한다. Meltzer과 Mindell(2014)의 메타분석 결과에 따르면, 소거중심의 전략과 같은 행동중재가 강력한 임상적인 지지를 받고 있으며, 아동의 취침까지 소요되는 시간, 밤중에 깨는 횟수, 밤중에 깨어 있는 시간을 감소시키는 데 매우 효과적이다. 소거중심의 중재를 적용할 때 부모는 밤중에 아동이 울거나 짜증을 내도 무시해야 한다. 소거중심의 중재는 아동이 밤중에 깨서 울거나 짜증을 낼 때마다 부모가 아동에게 주의를 기울이고 함께 놀아 줌으로써 정적 강화를 제공하게 되는 것이라는 가정에 기초한다. 앞에서 설명한 것처럼, 수면 문제를 가진 아동은 자신이 울면 부모가 반응할 것이라는 기대를 학습하였기 때문에 아동의 울음과 부모의 반응의 연관성은 아동을 혼자서 잠들 수 없게 만든다. 따라서 그러한 정적 강화를 철회하면(예 : 아동의 행동을 무시하기) 아동의 문제행동이 감소되고, 아동은 독립적으로 잠드는 것을 학습하게 된다.

아동의 수면 문제에 대해서 여러 유형의 소거중심의 중재 방법을 사용할 수 있다. 표준화된 소거(standard extinction) 방법을 적용할 경우에 부모는 정해진 취침 시간에 아동을 잠자리에 들게 하고 다음 날 아침 정해진 기상시간 전까지 아동이 울거나 소리를 질러도 아동에게 가지 않는다. 부모는 아동의 울음이나 소리 지르기를 모두 무시해야 한다. 처음에 아동이 울 때 부모는 아동이 안전한지에 대한 점검을 할 수 있다. 이러한 점검은 아동에게 거의 관심을 주지 않는 사무적인 태도로 이루어져야 한다. 그런 후에는 아동의 울음이나 짜증 내는 소리를 무시해야 한다. 소거는 빠른 결과를 가져올 수 있고(며칠 내에 울음이 크게 감소함), 일반적으로 부모가 이해하기 쉽다. 그러나 일반적으로 부모는 자녀의 울음을 무시하는 데 어려움을 겪으며, 특히 중재를 시작한 후 수일 내 소거 폭발(extinction burst)이 발생하면 부모는 아동의 문제행동에 주의를 기울이게 된다. 따라서 이 방법을 사용하는 교사는 부모에게 소거 폭발 등에 관련하여 미리 알려 주고, 소거중심의 중재 방법이 장기적으로 아동뿐만 아니라 부모-자녀 관계에도 부정적인 영향을 미치지 않는다는 것을 상기시켜 주어야 한다(Price, Wake, Ukoumunne, & Hiscock, 2012).

표준화된 소거방법이 아동의 수면 문제를 중재하는 데 효과가 있긴 하지만, 일부 부모는 아동의 우는 것을 견디기 어려워한다. 또한 아동이 복잡한 의료적 문제나 심한 불안이 있거나 충격적인 경험을 한 경우에 표준화된 소거 방법을 사용해서는 안 된다(Meltzer & Crabtree, 2015). 이러한 경우에는 표준화된 소거의 변형된 방법을 사용해야 한다. 점진적 소거(graduated extinction) 프로그램은 바람직하지 않은 행동에 반응하지 않으면 그 행동은 감소된다는 동일한 소거의 원리에 근거하지만, 아동의 행동을 완전히 무시하는 것이 아니라 아동의 울음에 대한 부모의 관심을 점진적으로 줄여가는 것이다. 부모는 표준화된 소거보다 점진적 소거방법을 선호하며, 중재에 대한 아동의 부정적 정서 반응도 점차 감소하기는 하지만, 중재 효과가 나타나기까지 시간이 오래 걸린다(예: 몇 주).

아동의 수면 문제에 대해서 두 가지 점진적 소거 방법이 사용될 수 있다. 첫 번째 점진적 소거 방법은 부모가 자녀의 짜증과 울음을 무시하면서 정해진 시간(예: 10분)마다 아동을 점검하는 것이다. 아동을 점검할 때 부모는 자녀를 간단히 보살피고(예: 가볍게 등을 두드리며 "잘 자"라고 말하고 더 이상 관심을 주지 않는다.) 아동의 방을 나와야 한다. 이때 부모가 아동을 안아 주면 안 된다. 아동을 점검하러 가는 시간 간격을 점진적으로 늘려간다. 예를 들어, 처음에 10분마다 점검했다면 그 후에는 아동이 스스로 진정시키는 기술을 익힘에 따라 매 15분, 매 20분 등으로 시간 간격을 늘린다(Honaker & Meltzer, 2014). 부모가 이 점진적 소거 방법을 표준화된 소거 방법보다 좋아하기는 하지만 부모가 점검하러 아동의 방에 가는 것이 아동을 더 오래 울게 하는 부정적인 영향을 미치므로 아동이 스스로 진정시키고 취침하는 데 있어서 역효과를 초래할 수도 있다(Meltzer & Crabtree, 2015).

두 번째 점진적 소거 방법은 아동이 울면 부모가 즉각 반응하지만, 아동과 함께 있어 주는 시간을 점진적으로 줄여 가는 것이다(Meltzer & Mindell, 2014; Thomas et al., 2014). 예를 들어, 중재를 시작하기 전에 부모가 우는 아동을 다시 재우기까지 30분을 함께 있어 주었다면, 중재를 시작하고 나서 20분, 15분, 10분으로 줄여가다가 최종적으로는 취침 절차로서 간단한 상호작용만 하는 것으로 감소시킨다. 부모가 아동과 함께 있어 주는 시간을 점진적으로 줄여 가는 속도에 따라 중재 효과가 나타나기까지 시간이 오래 걸릴 수 있다. 그러나 부모는 아동에 대한 관심을 점진적으로 철회하면서 아동과 함께 있을 수 있으므로 이 방법을 선호한다.

점진적 소거 방법은 아동의 침대로부터 부모가 점점 멀어지는 방법에도 사용될 수 있다. 예를 들어, 중재 초기에 부모는 아동과 함께 침대에 누워 있은 후 그다음 단계에서는 아동 침대 옆에 의자를 놓고 앉는다. 부모는 의자가 아동의 방 밖으로 나올 때까지 의자를 점진적으로 옮긴다(Honaker & Meltzer, 2014). 점진적 소거의 변형된 방법 중에 부모가 아동의 방에 부모용 침구를 배치하는 방법도 있다. 이 방법은 부모의 방이 아닌 아동의 방에서 실행되어야 한다. 아동이 밤중에 울면, 부모는 부모용 침구에 누워 자는 척하다가 아동이 다시 잠들면 아동의 방을 나온다. 그러나 아동이 다시 깨서 울면 다시 아동의 방으로 가서 자는 척하다가 아동이 다시 잠들면 아동의 방을 나오는 절차를 반복한다. 이 절차를 부모는 1주일 동안 지속하고, 그 후에 부모는 아동의 울음에 대한 관심을 완전히 철회한다. 이 방법은 잠들 때 부모가 옆에 있는 것이 익숙한 아동이나, 수면과 관련된 분리불안을 가진 아동에게 특히 유용하다(Kuhn & Weidinger, 2000).

일단 아동이 밤에 깨지 않고 규칙적으로 잠을 자면 부모는 프로그램을 중지할 수 있다. 만일 아동이 아프거나 악동 때문에 깨는 경우에는 부모가 적절하게 관심을 기울여야 하지만, 그 외에 부모는 아동의 울음에 약간의 관심만 보여야 한다. 만일 프로그램이 중단된 이후에 아동의 수면 문제가 다시 발생하면 부모는 아동에게 즉각적으로 중재를 적용해야 한다. 소거 방법과 함께 부모는 정적 강화 방법을 사용할 수 있다. 예를 들어, 아동이 밤새 혼자 잘 잔 경우에 아침에 일어나서 강화물을 받을 수도 있고, 아동이 잠 든 후에 수면 요정이 아동의 베개 아래에 선물을 두고 갈 수도 있다(Honaker & Meltzer, 2014).

부모는 소거 프로그램을 적용할 때 아동이 어떠한 행동을 보일지 예측하고 있어야 한다. '소거 폭발(extinction burst)'은 부모들이 알아야 할 가장 중요한 개념 중 하나이다. 아동의 행동을 무시하는 요소가 포함된 프로그램의 경우에 아동의 바람직하지 않은 행동이 감소되기 전에 문제행동이 나타나는 시간이 길어지고 강도가 세지는 것이 일반적이다. 중재가 성공한 후에 문제행동의 '자발적 회복(spontaneous recovery)'이 일어나는 것도 일반적이다. 중재 적용 후에 아동의 문제행동이 감소한 것처럼 보이다가 아동이 동일한 문제행동을 다시 나타내는 것이다. 이러한 회귀가 발생하더라도 부모는 아동의 울음에 대해 관심을 보이지 말고 중재를 지속해야 한다. 아동의 부적절한 행동에 대한 부모의 관심은 문제행동의 소거를 지연시키고 복잡하게 만들 뿐이다(Meltzer & Crabtree, 2015).

## 스케줄에 따라 의도적으로 깨우기

밤중에 깨서 다시 취침하기 어려운 아동을 스케줄에 따라 의도적으로 깨우는 방법도 사용되어 왔다. 이 방법을 사용하기 위해서 부모는 먼저 아동이 주로 밤중에 자발적으로 깨는 시간을 기록해야 한다. 그리고 아동이 주로 밤중에 깨는 시간이 되기 15~30분 전에 아동을 의도적으로 깨우는 것이다. 아동을 의도적으로 깨운 후에 아동이 자발적으로 깼을 때처럼 달래 준다. 점진적으로 아동을 의도적으로 깨우는 시간을 늘려 감으로써 아동이 더 긴 시간 동안 잠자는 것을 학습할 수 있도록 한다. 이 중재 방법이 직관에 어긋나는 것처럼 보이지만, 아동이 점진적으로 더 길게 자도록 하여 아동의 수면 패턴을 형성하는 것이다. 결국 아동의 수면 시간은 점진적으로 늘어나고 아동은 밤중에 자발적으로 깨지 않게 된다(Honaker & Meltzer, 2014; Kuhn & Weidinger, 2000).

## 취침 시간 통행권

Friman 등(1999)이 제안한 '취침 시간 통행권(bedtime pass)' 방법은 아동이 취침하기 전에 아동에게 종이로 만든 취침 시간 통행권을 주며 취침 시간 통행권을 하룻밤에 한 번 사용할 수 있다고 말해 준다. 아동은 특별한 활동(예 : 음료수 마시기, 화장실 가기)을 위해 취침 시간 통행권을 사용해야 하고, 사용한 후에는 부모에게 취침 시간 통행권을 제출해야 한다. 아동이 취침 시간 통행권을 사용한 후에는 부모는 아동이 울어도 무시하고, 아동이 방 밖으로 나오는 경우에 즉시 방으로 돌려보낸다. 밤에 자주 깨는 아동의 경우 중재 초기에 부모는 아동에게 여러 개의 취침 시간 통행권을 주고 점차 그 수를 줄여가도 된다. 아동이 밤중에 취침 시간 통행권을 사용하지 않았을 경우에 아동은 아침에 기상하여 즉각적인 강화물과 교환할 수 있다(Honaker & Meltzer, 2014).

# 각성장애

수면 중 경악(sleep terrors)과 수면 중 보행(sleepwalking)은 어린 아동에게 나타나는 각성장애(arousal disirders)의 유형이다. 이 장애는 방향감각의 상실, 각성의 어려움, 삽화(episode) 회상의 실패 등과 같은 유사한 특성을 공유한다. 이러한 행동들은 일반적으로 잠자기 시작한 1~3시간 후 느린 파형 수면(slow wave sleep)으로부터 전이되는 수면 주기의 특정한 시간에 발생한다. 이 장애는 아동이 발달을 하면서 감소하므로 청소년기가 되면 없어지거나 크게 감소하는데, 이는 느린 파형 수면이 연령이 증가하면 감소하기 때문인 것으로 추정된다(Meltzer & Crabtree, 2015). 각성장애의 각 유형에 대한 설명과 중재 방법을 이 장에서 설명하였으며, 부모용 정보를 〈양식 5.13〉에 제시하였다.

## 수면 중 경악

수면 중 경악장애(sleep terror disorder) 또는 야경증(night terrors)은 2.5~6세 아동의 40%에서 발생한다(Petit, Touchette, Tremblay, Boivin, & Montplaisir, 2007). 수면 중 경악장애 아동은 갑자기 깨어나 앉아서 눈을 크게 뜨고 소리를 지르거나 운다. 아동은 공포에 질리고 멍한 상태이며 혼란스러워 보인다. 수면 중 경악이 일어나는 동안에 아동을 진정시키는 것은 어려운 일이며, 일부 아동은 신체적인 폭력을 나타내고, 진정시키려고 하면 폭력성이 더 심해지며(Modi, Camacho, & Valerio, 2014), 야경증이 더 오래 지속된다(Meltzer & Crabtree, 2015). 이러한 삽화는 몇 분 후에 자발적으로 없어지고 아동은 다시 취침을 하게 된다. 다음 날 아침에 아동은 밤중에 발생한 삽화에 대해 전혀 기억하지 못한다.

일반적으로 아동은 성장하면서 수면 중 경악장애에서 자연스럽게 벗어나게 되고, 이러한 사건은 아동에게 심각하게 부정적인 영향을 주지 않기 때문에 이 장애를 위해서는 최소한의 중재만 필요하다. 그러나 수면 중 경악은 온 가족, 특히 부모를 놀라게 한다. 부모는 아동의 수면 중 경악의 발생을 줄이기 위해 변화를 시도할 수도 있다. 수면의 부족이나 예상치 않은 스트레스는 수면 중 경악과 다른 각성장애를 악화시킬 수 있다. 그러므로 부모는 아동이 규칙적으로 취침 절차를 따르고, 적절한 정도의 수면을 취하도록 해야 한다. 또한 가능하면 아동에게 예상치 않은 스트레스를 주는 요인을 찾아내야 한다. 부모와 아동에게 수면 중 경악장애의 특성에 대해 교육하는 것도 좋으며, 부모는 수면 중 경악이 기저에 있는 심리적인 문제의 징후는 아니라는 것을 알아야 한다. 수면 중 경악이 발생했을 때 아동을 깨우고 다시 자도록 하는 경우에 아동의 불안과 신체적 공격을 초래할 수 있으므로 부모는 아동의 안전이 문제가 되지 않는 한 수면 중 경악이 발생하는 동안에 중재하지 말아야 한다(Modi et al., 2014). 스케줄에 따라 의도적으로 깨우는 방법도 수면 중 경악을 줄이는 데 도움이 될 수 있는데, 이 방법을 사용하기 전에 부모는 아동의 수면 중 경악의 일관성이 있는 패턴을 최소한 2주 동안 관찰해야 한다. 아동의 수면 중 경악의 일관성이 있는 패턴이 있는 경우에 부모는 2~4주 동안 매일 밤 아동을 수면 중 경악이 일어날 것으로 예측되는 시간보다 15~30분 앞서 아동을 의도적으로 깨워야 한다(Meltzer & Crabtree, 2015).

수면 중 경악은 아동이 깰 정도의 무서운 꿈을 꾸는 악몽과는 구분되어야 한다. 악몽은 일반적으로 수면의 후반부에 발생하고 아동은 악몽의 내용을 회상할 수 있다. 아동의 75%가 악몽을 꾼다(American Academy of Sleep Medicine, 2014). 각성장애처럼 악몽은 아동의 나이에 따라 감소하는 경향을 보인다(Meltzer & Crabtree, 2015). 악몽이 스트레스로 악화될 수 있지만, 악몽은 발달의 전형적인 부분으로 여겨진다(Shroeder & Gordon, 2002). 악몽이 아주 심한 경우, 아동은 악몽으로 인하여 취침에 대한 공포나 불안을 가지게 될 수 있다. 이러한 경우에 이 책의 제4장에서 논의된 불안장애의 중재 방법을 적용해야 한다. 예를 들어, 체계적 둔감법이 악몽의 내용을 약화시키는 데 사용될 수 있다. 아동의 악몽이 낮 동안 경험한 두려운 자극에 기인하는 것이라면 이 자극에 대한 노출을 감소시켜야 한다(Schroeder & Gordon, 2002). 일반적으로 악몽에 대해 제안되고 있는 유일한 중재는 부모가 아동을 안심시키는 것이다. 아동이 악몽을 자주 꾸면 잠을 설치게 되기 때문에 부모는 심상을 활용한 예행연습 치료(Imagery Rehearsal Therapy : IRT)라는 방법을 적용해 볼 수도 있다. 아동과 함께 악몽을 그림으로 표현하며 줄거리를 수정하거나, 악몽을 꾼 후와 낮 동안에 즐겁고 새로운 꿈에 대해 반복해서 이야기한다(Meltzer & Crabtree, 2015). 이렇게 함으로써 아동은 긍정적인 생각에 주의를 기울이게 되고 자신의 꿈에 대해 통제력을 기르게 된다.

## 수면 중 보행

수면 중 보행은 약 17~40%의 아동에게서 나타난다(Meltzer & Crabtree, 2015). 수면 중 보행을 하는 아동은 몸짓 같은 단순한 동작을 할 수도 있고, 집 주변을 배회하거나 옷을 입는 등의 복잡한 행동을 할 수도 있다. 수면 중 보행은 아동에게 상해를 줄 가능성이 있기 때문에 부모는 아동의 안전문제를 최소화하는 노력을 해야 한다. 예를 들어, 창문과 문을 닫아 잠그고, 아동의 침실은 가능하면 1층이나 아래층으로 내려가는 계단이 없는 층에 위치하도록 해야 한다. 아동이 일어나면 부모에게 알려 주는 기계장치를 사용할 수도 있다. 예를 들어, 아동의 방에 종을 달아 놓는 것이다. 부모가 수면 중 보행을 하고 있는 자녀와 상호작용을 할 때 소리를 지르거나 아동을 흔들어서는 안 되며, 부드럽게 자녀를 방으로 안내해야 한다. 스케줄에 따라 아동을 의도적으로 깨우는 방법도 수면 중 보행을 줄이기 위한 방법으로 사용될 수 있다(Modi et al., 2014).

# 요약

이 장에서는 부모에게 스트레스를 주는 일상생활 문제, 즉 아동이 자주 나타내는 배변 문제, 섭식 문제, 수면 문제 등에 대한 중재 방법을 살펴보았다. 부모는 처음에 이러한 문제에 대한 정신건강 전문가와 상담을 하려 하지 않으나, 행동중재 훈련을 받은 정신건강 전문가는 배변, 급식, 수면과 관련된 문제를 가진 아동의 부모를 위한 훌륭한 자원이라는 것을 명심해야 한다. 이러한 문제에 대한 중재로서 임상적 지지를 가장 많이 받고 있는 것은 적절한 행동을 강화하기(예 : 적절한 섭식행동에 관심 보이기, 변기에서 배변하는 것에 대해 칭찬과 강화물 주기)와 부적절한 행동을 무시하거나 가벼운 혐오적 후속결과 제공하기(예 : 취침 시간에 우는 것을 무시하기, 부적절한 섭식행동에 대해 타임아웃 사용하기)와 같은 행동적 전략에 기초하고 있는 방법들이다. 이 장에서 논의된 일상생활 문제들이 나중에 반드시 심리병인의 지표가 되는 것은 아니지만, 아동기에 중재를 함으로써 부모와 아동 간 부정적 상호작용을 유의미하게 감소시킬 수 있고, 아동에게 스트레스가 되는 사회적 및 정서적 경험을 차단할 수 있다.

## 양식 5.1

## 주간 소변 실수 일지

| 날짜 | 소변 실수 시간 | 상황 | 소변 실수에 대한 부모 반응 |
|---|---|---|---|
|  |  |  |  |
|  |  |  |  |
|  |  |  |  |
|  |  |  |  |
|  |  |  |  |
|  |  |  |  |
|  |  |  |  |
|  |  |  |  |
|  |  |  |  |
|  |  |  |  |
|  |  |  |  |
|  |  |  |  |

## 주간 소변 실수의 중재 일지

| 날짜 | 속옷 점검 | | | 소변 실수 | | |
|---|---|---|---|---|---|---|
| | 시간 | 성공<br>(예/아니요) | 강화<br>(예/아니요) | 시간 | 상황 | 부모 반응 |
| | | | | | | |
| | | | | | | |
| | | | | | | |
| | | | | | | |
| | | | | | | |
| | | | | | | |
| | | | | | | |
| | | | | | | |
| | | | | | | |
| | | | | | | |
| | | | | | | |

# 야간 소변 실수 일지

| 요일 | 잠든 시간 | 소변 실수 (예/아니요) 및 소변 실수 시간 | 젖은 범위 | 소변 실수에 대한 부모 반응 | 잠에서 깬 시간 |
|---|---|---|---|---|---|
| 일요일 | | | | | |
| 월요일 | | | | | |
| 화요일 | | | | | |
| 수요일 | | | | | |
| 목요일 | | | | | |
| 금요일 | | | | | |
| 토요일 | | | | | |

# 야간 소변 실수의 중재 일지

| 요일 | 잠든 시간 | 소변 실수 (예/아니요) 및 소변 실수 시간 | 젖은 범위 | 알람체계 준수 (예/아니요) | 알람체계 준수와 소변 실수 안 한 것에 대한 강화(예/아니요) | 잠에서 깬 시간 |
|---|---|---|---|---|---|---|
| 일요일 | | | | | | |
| 월요일 | | | | | | |
| 화요일 | | | | | | |
| 수요일 | | | | | | |
| 목요일 | | | | | | |
| 금요일 | | | | | | |
| 토요일 | | | | | | |

# 소변 실수의 중재 — 소변 알람장치의 사용 : 부모용 지침

소변/수분 알람은 소변 실수를 하는 아동을 위한 효과적인 중재 방법이 될 수 있다. 최근에 출시된 알람은 소형이며, 아동의 속옷에 센서를 부착하고 어깨나 손목에 알람을 찰 수 있도록 되어 있다. 아동이 소변으로 속옷을 적시기 시작하면 센서가 습기를 감지하고 알람 소리를 낸다. 알람 방법을 성공적으로 적용하기 위해서 부모는 적극적으로 중재에 참여해야 한다. 다음은 중요한 지침이다.

## 밤에/밤 동안에

1. 매일 밤 아동이 잠자리에 들기 전에 알람을 잘 부착하였는지 점검한다.
2. 알람이 작동하기 시작하면 곧장 아동의 방으로 간다. 알람장치를 사용하기 시작하는 중재 초기에는 아동이 알람 소리를 듣고 깨지 못하므로 아동을 깨워야 한다.
3. 일단 아동이 완전히 잠에서 깨면 아동에게 알람을 풀고 화장실에 가서 변기에 나머지 소변을 보도록 한다. 아동이 소변이 더 이상 마렵지 않다고 말하더라도 반드시 변기에서 시도하도록 시킨다.
4. 침구의 젖은 부위가 넓으면 아동 스스로 침구를 교체하도록 하고 부모가 도와준다(부위가 좁으면 아침까지 수건을 그 부위에 깔아 놓도록 한다). 또한 아동 스스로 옷을 갈아입도록 하고 젖은 옷을 적당한 장소(예 : 빨래 바구니)에 가져다 놓도록 한다.
5. 아동이 알람을 다시 착용하고 잠자리에 들도록 한다.
6. 밤 동안에 필요할 때마다 1~5에서 제시한 절차를 반복한다.

## 아침에

1. 아동이 밤에 소변 실수를 하지 않았으면 그것에 대해 칭찬한다.
2. 밤에 소변 실수를 하지 않았거나, 알람 절차를 잘 따랐으면 작은 강화를 제공한다. 소변 실수를 하지 않은 것뿐만 아니라 알람 절차를 잘 따른 것에 대한 강화를 제공하는 것이 중요하다.
3. 진보 도표(progress chart)에 자료를 기록한다.

## 기억해야 할 일

1. 아동이 소변 실수를 했을 때 중립적인 입장을 유지하는 것이 매우 중요하다. 밤에 소변 실수를 한 것에 대해 아동에게 화내거나 벌을 주지 말아야 한다. 이 프로그램은 반드시 효과를 나타내지만 시간이 많이 걸리기 때문에 인내가 필요하다.
2. 처음 알람을 사용할 때 아동은 알람이 끝나도록 깨지 못할지도 모른다. 이것은 일반적인 일이므로 염려할 일이 아니다. 그러나 알림이 울릴 때 아동을 깨우는 것은 중요한 일이다. 따라서 부모는 알람 소리를 잘 들을 수 있는 곳에 있어야 하며, 이를 위해 모니터(혹은 유사한 장치)를 사용할 수도 있다.
3. 마침내 아동이 스스로 알람 소리에 깨기 시작할 것이다. 이때부터 부모는 알람을 더 이상 사용하지 않아도 좋을 때까지 소변으로 젖은 부위를 유심히 관찰하기 시작해야 한다. 소변 실수를 하지 않는 날이 좀 더 자주 있게 될 것이다.
4. 아동은 14일 동안 연속해서 소변 실수를 하지 않게 될 때까지 알람을 착용해야 한다. 아동이 14일 동안 연속해서 소변 실수를 하지 않으면, 알람장치의 사용을 중단해도 된다. 그러나 아동이 다시 소변 실수를 하면 즉각 알람을 다시 착용하고 14일 동안 연속해서 성공할 때까지 사용해야 한다.

양식 5.6

# 소변 실수의 중재—소변 알람장치의 사용 : 아동용 지침

알람은 여러분의 소변 실수를 멈추는 것을 학습하도록 도울 것이다. 알람은 여러분에게 충격을 주거나 해를 끼치지는 않지만 여러분이 소변으로 침구를 적시기 시작하면 큰 소음을 낼 것이다. 밤 동안 알람은 여러분이 잠에서 깨어 변기를 사용하도록 도울 것이다. 알람방법이 성공하기 위해서는 여러분이 알람을 듣자마자 즉각 깨는 것이 중요하다. 아래의 지침은 알람장치 사용이 성공하여 여러분이 더 이상 소변 실수를 하지 않도록 도울 것이다.

1. 매일 밤 스스로 알람을 착용하라(착용하기 어려우면 부모님이나 다른 성인에게 도움을 요청한다).
2. 알람이 울릴 때 즉시 깨서 소변을 멈추라. 알람을 듣자마자 가능한 빨리 소변을 멈추는 것이 중요하다.
3. 깬 다음에는 알람을 꺼라.
4. 화장실에 가서 변기에 앉아서 소변을 시도하라.
5. 속옷과 잠옷을 갈아입고, 필요하면 부모님의 도움을 받아 침구를 바꾼 후 알람을 다시 연결하라.
6. 밤 동안 알람이 다시 울리면 같은 절차를 반복하라.
7. 아침에 소변 실수를 했는지 안 했는지 일지에 기록하라.
8. 연속해서 14일 동안 실수하지 않을 때까지 매일 밤 알람을 사용하라.

여러분이 소변 실수를 완전히 안 하게 되기까지 시간이 오래 걸릴 수도 있다. 용기를 잃지 말고 계속해서 알람을 사용하라!

# 유분증 아동을 위한 중재 지침(부모용)

유분증은 4세 이상의 아동이 부적절한 곳(예 : 옷)에 배변을 하는 것이다. 유분증이 만성변비의 결과인 경우가 가장 흔하다. 심한 변비인 아동은 배설물이 새어나오더라도 인식하지 못한다. 대부분의 경우, 아동이 의도적으로 배설물이 새어나오게 하거나 배설물이 새어나오는 것을 조절할 수 없다는 것을 기억하는 것이 중요하다. 다음의 지침에 따라 중재를 하면 1~2개월 내에 성과가 나타날 것이다.

1. 중재 절차를 실행하기 전에 아동을 의사에게 데려가 검사를 받도록 한다. 아동이 심한 변비가 있어서 장에 배설물이 꽉 차 있으면 다음 단계들은 성공하지 못할 것이다. 의사는 아마도 장을 '세척'하기 위해 관장을 제안할 것이다. 또한 배설물이 장을 통과하도록 미네랄 기름이나 완화제를 처방할 수도 있다. 의사의 지시를 주의 깊게 따르는 것이 중요하다.

2. 아동이 변기에 정기적으로 앉도록 한다. 가장 배설하고 싶어 할 때(예 : 아침에 깨자마자, 식사 15~20분 후) 하루에 약 2~4회, 회당 5~10분씩 변기에 앉도록 권유한다. 화장실과 변기가 아동에게 편안해야 한다. 아동의 발이 바닥이나 받침에 평평하게 닿을 수 있어야 하고, 변기의 크기도 적절해야 한다. 좋아하는 장난감이나 책을 화장실에 가지고 갈 수 있도록 허락하여 변기에 앉아 있는 동안 즐거운 활동을 할 수 있도록 해야 한다.

3. 아동이 적절하게 배변을 하면 강화를 제공한다. 매번 다른 강화를 사용하여 아동이 같은 강화에 지루함을 느끼지 않도록 하는 것이 좋다. 예를 들어, 강화 쿠폰을 뽑게 하거나 게임 판에 강화 종류를 써놓고 게임 판을 돌려서 선택을 하게 하는 것도 아동에게 재미있는 방법이 될 것이다. 강화가 클 필요는 없으며, 부모와 시간 보내기, 특별한 디저트 먹기, 추가 시간 동안 TV 시청하기 등이 사용될 수 있다. 또한 강화는 가능한 한 즉각적으로 아동에게 제공되어야 하며, 늦더라도 당일에 제공되어야 한다.

4. 속옷을 점검한다. 하루에 몇 차례씩 아동의 속옷을 점검한다. 만일 아동이 대변 실수를 했으면 아동으로 하여금 처리하도록 한다. 아동은 속옷과 바지를 세탁하고 몸을 씻어야 하며 새 옷으로 갈아입어야 한다(아동이 혼자서 할 수 없는 경우에는 부모가 도와줄 수 있다). 속옷 점검 시 아동이 대변 실수를 하지 않았으면 작은 강화를 준다.

5. 아동이 적절한 영양을 섭취하고 신체활동을 하도록 해야 한다. 규칙적인 배변이 이루어지기 위해서는 적절한 양의 식이섬유를 섭취하는 것이 중요하다. 과일과 야채를 많이 먹을 수 있도록 하고 밀이나 겨와 같은 곡물을 음식 위에 뿌려 주는 것도 좋다. 유제품은 완전히 제거하지 않더라도 일정량으로 제한해야 한다. 식이섬유와 물과 규칙적인 운동이 규칙적인 배변을 가능하게 할 것이다. 아동의 식이요법을 도와줄 영양사와 상담하는 것도 도움이 될 수 있다.

6. 아동의 수행을 기록한다. 아동의 배변, 변기 사용, 속옷 점검 등에 대한 성취를 아동과 함께 기록표에 기록해야 한다. 기록표에 지속적으로 기록함으로써 중재 계획을 고수하게 될 뿐만 아니라 배변 처리의 향상도를 볼 수 있게 된다.

# 유분증 중재 일지

| 날짜 | 변기의자 | | | 속옷 점검 | | |
|---|---|---|---|---|---|---|
| | 시간 | 배변 (예/아니요) | 강화 (예/아니요) | 시간 | 청결 (예/아니요) | 강화 (예/아니요) |
| | | | | | | |
| | | | | | | |
| | | | | | | |
| | | | | | | |
| | | | | | | |
| | | | | | | |
| | | | | | | |
| | | | | | | |
| | | | | | | |
| | | | | | | |
| | | | | | | |
| | | | | | | |
| | | | | | | |
| | | | | | | |

# 식사 문제의 해법 : 부모를 위한 안내

어린 아동들이 식사시간에 문제행동을 나타내는 것은 흔하다. 그러나 이러한 문제는 오래 지속되지 않으며 심각한 문제의 지표도 아니다. 편식이 아동들이 나타내는 가장 일반적인 섭식 문제이다. 편식은 제한된 음식만 먹거나 극소량의 음식만 먹는 것을 의미한다. 편식을 하는 아동들은 식사시간에 문제행동을 자주 나타낸다.

다음은 아동의 적절한 섭식행동을 위한 안내이다.

1. **규칙적인 식사시간과 간식시간을 준수하라.**
   - 아동이 하루 종일 아무 때나 음식을 먹도록 허용하지 말라.

2. **식사시간의 환경을 즐겁게 만들어라.**
   - 식사시간에 아동이 편안하게 앉도록 한다.
   - 주의를 산만하게 하는 것을 없애야 한다(예 : TV 끄기).
   - 아동에게 주는 음식의 종류는 아동의 연령에 적절해야 하며 적절한 양이어야 한다. 적절한 양에 대해 의사나 영양사와 상담하는 것이 좋다.

3. **적절한 섭식행동에 대해 긍정적인 관심을 언어적으로 표현하라.**
   - 예 : "네가 음식을 잘 먹고 말도 예쁘게 해서 엄마는 기분이 참 좋네."

4. **좋아하는 음식을 강화물로 사용하라.**
   - 아동이 싫어하는 음식과 좋아하는 음식을 짝지어 제공하라.
   - 예 : 자녀가 포도를 좋아하고 콩을 싫어할 경우에 자녀에게 일정량의 콩을 먹으면 포도를 먹을 수 있다고 말하라.

5. **강화 프로그램을 만들어라.**
   - 식사시간의 규칙을 정하라.
     - 예 : "음식 먹으며 징징거리지 말 것, 주어진 음식의 최소한 반을 먹을 것(적절한 양을 전제할 때), 음식을 뱉지 말 것" 등이 포함될 수 있다.
   - 만일 식사시간에 자녀가 이 규칙을 잘 지켰으면 강화물(예 : 작은 장난감, 스티커, 엄마나 아빠와 특별한 시간을 가질 수 있는 쿠폰)이 담긴 상자에서 좋아하는 것을 고르도록 해 준다. 새로운 강화물을 추가하여 아동이 강화물에 싫증을 느끼지 않도록 하는 것이 좋다.
   - 아동의 행동에 대해 합리적인 기대를 하라.
     예 : 음식의 1/8 정도를 먹는 아동이 갑자기 음식을 모두 먹기를 기대해서는 안 된다.

6. **부적절한 섭식행동에 대해 후속결과를 제공하라.**
   - 긍정적인 접근법만으로 효과가 없거나, 자녀가 과격한 행동을 지속해서 나타내면(단순히 음식을 거부하는 것이 아닌) 부적절한 행동에 대해 후속결과를 제공한다.
   - 후속결과는 다음과 같은 것을 사용할 수 있다.
     - 특정 특권의 상실(예 : TV 시청 제한)
     - 좋아하는 음식의 제한
     - 타임아웃(부모가 아동이 식사시간으로부터 도피하는 행동을 의도하지 않게 강화하지 않도록 주의해야 한다.)

# 수면 일지

| 요일 | 아침에<br>잠에서 깬 시간 | 낮잠 시간 | 잘 준비<br>시작 시간 | 잠자리에<br>든 시간 | 잠든 시간 | 야간에<br>잠에서 깬 횟수 |
|---|---|---|---|---|---|---|
| 일요일 | | | | | | |
| 월요일 | | | | | | |
| 화요일 | | | | | | |
| 수요일 | | | | | | |
| 목요일 | | | | | | |
| 금요일 | | | | | | |
| 토요일 | | | | | | |

## 야간에 아동이 잠에서 깬 시간 기록

| 요일 | 깬 시간 | 반응 | 다시 잔 시간 |
|---|---|---|---|
| 예시: | | | |
| 일요일 | 오후 11시 | 진정시키고 물 줌 | 오후 11시 30분 |
| 일요일 | 오전 2시 | 무시함 | 오전 2시 15분 |
| 일요일 | 오전 4시 | 침대에 함께 있어줌 | 오전 4시 20분 |
| | | | |
| | | | |
| | | | |
| | | | |
| | | | |
| | | | |
| | | | |
| | | | |
| | | | |
| | | | |
| | | | |
| | | | |
| | | | |
| | | | |
| | | | |
| | | | |
| | | | |

# 수면 문제의 중재 방법

아동이 취침하러 가지 않으려고 저항하거나(예 : 울기, 징징거리기, 마실 것을 더 달라고 요청하기), 밤중에 자주 깨서 부모가 달래 줄 때까지 운다면, 이러한 문제들을 감소시키기 위하여 적절한 중재 방법을 고려해야 한다.

## 규칙적인 취침 습관을 형성하는 방법
- 가장 먼저 규칙적인 취침 습관을 형성해야 한다.
- 취침 시간을 정한다.
- 취침 시간 15~30분 전에 취침 절차를 시작한다.
- 취침 전에 아동과 함께 이완 활동(예 : 책 읽기)을 한다.

## 부적절한 행동을 무시하는 방법
- 아동이 취침 절차를 따르게 한다.
- 아동이 밤중에 울어도 반응하지 않는다.

## 부적절한 행동을 점진적으로 무시하는 방법
- 아동이 취침 절차를 따르게 한다.
- 아동이 밤중에 울면 아동의 상태를 점검하고 다시 재운다.
- 아동이 밤중에 깰 때 부모가 함께 보내 주는 시간을 줄여 나간다.
  - 예 : 부모가 평균 30분 동안 자녀와 함께 있었다면 25분으로 줄인다.
- 예정된 시간이 다 되었으면 자녀를 남겨 두고 방에서 나가되 다시 돌아오지 않는다.
- 아동이 다시 깰 경우에 위에 제시한 절차를 반복한다.
- 부모가 아동과 함께 있어 주는 시간을 점진적으로 줄여 나간다.

## 간단하게 점검하는 방법
- 취침 절차에 따라 아동을 재운다.
  - 아동이 취침할 때 울거나 밤중에 깨서 우는 경우에 5~10분 간격으로 점검한다.
- 아동이 울음을 그칠 때까지 5~10분 간격으로 점검한다.
  - 예 : 아동의 등을 두드려 주거나 침구를 정리해 주거나 "잘 자."라고 말해 준다.
- 아동의 수면 상태를 점검하는 간격을 점진적으로 늘려 나간다.

(계속)

## 수면 문제의 중재 방법(2/2)

### 부모의 존재를 점진적으로 철회하는 방법

- 아동의 방에 부모를 위한 침대나 의자를 준비한다.
- 부모는 매일 점진적으로 아동의 침대로부터 멀어져야 하는데. 이때 일주일 후에는 아동의 방 밖으로 나갈 것을 목표로 한다.
- 취침 절차에 따라 아동을 재운다.
- 부모는 침대에 눕거나 의자에 앉아 아동이 우는 것을 무시한다.
- 아동이 잠 들면 아동의 방에서 나온다.
- 아동이 다시 깨면 앞서 언급한 절차를 반복한다.
- 이 방법을 적용한 일주일 후에는 부모가 부모의 방에 머물더라도 아동이 울면 무시한다.

### 스케줄에 따라 의도적으로 깨우기

- 아동이 밤중에 주로 깨는 시간을 기록한다.
- 취침 절차에 따라 아동을 재운다.
- 아동이 주로 깨는 시간보다 15~30분 일찍 아동을 깨운다.
- 아동이 깨면 상호작용을 해 준다.
- 아동을 깨우는 시간 간격을 점진적으로 늘려 나간다.

**아동의 수면 패턴이 향상되기 전에 수면 문제가 심하게 나타날 수 있음을 명심하라!**

# 수면 중 경악/수면 중 보행/악몽 : 부모를 위한 정보

## 수면 중 경악

**정의**  아동이 갑자기 소리를 지르고 무서워하며 부모가 달래도 반응하지 않는다. 아동을 깨우면 불안해하고, 방향 감각을 잃는다. 이러한 사건은 부모를 당황하게 만들지만, 아동은 일반적으로 5분 내 다시 잠들고 나중에 이 일에 대해 기억하지 못한다. 수면 중 경악은 일반적으로 아동이 잠든 1~3시간 후에 발생한다.

**중재**  아동을 깨우지 말고 안전한지만 점검한다. 수면 중 경악은 수면 부족과 관련될 수 있기 때문에 아동이 적당한 양의 수면을 취하고 적절한 취침 절차를 따르도록 한다. 또한 수면 중 경악은 스트레스를 받을 때 더 많이 발생하므로 가능한 한 스트레스 요인을 규명하여 감소시켜 주어야 한다.

## 수면 중 보행

**정의**  아동이 침대에서 벗어나 주변을 걸어 다닌다. 수면 중 보행은 일반적으로 아동이 잠든 1~3시간 후에 발생한다.

**중재**  부모는 아동을 깨우지 말고 부드러운 태도로 아동이 침대로 돌아가도록 안내한다. 수면 중 보행은 아동에게 위험할 수 있기 때문에 안전 예방이 필수적이다. 부모는 창문이나 문을 잠그는 것을 잊지 말아야 한다. 아동의 방이 1층이 아니라면 층계 입구에 문을 설치해야 한다. 또는 부모가 아동이 방 밖으로 나올 때 이를 알릴 수 있는 알림장치를 설치할 수도 있다. 종이나 깡통 혹은 소리가 나는 고안 장치들을 아동의 방문에 설치하여 아동의 방문이 열리면 부모가 깰 수 있도록 한다. 수면 중 경악과 마찬가지로 아동이 충분한 수면을 취하도록 하고, 가능하면 스트레스를 줄여 주는 것이 중요하다.

## 악몽

**정의**  악몽은 아동을 잠에서 깨게 하는 무서운 꿈이다. 일반적으로 수면의 후반부에 발생하며 아침에 아동이 꿈을 기억하는 경우가 많다.

**중재**  아동이 악몽을 꾸었을 때 편안하게 해 준다. 아동으로 하여금 꿈에 대해 이야기를 할 기회를 주되 강요하지는 말아야 한다. 부모는 심상을 활용한 예행연습 치료(imagery rehearsal therapy)라는 기법을 적용해 볼 수도 있다. 아동과 함께 악몽을 그림으로 표현하며 줄거리를 수정하거나, 악몽을 꾼 후와 낮 동안에 즐겁고 새로운 꿈에 대해 반복해서 이야기한다. 이렇게 함으로써 아동은 긍정적인 생각에 주의를 기울이게 되고 자신의 꿈에 대해 통제력을 기르게 된다.

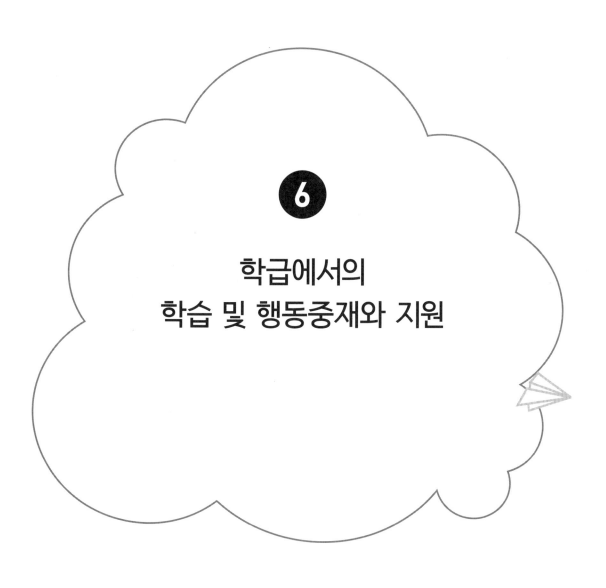

**6**

학급에서의
학습 및 행동중재와 지원

# 학급에서의
# 학습 및 행동중재와 지원

어린이집과 유치원 등 아동교육기관에 다니는 아동의 수가 지난 수십 년 동안 급격히 증가하였다. 미국 인구조사국(Census Bureau)의 2011년 통계에 따르면 약 480만 명의 아동들이 아동교육기관에 등원하고 있다(Laughlin, 2013). 이러한 아동교육기관에 입학하는 아동들의 행동과 학업 전 기술(preacademic skills)은 다양하다. 많은 교육자와 연구자들이 초등학교에 입학 후 아동의 학업적 성공을 촉진하는 학업 전 기술과 문해 전 기술(preliteracy skills)의 중요성을 강조하고 있지만, 아동교육기관에서는 학습 문제보다 행동 문제가 더 심각하다. 학령 전 아동이 아동교육기관으로부터 정학당하고 퇴학당하는 비율이 훨씬 높은데, K-12(유치원~고3) 학생이 퇴학당하는 비율보다 3.2배 많다(Gilliam, 2005). 아동교육기관에서 정학이나 퇴학을 당하는 아동들은 학령기에 일어날 수 있는 학업 문제 등 부정적인 생활사건에 대한 위험군이다. 즉 고등학교를 자퇴하거나, 학업실패를 하거나, 상급 학년으로 진학하지 못하여 유급되거나, 교도소에 갈 확률이 10배 많다(Lamont et al., 2013). 따라서 유아교사가 아동의 학습과 행동 문제를 효과적으로 중재할 수 있도록 훈련시키고, 지원하고, 준비시키는 것이 중요하다. 아동의 학습과 행동 문제를 예방하고 중재하는 것을 개념화하는 데 유용한 모델 중 하나가 다중단계 지원시스템(Multi-Tiered System of Support : MTSS)이다. 최근 학업과 관련된 다중단계 지원시스템인 중재반응(Response To Intervention : RTI) 모델과 행동과 관련된 다중단계 지원시스템인 긍정적 행동중재 및 지원(Positive Behavioral Interventions and Supports : PBIS)이 주목받고 있다. 아동이 교육기관에서 성공적으로 적응하기 위해서는 학업 문제와 행동 문제를 해결해야 한다는 인식이 증가하면서 중재반응 모델과 긍정적 행동중재 및 지원이 다중단계 지원시스템으로 통합되고 있다(Eagle, Dowd-Eagle, Snyder, & Holtzman, 2015). 다중단계 지원시스템은 아동의 학업적 및 행동적 필요에 적합한 질 높은 교수와 증거기반의 중재를 제공하는 데 초점을 맞춘다. 아동이 보이는 향상도를 지속적으로 점검하여 중재목표와 교수를 수정할 필요가 있는지 결정해야 한다. 이 장에서는 학업 문제와 행동 문제를 중재하기 위한 접근 방법을 각각 소개하였지만, 독자는 이 두 가지 접근 방법을 더 광범위한 다중단계 지원시스템의 체계에 통합하여 이해하는 것이 유용할 것이다. 이 장에서 가장 먼저 다중단계 지원시스템과 학령 전 아동의 문해와 학업 문제를 중재하기 위한 중재반응 접근 방법을 살펴보았다. 그리고 학령 전 아동의 학급 내 행동 문제를 해결하기 위한 긍정적 행동 중재 및 지원에 대해 논의하였다. 마지막으로 다중단계 지원시스템에 구성요소로서 자주 포함되는 사회정서학습(social-emotional learning) 프로그램을 살펴보았다.

〈그림 6.1〉에 제시한 다중단계 지원시스템(www.pbis.org 참조)에 따르면, 아동의 80%는 학업적 및 행동적 기대수준에 맞게 성취한다. 이 아동들은 제1단계(Tier 1)에 속하는데, 학급 내 교사가 효과적인 교수와 행동관리를 제공하는 것 외에 지원을 필요로 하지

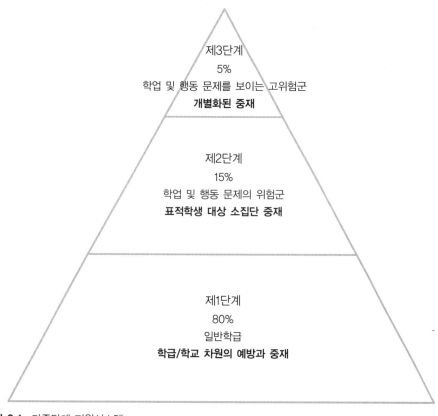

**그림 6.1** 다중단계 지원시스템

않는다. 제1단계에서 적용되는 학교 차원과 학급 차원의 지원은 보편적 예방프로그램이다. 보편적 예방프로그램은 전체 학생을 대상으로 하므로 학생의 개인적 위험 수준에 기초하여 개발하지 않는다(O'Connell, Boat, & Warner, 2009). 보편적 예방프로그램은 전교생이나 학급의 전체 학생이 프로그램을 통해 혜택을 받을 수 있도록 긍정적이고 예방적인 서비스를 제공한다. 제2단계에서는 학업이나 행동 문제로 인하여 위험군으로 간주되는 학생들을 위한 서비스가 제공된다. 학생의 약 15%가 이 단계에 해당되며, 소집단으로 목표지향적인 예방 및 중재가 제공된다. 제3단계 지원이 필요한 약 5%의 학생은 학업 및 행동 문제를 심하게 나타내는 고위험군이다. 제3단계의 중재는 아동이 현재 나타내는 문제를 해결하기 위해 개별화된다.

다중단계 지원시스템의 제1단계와 제2단계에서 제공되는 학업 및 행동중재는 대다수 학생들의 필요를 충족하고, 제3단계 중재는 개별화된 강도 높은 중재이다. 강도 높은 중재를 위한 국립센터(National Center on Intensive Intervention, www.intensiveintervention.org)는 교수를 강화하기 위하여 자료에 근거한 개별화(Data-Based Individualization : DBI)와 관련된 정보와 자원을 제공한다. 자료에 근거한 개별화는 5단계로 구성되어 있다. (1) 강도 높은 증거기반의 중재프로그램을 적용한다. (2) 아동의 학업과 행동의 향상도를 자주 점검하여 자료를 수집한다. (3) 아동의 학업 및 행동 문제가 지속된다면 아동의 특별한 결핍을 규명하기 위하여 진단 정보를 수집한다. (4) 진단 자료를 사용하여 아동의 필요를 가장 잘 충족하는 중재를 제공한다. (5) 아동의 학업과 행동의 향상도를 지속적으로 점검하여 자료를 수집하고, 필요에 따라 추가적인 중재를 제공한다. 이 과정은 다중단계 지원시스템의 과정을 확장한 것으로서 지속적인 향상도 점검과 포괄적인 진단을 강조한다.

## 문해력과 학업기술을 위한 중재반응 모델

K-12(유치원~고3) 학생의 학업 문제를 해결하기 위하여 도입된 중재반응 모델은 빠른 속도로 확산되고 있다. 2004년에 재인준된 장애인교육개선법(Individuals with Disabilities Education Improvement Act : IDEIA)에 힘입어 교육 분야와 학교 심리학 분야에서 활발하게 연구가 되고 있다. 이 법이 재인준됨에 따라 특수학습장애(specific learning disabilities)로 분류된 아동들에게 중재반응 모델이 적용되기 시작하였고, 그동안 특수학습장애로 진단받기 위한 기준이었던 지적 능력과 학업 능력의 심각한 격차는 더 이상 충족할 필요가 없게

되었다. 물론 중재반응 모델은 장애인교육개선법이 재인준되기 전부터 논의되어 왔지만, 법이 재인준된 후에 훨씬 활발하게 연구되고 있다.

학령 전 아동의 학업 문제에 관심을 가지는 것이 조금 성급해 보일 수도 있지만, 예방적인 관점에서 보면 이 시기가 학령기의 학업 문제를 예방할 수 있는 적기이다. 많은 연구가 초기 문해기술의 중요성뿐만 아니라 초기 문해기술과 학령기 학업성취 간의 연관성을 강조하고 있다. 유치원에 입학할 때 초기 읽기기술이 습득되지 않은 아동은 학습을 수행하기 어려우며, 문해 전 기술이 뛰어난 아동과의 격차는 시간이 지날수록 커진다(Bingham & Patton-Terry, 2013; Greenwood et al., 2014). 학령 전 아동기가 학업적 중재를 적용하기에 적기임에도 불구하여, 초기 문해기술을 촉진하기 위한 교육과정 평가에 대한 문헌은 거의 없다. 이러한 문제를 해결하기 위하여 2002년에 교육과학연구소(Institute of Education Sciences : IES)가 학령 전 교육과정 평가연구(Preschool Curriculum Evaluation Research : PCER)를 지원하였다. 이 평가연구는 아동의 교육성과와 학급 차원의 교육성과를 이용하여 14개 교육과정을 평가하였다. 아동의 교육성과는 초기 문해기술, 수학기술과 지식을 포함한다. 학급 차원의 교육성과는 수업의 질, 교사-아동 간 상호작용, 교수 실제 등을 포함한다. 아동의 교육성과는 유아원(pre⁻kindergarten)과 유치원의 학년말에 측정하였다. 14개 프로그램 중 2개 프로그램만 유아원 아동의 교육성과에 긍정적인 영향을 미쳤으며, 4개 프로그램만 유치원 아동의 교육성과에 긍정적인 영향을 미쳤고, 8개 프로그램만 유아원 학급차원의 교육성과에 긍정적인 영향을 미쳤다(Preschool Curriculum Evaluation Research Consortium, 2008). 마찬가지로 아동의 초기 문해기술을 촉진하기 위한 조기 읽기 우선 프로그램(Early Reading First Program)을 평가한 결과도 실망스러웠다. 이 프로그램은 아동의 인쇄물과 문자에 대한 지식에는 긍정적인 영향을 미쳤으나, 음운론에 대한 인식이나 구어기술에는 긍정적인 영향을 미치지 못하였다(Jackson et al., 2007). 그러나 이러한 연구결과에 근거하여 학령 전 아동을 위한 중재가 효과가 없다고 결론을 내려서는 안 된다. 이러한 연구결과는 아동의 초기 문해기술의 습득을 위해서 중재반응 모델을 이용한 개별화 접근의 필요성을 시사한다.

Greenwood 등(2014)은 교육과학연구소의 지원을 받아서 유아기중재반응센터(Center for Response to Intervention in Early Childhood; www.critec.org)를 설립하고, 중재반응 모델에 근거하여 학령 전 아동을 위하여 사용할 수 있는 중재도구들을 개발하였다. 이 연구자들은 초기 문해기술의 세 가지 목표를 (1) 구어와 이해, (2) 음운체계의 인식, (3) 자모 지식(alphabet knowledge)으로 정하였다. 제2단계와 제3단계에서 각기 다른 교육과정을 사용하지만 음운체계의 인식과 자모 지식을 강조한다. 제2단계에서는 학습과 관련된 어휘와 추론에 관한 질문을 강조하고, 제3단계에서는 기본적인 핵심 어휘와 자세히 말하는 것을 강조한다(p. 254). 중재반응 모델의 변형을 제안하는 다른 연구자들도 이 세 가지 목표를 중재목표에 포함시키고 있다.

Buysse 등(2013)은 학령 전 아동을 위한 인정과 반응의 중재반응 모델(Recognition and Response RTI model)을 개발하고 적용하여 중재 효과를 발표하였다. 물론 이는 초기의 교육성과 연구결과에 해당하므로 더 많은 연구가 필요하다. 다른 RTI 모델과 마찬가지로 아동의 향상도를 평가하고 증거기반의 실제를 사용하여 다중단계 지원서비스를 제공하는 것이 필수적이다. 이 프로그램에서는 1년에 3회 교사가 형식적 검사를 이용하여 아동이 필요로 하는 지원과 향상도를 평가한다. 다중단계 지원체계의 제1단계에서 효과적인 핵심 교육과정을 적용한다. Buysse 등(2013)은 제2단계로 넘어가기 전에 제1단계에서 모든 교사가 핵심 교육과정을 효과적으로 적용해야 한다고 강조한다. 이 연구자들은 제1단계의 읽기 교수에 '대화형 함께 읽기 방법(interactive shared reading)'을 포함할 것을 제안한다. 이러한 '대화형 함께 읽기 방법'은 성인이 다양한 촉진을 제공하며 아동을 책 읽기에 참여시킨다. 제2단계에서는 보편적 선별검사에 의해 부가적인 지원을 필요로 한다고 판단되는 아동들을 대상으로 소집단 상황에서 삽입학습(embedded learning) 활동을 실시한다. 물론 이러한 삽입학습 활동은 소집단뿐만 아니라 전체 학급 활동에 적용할 수도 있다. 제3단계에서는 개별화 비계설정(scaffolding) 방법을 사용한다. 이 방법은 교사가 아동의 반응을 시범 보이는 모델링, 교사가 아동의 반응을 유도하기 위해 제공하는 촉진, 또래 지원, 교정적 피드백 등을 포함한다.

Gettinger과 Stoiber(2007)도 학령 전 아동을 위해 중재반응 모델인 초기 읽기 성장과 우수성을 위한 모범적인 모델(Exepmplary Model of Early Reading Growth and Excellence : EMERGE)을 개발하였다. 이 프로그램은 유아교육센터에서 교육을 받는 저소득층 아동들에게 초점을 맞추고 있으며, 다른 중재반응 모델들과 마찬가지로 네 가지 주요 구성요소를 포함하고 있다. (1) 증거기반의 조기 문해 교수, (2) 선별, 월별 향상도 점검 및 교육성과 측정, (3) 질 높은 학습 환경, (4) 지속적인 교사 개발이다. 제1단계에서는 증거기반의 문해 교수를 정확하게 적용하는 것을 강조한다. 제2단계에서 소집단 교수를 제공하며, 제3단계에서 개별 교수를 제공한다. 각 단계에서 아동에게 제공되는 지원의 강도가 다르기는 하지만,

세 단계에서 모두 유사한 교육과정의 순서를 따른다. 즉 제2단계와 제3단계의 교수가 제1단계의 교수와 질적으로 다른 것이 아니라, 제공되는 교수의 강도만 다른 것이다. 연구 결과에 따르면 이 프로그램에 참여한 아동들의 초기 문해와 언어 과제에서의 성취수준이 통제집단에 비해 높게 나타났다. 즉 모든 아동들이 한 학년 동안 학습한 결과 성취가 향상되었지만, 이 프로그램에 참여한 아동들의 성취가 월등하게 향상되었다.

Kaminski, Powell-Smith, Hommel, McMahon, 그리고 Bravo Aguayo(2014)는 학령 전 아동을 위한 강도 높은 제3단계 읽기를 위한 초기 문해 중재 프로그램(Reading Ready Early Literacy Intervention : RRELI)을 알파벳의 원칙 및 문자와 말소리의 관계에 초점을 맞추어 개발하였다. 이 프로그램은 문자를 인식하고 명명하는 아동의 능력을 향상시키고, 낱말 내 문자의 소리를 내고, 문자와 소리를 짝짓는 데 초점을 맞추고 있다(p. 319). 이 중재 프로그램은 연습하고, 복습하고, 새로운 기술을 소개하는 30회기로 구성되어 있으며, 완전학습 체계이므로 다음 회기로 넘어가기 전에 이전 회기의 숙달 수준을 통과해야 한다. 이 연구자들의 초점은 중재 프로그램의 개발에 있었지만, 프로그램 개발의 한 과정으로서 이 중재 프로그램에 참여하였던 아동들의 교육성과를 측정한 결과, 중재 효과도 검증되었다. 그러나 이 중재 프로그램의 효과는 개별화교육계획에 따라 교육을 받는 대상자들보다 비장애 아동들에게서 더 크게 나타났다. 이는 특수교육 대상자를 위해서는 더 강도 높은 중재가 필요하다는 것을 시사한다.

진단에 기초하여 중재의 다음 단계로 진행해야 할지 여부를 결정해야 하기 때문에 중재반응 모델에 있어서 중요한 구성요소 중 하나가 진단도구이다. 제1단계의 진단도구는 모든 아동에게 보편적 선별을 위해 1년에 여러 번 적용할 수 있을 만큼 간단해야 한다. 첫 번째로 소개할 진단도구는 Kaminski, Abbott, Bravo Aguayo, Latimer, 그리고 Good(2014)가 선별과 중재 효과 검증을 위해 개발한 학령 전 아동 대상 조기 문해 지표(Preschool Early Literacy Indicators : PELI)이다. PELI는 이야기 책을 이용하여 아동의 자모 지식, 듣기 이해, 음운 인식, 및 어휘-구어를 측정하며, 신뢰도, 타당도, 진단 유용성 등이 검증되었다. 이 도구는 Dynamic Measurement Group에 의해 2015~2016학년도에 소개되었다(dibels.org/peli.html).

두 번째로 소개할 진단도구는 중재반응 모델에 기초하여 학령 전 아동의 초기 문해 기술을 평가하기 위해 개발된 학령 전 개별성장과 발달 지표(Preschool Individual Growth and Development Indicators : IGDIs; igdis.umn.edu)이다. IGDIs 2.0은 음운체계 인식의 네 가지, 즉

소리 합성(sound blending), 음절 동일성(syllable sameness), 각운(rhyming), 두운(alliteration)을 측정한다. Wackerle-Hollman, Schmitt, Bradfield, Rodriguez, 그리고 Mcconnell(2015)은 이 도구를 평가한 결과, 이 도구가 학령 전 아동에게 사용하는 데 있어서 심리측정적 적절성과 유용성을 갖추고 있다고 보고하였다. Moyle, Hielmann, 그리고 Berman(2013)의 연구에서도 IGDIs의 타당도와 신뢰도가 높다고 검증되었다.

세 번째로 소개할 진단도구는 Invernizzi, Sullivan, Meier, 그리고 Swank(2004)가 초기 문해 개념을 습득하는 데 어려움을 나타내는 학령 전 아동들을 위해 개발한 음운인식과 문해 선별(Phonological Awareness and Lteracy Screen : PALS; pals.virginia.edu)-PreK이다. 이 도구는 자모 지식, 음운 인식, 인쇄물 개념, 쓰기와 관련된 초기 문해기술을 측정한다. 이 도구의 내적 일관성 신뢰도, 검사-재검사 신뢰도, 읽기 어려움에 대한 예측 타당도가 검증되었다(Invernizzi, Landrum, Teichman, & Townsend, 2010; Moyle et al., 2013). Moyle 등(2013)에 따르면, IGDIs 도구는 바닥효과가 있어서 성취 수준이 낮은 학령 전 아동에게는 유용하지 않으며, 특히 최근 개발된 IGDIs 2.0의 유용성을 판단하기 위해서는 더 많은 자료가 필요하다.

## 중재반응 모델 요약

학령 전 아동들을 위한 중재반응 모델이 진단과 중재에 있어서 최상의 실제라는 연구결과가 증가하고 있다. 중재반응 모델의 장점은 전체 학급이 적절한 교수를 받는 동안 추가적인 지원을 필요로 하는 아동들을 위해서 개별화된 맞춤형 지원을 제공할 수 있다는 것이다. 현재 학령 전 아동을 위한 중재반응 모델이 학령기만큼 보편적으로 사용되고 있지는 않지만, 학령 전에 중재반응 모델에 근거하여 적절한 교육을 받은 아동들은 학령기 학습에 대해 준비도가 갖추게 될 것이다.

# 긍정적 행동중재 및 지원

긍정적 행동중재 및 지원(PBIS)은 다중단계 지원시스템으로서 친사회적 행동을 촉진하고 문제행동과 학업 실패를 감소시키는 예방 및 중재 접근이다. 전통적으로 학교는 학생들의 문제행동이 발생하면 반응적으로 대처하고, 벌중심의 접근 방법을 사용해 왔다. 벌중심의 전략들이 문제행동을 감소시키는 데 효과적일 수 있지만, 긍정적인 강화중심의 접근 방법과 함께 쓰이지 않고 일관성 있게 적용되지 않으면 비효과적이고 의도하지 않

**표 6.1** PBIS 학급중재 전략

- 학급 규칙을 수립하라.
- 학급 스케줄을 정하라.
- 효과적인 교수를 제공하라.
- 선택적으로 주의를 기울이고 칭찬하라.
- 강화중심의 행동관리(예 : 토큰 경제) 프로그램을 개발하라.
- 사전교정을 적용하라.
- 반응대가(예 : 토큰 박탈)를 사용하라.
- 가정-학교 간 알림장으로 의사소통하라.
- 타임아웃을 사용하라.

은 부정적인 부작용(예 : 공격행동, 무관심, 회피/도피행동)이 나타날 수도 있다(Chance, 2013). PBIS는 친사회적 행동을 교수하고 모델링하며 강화함으로써 행동관리를 하고 긍정적으로 사전대책을 취하는 접근방법이다. 문제행동(예 : 또래를 때리기, 발로 차기)과 병존할 수 없는 바람직한 행동(예 : 손과 발을 가지런히 놓기)을 강화함으로써 아동은 긍정적인 행동이 더 효율적이고 기능적이라는 것을 학습하게 된다. 최근 연구에 따르면, 유치원과 초등학교에 PBIS를 적용한 결과, 아동의 문제행동, 정학 및 퇴학이 감소하고, 아동의 학업수행과 교사의 자기효능감이 향상되었다(Bradshaw, Mitchell, & Leaf, 2010; Muscott et al., 2004; Reinke et al., 2013). PBIS가 학교 차원, 학급 차원, 소집단 차원 및 개인 차원에서 폭넓게 사용되고 있지만, 이 장에서는 학급 차원의 PBIS에 초점을 맞추어 제시하였다. 학급 차원의 PBIS 중재 전략을 〈표 6.1〉에 제시하였다.

초등학교에서의 PBIS의 보편적 지원은 주로 학교 차원에서 실시되고 있다(Bradshaw, Koth, Thornton, & Leaf, 2009). 학교 차원의 PBIS가 전반적인 학교의 분위기를 향상시키는 데 성공하더라도(Bradshaw et al., 2010), 유치원과 초등학교 교사들은 학급 내 행동관리를 하는 것에 어려움을 겪고 있다(Benedict, Horner, & Squires, 2007; Reinke et al., 2013). 이 교사들은 교직의 가장 힘든 영역이 아동의 행동관리이고, 행동관리에 대한 교사 훈련을 가장 덜 받았다고 일관성 있게 강조하고 있다(Reinke et al., 2011). 따라서 아동의 교육성과를 최대한 적합화하기 위해서는 학급 차원의 PBIS를 적용해야 한다.

## 중재 초기 고려사항

학급 내 행동중재가 효과적이라는 강한 임상적인 증거가 있지만(Reinke et al., 2013), 중재를 충실하게 적용하지 않으면 아동의 행동변화에 있어서 효과가 없다. Forman, Olin,

Hoagwood, Crowe, 그리고 Saka(2009)의 연구결과에 따르면, 학교에서 적용되는 증거 기반의 중재가 낮은 중재 충실도를 나타낸다. 따라서 교사로 하여금 중재 충실도가 높은 PBIS를 적용하도록 지원해야 한다. 제3장에서 살펴보았던 가족 진단(Family Check-Up)처럼, 중재 충실도를 높이기 위한 학급 차원의 자문 모델에 사용될 수 있는 학급 진단(Classroom Check-Up)이 개발되었다(Reinke et al., 2011). 학급 진단은 교사의 학급 관리에 대한 내적 동기를 촉진하기 위해 인터뷰 방법을 사용한다. 학급 진단을 다음과 같은 전략을 사용한다. (1) 교사가 행동전략을 적용하여 행동의 변화를 초래한 것에 대해 맞춤형 피드백을 제공한다. (2) 선택할 수 있는 중재 메뉴를 개발한다. (3) 교사 스스로 결정하도록 역량을 강화하되 도움을 요청받을 경우에는 제안을 해 준다. (4) 교사가 현재 가지고 있는 강점을 강조하면서 교사의 자기 효능감을 지원해 준다. (5) 아동의 행동을 변화시킨 교사의 성공 사례를 제시해 준다(Reinke et al., 2008).

## 학급 규칙

PBIS의 보편적 지원을 실행하는 첫 번째 단계는 효과적인 학급관리 전략을 수립하는 것이다. 학급 규칙은 학급 상황에서 어떤 행동이 기대되고 적절한지에 대해 아동에게 명료하게 의사소통을 할 수 있는 것이어야 한다. 학급 규칙은 3~5개 정도로 최소화해야 하며, 가장 중요한 학급 행동에 초점을 맞추어야 한다. 학급 규칙은 아동이 하지 말아야 하는 것을 기술하기보다는 아동이 해야 하는 것을 긍정적인 표현으로 기술한다. 예를 들어, "복도에서 뛰지 말자."라는 규칙보다는 "복도에서는 언제나 걷자."라는 규칙이 바람직하다. 글을 읽지 못하는 아동을 위하여 규칙은 그림과 함께 제시하며, 학급 규칙을 주기적으로 아동에게 상기시켜 주어야 한다. 학령 전 아동들을 위한 규칙의 예는 "손과 발을 가지런히 놓자." 또는 "선생님과 활동할 때는 자리에 앉아 있자." 등이다. 교사가 학급 규칙을 수립할 때는 학교 모든 환경에서의 일반화를 촉진하기 위하여 학교 규칙(예 : 친절하게 대하자, 안전하게 생활하자, 책임감 있게 행동하자)과 일관성 있게 개발하는 것이 바람직하다(Reinke et al., 2013). 예를 들어, "안전하게 생활하자."라는 학교 규칙과 연계시킬 수 있는 학급 규칙은 "손과 발을 가지런히 놓자."이다. 교사는 아동들에게 기대되는 긍정적 행동에 대해 주기적으로 간단히 교수해야 하며, 기대되는 긍정적 행동을 아동들에게 하루 종일 상기시켜 주어야 한다.

# 학급 스케줄

교사는 학급 규칙을 수립하는 것뿐만 아니라, 효율적이고 예방적인 학습 환경을 조성하기 위하여 구조화된 스케줄과 명확한 일과를 정해야 한다. 이러한 전략은 아동의 문제행동이 가장 많이 발생하는 시간, 즉 한 활동에서 다음 활동으로 넘어가는 전이시간에 특히 도움이 된다(Hemmeter, Ostrosky, & Corso, 2012). 교사가 학급의 구조화된 스케줄을 개발한 후에 교사는 스케줄을 일관성 있게 적용해야 하고, 아동이 기다려야 하는 전이시간을 최소화하고, 아동에게 행동기대를 포함하여 일과의 단계를 교수해야 한다. 학급 일과를 개발할 때, 교사는 각 활동을 과제분석하여 아동이 완수해야 하는 불연속적인 단계들을 제시해야 한다. 교사가 과제분석하는 첫 단계는 하루 동안 수행되어야 하는 모든 활동들과 전이시간의 목록을 만드는 것이다. 그다음에 아동에게 일과의 단계를 효과적으로 교수하기 위한 학습지도안을 작성한다. 많은 교사가 아동이 학급활동과 일과의 기대행동을 이미 알고 있다고 잘못된 가정을 하여 아동에게 일과의 단계를 가르치지 않는다(Hemmeter et al., 2012). 그러나 교사는 학급 일과의 단계와 기대에 대해 설명하고 시범을 보이고, 아동으로 하여금 연습을 하면서 교사의 피드백을 받도록 해야 한다. 예를 들어, 교사가 아동에게 교실 밖으로 나가기 위해 줄을 서는 것을 가르친다면 교사는 먼저 줄을 서는 바른 방법에 대해 설명한 후, 교사가 바르게 줄을 서는 것을 시범 보여야 한다. 교사의 설명을 듣고 교사의 시범을 본 아동들은 역할놀이를 통해 바르게 줄을 서는 것을 연습하고, 아동들이 줄을 바르게 설 경우에 교사는 칭찬을 해야 한다.

아동이 줄을 바르게 서는 목표행동을 충분히 이해하도록 활동이나 게임을 이용하여 연습을 할 수 있다(McIntosh, Herman, Sanford, McGraw, & Florence, 2004). '교사의 행동을 교정하라(Correct the Teacher)' 활동에서는 아동이 교사의 행동을 평가하여 바르게 행동했으면 엄지 손가락을 천장을 향해 올리고, 바르지 못하게 행동했으면 엄지 손가락을 바닥을 향하게 내려서 신호를 보낸다. 아동이 엄지 손가락을 바닥을 향해 내리는 경우에 교사는 아동으로 하여금 교사의 행동 중 어느 부분이 잘못되었는지 설명하고 시범을 보이도록 한다. '줄 바로 서기 게임(Lining Up Right Game)'에서는 학급 전체가 줄을 바로 서는 것을 연습한다. 학급 전체가 바르게 줄을 서면 학급이 득점을 하고, 학급이 바르게 줄을 서지 못하면 교사가 득점을 한다. 이 게임을 학급이 연속 3회 득점을 할 때까지 지속하고, 학급이 연속 3회 득점을 하면 교사는 강화(예: 놀이시간 5분 추가)를 제공한다. 아동들이 줄을 바로 서는 목표기술을 습득한 후에도 교사는 학급 일과와 기대되는 행동에 대해 아동들에게 주기적으로 상기시켜야 한다. 다양한 행동을 교수하는 데 이런 유형의 게임을 사용할 수 있다.

## 효과적인 교수

학급관리의 중요한 전략 중 하나가 효과적인 교수이다. 아동이 학습에 효과적으로 집중하고 있으면(예 : 교사의 말을 경청한다, 질문에 대답한다), 아동이 과제 외 행동이나 문제행동을 나타낼 가능성은 낮다. Simonsen, Fairbanks, Briesch, Myers, 그리고 Sugai(2008)의 연구결과에 따르면, 교수가 효과적이고 아동을 집중시키려면 엄격해야 하고, 아동의 선행학습과 관련이 있어야 하며, 적절한 속도로 진행되어야 한다. 효과적인 교수가 되기 위한 분명한 방법 중 하나는 아동의 반응할 기회(Opportunity To Respond : OTR)를 증가시키는 것이다. '반응할 기회'란 아동의 반응을 유도하는 교사의 행동으로 정의된다(Simonsen, Myers, & Deluca, 2010). 반응할 기회를 증가시킬 경우, 유치원~초3 아동들의 문제행동이 감소하고, 과제집중 행동, 수업참여 행동, 그리고 학업성취에 긍정적인 효과를 나타냈다(Reinke et al., 2013). 활발한 수업을 위해서는 교사가 아동에게 반응할 기회를 1분에 3.5회 주는 것이 좋은데, 그 이유는 아동의 수업 참여 행동과 학업 성취를 향상시키는 데 있어서 3.5회가 갑자기 큰 변화가 초래되는 티핑 포인트(tipping point)이기 때문이다(Stichter et al., 2009). 그러나 유치원~중2 아동을 대상으로 한 연구결과에 따르면, 학령 전 아동들은 3.5회보다 더 많은 참여 기회가 있는 것이 바람직하다. 교사는 언어적 반응, 몸짓, 문어적 반응, 대화형 기기 등 다양한 반응 양상을 이용하여 아동의 반응을 이끌어 내야 한다.

## 교사의 선택적 주의집중

교사가 아동의 특정 행동에 대해 명료하게 칭찬을 할 경우에 아동의 문제행동이 나타나는 비율이 감소한다(Dufrene et al., 2012). 이러한 연구결과에도 불구하고, 일반적으로 교사는 특별한 훈련을 받지 않으면 꾸중을 많이 하고 칭찬을 적게 한다(Gable, Hester, Rock, & Hughes, 2009). 따라서 교사가 아동의 적절한 과제집중 행동을 강화하기 위해서 선택적 주의집중을 어떻게 활용해야 하는지 정기적으로 훈련을 받을 필요가 있다. 아동이 학급 규칙을 지키거나 다른 적절한 행동을 보이는 경우에 교사는 아동의 특정 행동에 대해 구체적인 칭찬을 해야 한다(예 : 영수가 자리에 앉아서 선생님 이야기를 열심히 들으니 선생님 기분이 참 좋네.). 교사는 아동의 드물게 발생하는 문제행동(예 : 떠들기, 자리 이탈하기)을 무시하고, 아동이 문제행동을 멈추고 바람직한 행동(예 : 떠들지 않기, 자리에 돌아가 앉기)을 하면 즉각적으로 긍정적인 피드백을 제공한다. 이렇게 하면 교사는 아동의 바람직한 행동을 차별적으로 강화하게 되는 것이다. 제3장에서 부모와 아동 간 긍정적 상호작용과 부정적 상호작용의 비율에 대해 언급하였듯이, Reinke 등(2013)은 교사와 아동 간 긍정적 상호작용 대 부정적 상호작용 비율의 목표를 4:1이라고 주장하였다.

## 강화 기반의 행동관리 프로그램

교사는 칭찬과 더불어 '착한 행동 게임(Good Behavior Game)' 같은 학급 차원의 강화 기반의 행동관리 프로그램을 적용할 수 있다(Tingstrom, Sterling-Tyrner, & Wilczynski, 2006). 이 게임은 학급을 두 팀으로 나누고, 학급 규칙을 어기거나 부적절한 행동을 한 아동이 속한 팀에 벌점을 부여한다. 벌점을 적게 받은 팀이 우승을 하고, 두 팀 모두 벌점이 일정 수준 이하이면 두 팀 모두 강화를 받는다. 이 게임의 규칙을 다양한 집단 강화로 수정하여 적용할 수 있다. 예를 들어, 부적절한 행동에 대해 벌점을 부여하기보다는 바람직한 행동에 상점을 부여하는 것으로 게임 규칙을 수정할 수도 있고, 상점과 벌점을 둘 다 사용하는 규칙을 만들 수도 있다. 또는 학급을 두 팀으로 나누지 않고, 전체 학급이 한 팀이 되어 강화를 얻기 위하여 다 함께 노력할 수도 있다. 어린 아동을 대상으로 하는 경우에는 그림이나 도표를 활용하여 강화물을 얻기 위하여 상점을 어느 정도 더 획득해야 하는지 시각적으로 제시하는 것이 좋다. 예를 들어, 교사가 도표에 강화물 사진을 목표 지점에 두고 강화물까지 다가가는 단계를 표시한 후, 상점을 획득할 때마다 마커펜으로 한 단계씩 칠하며 강화물에 점점 더 다가가는 것을 보여 주는 것이다.

학급 차원의 행동관리 프로그램인 '미스터리 동기부여(Mystery Motivator)'는 상호의존적 집단강화 프로그램으로서 아동들이 공동의 목표를 위해 노력하지만 강화는 전체 학급의 수행에 따라 부여된다(Kowalewicz & Coffee, 2014). 미스터리 동기부여 프로그램은 변동간격 간헐강화, 학생에게 알려지지 않은 강화물, 아동의 수행에 대한 교사의 즉각적인 피드백을 포함한다. 최초의 미스터리 동기부여 프로그램에서는 교사가 일정 기간을 나타내는 도표를 만들고, 아동이 사전에 합의된 목표행동을 수행하면 교사가 무작위로 선택한 날에 알려지지 않은 강화물을 제공한다. 교사가 도표에 무작위로 표시한 'M'이 쓰인 날에는 아동이 목표행동을 수행하면 강화가 제공되고, 'M'이 쓰이지 않은 날에는 아동이 목표행동을 수행했더라도 칭찬만 하고 강화는 제공하지 않는다.

이 프로그램을 어린 아동에게 적용할 경우에 적용방법을 몇 가지 수정을 할 필요가 있다. 학급 규칙을 그림으로 표현하여 학급의 눈에 잘 띄는 곳에 게시한다. 아동이 목표행동을 수행하고 강화가 제공되기까지의 시간 간격이 짧아야 하며, 연속강화 스케줄이 바람직하므로 아동이 목표행동을 수행한 경우 매번 강화를 제공해야 한다. Murphy, Theodore, Aloiso, Alric-Edwards, 그리고 Hughes(2007)가 학령 전 아동에게 적용한 수정된 미스터리 동기부여 프로그램의 효과를 임상적으로 평가하였다. 이 프로그램은 15분간 지속되는 대집단 학급활동을 할 때 학급 전체가 벌점을 5점 이하로 받으면(예 : 규칙위반) 아동들이 강화를 받는다. 즉 활동 종료 시 학급이 사전에 설정된 기준에 도달하면 12개의 강화가 그려진 카드가 들어 있는 미스터리 동기부여 상자에서 무작위로 강화를 뽑는다. 학급이 행동기준에 도달하지 못하면 교사는 강화를 받지 못하는 이유를 설명하고, 다음 날 강화를 받기 위해 다시 목표에 도전할 수 있다고 알려 준다. 이 프로그램을 적용한 결과, 아동들이 학급에서 보이는 문제행동이 현저하게 감소하였다.

교사는 아동의 바람직한 행동을 증가시키기 위하여 학급 차원의 토큰경제 시스템을 적용할 수 있다. 어린 아동의 인지적 준비도가 수준이 낮아서 토큰경제가 폭넓게 사용되거나 많이 연구되지 않았다. 토큰경제가 어린 아동에게 효과적이기 위해서 아동의 발달 단계를 세심하게 배려해야 한다. 즉 토큰경제가 구조화되어야 하고(예 : 명확한 목표행동, 토큰 획득 스케줄), 단순해야 하며(예 : 최소한의 수학적 기술), 시각적으로 집중할 수 있는 토큰(예 : 밝은색 토큰, 스티커, 동물 모양)을 사용해야 한다. 아동은 정기적으로 토큰을 강화물과 교환해 갈 수 있어야 한다. 어린 아동의 경우에 최소한 프로그램 시작 단계에서는 토큰을 매일 강화물과 교환할 수 있게 해야 한다. 아동이 싫증을 내거나 흥미를 잃지 않도록 토큰으로 교환해 갈 수 있는 강화물은 다양하게 바뀌어야 한다. 예를 들어, 아동이 스티커를 강화물로 매일 받는다면 스티커가 쌓이게 되고, 아동이 스티커에 싫증을 내면 스티커는 강화의 속성을 잃게 된다. 아동으로 하여금 다양한 강화 목록(예 : 스티커, 작은 장난감, 특권)에서 강화물을 선택하게 하면 강화물이 강화의 가치를 유지하는 데 도움이 된다.

학교 차원의 복잡한 행동중재는 교사가 적용하기에는 시간과 노력이 많이 요구된다. 교사는 덜 복잡하고 적용하는 데 시간이 덜 걸리는 중재를 선호한다(Briesch, Briesch, & Chafouleas, 2015). 예를 들어, 아동이 바람직한 행동을 할 때마다 교사가 교실 앞에 놓여 있는 유리병에 방울, 구슬, 또는 시각적으로 집중시킬 만한 토큰을 넣으며 칭찬한다. 유리병이 토큰으로 가득 차면 학급 전체가 강화(예 : 추가적인 휴식시간, 스티커, 작은 장난감)를 받는다. Bahl, McNeil, Cleavenger, Blanc, 그리고 Bennett(2000)은 단순하면서도 효과적인 행동중재 방법을 학령 전 아동들에게 적용하였다. 교사가 아동이 바람직한 행동을 하면 웃는 얼굴이 그려진 칭찬 카드를 주고, 바람직하지 못한 행동을 하면 슬픈 얼굴이 그려진 경고 카드를 주었다. 칭찬 카드와 경고 카드를 가지고 있는 아동들을 4~5명으로 구성된 집단에 무작위로 할당하고, 칭찬 카드가 경고 카드보다 많은 집단에 강화를 제공하였다. 이 중재 결과, 아동들이 바람직한 행동을 보이는 빈도가 증가되었고, 프로그램에 대한 교사의 만족도도 높았다.

## 심각한 문제행동에 대한 후속반응

긍정적 행동중재 및 지원은 바람직한 친사회적 행동을 촉진하기 위한 환경의 변화와 강화중심의 전략의 중요성을 일차적으로 강조하지만, 부적절한 행동에 대한 다양한 후속반응중심의 전략도 지지한다. 이러한 전략은 계획된 무시, 사전교정, 반응대가와 같은 벌중심의 절차 등이다. 이러한 전략은 PBIS의 제1단계에서는 사용되지 않고, 강도 높은 중재를 실시하는 제2단계와 제3단계에서 주로 사용된다. 특히 제3단계에서는 개별화된 강도 높은 중재가 적용되므로 학교 심리학자와 같이 자격을 갖춘 전문가가 실시해야 한다. 벌중심의 절차가 문제행동을 감소시키는 데 효과적이기는 하지만, 단독으로 사용되어서는 안 된다. 왜냐하면 벌중심의 절차만으로 효과적인 전략이 되기 어렵고, 부작용도 발생할 수 있기 때문이다(Chance, 2013). 벌중심의 전략은 효과적인 학급관리 전략과 강화중심의 절차를 포함하는 종합적인 행동관리 패키지의 구성요소로 사용되는 것이 바람직하다.

### 비유관 강화

행동중재 프로그램에서 사회적 관심은 주로 행동과 연관되어 사용되지만, 심한 문제행동의 중재 프로그램에서는 비유관적으로 사용되기도 한다. 심한 문제행동의 중재에 초점을 맞춘 단일대상 연구가 주로 비유관 강화의 효과를 검증해 왔다. 비유관 강화는 입양한 아동의 신체적 공격행동과 자해행동을 감소시키는 데 효과적이었으며(Nolan & Filter, 2012), 자폐성장애 청년의 공격행동을 감소시키는 데도 효과적이었다(Gerhardt, Weiss, & Delmolino, 2004). 그러나 이 두 연구에서 비유관 강화가 단독으로 사용된 것이 아니라, 반응대가와 기능적 의사소통 훈련 등과 같은 전략들과 함께 사용되었다.

## 사전교정 전략

사전교정 전략은 예상되는 문제행동을 예방하고 바람직한 행동의 참여를 촉진하기 위하여 선행사건을 조작하는 것이다(Ennis, Schwab, & Jolivette, 2012). 사전교정의 첫 단계는 교사가 문제행동이 발생할 가능성이 있는 상황(예 : 언제, 어디서, 어떤 활동을 할 때)을 찾고, 그 상황에서 기대되는 바람직한 행동을 정의하는 것이다. 예를 들어, 교사가 아동들에게 수업이 끝난 후 휴식 시간이 시작될 때 줄을 서라고 하면 아동들은 자리를 박차고 교실 문으로 돌진한다. 이러한 경우에 교사는 우선 아동들에게 휴식 시간을 위해 줄을 서는 적절한 절차와 기대되는 행동을 가르쳐야 한다. 이 과정에서 교사는 아동에게 기대행동을 연습할 기회를 제공해야 하며, 일부 아동으로 하여금 시범을 보이게 하고, 학급 전체에 기대행동을 상기시키는 말을 해야 한다(예 : "자기 순서가 될 때까지 기다리세요. 의자를 책상 아래 밀어 넣고, 교실 문으로 천천히 걸어와서 줄을 서세요."). 교사는 아동 또는 학급 전체가 성공적으로 사전교정 절차에 참여하면 칭찬을 해야 한다.

## 반응대가

학급 중재 프로그램에 반응대가를 포함시키면 효율성이 높아진다. 학령 전 주의집중장애 아동의 경우, 바람직한 행동에 대해 정적 강화를 하는 것이 아동의 행동을 일관성 있게 변화시키는 데 충분하지 않았다(Barkley et al., 2000; Jurbergs, Palcic, & Kelley, 2007). 아동이 부적절한 행동을 하면 점수, 토큰, 강화에 접근할 기회를 잃게 하는 반응대가가 정적 강화와 함께 사용되는 것이 효과적이다. 교사가 정적 강화와 반응대가를 각각 사용할 수도 있지만 결합하여 함께 사용할 수도 있다. 두 전략을 결합하여 사용할 경우, 아동은 바람직한 행동을 하면 토큰을 얻고(토큰 강화 프로그램) 문제행동을 하면 토큰을 잃는 것(반응대가)이다. 예를 들어, 학급 차원의 토큰경제를 적용할 경우에 아동이 바람직한 행동을 하면 방울을 얻어서 학급 전체의 방울 유리병에 넣고, 아동이 학급 규칙을 어기거나 문제행동을 하면 교사는 학급이 이미 획득하여 모아 놓은 방울 하나를 가져간다. 이때 교사는 아동이 어긴 학급 규칙이 무엇인지 분명하게 설명한 후에 유리병에 담겨 있던 방울 하나를 가져간다. 또 다른 예로서 학급 도표 위에 단추를 토큰으로 사용하여 학급 차원의 반응대가를 적용할 수 있다. 각 학급 활동(지속 시간 10~15분 정도)을 시작할 때 각 아동은 큰 단추 1개와 작은 단추 5개를 학급 도표에 붙인다. 아동이 학급 규칙을 어길 때마다 작은 단추 1개를 잃게 되며, 활동이 끝날 때 작은 단추가 3개 이상 있어야 큰 단추를 가지고 있을 수 있다. 하루 일과가 끝날 때 큰 단추 3개 이상을 가지고 있는 아동만 강화물을 받을 수 있다(McGoey & DuPaul, 2000). Tiano, Fortson, McNeil, 그리고 Humphreys(2005)는 헤드 스타트 프로그램에 반응대가 시스템을 적용하였다. 이 연구에서 반응대가 시스템은 4개 수준으로 나뉜 게시판을 사용하였는데, 1~3단계는 햇살이 비치는 밝은 구역(sunny zone)이고, 가장 낮은 4단계는 구름이 있는 흐린 구역(cloudy zone)이다. 활동을 시작할 때 교사는 각 아동의 토큰을 1단계에 놓는다. 아동이 바람직하지 않은 행동을 하면 교사는 경고를 한다. 교사의 경고를 듣고도 바람직하지 않은 행동을 계속하면 아동의 토큰을 한 단계 아래로 내려놓는다. 아동이 파괴적 행동이나 공격행동을 보이면 교사는 경고 없이 아동의 토큰을 한 단계 아래로 내려놓는다. 하루 일과 중 지정된 시간에 게시판을 확인하여 자신의 토큰이 밝은 구역에 있는 아동들만 강화물을 받는다. 그러나 이 연구에서 반응대가 시스템을 성공적으로 적용하기는 하였지만, 모든 시간의 모든 활동에서 바람직한 행동이 증가하였기 때문에 이 중재 효과가 반응대가 시스템으로 비롯된 것인지 판단할 수 없었다.

## 가정-학교 알림장

학령기 아동들에게 많이 사용되는 가정-학교 알림장은 학령 전 아동들에게도 사용할 수 있다. 이 방법은 바람직한 행동에 대한 정적 강화와 바람직하지 않은 행동에 대한 반응대가(예 : 가정에서의 특권 상실)로 구성될 수 있다. 이 중재는 교사의 시간과 노력을 많이 요구하지 않기 때문에 학령 전 아동을 가르치는 교사들이 쉽게 수용하며 실행가능성이 높다(Briesch et al., 2015). 가정-학교 알림장의 목적은 부모와 학교 간 의사소통을 향상시키고, 가정과 학교의 행동중재의 연계성을 높이기 위한 것이다. 전형적인 가정-학교 알림장의 적용 방법은 교사가 하루 종일 학교에서의 아동의 특정 행동(예 : 말하기 전에 손 들기)을 평가한 결과를 알림장에 써서 부모에게 보내면 부모가 가정에서 후속결과를 제공하는 것이다(Cox, 2005). 가정-학교 알림장은 관련된 모든 사람들이 쉽게 관리할 수 있어야 하며 간단하고 작성하는 시간도 짧아야 한다. 가장 두드러지는 행동을 먼저 목표행동으로 정해야 한다. 예를 들어, 아동이 놀이 상황에서 다른 아동들과 물건을 나누어 쓰는 것을 어려워한다면 가정-학교 알림장의 목표행동은 "놀이 시간에 다른 아동과 물건 나누어 쓰기"로 정할 수 있다. 이러한 목표행동은 교사가 쉽게 관찰할 수 있는 행동이어야 하며, 긍정적인 용어로 서술되어야 한다.

가정-학교 알림장은 다양한 형태로 작성될 수 있다. 실제로 작성된 가정-학교 알림장의 예시는 〈그림 6.2〉에 제시하였고, 빈칸으로 된 가정-학교 알림장의 예시는 〈양식 6.1〉에 제시하였다. 가정-학교 알림장은 시간이나 활동(예 : 이야기 나누는 활동, 휴식시간, 점심시간)으로 범주를 나눌 수도 있다. 〈그림 6.2〉의 예시에서 목표행동은 세 가지이며, 교사는 각 시간대에 아동의 목표행동을 평가하여 "예" 또는 "아니요"에 표시한다. 가정-학교 알림장을 작성할 때 교사는 아동에게 정성(qualitative) 평가도 해 주어야 한다. 예를 들어, 교사는 아동에게 "철수야, 오늘 친구들과 장난감도 잘 나누었고 선생님의 말씀도 잘 들었어. 앞으로는 바르게 앉도록 좀 더 노력해 보자."

예/아니요 평가방법 외에도 평정척도(예 : 1=전혀, 2=가끔, 3=언제나)를 사용할 수도 있고, 학령 전 아동의 경우에 웃는 얼굴/찡그린 얼굴 스티커를 사용할 수도 있다. 아동이 학교에서 점수 또는 "예"를 몇 개 받아야 가정에서 강화를 받을 수 있는지에 대한 기준을 설정해야 한다. 아동이 성공을 경험할 수 있도록 초기에는 이 기준을 낮게 설정해야 한다. 시간이 지나면서 강화를 받을 수 있는 기준을 점차 높게 조정할 수 있다. 아동이 학교에서 강화를 받기에 충분한 점수 또는 "예"를 습득해 왔으면 부모는 반드시 강화를 제공해야 한다. 아동이 가정-학교 알림장을 가정에 반드시 가져가는 것도 중요하다. 학령기 아동의 경우, 가정-학교 알림장을 가정에 가져가지 않으면 반응대가를 적용하여 가정에서 특정 특권을 잃게 할 수 있다. 그러나 학령 전 아동의 경우에 교사가 아동이 가정-학교 알림장을 가정에 반드시 가져가는지 확인해야 한다. 교사가 매일 가정-학교 알림장을 아동의 가방에 넣어야 한다. 부모도 아동이 귀가하면 아동의 가방에서 가정-학교 알림장을 적극적으로 찾아야 한다. 아동이 행동목표를 달성하였으면 부모는 칭찬을 많이 해 주고 가능한 한 빨리 약속된 강화를 제공한다. 만약 아동의 강화물이 즉각 제공하기 어려운 것(예 : 저녁 식사 후에 제공되는 디저트)일 경우에는 부모는 칭찬을 하면서 약속된 강화가 나중에 제공될 것이라는 것을 설명해 주어야 한다. 아동이 가정-학교 알림장의 목표행동 중 특정 행동에 있어서 충분한 향상을 보이면, 그 행동은 가정-학교 알림장의 목표행동에서 삭제하고 향상시켜야 하는 다른 목표행동을 설정한다.

아동의 심한 문제행동을 중재하기 위해 개발된 체크인/체크아웃(Check-In/Check Out) 프로그램은 가정-학교 알림장과 유사한 일일 행동 적립카드(daily behavior point card)를 사용한다. 이 중재 방법은 교사가 아동이 등교를 하여 체크인을 하면 그날의 목표를 달성하도록 격려를 하고, 교사는 하루 종일 아동에게 행동 적립카드를 사용하여 피드백을 제공한

아동 이름 : 이진희

| 목표행동 | 오전 9~10시 | | 오전 10~11시 | | 오전 11~12시 | | 오후 12~1시 | | 오후 1~2시 | |
|---|---|---|---|---|---|---|---|---|---|---|
| | 예 | 아니요 | 예 | 아니요 | 예 | 아니요 | 예 | 아니요 | 예 | 아니요 |
| 장난감 나누기 | ○ | | ○ | | ○ | | ○ | | ○ | |
| 바르게 앉아 있기 | | ○ | ○ | | | ○ | ○ | | ○ | |
| 교사의 지시 따르기 | ○ | | ○ | | | ○ | ○ | | ○ | |

강화를 받기 위해 획득해야 하는 "예"의 수 : ___10개___

획득한 "예"의 수 : 12개

약속된 강화 : 저녁 메뉴의 선택

교사 의견 : 진희가 오늘 매우 잘 지냈어요.

교사 서명 : 서수가

**그림 6.2** 실제 작성된 가정-학교 알림장 예시

다. 교사는 하루 일과가 끝나고 아동이 체크아웃을 할 때 아동과 함께 일일 행동 적립카드를 검토한 후에 가정에 보내서 부모가 검토하도록 한다. Maggin, Zurheide, Pickett, 그리고 Baillie(2015)의 연구에 따르면, 체크인/체크아웃 프로그램은 아동의 문제행동, 특히 다른 사람의 관심을 끌기 위해 보이는 문제행동을 중재하는 데 효과가 있었다.

## 타임아웃

타임아웃은 조기교육을 하는 학급에서 가끔 사용되는 훈육 전략이다. 교사가 타임아웃의 사용을 주저하기도 하고 고려해야 하는 윤리적 및 법적 문제(예 : 최소제한환경, 교실로부터 아동 격리, 장시간의 아동 고립)가 있기는 하지만, 학령 전 아동에게 효과적으로 사용될 수 있다. 교사는 타임아웃을 적용하기 전에 타임아웃이 아동에게 적용할 수 있는 최소제한 행동중재인지 확인하고, 부모와 학교로부터 허락도 받아야 한다. Ritz, Noltemeyer, 그리고 Green(2014)이 학령 전 아동에게 사용되는 행동관리 전략을 검토한 후, 아동이 중재 시 학급에 남아 있는 것이 가장 중요하므로 아동을 학급에서 격리시키는 타임아웃은 바람직하지 않다고 주장하였다. 연구자들은 아동을 활동으로부터는 격리하되 학급에 남아 있게 하는 타임아웃이 가장 적절하다고 추천하였다. 이때 활동에 참여하지 못하는 아동이 활동을 관찰할 수 있게 하는 부분적 배제방법 또는 활동을 관찰하지도 못하게 하는 완전 배제방법이 사용될 수 있다. 일반적으로 아동의 학습에 가장 덜 방해가 되는 중재 방법을 선택해야 한다(Ritz et al., 2014).

교사는 학급에 타임아웃 절차를 적용하기 전에 아동들에게 학급의 규칙을 어기고 어떤 문제행동을 한 경우에 타임아웃이 적용되는지에 관해 간단하면서도 명료하게 설명해야 한다. 교사는 타임아웃이 적용될 때 어떻게 행동해야 하는지와 타임아웃이 종료될 때 어떻게 행동해야 하는지에 대해 시범을 보여야 한다. 아동을 타임아웃 장소로 이동시키기 위해 교사가 수업을 중단해야 하는 경우도 있기 때문에 학급에 2명 이상의 성인이 있는 경우에 타임아웃을 적용하기 수월하다. 만약 학급에 보조 인력이 있는 경우에 교사와 보조 인력은 타임아웃의 동일한 지침과 절차를 따라야 한다.

타임아웃 장소는 학급에서 진행되고 있는 활동으로부터 아동을 배제할 수 있으면서도 교사나 보조 인력이 쉽게 점검할 수 있는 곳이어야 한다. 타임아웃의 사용 시간에 대해서는 의견이 다양하지만, 일반적으로 타임아웃을 장시간 사용하는 것은 지양해야 한다(Ritz et al., 2014). 제3장에서 언급하였듯이 학급에서 타임아웃을 사용할 경우에 연령 1세당 1분을 적용하되 총 5분을 넘지 않는 것이 좋다. 아동이 타임아웃 장소를 벗어나면 다시 타임아웃 장소로 되돌아가게 해야 한다. 학급 내 보조 인력이 있는 경우에만 현실적으로 이 과정을 적용하는 것이 가능할 것이다. 타임아웃을 장소에 칸막이를 사용할 수도 있지만, 무엇을 칸막이로 사용할지에 대한 문제도 있고 칸막이 사용이 이상적인 해결방법은 아니다(Turner & Watson, 1999). 타임아웃 시간이 종료된 후에 교사가 아동을 타임아웃 공간에서 나갈 수 있도록 허락해 줘야 한다.

## 긍정적 행동중재 및 지원 요약

아동기의 문제행동의 중재가 아동의 장기적인 교육성과에 중요한 영향을 미친다. 문제행동을 나타내는 아동에게 적절한 행동중재와 지원을 제공하지 않으면, 이 아동은 정학이나 퇴학을 당할 가능성이 높고, 낮은 학업성취와 더불어 다양한 부정적 생활사건을 경험하게 될 것이다. 전통적으로 학교는 아동의 문제행동에 대해 벌중심의 접근 방법을 사용해 왔으나, 벌중심의 후속결과는 비효과적이라는 것이 밝혀졌다. 긍정적 행동중재 및 지원은 아동의 문제행동을 중재하기 위하여 긍정적인 선행사건 중심의 전략과 후속결과 중심의 전략을 적용하여 친사회적 행동을 촉진하는 증거기반의 실제이다. 최근 문헌들이 학교 차원의 PBIS에 초점을 맞추고 있지만, 학급이 PBIS를 적용하기에 매우 효과적인 환경이다. 교사는 PBIS 전략들을 사용하여 아동이 바람직한 행동에 참여하는 것을 촉진해야 한다.

# 사회정서학습

사회정서학습(Social and Emotional Learning : SEL)은 학령 전 아동부터 고3 학생의 정신건강문제를 예방하고 초기에 중재하기 위하여 사회적 기술과 정서적 기술을 체계적으로 교수하는 것으로 정의된다(Greenberg et al., 2003). 사회정서학습 프로그램은 다중단계 지원 시스템의 제1단계와 제2단계에서 주로 사용된다. 사회정서 능력의 다섯 가지 핵심 능력은 자기관리 능력, 사회적 인식 능력, 대인관계 능력, 자기인식 능력, 그리고 책임감 있는 의사결정 능력이다(CASEL, 2008). 자기관리 능력은 아동이 목표를 성취하기 위하여 자신의 행동과 감정을 조절하는 능력이다. 사회적 인식 능력은 다른 사람들을 이해하고 공감하는 능력이다. 대인관계 능력은 다른 사람과 협동하고, 갈등을 해결하고, 다른 사람과 관계를 형성하는 능력이다. 자기인식 능력은 자신의 강·약점과 감정을 인식하는 능력이다. 책임감 있는 의사결정 능력은 개인적 또는 사회적 행동과 상호작용에 있어서 윤리적이며 건설적인 결정을 하는 능력이다. 사회정서학습 프로그램의 전제는 아동의 건강과 정서적, 행동적, 그리고 학업적 성공을 위해서 이러한 핵심 능력을 다른 교과목처럼 학교에서 가르쳐야 한다는 것이다. 미국 대부분의 주에서 채택한 공통 핵심 주 기준(Common Core State Standards : CCSS)은 아동의 사회적 및 정서적 건강 문제를 해결해야 한다고 강조한다. 왜냐하면 아동이 대학에 진학하거나 사회에서 직업을 가지고 살아가는 데 있어서 학업적인 준비뿐만 아니라 사회적 및 정서적 준비를 갖추어야 하기 때문이다. 사회정서학습 기술은 다른 사람의 이야기를 경청하고 대화할 때 말하는 순서를 지키기, 도움이나 정보가 필요할 때 적절하게 질문하고 답하기, 자신의 생각과 감정과 아이디어를 명료하게 표현하기 등을 포함한다. 이러한 기술이 향상되면 사회정서 능력이 요구되는 다른 사람의 관점 취하기, 또래와 협동하기, 갈등 해결하기 등의 핵심 기준도 교수한다(Common Core State Standards Initiative, 2015).

아동은 하루 대부분의 시간을 학교에서 보내기 때문에 사회성 기술과 정서적 기술을 가르치기에 가장 이상적인 환경은 학급이다(Jones & Bouffard, 2012). Shastri(2009)는 학교가 서비스 제공의 다중단계 모델을 적용하여 다학문적 접근을 통해 가벼운 정신건강문제를 예방하고 심각한 정신건강문제를 가지고 있는 아동을 찾아내야 한다고 주장하였다. 학교의 모든 아동에게 학교 차원이나 학급 차원의 사회정서학습 프로그램을 교수하면 다중단계 모델의 모든 단계의 아동들에게 유익하며, 위험군 아동들이나 이미 심각한 문제를 나타내는 아동들에게 효과적이다.

## 사회정서학습 프로그램의 장점

많은 연구들이 학령기 모든 학년의 아동들에게 사회정서학습 프로그램이 효과적이라는 연구 결과를 발표하였다. 학교차원의 보편적 사회정서학습 프로그램을 적용한 213개의 연구를 메타 분석한 결과, 사회정서학습 프로그램에 참여한 아동이 참여하지 않은 아동에 비해 사회성 기술, 정서적 기술, 행동, 및 태도에 유의미한 향상을 나타냈다. 사회정서학습 프로그램에 참여한 아동은 학업성취에 있어서 전반적으로 백분위 11점이 증가하였다(Durlak, Weissberg, Dymnicki, Taylor, & Schellinger. 2011). Dymnicki, Sambolt, 그리고 Kidron(2013)의 연구결과에 따르면, 사회정서학습 프로그램에 참여한 아동은 회복력뿐만 아니라 의사소통 기술, 팀 협력 기술, 조직력, 문제해결 기술, 갈등해결 기술 등이 향상되었다. 학령 전 아동을 대상으로 사회정서학습 프로그램을 적용한 Schultz, Richardson, Barber, 그리고 Wilcox(2011)의 연구결과에 따르면, 프로그램에 참여한 아동들의 문제행동이 감소하였고, 바람직한 사회정서 행동이 증가하였다.

## 사회정서학습 프로그램의 사례

### 인크레더블이어즈 프로그램

인크레더블이어즈(IY; 2013; incredibleyears.com)는 부모, 교사, 아동을 대상으로 하는 종합 사회정서학습 훈련 프로그램이다. 이 프로그램의 일차적인 목표는 아동의 문제행동을 감소시키고, 사회정서 기능을 향상시키는 것이다. 부모 프로그램은 제3장에서 소개하였다. 교사가 사용할 수 있는 **공룡학교**(Dinosaur School) 프로그램은 학급 차원의 사회정서학습 예방 프로그램이다. 이 공룡학교 프로그램은 일주일에 2~3회 적용하도록 구성된 60회기 프로그램이며, 아동의 연령에 따라 제1수준(3~4세), 제2수준(5~6세), 제3수준(7~8세)으로 나뉘어 있다. 프로그램은 공감능력, 사회성 기술, 문제해결 기술에 초점이 맞추어져 있다. 프로그램 목표는 부모-아동 간 상호작용을 향상시키고, 아동의 정서행동 문제를 감소시키며 예방하고, 아동의 문제해결 기술과 정서적 조절 능력을 포함한 역량을 강화하는 것이다.

공룡학교 프로그램의 효과는 연구를 통해 검증되었다. 학령 전 아동들과 초등학교 1학년 아동들에게 학교 차원의 공룡학교 프로그램을 적용한 결과, 프로그램에 참여하지 않은 아동들에 비해 사회성 기술, 정서적 조절능력 및 집중력이 향상되었다. 공룡학교 프로그램의 효과는 고위험군 아동에게서도 검증되었고(Webster-Stratton, Reid, & Stoolmiller, 2008), 학령 전 아동을 대상으로 적용한 결과, 학급 분위기와 교사 행동에도 긍정적인 영향을 미쳤다(Raver et al., 2008).

공룡학교 프로그램을 효과적으로 사용하기 위해서는 교사가 훈련을 받아야 한다. 교사는 공식적인 교사훈련을 받아야 하고, 프로그램을 적용하면서 코칭도 받는 것이 바람직하다(Reinke et al., 2012). Cresswell(2014)은 프로그램의 성공을 위해서 부모와 학교 교직원과 아동 모두 적극적으로 참여해야 한다고 강조하였다. 특히 교사훈련과 감독을 위한 자원뿐만 아니라 지속적인 교사지원을 제공해야 한다. 다시 말해서 공룡학교 프로그램이 성공하기 위해서는 교사가 헌신적으로 훈련을 받아야 하고, 부모와 학교 교직원과 아동 모두 적극적으로 참여해야 한다. 교사훈련을 위한 자료는 개인적으로 구매해야 한다.

## Second Step 프로그램

교사가 학급에서 학령 전 아동부터 중학생에게 적용할 수 있는 사회성 기술 프로그램인 Second Step(Second Step; WWW.cfchildren.org/second-step)은 각 학년의 교육과정이 별도로 구성되어 있으며, 아동의 공격행동과 충동행동을 감소시키고 회복력과 사회적 능력을 향상시키는 것을 목표로 한다. 이 프로그램의 이론적 근거는 인지행동원리, 사회적 정보처리, 사회학습이론, 및 공감에 기초한다. 이 프로그램은 3개의 단원(공감훈련, 충동조절과 문제해결, 및 분노조절)으로 구성되어 있고, 각 단원에 활동 5~9개가 포함되어 있으며, 일주일에 1~2번 적용한다. 학령 전 아동(4~5세)을 대상으로 한 프로그램의 내용은 학습 기술, 공감 능력, 정서 관리, 친구 사귀는 기술, 문제해결 기술, 및 유치원으로의 전이기술을 포함한다. 각 수업은 해당 주의 주요 개념(예 : 다른 사람의 감정을 어떻게 이해할까?)을 먼저 소개하고, 그 개념에 대한 이야기를 이야기 책 카드, 비디오, 토의를 위한 질문 등을 이용하여 제시한다. 학령 전 아동을 위한 사회성기술 교수를 위한 교육과정은 28주 동안 실시하도록 구성되어 있으며, 매주 목표가 제시된다(예 : 청취기술 표현하기, 감정 인식하기, 이완 기술 표현하기, 친구를 놀이에 초대하기).

Sprague 등(2001)은 실험집단인 9개 학교에서 유치원~중2 아동에게 학교차원의 행동지원 프로그램과 Second Step 사회성 교육과정을 적용하였다. 통제집단인 6개 학교의 아동들에 비해 중재에 참여한 실험집단의 아동들은 학교에서 규율과 관련된 문제를 덜 일으켰고, 1년 동안 중재에 참여한 모든 학교의 모든 학년은 Second Step 사회성 교육과정의 원리에 대한 지식이 향상되었다. 아동의 사회정서 지식을 연구한 Hart 등(2009)에 따르면, Second Step 사회성 프로그램의 충동조절 단원과 문제해결 단원을 적용한 결과, 초등학생의 사회정서 지식이 향상되었다. 그러나, 정서행동장애 아동을 대상으로 적용된 Second Step 사회성 프로그램의 효과가 검증된 연구가 없으므로 후속연구가 필요하다(U.S. Department of Education, 2013).

## 대안적 사고전략 촉진 프로그램

Channing Bete Company(2015)가 개발한 대안적 사고전략 촉진(Promoting Alternative THinking

Strategies : PATHS) 프로그램은 학령 전 아동부터 6학년 아동까지 적용 가능하며, 각 학년별 교육과정이 구성되어 있고, 교사가 실시하는 사회정서학습 종합 프로그램이다. 프로그램의 내용은 사회성 기술, 갈등해결 기술, 정서 인식 능력, 자기조절 기술을 포함한다.

초등학생에게 PATHS 프로그램을 적용한 결과, 정서적 인식능력과 문제해결 기술이 향상되었고, 외현화 문제행동이 감소되었다(Greenberg, Kusche, Cook, & Quamma, 1995). Riggs, Greenberg, Kusche, 그리고 Pentz(2006)도 초등학생에게 PATHS 프로그램을 적용한 결과, 충동조절과 언어적 유창성이 향상되었다. 학령 전 아동이 PATHS 프로그램에 참여한 후에 프로그램에 참여하지 않은 통제집단에 비해 정서적 지식과 사회적 능력이 향상되었다(Domitrovich, Cortes, & Greenberg, 2007). 이 프로그램을 실시하는 데 있어서 교사훈련과 교사지원은 필수적이다. 교사는 이 프로그램을 학급에 잘 적용하기 위해서 두 번의 워크숍에 참여하여 훈련을 받아야 한다. 교사가 적용하는 프로그램의 중재 충실도가 높고 관리자의 지원이 제공될 경우에 프로그램의 효과가 향상되었다(Kam, Greenberg, & Walls, 2003).

## Connecting With Others

Richardson(1996)이 아동의 사회정서 능력을 향상시키기 위하여 개발한 Connecting With Others 교육과정은 유치원~초2 아동을 대상으로 하며, 갈등을 해결하고, 상대방과의 차이점을 존중하며, 상대방을 인내하고 수용하는 것이 학습목표이다. 이 교육과정은 총 30회기로 진행되며 다섯 가지 기술 영역으로 구성되어 있다. (1) 자신과 타인의 개념, (2) 사회화, (3) 문제해결과 갈등해결, (4) 의사소통, (5) 나눔, 공감, 및 돌봄. 이 교육과정을 적용하는 데 사용할 수 있는 교수전략은 이완 기법, 스토리텔링, 모델링, 코칭, 행동시연, 강화, 창의적 표현, 자기교수 등이다.

연구에 따르면, Connecting With Others 교육과정이 아동의 사회정서 능력을 향상시키는 데 효과적이다. Schultz 등(2011)이 Connecting With Others 교육과정 중 유치원~초2 교육과정을 학령 전 아동에게 적용하고, BASC-2를 이용하여 사전-사후 검사를 한 결과, 아동들의 정서적 증상과 행동적 증상이 향상되었으며 효과 크기는 0.45~0.63으로 중간 정도였다. 교사 평정에서도 아동의 사회정서 지식이 향상된 것이 검증되었으나, 어린 아동들을 대상으로 하는 Connecting With Others 교육과정의 교육성과를 평가하기 위해서는 후속연구가 더 필요하다.

## Strong Start

Merrell, Whitcomb, 그리고 Parisi(2009)가 개발한 Strong Start PreK(유치원 입학 전) 교육과정과 Merrell, Parisi, 그리고 Whitcomb(2007)이 개발한 Strong Start K-2(유치원~초2) 교육과정은 학교에서 교사, 학교 심리학자, 정신건강 전문가가 간단한 훈련만 받고 적용할 수 있는 사회정서학습 프로그램이다. 이 프로그램은 일반 아동, 위험 아동, 그리고 정서장애 아동을 위해 개발된 예방과 초기 중재를 위한 프로그램이다. 이 프로그램의 전체 시리즈는 학년별 5개로 구성되어 있다. Strong Start for PreK(유치원 입학 전), Strong Start for K-2(유치원~초2), Strong Kids for Grades 3~5(초3~5), Strong Kids for Grades 6~8(6~8학년, 중학생에 해당), Strong Teens for Grades 9~12(9~12학년, 고등학생에 해당)이 그것이다. 이 프로그램은 아동의 사회정서 능력과 대처기술을 향상시키고, 회복력을 촉진하는 데 초점을 맞추고 있다.

Strong Start for PreK(Merrell, et al., 2009)과 Strong Start for K-2(Merrell, et al., 2007) 프로그램은 일반학교, 특수학교, 집단 상담, 청소년 치료 시설 등 다양한 교육환경에서 효과적으로 사용될 수 있다. 교수자료는 사용하기 쉽고 가격도 저렴하다. 이 두 가지 프로그램의 주제는 공통적으로 감정 이해, 분노 조절, 불안 관리, 공감 훈련, 및 갈등 해결과 관련이 있다. 역할놀이를 할 때 헝겊 인형을 사용하는 것을 제외하면 다른 모든 자료는 책에 포함되어 있거나 종이와 연필처럼 전형적인 학급 자료이다. 활동은 사회정서 능력과 관련된 특정 주제에 대해 구조화되고 간결한 대본을 사용한다. 이미 학습한 것을 반복하고 검토함으로써 학습한 지식을 강화한다.

Marchant, Brown, Caldarella, 그리고 Young(2010)의 연구결과에 따르면, Strong Kids 프로그램을 적용한 결과, 프로그램에 참여한 아동들의 정서 지식이 향상되었고 부정적인 행동 및 정서적 증상은 감소하였다. Kramer, Caldarella, Christensen, 그리고 Shatzer(2011)이 67명의 유치원생들을 대상으로 Strong Start for K-2 프로그램을 적용하고, 평정척도와 면접을 통해 교사와 부모로부터 사전-사후검사 자료를 수집하여 비교한 결과, 친사회적 행동은 증가하였고 내면화 문제는 감소하였다. 이 중재 효과는 6주 후에 측정한 유지 검사에서도 유의미하게 나타났다. 부모와 교사 모두 아동의 친사회적 행동의 변화가 중간 이상의 효과 크기로 나타났다고 보고하였다.

이러한 중재 효과는 유치원 입학 전 아동을 대상으로 하는 Strong Start for PreK 교육과정을 적용한 연구에서도 나타났다. Gunther, Caldarella, Kerth, 그리고 Young(2012)의 연구에서 중재 프로그램에 참여한 실험집단 아동들의 내면화 문제가 통제집단 아동들에 비해 크게 감소하였으며, 중재와 추가적인 촉진 회기를 함께 적용한 집단에서 중재 효과가 가장 크게 나타났다(효과 크기 $d=1.43$). 반면에 프로그램에 참여하지 않은 통제집단은 통계적으로 유의미한 내면화 문제의 변화를 나타내지 않았다(효과 크기 $d=0.23$). 결론적으로, Strong Start for PreK 프로그램은 학령 전 위기군 아동을 중재하고 지원하는 데 효과적이다.

### 사회정서학습 프로그램 요약

이 장에서 살펴본 사회정서학습 프로그램은 학령 전 아동의 사회적 및 정서적 지식과 인식을 향상시켰으며, 문제행동과 내면화 문제를 감소시켰다. 각 사회정서학습 교육과정이 요구하는 교사훈련과 지원과 교수자료가 모두 다르므로 교사는 프로그램을 적용할 환경의 변인들을 고려하여 프로그램을 선택해야 한다. 학교에서 사회정서학습의 필요성이 강조되고 있고, 집단 또는 학교에 프로그램을 적용한 연구들이 중재 효과가 있다고 보고하고 있지만, 학령 전 아동을 대상으로 하는 사회정서학습 프로그램이 증거기반의 실제가 되기 위해서는 중재 효과에 대한 후속연구가 더 많이 필요하다.

# 요약

이 장은 학급에서 아동에게 학업지원과 행동지원을 제공하는 방법에 대해 살펴보았다. 먼저 학령 전 아동의 초기 문해력과 학업 능력을 향상시키기 위한 중재반응 모델을 살펴보았다. 다음으로 학령 전 아동의 교육기관에서 실시되어야 하는 긍정적 행동중재 및 지원을 살펴보았다. 마지막으로 학령 전 아동을 위한 사회정서학습 프로그램을 살펴보았다. 결론적으로 학령 전 아동의 학업지원과 행동지원을 제공하는 이러한 프로그램은 연구에 의해서 중재 효과가 검증되고 있으므로 예방과 초기 중재 프로그램으로서 효과적이라고 할 수 있다.

## 가정-학교 알림장

아동 이름 :

| 목표행동 | 예 | 아니요 | 예 | 아니요 | 예 | 아니요 | 예 | 아니요 | 예 | 아니요 |
|---|---|---|---|---|---|---|---|---|---|---|
| | | | | | | | | | | |
| | | | | | | | | | | |
| | | | | | | | | | | |

강화를 받기 위해 획득해야 하는 "예"의 수 :

획득한 "예"의 수 : _____

약속된 강화 : _____

교사 의견 : _____

_____

_____

_____

교사 서명 : _____

# 진단절차와 최상의 실제

# 7

# 진단절차와 최상의 실제

이 책은 학령 전 아동을 위해 사용할 수 있는 진단과 증거기반의 중재를 소개하는 실제적인 지침서이다. 이 책에서 소개한 중재 방법들은 최상의 실제이며, 학령 전 아동들이 가장 많이 나타내는 문제를 실질적으로 해결하는 데 사용될 수 있다. 그러나 아동의 문제를 해결하기 위해서 이 책에서 소개하지 않은 다른 중재나 더 강도 높은 중재가 필요할 수도 있다. 이런 경우에는 다른 분야의 서비스 제공자에게 아동을 의뢰하게 된다. 이 장에서는 아동을 위해 추가적인 도움이 필요한 상황과 의뢰절차에 대해 살펴보았다.

## 진단절차

모든 정신건강 전문가는 자신의 분야에서 전문성을 가지고 일해야 하며, 아동이나 가족을 위해서 언제 의뢰를 해야 하는지 인식할 수 있어야 한다. 다양한 이유에서 아동을 서비스 제공자에게 의뢰를 할 수 있다. 즉 정신건강 분야가 아닌 다른 분야의 전문가에게 의뢰할 수도 있고, 더 세분화된 정신건강 전문가에게 의뢰할 수도 있으며, 현재 제공하는 서비스보다 더 강도 높은 서비스를 제공할 필요가 있는지 결정하기 위해서 의뢰할 수도 있다. 아동을 다른 서비스 제공자에게 의뢰하는 것을 고려할 때 아동과 관련된 모든 사람들과 의논할 필요가 있다. 일반교사, 특수교사, 보육교사 등 아동을 정기적으로 가르치는 사람들은 아동이 어떻게 기능하는지에 대해 그들이 관찰한 정보를 제공할 수 있다. 이미 중재를 시작한 경우에는 가장 최근의 교육성과 자료를 검토할 필요가 있다. 아동의 부모와 협의하는 것도 중요하다. 왜냐하면 결국 부모가 외부 전문가에게 아동을 의뢰할 가능성이 크기 때문이다.

# 아동을 의뢰할 수 있는 전문가

심각한 정서적 문제나 행동적 문제를 경험하고 있는 아동에게 유용한 서비스를 제공할 수 있는 전문가는 많다. 의뢰 과정에서 아동의 신체적 웰빙과 정신적 웰빙을 고려해야 한다. 이 장에서 살펴본 소아과 의사, 소아정신과 의사, 석사 학위를 가지고 있는 치료사, 자격증이 있는 임상 심리학자뿐만 아니라, 아동의 특성에 따라 물리치료사, 언어치료사, 작업치료사 등의 전문가에게 의뢰할 수도 있다.

## 일차적인 의료서비스 제공자

행동 문제가 있는 아동을 중재하고자 할 때 아동의 일차적인 의료서비스 제공자(Primary Care Provider : PCP)에게 의뢰할 필요가 있다. 일차적인 의료서비스 제공자는 일반적으로 소아과 또는 가정 의학을 전공한 의사이다. 그러나 최근에는 의사뿐만 아니라, 점차 많은 임상 간호사, 석사학위나 박사학위를 가지고 있는 고급 간호사 등도 일차적인 의료서비스를 제공한다. 많은 주에서 이러한 일차적인 의료서비스 제공자는 약을 처방하는 등 의사처럼 외래 환자를 돌보는 기능을 수행한다. 아동이 신경학적 또는 신체적인 불편함을 호소하거나 의료적인 요소와 관련된 문제행동을 보이는 경우에는 행동중재에 앞서 의학적 원인이 있는지를 먼저 규명해야 한다. 어린 아동은 불안하거나 우울할 때 심리적 증상과 더불어 두통, 복통, 다리 통증, 수면장애, 식욕문제 등의 신체적 증상을 함께 나타내며(Domenech-Llaberia et al., 2004), 심한 경우에는 자해행동도 나타낸다(de Zulueta, 2007). 아동이 스트레스를 받고 불안하면 면역기능이 감소하고 만성적인 신체적 질병이 발생한다(Burgess & Roberts, 2005). 따라서 일차적 의료서비스 제공자가 아동이 경험하고 있는 신체적 반응에 대해 진단하고 조절하여 장기적인 신체적 합병증을 예방할 수 있다.

아동이 약물치료를 받고 있는 경우에도 일차적 의료서비스 제공자와 상담을 할 필요가 있다. 일차적 의료서비스 제공자에게 약물을 섭취한 후 아동의 행동이 어떻게 변화하였는지에 대한 자료를 제공하면, 일차적 의료서비스 제공자가 약물이 아동에게 효과가 있는지 여부를 판단할 수 있을 것이다.

## 소아정신과 의사

아동이 복잡한 정신과적 요구를 가지고 있다면 아동을 소아정신과 의사에게 의뢰해야 한다. 소아정신과 의사는 정신과를 전공한 의사이며, 정신건강 관련 장애를 치료할 수 있는 자격증을 가지고 있다. 모든 정신과 의사는 장애의 진단평가와 심리치료와 관련된 훈련을 받지만, 일차적인 역할은 약물을 처방하는 것이다. 심각한 정신과적 문제를 가지고 있는 아동은 약물과 함께 심리치료를 받는 것이 바람직하다. 심한 불안, 불면증, 부주의, 불안정한 기분, 우울 정서 등은 약물치료와 함께 강도 높은 정신건강 치료를 받는 것이 좋다. Varley(2006)의 연구에 따르면, 심각한 심리적 증상을 나타내는 아동은 약물치료와 심리치료를 병행하는 접근 방법을 사용할 때 심리치료의 혜택을 받는다. 따라서 소아정신과 의사, 내과 의사, 또는 정신건강 서비스 제공자들에게 의뢰하는 것이 유용하다. 소아정신과 의사와 더불어 정신과 임상간호사도 정신건강문제를 가지고 있는 아동들을 의뢰하기에 적절한 전문가이다.

## 석사학위를 가지고 있는 치료사

정서 문제를 가지고 있는 아동을 의뢰할 수 있는 정신건강 관련 치료사는 결혼과 가족상담사(Marriage and Family Therapist : MFT), 자격증이 있는 임상 사회복지사(Licensed Clinical Social Worker : LCSW), 자격증이 있는 전문 임상 상담가(Licensed Professional Clinical Counselor : LPCC) 등 석사학위를 가지고 있는 치료사이다. 결혼과 가족상담사와 자격증이 있는 전문 임상 상담가는 심리학이나 상담학 분야에서 석사학위를 취득한 전문가로서 개인 상담을 중요시한다. 반면에 자격증이 있는 임상 사회복지사는 사회복지 분야에서 석사학위를 취득한다. 이 세 가지 유형의 전문가들은 정서 문제를 가지고 있는 아동에게 똑같이 유용하다. 그러나 정신건강 관련 치료사를 정하기 전에 각 치료사의 배경, 훈련, 전문지식을 고려해야 한다. 이러한 치료사는 아동 대상 전문가로서 아동의 정서 문제의 전문화된 중재에 대해서 적절한 훈련과 경험을 가지고 있어야 한다.

## 자격증을 가지고 있는 임상심리학자

자격증을 가지고 있는 임상심리학자는 임상심리 분야에서 박사학위를 가지고 있다. 심리학자들은 치료적 서비스를 제공하는 것뿐만 아니라, 정확한 진단과 치료를 위해 요구되는 심리교육적 진단과 사회정서적 진단에 대해서도 전문적 훈련을 받은 이들이다. 아동이 매우 복잡한 장애를 가지고 있거나 서비스 제공자의 역량 밖의 문제를 가지고 있으면 자격증을 가지고 있는 임상심리학자에게 의뢰해야 한다.

아동이 의학적으로 복잡한 질병에 수반되는 심리적 증상들을 경험하고 있어서 의학적 진단과 치료를 잘 감당하지 못하거나 의학적으로 처방된 것을 준수하지 못할 때 소아 심리학자에게 의뢰해야 한다. 소아 심리학자는 대도시의 대학교나 의대에 특정 전문영역에 초점을 맞춘 임상센터를 운영하기도 한다. 아동 불안장애 임상센터를 운영하는 대학교는 템플대학교(childanxiety.org/wps), 예일대 약학대학(childstudycenter.yale.edu/clinics/anxiety), 그리고 UCLA(www.semel.ucla.edu/caap) 등이다. 지역사회에서 아동을 의뢰할 수 있는 특화된 서비스에 대한 정보를 파악하는 것도 중요한 일이다.

## 입원치료

아동이 자신이나 타인에게 위험한 자해행동이나 공격행동을 나타낼 경우에 정신과 병동에서 입원치료를 할 수도 있다. 물론 아동이 정신과 병동에 입원치료를 하는 경우는 매우 드물긴 하지만, 아동 대상으로 입원치료를 하는 시설도 있다는 것을 기억해야 한다. 정신건강 전문가나 아동을 돌보는 소아과 의사가 아동이 입원치료를 받도록 의뢰할 수 있으며, 아동이 자신이나 타인의 안전에 심각한 문제를 나타낼 때는 긴급전화(예:119)로 신고해야 한다. 아동이 자신이나 타인에게 위험한 행동을 하지는 않지만 심한 정서행동 문제를 나타낼 경우에는 외래환자를 위한 주간 치료 프로그램에 의뢰할 수 있다. 입원치료와 주간치료 프로그램같이 강도 높은 정신건강 서비스는 약물치료와 강도 높은 중재로 아동을 안정시키고, 퇴원 후 아동과 가족이 가정과 학교에서 잘 적응할 수 있도록 준비시킨다.

## 의뢰하는 방법

많은 심리학자, 상담자, 부모는 아동을 정신건강 서비스 제공자나 정신과 의사에게 의뢰하는 것을 부담스러워하고 혼란스러워한다. 이 장에서 아동을 의뢰할 수 있는 몇 가지 방법을 소개하면 다음과 같다.

## 의료보험

아동의 정신건강 진단과 치료에 의료보험을 사용할 경우에 가족이 의료보험 공급자에게 연락해야 한다. 의료보험 공급자가 아동 가족이 사는 지역 내 아동의 진단과 치료를 의뢰할 수 있는 서비스 제공자 목록을 알려줄 것이다. 가족이 선호하는 서비스 제공자를 의료보험에서 선호하는지, 의료보험에서 치료비를 어느 정도 지원해 주는지, 또는 가족의 치료비 부담이 어느 정도인지 등에 관하여 미리 파악하는 것이 필요하다. 저소득층 의료 보장제도(Medicaid)를 이용하여 지원을 받는 가족은 특정 의료시설에 의뢰될 수도 있다. 대부분의 지역사회에 가족이 보험이 없거나 관련 비용(예 : 공제 금액, 고용인의 의료보험 부담)이 없는 경우에 저렴한 의료 서비스 옵션이 있다. 많은 대학의 임상센터가 저렴한 비용의 서비스를 제공하고 있거나 연구대상으로 참여하는 경우에 무료이다.

## 일차적인 의료서비스 제공자

아동의 일차적인 의료서비스 제공자는 아동의 의료 기록에 대한 지식을 가지고 있을 뿐만 아니라, 가족과의 관계도 이미 형성되어 있다. 많은 일차적인 의료서비스 제공자는 정신건강 의뢰에 관련된 목록을 가지고 있고, 아동이 서비스를 받게 될 때까지 의뢰과정을 도와줄 수도 있다. 또한 많은 보험회사에서 정신건강 진단과 치료를 의뢰하는 일차적인 의료서비스 제공자의 의뢰서를 요구하기 때문에 일차적인 의료서비스 제공자를 찾아가는 것이 정신건강 서비스를 받기 위한 합리적인 첫 단계이다.

## 치료사 협회와 온라인 검색

지역 차원, 주정부 차원, 연방정부 차원의 치료사 협회가 정신건강 서비스 제공자에 대한 중요한 정보를 제공해 줄 수도 있다. 이 협회들은 정신건강 서비스 제공자의 전문 분야와 치료 대상의 연령 범위 등에 대한 정보를 제공해 준다. 미국심리협회(www.apa.org/about/apa/organizations/associations.aspx)도 모든 주의 협회와의 링크를 해 주는 웹 페이지를 운영한다. 전반적으로 모든 주의 협회는 서비스 제공자에 대한 유용한 정보를 제공하고 있다. 다른 전문단체들도 각 단체의 전문성과 관련된 치료사 목록을 제공한다. 예를 들어, 인지행동치료협회(Association for Behavioral and Cognitive Therapies)는 인지행동기법을 사용하는 치료사들의 목록(www.findcbt.org/xFAT/index.cfm)을 제공한다. 온라인 검색이 효과적인 중재를 제공하는 전문가를 찾는 첫걸음이 되기도 한다. 부모와 전문가에게 정보를 제공하는 웹사이트(effectivchildtherapy.org, infoaboutkids.org)를 활용하는 것도 유용하다.

## 사람들을 통한 정보

좋은 정신건강 서비스 제공자를 찾는 가장 좋은 방법 중 하나는 사람들의 입을 통해 얻는 정보이다. 특정 정신건강 서비스 제공자의 기술이나 태도에 대해 잘 알고 있는 가족이나 학교 교직원이나 친구가 의뢰를 하는 경우에 서비스에 대한 만족도가 높다. 서비스 제공자와의 개인의 경험을 대체할 만큼 중요한 정보는 없다. 부모가 서비스 제공자와 상호작용을 해야 하는 입장이므로 부모가 서비스 제공자와의 관계를 편하게 느껴야 한다. 따라서 어느 정신건강 서비스 제공자가 아동의 정신건강을 정확히 진단하고 최상의 중재를 제공할지에 관해 주의 깊게 찾아봐야 한다. 가장 중요한 것 중 하나가 서비스 제공자가 성인이 아닌 아동에게 서비스를 제공한 경험이 있는지와 아동과 관련하여 전문적인 훈련을 받았는지를 점검하는 것이다. 왜냐하면 성인대상 서비스 제공과 아동대상 서비스 제공에 차이가 있으며, 아동에게 효과적인 서비스를 제공하기 위해서는 서비스 제공자가 아동과 라포를 형성하는 것이 필요하다는 것을 알아야 하기 때문이다. 중재 서비스의 성공적인 성과를 위해서 정신건강 서비스 제공자, 아동 및 가족 간 조화로운 관계가 형성되어야 한다. 따라서 부모는 아동을 위한 정신건강 서비스 제공자를 결정하기 전에 여러 정신건강 전문가를 방문하는 것이 필요하다.

## 최상의 실제

정서적·사회적·행동적 문제를 가지고 있는 아동을 진단하고 중재하는 데 있어서의 최상의 실제는 다차원적 접근 방법을 요구한다. 아동을 낙인찍거나 전형적인 아동의 행동을 과도하게 병리적으로 해석하지 않고, 아동에 대한 다양한 진단 정보를 종합하고 통합하여 아동을 정확하게 진단하는 것이 첫 단계이다. 진단 후에는 가정과 학교에서 증거기반의 중재를 일관성 있게 적용하는 것이 중요하다. 이 책은 가정과 학교에서의 최상의 실제를 살펴보고, 학교와 가정과 관련 서비스 기관에서 제공하는 중재로는 해결할 수 없는 심각한 문제를 가지고 있어서 강도 높은 중재를 요구하는 아동을 의뢰하는 것에 대해 살펴보았다.

참고문헌

Achenbach, T. M., & Rescorla, L. A. (2000). *Manual for ASEBA Preschool Forms and Profiles.* Burlington: University of Vermont.

Achenbach, T. M., & Rescorla, L. A. (2001). *Manual for the ASEBA School-Age Forms and Profiles.* Burlington: University of Vermont.

Achenbach, T. M., & Rescorla, L. A. (2009). *Multicultural supplement to the Manual for the ASEBA Preschool Forms and Profiles.* Burlington: University of Vermont.

Adamson, M., Morawska, A., & Sanders, M. R. (2013). Childhood feeding difficulties: A randomized controlled trial of a group-based parenting intervention. *Journal of Developmental and Behavioral Pediatrics, 34,* 293–302.

Altman, D. (2014). *The mindfulness toolbox: 50 practical tips, tools and handouts for anxiety, depression, stress and pain.* Eau Claire, WI: PESI Publishing and Media.

American Academy of Child and Adolescent Psychiatry. (2007). Practice parameters for the assessment and treatment of children and adolescents with anxiety disorders. *Journal of the American Academy of Child and Adolescent Psychiatry, 46,* 922–937.

American Academy of Sleep Medicine. (2014). *International classification of sleep disorders: Diagnostic and coding manual* (3rd ed.). Darien, IL: Author.

American Psychiatric Association. (2013). *Diagnostic and statistical manual of mental disorders* (5th ed.). Arlington, VA: Author.

Anderson, S. E., & Whitaker, R. C. (2010). Household routines and obesity in US preschool-aged children. *Pediatrics, 12*), 420–428.

Angold, A., & Egger, H. L. (2004). Psychiatric diagnosis in preschool children. In R. DelCarmen-Wiggens & A. Carter (Eds.) *Handbook of infant, toddler and preschool mental health assessment* (pp. 123–139). New York: Oxford University Press.

Anzman, S. L., Rollins, B. Y., & Birch, L. L. (2010). Parental influence on children's early eating environments and obesity risk: Implications for prevention. *International Journal of Obesity, 34,* 1116–1124.

Armstrong, A. B., & Field, C. E. (2012). Altering positive/negative interaction ratios of mothers and young children. *Child and Family Behavior Therapy, 34,* 231–242.

Arndorfer, R. E., Allen, K. D., & Aliazireh, L. (1999). Behavioral health needs in pediatric medicine and the acceptability of behavioral solutions: Implications for behavioral psychologists. *Behavior Therapy, 30,* 137–148.

Axelrod, M. I., Tornehl, C., & Fontanini-Axelrod, A. (2014). Enhanced response using a multicomponent urine alarm treatment for nocturnal enuresis. *Journal for Specialists in Pediatric Nursing, 19,* 172–182.

Azrin, N. H., & Foxx, R. M. (1974). *Toilet training in less than a day.* New York: Simon & Schuster.

Babbitt, R. L., Hoch, T. A., Coe, D. A., Cataldo, M. F., Kelly, K. J., Stackhouse, C., et al. (1994). Behavioral assessment and treatment of pediatric feeding disorders. *Developmental and Behavioral Pediatrics, 15,* 278–291.

Bahl, A. B., McNeil, C. B., Cleavenger, C. J., Blanc, H. M., & Bennett, G. M. (2000). Evaluation of a whole-classroom approach for the management of disruptive behavior. *Proven Practice, 2,* 62–71.

Baird, D. C., Seehusen, D. A., & Bode, D. V. (2014). Enuresis in children: A case- based approach. *American Family Physician, 90,* 560–568.

Barkley, R. A. (2013). *Defiant children: A clinician's manual for assessment and parent training* (3rd ed.). New York: Guilford Press.

Barkley, R. A., & Murphy, K. R. (2006). *Attention-deficit hyperactivity disorder: A clinical workbook* (3rd ed.). New York: Guilford Press.

Barkley, R. A., Shelton, T. L., Crosswait, C., Moorehouse, M., Fletcher, K., Barrett, S., et al. (2000). Multi-method psychoeducational intervention for preschool children with disruptive behavior: Preliminary results at posttreatment. *Journal of Child Psychology and Psychiatry and Allied Disciplines, 41,* 319–332.

Barlow, J., Smailagic, N., Huband, N., Roloff, V., & Bennett, C. (2014). Group-based parent training programmes for improving parental psychosocial health. *Cochrane Database of Systematic Reviews, 5,* CD002020.

Barnes, J. C., Boutwell, B. B., Beaver, K. M., & Gibson, C. L. (2013). Analyzing the origins of childhood externalizing behavioral problems. *Developmental Psychology, 49,* 2272–2284.

Bauermeister, J. J., Canino, G., Polanczyk, G., & Rohde, L. A. (2010). ADHD across cultures: Is there evidence for a bidimensional organization of symptoms? *Journal of Clinical Child and Adolescent Psychology, 39,* 362–372.

Beauchemin, J., Hutchins, T. L., & Patterson, F. (2008). Mindfulness meditation may lessen anxiety, promote social skills, and improve academic performance among adolescents with learning difficulties. *Complementary Health Practice Review, 13,* 34–35.

Beckwith, L. (2000). Prevention science and prevention programs. In C. H. Zeanah (Ed.), *Handbook of infant mental health* (2nd ed., pp. 439–456). New York: Guilford Press.

Benedict, E. A., Horner, R. H., & Squires, J. K. (2007). Assessment and implementation of positive behavior support in preschools. *Topics in Early Childhood Special Education, 27,* 174–192.

Benham, A. L. (2000). The observation and assessment of young children including use of the infant–toddler mental status exam. In C. H. Zeanah (Ed.), *Handbook of infant mental health* (2nd ed., pp. 249–265). New York: Guilford Press.

Benjasuwantep, B., Chaithirayanon, S., & Eiamudomkan, M. (2013). Feeding problems in healthy young children: Prevalence, related factors and feeding practices. *Pediatric Reports, 5,* 38–42.

Berkovitz, M. D., O'Brien, K. A., Carter, C. G., & Eyberg, S. M. (2010). Early identification and intervention for behavior problems in primary care: A comparison of two abbreviated versions of Parent–Child Interaction Therapy. *Behavior Therapy, 41,* 375–387.

Bingham, G. E., & Patton-Terry, N. (2013). Early language and literacy achievement of early reading first students in kindergarten and 1st grade in the United States. *Journal of Research in Childhood Education, 27,* 440–453.

Black, M. M., & Aboud, F. E. (2011). Responsive feeding is embedded in a theoretical framework of responsive parenting. *Journal of Nutrition, 141,* 490–494.

Blissett, J., Meyer, C., & Haycraft, E. (2011). The role of parenting in the relationship between childhood eating problems and broader behaviour problems. *Child: Care, Health and Development, 37*(5), 642–648.

Bluth, K., & Wahler, R. G. (2011). Parenting preschoolers: Can mindfulness help? *Mindfulness, 2,* 282–285.

Bohnert, K. M., & Breslau, N. (2008). Stability of psychiatric outcomes of low birth weight: A longitudinal investigation. *Archives of General Psychiatry, 65,* 1080–1086.

Bogels, S., & Restifo, K. (2014). *Mindful parenting: A guide for mental health practitioners.* New York: Norton.

Boles, R. E., Roberts, M. C., & Vernberg, E. M. (2008). Treating non-retentive encopresis with rewarded scheduled toilet visits. *Behavior Analysis in Practice, 1,* 68–72.

Bongers, M. E., Tabbers, M. M., & Benninga, M. A. (2007). Functional nonretentive fecal incontinence in children. *Journal of Pediatric Gastroenterology and Nutrition, 44,* 5–13.

Bor, W., Sanders, M. R., & Markie-Dadds, C. (2002). The effects of the Triple P-Positive Parenting Program on preschool children with co-occurring disruptive behavior and attentional/hyperactive difficulties. *Journal of Abnormal Child Psychology, 30*, 571–587.

Bornstein, M. (2013). Parenting and child mental health: A cross-cultural perspective. *World Psychiatry, 12*, 258–265.

Bornstein, M. H., Hahn, C., & Suwalsky, J. D. (2013). Language and internalizing and externalizing behavioral adjustment: Developmental pathways from childhood to adolescence. *Development and Psychopathology, 25*, 857–878.

Bosquet, M., & Egeland, B. (2006). The development and maintenance of anxiety symptoms from infancy through adolescence in a longitudinal sample. *Development and Psychopathology, 18*, 517–550.

Boylan, K., Vaillancourt, T., Boyle, M., & Szatmari, P. (2007). Comorbidity of internalizing disorders in children with oppositional defiant disorder. *European Child and Adolescent Psychiatry, 16*, 484–494.

Bradshaw, C. P., Koth, C. W., Thornton, L. A., & Leaf, P. J. (2009). Altering school climate through school-wide positive behavioral interventions and supports: Findings from a group-randomized effectiveness trial. *Prevention Science, 10*, 100–115.

Bradshaw, C. P., Mitchell, M. M., & Leaf, P. J. (2010). Examining the effects of schoolwide positive behavioral interventions and supports on student outcomes: Results from a randomized controlled effectiveness trial in elementary schools. *Journal of Positive Behavior Interventions, 12*, 133–148.

Bradstreet, L. E., Juechter, J. I., Kamphaus, R. W., Kerns, C. M., & Robins, D. L. (2016). Using the BASC-2 parent rating scales to screen for autism spectrum disorder in toddlers and preschool-aged children. *Journal of Abnormal Child Psychology.* [EPub ahead of print]

Bratton, S. C., Ray, D., Rhine, T., & Jones, L. (2005). The efficacy of play therapy with children: A meta-analytic review of treatment outcomes. *Professional Psychology: Research and Practice, 36*, 376–390.

Brazelton, T. B. (1962). A child-orientated approach to toilet training. *Pediatrics, 29*, 121–128.

Breaux, R. P., Harvey, E. A., & Lugo-Candelas, C. I. (2014). The role of parent psychopathology in the development of preschool children with behavior problems. *Journal of Clinical Child and Adolescent Psychology, 43*, 777–790.

Brennan, L. M., Shaw, D. S., Dishion, T. J., & Wilson, M. (2012). Longitudinal predictors of school-age academic achievement: Unique contributions of toddler-age aggression, oppositionality, inattention, and hyperactivity. *Journal of Abnormal Child Psychology, 40*, 1289–1300.

Briesch, A. M., Briesch, J. M., & Chafouleas, S. M. (2015). Investigating the usability of classroom management strategies among elementary schoolteachers. *Journal of Positive Behavior Interventions, 17*(1), 5–14.

Brooks, R. C., Copen, R. M., Cox, D. J., Morris, J., Borowitz, S., & Sutphen, J. (2000). Review of the treatment literature for encopresis, functional constipation, and stool-toileting refusal. *Annals of Behavioral Medicine, 22*, 260–267.

Brown, F. L., Whittingham, K., Boyd, R. N., McKinlay, L., & Sofronoff, K. (2014). Improving child and parenting outcomes following paediatric acquired brain injury: A randomised controlled trial of stepping stones triple P plus acceptance and commitment therapy. *Journal of Child Psychology and Psychiatry, 55*, 1172–1183.

Brown, H. E., Pearson, N., Braithwaite, R. E., Brown, W. J., & Biddle, S. J. (2013). Physical activity interventions and depression in children and adolescents. *Sports Medicine, 43*, 195–206.

Brown, M. L., Pope, A. W., & Brown, E. J. (2011). Treatment of primary nocturnal enuresis in children: A review. *Child: Care, Health and Development, 37*, 153–160.

Bub, K. L., McCartney, K., & Willett, J. B. (2007). Behavior problem trajectories and first-grade cognitive ability and achievement skills: A latent growth curve analysis. *Journal of Educational Psychology, 99*, 653–670.

Bufferd, S. J., Dougherty, L. R., Carlson, G. A., & Klein, D. N. (2011). Parent-reported mental health in preschoolers: Findings using a diagnostic interview. *Comprehensive Psychiatry, 52*, 359–369.

Bulotsky-Shearer, R. J., Dominguez, X., & Bell, E. R. (2012). Preschool classroom behavioral context and school readiness outcomes for low-income children: A multilevel examination of child- and classroom-level influences. *Journal of Educational Psychology, 104*, 421–438.

Burgers, R., Reitsma, J. B., Bongers, M. J., de Lorijn, F., & Benninga, M. A. (2013). Functional nonretentive fecal incontinence: Do enemas help? *Journal of Pediatrics, 162*, 1023–1027.

Burgess, A. W., & Roberts, A. R. (2005). Crisis intervention for persons diagnosed with clinical disorders based on the stress-crisis continuum. In A. R. Roberts (Ed.), *Crisis intervention handbook: Assessment, treatment and research* (pp. 120–140). New York: Oxford University Press.

Burlaka, V., Bermann, E. A., & Graham-Bermann, S. A. (2015). Internalizing problems in at-risk preschoolers: Associations with child and mother risk factors. *Journal of Child and Family Studies, 24*, 2653–2660.

Butler, J. F. (1976). The toilet training success of parents after reading *Toilet Training in Less Than a Day*. *Behavior Therapy, 7*, 185–191.

Butler, R. J., Golding, J., Northstone, K., & The ALSPAC Study Team. (2005). Nocturnal enuresis at 7.5 years old: Prevalence and analysis of clinical signs. *BJU International, 96*, 404–410.

Butzer, B., Day, D., Potts, A., Ryan, C., Coulombe, S. Davies, B., et al. (2014). Effects of a classroom-based yoga intervention on cortisol and behavior in second-and third-grade students: A pilot study. *Journal of Evidence-Based Complementary andAlternative Medicine, 20*, 41–49.

Buyse, E., Verschueren, K., & Doumen, S. (2011). Preschoolers' attachment to mother and risk for adjustment problems in kindergarten: Can teachers make a difference? *Social Development, 20*, 33–50.

Buysse, V., Peisner-Feinberg, E. S., Soukakou, E., LaForett, D. R., Fettig, A., & Schaaf, J. M. (2013). Recognition and response: A model of response to intervention to promote academic learning in early education. In V. Buysse & E. S. Peisner-Feinberg (Eds.), *Handbook of response to intervention in early childhood* (pp. 69–84). Baltimore: Brookes.

Campbell, L. K., Cox, D. J., & Borowitz, S. M. (2009). Elimination disorders: Enuresis and encopresis. In M. C. Roberts & R. G. Steele (Eds.), *Handbook of pediatric psychology* (4th ed., pp. 481–490). New York: Guilford Press.

Campbell, S. B. (1995). Behavior problems in preschool children: A review of recent research. *Child Psychology and Psychiatry and Allied Disciplines, 36*, 113–149.

Campbell, S. B. (2002). *Behavior problems in preschool children: Clinical and developmental issues* (2nd ed.). New York: Guilford Press.

Carballo, J. J., Baca-Garcia, E., Blanco, C., Perez-Rodriguez, M. M., Jimenez Arriero, M. A., Artes-Rodriguez, et al. (2010). Stability of childhood anxiety disorder diagnoses: A follow-up naturalistic study in psychiatric care. *European Child and Adolescent Psychiatry, 19*, 395–403.

Carter, A. S., Wagmiller, R. J., Gray, S. O., McCarthy, K. J., Horwitz, S. M., & Briggs-Gowan, M. J. (2010). Prevalence of DSM-IV disorder in a representative, healthy birth cohort at school entry: Sociodemographic risks and social adaptation. *Journal of the American Academy of Child and Adolescent Psychiatry, 49*, 686–698.

CASEL. (2008). Social and emotional learning (SEL) and student benefits: Implications for the safe schools/healthy students core elements. Retrieved from *https://safesupportivelearning.ed.gov/resources/social-and-emotional-learning-and-student-benefits-implications-safe-schoolhealthy*.

Catani, C., Mahendren, K., Ruf, M., Schauer, E., Elbert, T., & Neuner, F. (2009). Treating children traumatized by war and tsunami: A comparison between exposure therapy and meditation-relaxation in North-East Sri Lanka. *BMC Psychiatry, 9*, 1–11.

Chacko, A., Wymbs, B. T., Chimiklis, A., Wymbs, F. A., & Pelham, W. E. (2012). Evaluating a comprehensive strategy to improve engagement to group-based behavioral parent training for high-risk families of children with ADHD. *Journal of Abnormal Child Psychology, 40*, 1351–1362.

Chance, P. (2013). *Learning and Behavior* (7th ed.). Belmont, CA: Thomson Wadsworth.

Chang, H., Shaw, D. S., Dishion, T. J., Gardner, F., & Wilson, M. N. (2014). Direct and indirect effects of the family check-up on self-regulation from toddlerhood to early school-age. *Journal of Abnormal Child Psychology, 42*, 1117–1028.

Channing Bete Company. (2015). PATHS program results. Retrieved from *www.channing-bete.com/prevention-programs/paths/results-recognition.html*.

Chaste, P., & Leboyer, M. (2012). Autism risk factors: Genes, environment, and gene-environment interactions. *Dialogues in Clinical Neuroscience, 14*, 281–292.

Chawarska, K., Klin, A., & Volkmar, F. R. (Eds.) (2010). *Autism spectrum disorder in infants and toddlers: Diagnosis, assessment, and treatment.* New York: Guilford Press.

Chial, H. J., Camilleri, M., Williams, D. E., Litzinger, K., & Perrault, J. (2003). Rumination syndrome in children and adolescents: Diagnosis, treatment, and prognosis. *Pediatrics, 111*, 158–162.

Child Welfare Information Gateway. (2014). *Mandatory reporters of child abuse and neglect.* Washington, DC:

U.S. Department of Health and Human Services, Children's Bureau. Retrieved from *www.childwelfare. gov/pubPDFs/manda.pdf.*

Choby, B. A., & George, S. (2008). Toilet training. *American Family Physician, 78,* 1059–1064.

Chorpita, B. F., & Southam-Gerow, M. A. (2006). Fears and Anxieties. In E. J. Mash & R. A. Barkley (Eds.), *Treatment of childhood disorders* (3rd.ed., pp. 271–335). New York: Guilford Press.

Christakis, D. A., & Zimmerman, F. J. (2007). Violent television viewing during preschool is associated with antisocial behavior during school age. *Pediatrics, 120,* 993–999.

Christensen D. L., Baio J., Braun K. V., Bilder, D., Charles, J., Constantino, J. N., et al. (2016). Prevalence and characteristics of autism spectrum disorder among children aged 8 years—Autism and Developmental Disabilities Monitoring Network, 11 sites, United States, 2012. *MMWR Surveillance Summaries, 65,* 1–23.

Chronis, A. M., Chacko, A., Fabiano, G. A., Wymbs, B. T., & Pelham, W. E. (2004). Enhancements to the behavioral parent training paradigm for families of children with ADHD: Review and future directions. *Clinical Child and Family Psychology Review, 7,* 1–27.

Clark, R., Tluczek, A., & Gallagher, K. C. (2004). Assessment of parent-child early relational disturbances. In R. DelCarmen-Wiggens & A. Carter (Eds.) *Handbook of infant, toddler and preschool mental health assessment* (pp. 25–60). New York: Oxford University Press.

Coatsworth, J. D., Duncan, L. G., Greenberg, M. T., & Nix, R. L. (2010). Changing parent's mindfulness, child management skills and relationship quality with their youth: Results from a randomized pilot intervention trial. *Journal of Child and Family Studies, 19,* 203–217.

Cohen, J. A., Mannarino, A. P., Berliner, L., & Deblinger, E. (2000). Trauma-focused cognitive behavioral therapy for children and adolescents: An empirical update. *Journal of Interpersonal Violence, 15,* 1202–1223.

Combs-Ronto, L., Olson, S., Lunkenheimer, E., & Sameroff, A. (2009). Interactions between maternal parenting and children's early disruptive behavior: Bidirectional associations across the transition from preschool to school entry. *Journal of Abnormal Child Psychology, 37,* 1151–1163.

Common Core State Standards Initiative. (2015). Development process. Retrieved from*www.corestandards. org/about-the-standards/development-process.*

Conduct Problems Prevention Research Group. (1999a). Initial impact of the Fast Track prevention trial for conduct problems: I. The high-risk sample. *Journal of Consulting and Clinical Psychology, 67,* 631–647.

Conduct Problems Prevention Research Group. (1999b). Initial impact of the Fast Track prevention trial for conduct problems: II. Classroom effects. *Journal of Consulting and Clinical Psychology, 67,* 648–657.

Conduct Problems Prevention Research Group. (2010). Effects of a multiyear universal social-emotional learning program: The role of student and school characteristics. *Journal of Consulting and Clinical Psychology, 78,* 156–168.

Conners, C. K. (2008). *Conners Rating Scales manual.* North Tonawanda, NY: Multi-Health Systems.

Conners, C. K. (2009). *Conners Early Childhood.* North Tonawanda, NY: Multi-Health Systems.

Cooper, S., Valleley, R. J., Polaha, J., Begeny, J., & Evans, J. H. (2006). Running out of time: Physician management of behavioral health concerns in rural pediatric primary care. *Pediatrics, 118,* e132–e138.

Cowart, M., & Ollendick, T. H. (2013). Specific phobias. In C. A. Essau & T. H. Ollendick (Eds.), *The Wiley–Blackwell handbook of the treatment of childhood and adolescent anxiety* (pp. 353–368). West Sussex, UK: Wiley.

Cox, D. D. (2005). Evidence-based interventions using home–school collaboration. *School Psychology Quarterly, 20,* 473–497.

Coyne, L. W., & Murrell, A. R. (2009). *The joy of parenting: An acceptance and commitment therapy guide to effective parenting in the early years.* Oakland, CA: New Harbinger.

Coyne, L. W., & Wilson, K. G. (2004). The role of cognitive fusion in impaired parenting: An RFT analysis. *International Journal of Psychology and Psychological Therapy, 4,* 468–486.

Crane, J., Mincic, M. S., & Winsler, A. (2011). Parent-teacher agreement and reliability on the Devereux Early Childhood Assessment (DECA) in English and Spanish for ethnically diverse children living in poverty. *Early Education and Development, 22,* 520–547.

Cresswell, A. (2014). Delivering Incredible Years programmes: A practice perspective 2. *International Journal of Birth and Parent Education, 2,* 36–38.

Crossen-Tower, C. (2014). *Understanding child abuse and neglect* (9th ed.). Upper Saddle River, NJ: Pearson.

Cyr, M., Pasalich, D. S., McMahon, R. J., & Spieker, S. J. (2014). The longitudinal link between parenting and child aggression: The moderating effect of attachment security. *Child Psychiatry and Human Development, 45,* 555–564.

Dasari, M., & Knell, S. M. (2015). Cognitive-behavioral play therapy for children with anxiety and phobias. In H. G. Kaduson & C. E. Schaefer (Eds.), *Short-term play therapy for children* (3rd ed., pp. 25–52). New York: Guilford Press.

Davidson, R. J., Kabat-Zinn, J., Schumacher, J., Rosenkranz, M., Muller, D., Santorelli, S. F., et al. (2003). Alternations in brain and immune function produced by mindfulness meditation. *Psychosomatic Medicine, 65,* 564–570.

Davis, S., Votruba-Drzal, E., & Silk, J. S. (2015). Trajectories of internalizing symptoms from early childhood to adolescence: Associations with temperament and parenting. *Social Development, 24,* 501–520.

de Wolf, M. S., Theunissen, M. H., Vogels, A. G., & Reijneveld, S. A. (2013). Three questionnaires to detect psychosocial problems in toddlers: A comparison of the BITSEA, ASQ:SE, and KIPPPI. *Academic Pediatric Association, 13,* 587–592.

De Young, A. C., Kenardy, J. A., & Cobham, V. E. (2011). Diagnosis of posttraumatic stress disorder in preschool children. *Journal of Clinical Child and Adolescent Psychology, 40,* 375–384.

de Zulueta, F. (2007). The treatment of psychological trauma from the perspective of attachment research. In A. Hosin (Ed.), *Responses to traumatized children* (pp. 105–121). New York: Palgrave Macmillan.

Dishion, T. J., & Patterson, G. R. (1992). Age effects in parent training outcome. *Behavior Therapy, 23,* 719–729.

Domènech-Llaberia, E., Jané, C., Canals, J., Ballespí, S., Esparó, G., & Garralda, E. (2004). Parental reports of somatic symptoms in preschool children: Prevalence and associations in a Spanish sample. *Journal of the American Academy Of Child and Adolescent Psychiatry, 43,* 598–604.

Domitrovich, C. E., Cortes, R. C., & Greenberg, M. T. (2007). Improving young children's social and emotional competence: A randomized trial of the Preschool PATHS curriculum. *Journal of Primary Prevention, 2,* 67–91.

Doobay, A. (2008). School refusal behavior associated with separation anxiety disorder: A cognitive-behavioral approach to treatment. *Psychology in the Schools, 45,* 261–272.

Dowdy, E., Chin, J. K., & Quirk, M. P. (2013). An examination of the Behavioral and Emotional Screening System Preschool Teacher Form (BESS Preschool). *Journal of Psychoeducational Assessment, 31,* 578–584.

Dufrene, B. A., Parker, K. M., Menousek, K., Zhou, Q., Harpole, L. L., & Olmi, D. J. (2012). Direct behavioral consultation in Head Start to improve teacher use of praise and effective instruction delivery. *Journal of Educational and Psychological Consultation, 22,* 159–186.

Dumas, J. E. (2005). Mindfulness-based parent training: Strategies to lessen the grip of automaticity in families with disruptive children. *Journal of Clinical Child and Adolescent Psychology, 34,* 779–791.

Dumenci, L., McConaughy, S. H., & Achenbach, T. M. (2004). A hierarchical three-factor model of inattention–hyperactivity–impulsivity derived from the attention problems syndrome of the Teacher's Report Form. *School Psychology Review, 33,* 287–301.

Duncombe, M. E., Havighurst, S. S., Holland, K. A., & Frankling, E. J. (2012). The contribution of parenting practices and parent emotion factors in children at risk for disruptive behavior disorders. *Child Psychiatry and Human Development, 43,* 715–733.

DuPaul, G. J., Power, T. J., Anastopoulos, A. D., & Reid, R. (1998). *ADHD Rating Scale–IV: Checklists, norms, and clinical interpretation.* New York: Guilford Press.

DuPaul, G. J., Power, T. J., Anastopoulos, A. D., & Reid, R. (2016). *ADHD Rating Scale–5: Checklists, norms, and clinical interpretation.* New York: Guilford Press.

Durand, V. M. (2014). *Autism spectrum disorder: A clinical guide for general practitioners.* Washington, DC: American Psychological Association.

Durlak, J. A., Weissberg, R. P., Dymnicki, A. B., Taylor, R. D., & Schellinger, K. B. (2011). The impact of enhancing students' social and emotional learning: A meta-analysis of school-based universal interventions. *Child Development, 82,* 405–432.

Dymnicki, A., Sambolt, M., & Kidron, Y. (2013). *Improving college and career readiness by incorporating social and emotional learning.* Washington DC: American Institutes for Research. Retrieved from *www.ccrscenter.org/sites/default/files/1528%20CCRS%20Brief%20d9_lvr.pdf.*

Eagle, J. W., Dowd-Eagle, S. E., Snyder, A., & Holtzman, E. G. (2015). Implementing a multi-tiered system of support (MTSS): Collaboration between school psychologists and administrators to promote systems-level change. *Journal of Educational and Psychological Consultation, 25,* 160–177.

Egger, H. L., & Angold, A. (2004). The Preschool Age Psychiatric Assessment (PAPA): A structured parent interview for diagnosing psychiatric disorders in preschool children. In R. DelCarmen-Wiggins & A. Carter (Eds.), *Handbook of infant, toddler, and preschool mental health assessment* (pp. 223–243). New York: Oxford University Press.

Egger, H. L., Erkanli, A., Keeler, G., Potts, E., Walter, B. K., & Angold, A. (2006). Test–retest reliability of the Preschool Age Psychiatric Assessment (PAPA). *Journal of the American Academy of Child and Adolescent Psychiatry, 45,* 538–549.

Ehrenreich-May, J., & Chu, B. C. (2014). Overview of transdiagnostic mechanisms and treatments for youth psychopathology. In J. Ehrenreich-May & B. C. Chu (Eds.), *Transdiagnostic treatments for children and adolescents: Principles and practice* (pp. 3–14). New York: Guilford Press.

Eisenstadt, T. H., Eyberg, S., McNeil, C. B., Newcomb, K., & Funderburk, B. (1993). Parent-child interaction therapy with behavior problem children: Relative effectiveness of two stages and overall treatment outcome. *Journal of Clinical Child Psychology, 22,* 42–51.

Elliott, S. N., & Gresham, F. M. (2008). *Social Skills Improvement System (SSIS).* San Antonio, TX: Pearson.

Ennis, R. P., Schwab, J. R., & Jolivette, K. (2012). Using precorrection as a secondary-tier intervention for reducing problem behaviors in instructional and noninstructional settings. *Beyond Behavior, 22,* 40–47.

Essau, C., Olaya, B., & Ollendick, T. H. (2013). Classification of anxiety disorders in children and adolscents. In C. A. Essau & T. H. Ollendick (Eds.), *Wiley–Blackwell handbook of the treatment of childhood and adolescent anxiety* (pp. 1–21). Malden, MA: Wiley.

Eyberg, S. M., Nelson, M. M., & Boggs, S. R. (2008). Evidence-based psychosocial treatments for children and adolescents with disruptive behavior. *Journal of Clinical Child and Adolescent Psychology, 37,* 215–237.

Eyberg, S. M., & Pincus, D. (1999). *Eyberg Child Behavior Inventory and Sutter–Eyberg Student Behavior Inventory—Revised: Professional manual.* Odessa, FL: Psychological Assessment Resources.

Ezpeleta, L., Granero, R., Osa, N., Trepat, E., & Doménech, J. M. (2016). Trajectories of oppositional defiant disorder irritability symptoms in preschool children. *Journal of Abnormal Child Psychology, 44,* 115–128.

Fabiano, G. A., Pelham, W. E., Coles, E. K., Gnagy, E. M., Chronis-Tuscano, A., & O'Connor, B. C. (2009). A meta-analysis of behavioral treatments for attention-deficit/hyperactivity disorder. *Clinical Psychology Review, 29,* 129–140.

Fearon, R. P., Bakermans-Kranenburg, M. J., van IJzendoorn, M. H., Lapsley, A., & Roisman, G. I. (2010). The significance of insecure attachment and disorganization in the development of children s externalizing behavior: A meta-analytic study. *Child Development, 81,* 435–456.

Feil, E. G., Severson, H. H., & Walker, H. M. (1998). Screening for emotional and behavioral delays: Early screening project. *Journal of Early Intervention, 21,* 252–266.

Feil, E. G., Walker, H. M., & Severson, H. H. (1995). The early screening project for young children with behavioral problems. *Journal of Emotional and Behavioral Disorders, 3,* 194–202.

Ferguson, C. (2005). Reaching out to diverse populations: What can schools do to foster family–school connections? Austin, TX: Southwest Educational Development Laboratory. Retrieved from *www.sedl.org/pubs/catalog/items/fam103.html.*

Fergusson, D. M., Horwood, L. J., & Ridder, E. M. (2005). Show me the child at seven: The consequences of conduct problems in childhood for psychosocial functioning in adulthood. *Journal of Child Psychology and Psychiatry, 46,* 837–849.

Finkelhor, D. (2007). Developmental victimology: The comprehensive study of childhood victimization. In R. C. David, A. J. Lurigio, & S. Herman (Eds.), *Victims of crime* (3rd ed., pp. 9–34). Thousand Oaks, CA: SAGE.

Flook, L., Goldberg, S., Pinger, L., & Davidson, R. (2015). Promoting prosocial behavior and self-regulatory skills in preschool children through a mindfulness-based kindness curriculum. *Developmental Psychology, 51,* 44–51.

Flora, S. R. (2000). Praise's magic reinforcement ratio: Five to one gets the job done. *Behavior Analyst Today, 1,* 64–69.

Forman, S. G., Olin, S. S., Hoagwood, K. E., Crowe, M., & Saka, N. (2009). Evidence-based interventions in schools: Developers' views of implementation barriers and facilitators. *School Mental Health, 1,* 26–36.

Franz, L., Angold, A., Copeland, W., Costello, E. J., Towe-Goodman, N., & Egger, H. (2013). Preschool anxiety disorders in pediatric primary care: Prevalence and comorbidity. *Journal of the American Academy of Child and Adolescent Psychiatry, 52,* 1294–1303.

Frey, J. R., Elliott, S. N., & Gresham, F. M. (2011). Preschoolers' social skills: Advances in assessment for intervention using social behavior ratings. *School Mental Health, 3,* 179–190.

Frick, P. J., Barry, C. T., & Kamphaus, R. W. (2010). *Clinical assessment of child and adolescent personality and behavior* (3rd ed.). New York: Springer.

Friedberg, R., Gorman, A., Hollar Witt, L., Biuckian, A., & Murray, M. (2011). *Cognitive behavioral therapy for the busy child psychiatrist and other mental health professionals: Rubrics and rudiments.* New York: Routledge.

Friedman-Krauss, A. H., Raver, C. C., Morris, P. A., & Jones, S. M. (2014). The role of classroom-level child behavior problems in predicting preschool teacher stress and classroom emotional climate. *Early Education and Development, 25,* 530–552.

Friman, P. C., Hoff, K. E., Schnoes, C., Freeman, K. A., Woods, D. W., & Blum, N. (1999). The bedtime pass: An approach to bedtime crying and leaving the room. *Archives of Pediatric and Adolescent Medicine, 153,* 1027–1029.

Friman, P. C., Hofstadter, K. L., & Jones, K. M. (2006). A biobehavioral approach to the treatment of functional encopresis in children. *Journal of Early and Intensive Behavior Intervention, 3,* 263–272.

Funderburk, B. W., Eyberg, S. M., Rich, B. A., & Behar, L. (2003). Further psychometric evaluation of the Eyberg and Behar rating scales for parents and teachers of preschoolers. *Early Education and Development, 14,* 67–81.

Gable, R., Hester, P., Rock, M., & Hughes, K. (2009). Back to basics: Rules, praise, ignoring, and reprimands revisited. *Intervention in School and Clinic, 44,* 195–205.

Garbarino, J., Stott, F., & Faculty of the Erikson Institute. (1992). *What children can tell us.* San Francisco: Jossey-Bass.

Garber, S. W., Garber, M. D., & Spizman, R. F. (1992). *Good behavior made easy handbook.* Glastonbury, CT: Great Pond.

Gerhardt, P. F., Weiss, M. J., & Delmolino, L. (2004). Treatment of severe aggression in an adolescent with autism: Non-contingent reinforcement and functional communication training. *Behavior Analyst Today, 4,* 386–394.

Germer, C. (2009). *The mindful path to self-compassion: Freeing yourself from destructive thoughts and emotions.* New York: Guilford Press.

Gettinger, M., & Stoiber, K. (2007). Applying a response-to-intervention model for early literacy development in low-income children. *Topics in Early Childhood Special Education, 27,* 198–213.

Gil, E. (2010). *Working with children to heal interpersonal trauma: The power of play.* New York: Guilford Press.

Gilliam, J. E. (2013). *GARS-3: Gilliam Autism Rating Scale—Third edition.* Austin, TX: PRO-ED.

Gilliam, W. S. (2005). *Prekindergartners left behind: Expulsion rates in state prekindergarten systems.* New York: Foundation for Child Development.

Gottman, J. M., & Levenson, R. W. (1992). Marital processes predictive of later dissolution: Behavior, physiology, and health. *Journal of Personality and Social Psychology, 63,* 221–233.

Gray, S. O., Carter, A. S., Briggs-Gowan, M. J., Jones, S. M., & Wagmiller, R. L. (2014). Growth trajectories of early aggression, overactivity, and inattention: Relations to second-grade reading. *Developmental Psychology, 50,* 2255–2263.

Green, A. D., Alioto, A., Mousa, H., & Di Lorenzo, C. (2011). Severe pediatric rumination syndrome: Successful interdisciplinary inpatient management. *Journal of Pediatric Gastroenterology and Nutrition, 52,* 414–418.

Greenberg, M. T., Kusché, C. A., Cook, E. T., & Quamma, J. P. (1995). Promoting emotional competence in school-aged children: The effects of the PATHS curriculum. *Development and Psychopathology, 7,* 117–136.

Greenberg, M. T., Weissberg, R. P., O'Brien, M. U., Fredericks, L., Resnick, H., & Elias, M. J. (2003). Enhancing school-based prevention and youth development through coordinated social, emotional, and academic learning. *American Psychologist, 58,* 466–474.

Greenhill, L., Kollins, S., Abikoff, H., McCracken, J., Riddle, M., Swanson, J., et al. (2006). Efficacy and safety of immediate-release methylphenidate treatment for preschoolers with ADHD. *Journal of the American Academy of Child and Adolescent Psychiatry, 45,* 1284–1293.

Greenspan, S. I., & Greenspan, N. T. (2003). *Clinical interview of the child* (2nd ed.). Washington, DC: American Psychiatric Press.

Greenwood, C. R., Carta, J. J., Goldstein, H., Kaminski, R. A., McConnell, S. R., & Atwater, J. (2014). The center for response to intervention in early childhood: Developing evidence-based tools for a multi-tier approach to preschool language and early literacy instruction. *Journal of Early Intervention, 36,* 246–262.

Gregory, A. M., & O'Connor, T. G. (2002). Sleep problems in childhood: A longitudinal study of developmental change and association with behavioral problems. *Journal of the American Academy of Child and AdolescentPsychiatry, 41,* 964–971.

Gresham, F. M., & Elliott, S. N. (2008). *The Social Skills Rating System.* Circle Pines, MN: American Guidance.

Gresham, F. M., Elliott, S. N., Vance, M. J., & Cook, C. R. (2011). Comparability of the social skills rating system to the social skills improvement system: Content and psychometric comparisons across elementary and secondary age levels. *School Psychology Quarterly, 26,* 27–44.

Gresham, F. M., Elliott, S. N., Cook, C. R., Vance, M. J., & Kettler, R. (2010). Cross-informant agreement for ratings for social skill and problem behavior ratings: An investigation of the Social Skills Improvement System—Rating Scales. *Psychological Assessment, 22,* 157–166.

Gresham, F. M., & Lambros, K. M. (1998). Behavioral and functional assessment. In T. S. Watson & F. M. Gresham (Eds.), *Handbook of child behavior therapy* (pp. 3–22). New York: Plenum Press.

Griest, D. L., Forehand, R., Rogers, T., Breiner, J., Furey, W., & Williams, C. A. (1982). Effects of parent enhancement therapy on the treatment outcome and generalization of a parent training program. *Behaviour Research and Therapy, 20,* 429–436.

Groh, A. M., Roisman, G. I., van IJzendoorn, M. H., Bakermans-Kranenburg, M. J., & Fearon, R. P. (2012). The significance of insecure and disorganized attachment for children's internalizing symptoms: A meta-analytic study. *Child Development, 83,* 591–610.

Gross, D., Fogg, L., Young, M., Ridge, A., Cowell, J., Sivan, A., et al. (2007). Reliability and validity of the Eyberg Child Behavior Inventory with African American and Latino parents of young children. *Research in Nursing and Health, 30,* 213–223.

Gunther, L., Caldarella, P., Kerth, B., & Young, K. R. (2012). Promoting social and emotional learning in preschool students: A study of Strong Start Pre-K. *Early Childhood Journal of Education, 40,* 151–159.

Hanf, C. (1969, June). *A two-stage program for modifying maternal controlling during mother–child (M-C) interaction.* Paper presented at the annual meeting of the Western Psychological Association, Vancouver, British Columbia, Canada.

Hanson, R., & Mendius, R. (2009). *Buddha's brain: The practical neuroscience of happiness, love, and wisdom.* Oakland, CA: New Harbinger.

Harari, M. D. (2013). Nocturnal enuresis. *Journal of Paediatrics and Child Health, 49,* 264–271.

Hardy, K. K., Kollins, S. H., Murray, D. W., Riddle, M. A., Greenhill, L., Cunningham, C., et al. (2007). Factor structure of parent- and teacher-rated attention-deficit/hyperactivity disorder symptoms in the Preschoolers with Attention-Deficit/Hyperactivity Disorder Treatment Study (PATS). *Journal of Child and Adolescent Psychopharmacology, 17,* 621–633.

Harnett, P. H., & Dawe, S. (2012). Review: The contribution of mindfulness-based therapies for children and families and proposed conceptual integration. *Child and Adolescent Mental Health, 17,* 195–208.

Harrell-Williams, L. M., Raines, T. C., Kamphaus, R. W., & Denver, B. V. (2015). Psychometric analysis of the BASC-2 Behavioral and Emotional Screening System (BESS) student form: Results from high school student samples. *Psychological Assessment, 27,* 738–743.

Hart, S. R., Dowdy, E., Eklund, K., Renshaw, T. L., Jimerson, S. R., Jones, C., et al. (2009). A controlled study assessing the effects of the impulse control and problem solving unit of the Second Step curriculum. *California School Psychologist, 14,* 105–110.

Hastings, P. D., Helm, J., Mills, R. L., Serbin, L. A., Stack, D. M., & Schwartzman, A. E. (2015). Dispositional and environmental predictors of the development of internalizing problems in childhood: Testing a multilevel model. *Journal of Abnormal Child Psychology, 43,* 831–845.0

Hayes, S. C., Strosahl, K. D., & Wilson, K. G. (1999). *Acceptance and commitment therapy: An experiential approach to behavior.* New York: Guilford Press.

Hayes, S. C., Strosahl, K. D., & Wilson, K. G. (2012). *Acceptance and commitment therapy: The process and practice of mindful change* (2nd ed.). New York: Guilford Press.

Heberle, A. E., Krill, S. C., Briggs-Gowan, M. J., & Carter, A. S. (2015). Predicting externalizing and internalizing behavior in kindergarten: Examining the buffering role of early social support. *Journal of Clinical Child and Adolescent Psychology, 44,* 640–654.

Heinrichs, N., Kliem, S., & Hahlweg, K. (2014). Four-year follow-up of a randomized controlled trial of triple P group for parent and child outcomes. *Prevention Science, 15,* 233–245.

Hemmeter, M. L., Ostrosky, M. M., & Corso, R. M. (2012). Preventing and addressing challenging behavior: Common questions and practical strategies. *Young Exceptional Children, 15,* 32–46.

Henricsson, L., & Rydell, A. (2006). Children with behaviour problems: The influence of social competence and social relations on problem stability, school achievement and peer acceptance across the first six years of school. *Infant and Child Development, 15,* 347–366.

Heo, K., & Squires, J. (2012). Adaptation of a parent-completed social emotional screening instrument for young children: Ages and Stages Questionnaires–Social Emotional. *Early Human Development, 88,* 151–158.

Hess, R. S., Pejic,V., & Castejon, K. S. (2014). Best practices in delivering culturally responsive, tiered-level supports for youth with behavioral challenges. In P. L. Harrison & A. Thomas (Eds.), *Best practices in school psychology: Student-level services* (pp. 321–334). Bethesda, MD: National Association of School Psychologists.

Higa-McMillan, C. K., Francis, S. E., & Chorpita, B. F. (2014). Anxiety disorders. In E. J. Mash & R. A. Barkley (Eds.), *Child psychopathology* (3rd ed., pp. 345–428). New York: Guilford Press.

Higa-McMillan, C. K., Francis, S., Rith-Najarian, L., & Chorpita, B. F. (2016). Evidence base update: 50 years of research on treatment for child and adolescent anxiety. *Journal of Clinical Child and Adolescent Psychology, 45,* 91–113.

Hirschland, D. (2008). *Collaborative intervention in early childhood: Consulting with parents and teachers of 3- to 7-year-olds.* New York: Oxford University Press.

Hirshfeld-Becker, D. R., Biederman, J., Henin, A., Faraone, S. V., Davis, S., Harrington, K., et al. (2007). Behavioral inhibition in preschool children at risk is a specific predictor of middle childhood social anxiety: A five-year follow-up. *Journal of Developmental and Behavioral Pediatrics, 28,* 225–233.

Hirshfeld-Becker, D. R., Masek, B., Henin, A., Blakely, L. R., Pollock-Wurman, R. A., McQude, J., et al. (2010). Cognitive-behavioral therapy for 4- to 7-year-old children with anxiety disorders: A randomized clinical trial. *Journal of Consulting and Clinical Psychology, 78,* 498–510.

Hofstra, M. B., van der Ende, J., & Verhulst, F. C. (2002). Child and adolescent problems predict DSM-IV disorders in adulthood: A 14-year follow-up of a Dutch epidemiological sample. *Journal of the American Academy of Child and Adolescent Psychiatry, 41,* 182–189.

Honaker, S., & Meltzer, L. (2014). Bedtime problems and night wakings in young children: An update of the evidence. *Paediatric Respiratory Reviews, 15,* 333–339.

Hong, J. S., Tillman, R., & Luby, J. L. (2015). Disruptive behavior in preschool children: Distinguishing normal misbehavior from markers of current and later childhood conduct disorder. *Journal of Pediatrics, 166,* 723–730.

Horner, R., Sugai, G., Smolkowski, K., Todd, A., Nakasato, J., & Esperanza, J. (2009). A randomized control trial of school-wide positive behavior support in elementary schools. *Journal of Positive Behavior Interventions, 11,* 113–144.

Huberty, T. J. (2008). Best practices in school-based interventions for anxiety and depression. In A. Thomas & J. Grimes (Eds.), *Best practices in school psychology* V (pp. 1473–1486). Bethesda, MD: National Association of School Psychologists.

Huberty, T. J. (2010). Anxiety and anxiety disorders in children. In A. Canter, L. Paige, & S. Shaw (Eds.), *NASP Helping Children at Home and School III: Handouts for families and educators* (p. S5H2). Bethesda, MD: National Association of School Psychologists.

Huberty, T. J. (2013). Best practices in school-based interventions for anxiety and depression. In P. Harrison & A. Thomas (Eds.), *Best practices in school psychology: Student-level services* (pp. 349–363). Bethesda, MD: National Association of School Psychologists.

Hughes, J. N., & Baker, D. B. (1990). *The clinical child interview*. New York: Guilford Press.

Hurlburt, M. S., Nguyen, K., Reid, J., Webster-Stratton, C., & & Zhang, J. (2013). Efficacy of the Incredible Years group parent program with families in Head Start who self-reported a history of child maltreatment. *Child Abuse and Neglect, 37,* 531–543.

The Incredible Years. (2013). The incredible year series: Parents, teachers, and children training series. Retrieved from*http://incredibleyears.com/about/incredible-years-series*.

Institute of Medicine. (2011). *Early childhood obesity prevention policies*. Washington, DC: National Academies Press.

Invernizzi, M., Landrum, T. J., Teichman, A., & Townsend, M. (2010). Increased implementation of emergent literacy screening in pre-kindergarten. *Early Childhood Education Journal, 37,* 437–446.

Invernizzi, M., Sullivan, A., Meier, J., & Swank, L. (2004). *Phonological awareness and literacy screening: Preschool (PALS–PreK)*. Charlottesville: University of Virginia Press.

Ireland, J., Sanders, M., & Markie-Dadds, C. (2003). The impact of parent training on marital functioning: A comparison of two group versions of the Triple P Positive Parenting Program for parents of children with early-onset conduct problems. *Behavioural and Cognitive Psychotherapy, 31,* 127–142.

Jackson, R., McCoy, A., Pistorino, C., Wilkinson, A., Burghardt, J., Clark, M.,et al. (2007). *National evaluation of Early Reading First: Final report*. Washington, DC: U.S. Government Printing Office. Available at *http://ies.ed.gov/ncee/pdf/20074007.pdf*.

James, S., & Mennen, F. (2001). Treatment outcome research: How effective are treatments for abused children? *Child and Adolescent Social Work Journal, 18,* 73–95.

Jones, S. M., & Bouffard, S. M. (2012). Social and emotional learning in schools: From programs to strategies. *Social Policy Report, 26,* 3–22.

Juntunen, V. R. (2013). *Child abuse sourcebook* (3rd ed). Detroit, MI: Omnigraphics.

Jurbergs, N., Palcic, J., & Kelley, M. L. (2007). School-home notes with and without response cost: Increasing attention and academic performance in low-income children with attention-deficit/hyperactivity disorder. *School Psychology Quarterly, 22,* 358–379.

Kabat-Zinn, J. (1990). *Full catastrophe living: Using the wisdom of your body and mind to face stress, pain, and illness*. New York: Bantam Dell.

Kabat-Zinn, M. (1994). *Wherever you go, there you are: Mindfulness meditation in everyday life*. New York: Hyperion.

Kam, C. M., Greenberg, M. T., & Walls, C. T. (2003). Examining the role of implementation quality in school-based prevention using the PATHS curriculum. *Prevention Science, 4,* 55–63.

Kaminski, J. W., Valle, L. A., Filene, J. H., & Boyle, C. L. (2008). A meta-analytic review of components associated with parent training effectiveness. *Journal of Abnormal Child Psychology, 36,* 567–589.

Kaminski, R. A., Abbott, M., Bravo Aguayo, K., Latimer, R., & Good, R. I. (2014). The Preschool Early Literacy Indicators: Validity and benchmark goals. *Topics in Early Childhood Special Education, 34,* 71–82.

Kaminski, R. A., Powell-Smith, K. A., Hommel, A., McMahon, R., & Bravo Aguayo, K. (2014). Development of a tier 3 curriculum to teach early literacy skills. *Journal of Early Intervention, 36,* 313–332.

Kamphaus, R. W., & Reynolds, C. R. (2015). *BASC-3 Behavioral and Emotional Screening System, 3rd ed. (BESS-3)*. San Antonio, TX: Pearson.

Katzmarzyk, P. T., Barreira, T. V., Broyles, S. T., Champagne, C. M., Chaput, J., Fogelholm, M., et al. (2015). Relationship between lifestyle behaviors and obesity in children ages 9–11: Results from a 12-country study. *Obesity, 23,* 1696–1702.

Kazdin, A. E. (2010). Problem-solving skills training and parent management training for oppositional defiant disorder and conduct disorder. In J. R. Weisz & A. E. Kazdin (Eds.), *Evidence-based psychotherapies for children and adolescents* (2nd ed., pp. 211–226). New York: Guilford Press.

Kazdin, A. E. (2012). *Behavior modification in applied settings* (7th ed.). Long Grove, IL: Waveland Press.

Kearney, C. (2006). Dealing with school refusal behavior: A primer for family physicians. *Journal of Family Practice, 55,* 685–692.

Kearney, C. A., & Spear, M. (2013). Assessment of selective mutism and school refusal behavior. In D. McKay & E. A. Storch (Eds.), *Handbook of assessing variants and complications in anxiety disorder* (pp. 29–42). New York: Springer.

Kedesdy, J. H., & Budd, K. S. (1998). *Childhood feeding disorders: Biobehavioral assessment and intervention*. Baltimore: Brookes.

Kehle, T., Bray, M., & Theodore, L. (2010). Selective mutism: A primer for parents and educators. In A. Canter, L. Paige, & S. Shaw (Eds.), *NASP Helping Children at Home and School II: Handouts for families and educators* (p. S8H36). Bethesda, MD: National Association of School Psychologists.

Keith, L. K., & Campbell, J. M. (2000). Assessment of social and emotional development in preschool children. In B. A. Bracken (Ed.), *The psychoeducational assessment of preschool children* (3rd ed., pp. 364–382). Boston: Allyn & Bacon.

Kelly R., & El-Sheikh M. (2011). Marital conflict and children's sleep: Reciprocal relations and socioeconomic effects. *Journal of Family Psychology, 25,* 412–422.

Kiddoo, D. A. (2012). Toilet training children: When to start and how to train. *Canadian Medical Association Journal, 184,* 511–511.

Kim-Cohen, J., Arseneault, L., Newcombe, R., Adams, F., Bolton, H., Cant, L., et al. (2009). Five-year predictive validity of DSM-IV conduct disorder research diagnosis in 4½–5-year-old children. *European Child and Adolescent Psychiatry, 18,* 284–291.

King, N., Heyne, D., Gullone, E., & Molloy, G. (2001). Usefulness of emotive imagery in the treatment of childhood phobias: Clinical guidelines, case examples and issues. *Counseling Psychology Quarterly, 14,* 95–101.

King, N., Tonge, B. J., Mullen, P., Myseron, N., Heyne, D., Rollings, S., et al. (2000). Sexually abused children and post-traumatic stress disorder. *Counselling Psychology Quarterly, 13,* 365–375.

Knell, S. M. (2000). Cognitive-behavioral play therapy for childhood fears and phobias. In H. G. Kaduson & C. E. Schaefer (Eds.), *Short-term play therapy for children* (pp. 3–27). New York: Guilford Press.

Kolko, D. J., & Lindhiem, O. (2014). Introduction to the special series on booster sessions and long-term maintenance of treatment gains. *Journal of Abnormal Child Psychology, 42,* 339–342.

Kollins, S., Greenhill, L., Swanson, J., Wigal, S., Abikoff, H., McCracken, J., et al. (2006). Rationale, design, and methods of the Preschool ADHD Treatment Study (PATS). *Journal of the American Academy of Child and Adolescent Psychiatry, 45,* 1275–1283.

Kowalewicz, E. A., & Coffee, G. (2014). Mystery motivator: A tier 1 classroom behavioral intervention. *School Psychology Quarterly, 29,* 138–156.

Kramer, T., Caldarella, P., Christensen, L., & Shatzer, R. (2011). Social and emotional learning in the kindergarten classroom. Evaluation of the Strong Start curriculum. *Early Childhood Education Journal, 37,* 303–309.

Kuhn, B. R., Marcus, B. A., & Pitner, S. L. (1999). Treatment guidelines for primary nonretentive encopresis and stool toileting refusal. *American Family Physician, 59,* 2171.

Kuhn, B. R., & Weidinger, D. (2000). Interventions for infant and toddler sleep disturbance: A review. *Child and Family Behavior Therapy, 22,* 33–50.

Kwon, K., Kim, E., & Sheridan, S. (2012). Behavioral competence and academic functioning among early elementary children with externalizing problems. *School Psychology Review, 41,* 123–140.

Lahey, B. B., Pelham, W. E., Loney, J., Lee, S. S., & Willcutt, E. (2005). Instability of the DSM-IV subtypes of ADHD from preschool through elementary school. *Archives of General Psychiatry, 62,* 896–902.

Lamont, J. H., Devore, C. D., Allison, M., Ancona, R., Barnett, S. E., Gunther, R., et al. (2013). Out-of-school suspension and expulsion. *Pediatrics, 131,* e1000–e1007.

Lane, B., Paynter, J., & Sharman, R. (2013). Parent and teacher ratings of adaptive and challenging behaviors in young children with autism spectrum disorders. *Research in Autism Spectrum Disorders, 7,* 1196–1203.

Lang, R., Mulloy, A., Giesbers, S., Pfeiffer, B., Dulaune, E., Didden, R., et al. (2011). Behavioral interventions for rumination and operant vomiting in individuals with intellectual disabilities: A systematic review. *Research in Developmental Disabilities, 32,* 2193–2205.

Laughlin, L. (2013). *Who's minding the kids?: Child care arrangements: Spring 2011* (Current Population Reports, P70–135). Washington, DC: U.S. Census Bureau.

Lavigne, J. V., Bryant, F. B., Hopkins, J., & Gouze, K. R. (2015). Dimensions of oppositional defiant disorder in young children: Model comparisons, gender and longitudinal invariance. *Journal of Abnormal Child Psychology, 43,* 423–439.

Lavigne, J. V., LeBailly, S. A., Gouze, K. R., Binns, H. J., Keller, J., & Pate, L. (2010). Predictors and correlates of completing behavioral parent training for the treatment of oppositional defiant disorder. *Behavior Therapy, 41,* 198–211.

Lavigne, J. V., LeBailly, S. A., Hopkins, J., Gouze, K. R., & Binns, H. J. (2009). The prevalence of ADHD,

ODD, depression, and anxiety in a community sample of 4-year-olds. *Journal of Clinical Child and Adolescent Psychology, 38*, 315–328.

Lazar, S. W., Bush, G., Gollub, R. L., Fricchione, G. L., Khalsa, G., Benson, H. (2000). Functional brain mapping of the relaxation response and meditation. *NeuroReport, 11*, 1581–1585.

LeBeauf, I., Smaby, M., & Maddux, C. (2009). Adapting counseling skills for multicultural and diverse clients. In G. R. Walz, J. C. Bleuer, & R. K. Yep (Eds.), *Compelling counseling interventions: VISTA 2009* (pp. 33–42). Alexandria, VA: American Counseling Association.

LeBuffe, P. A., & Naglieri, J. A. (2012). *Devereux early childhood assessment for preschoolers, second edition.* Lewisville, NC: Kaplan Early Learning Company.

Lenze, S. N., Pautsch, J., & Luby, J. (2011). Parent-child interaction therapy emotion development: A novel treatment for depression in preschool children. *Depression and Anxiety, 28*, 153–159.

Levitt, J. M., Saka, N., Romanelli, L. H., & Hoagwood, K. (2007). Early identification of mental health problems in schools: The status of implementation. *Journal of School Psychology, 45*, 63–191.

Lewin, A. B. (2011). Parent training for childhood anxiety. In D. M. McKay & E. A. Storch (Eds.), *Handbook of child and adolescent anxiety disorders* (pp. 405–418). New York: Springer.

Lewis, G., Rice, F., Harold, G., Collishaw, S., & Thapar, A. (2011). Investigating environmental links between parent depression and child depressive/anxiety symptoms using an assisted conception design. *Journal of the American Academy of Child and Adolescent Psychiatry, 50*, 451–459.

Lin, Y., & Bratton, S. C. (2015). A meta-analytic review of child-centered play therapy approaches. *Journal of Counseling and Development, 93*, 45–58.

Linscheid, T. R. (2006). Behavioral treatments for pediatric feeding disorders. *Behavior Modification, 30*, 6–23.

Loeber, R., & Burke, J. D. (2011). Developmental pathways in juvenile externalizing and internalizing problems. *Journal of Research on Adolescence, 21*, 34–46.

Lord, C., Rutter, M., DiLavore, R., Gotham, K., & Bishop, S. (2012). *Autism diagnostic observation schedule, 2nd edition.* Torrance, CA: Western Psychological Services.

Lowenstein, L. (2011). The complexity of investigating possible sexual abuse of a child. *American Journal of Family Therapy, 39*, 292–298.

Luby, J. (2013). Treatment of anxiety and depression in the preschool period. *Journal of the American Academy of Child and Adolescent Psychiatry, 52*, 346–358.

Luby, J. L. (2000). Depression. In C. H. Zeanah (Ed.), *Handbook of infant mental health* (2nd ed., pp. 382–396). New York: Guilford Press.

Lucas, C., Fisher, P., & Luby, J. (1998). *Young-Child DISC-IV Research Draft: Diagnostic Interview Schedule for Children.* New York: Columbia University, Division of Child Psychiatry, Joy and William Ruane Center to Identify and Treat Mood Disorders.

Lundahl, B., Risser, H. J., & Lovejoy, C. (2006). A meta-analysis of parent training: Moderators and follow-up effects. *Clinical Psychology Review, 26*, 86–104.

Lundahl, B. W., Kunz, C., Brownell, C., Tollefson, D., & Burke, B. L. (2010). A meta-analysis of motivational interviewing: Twenty-five years of empirical studies. *Research on Social Work Practice, 20*, 137–160.

Luoma, J. B., Hayes, S. C., & Walser, R. D. (2007). *Learning ACT: An acceptance and commitment therapy skills-training manual for therapists.* Oakland, CA: New Harbinger.

Maggin, D. M., Zurheide, J., Pickett, K. C., & Baillie, S. J. (2015). A systematic evidence review of the check-in/check-out program for reducing student challenging behaviors. *Journal of Positive Behavior Interventions, 17*, 197–208.

Manassis, K. (2013). Empirically supported psychosocial treatments. In C. A. Essau & T. H. Ollendick (Eds.) *Wiley–Blackwell handbook of the treatment of childhood and adolescent anxiety* (pp. 207–228). Malden, MA: Wiley.

Manikam, R., & Perman, J. A. (2000). Pediatric feeding disorders. *Journal of Clinical Gastroenterology, 30*, 34–46.

Marakovitz, S. E., Wagmiller, R. L., Mian, N. D., Briggs-Gowan, M. J., & Carter, A. S. (2011). Lost toy? Monsters under the bed?: Contributions of temperament and family factors to early internalizing problems in boys and girls. *Journal of Clinical Child and Adolescent Psychology, 40*, 233–244.

Marchant, M., Brown, M., Caldarella, P., & Young, E. (2010). Effects of Strong Kids curriculum on students with internalizing behaviors: A pilot study. *Journal of Evidence-Based Practices for Schools, 11*, 123–143.

Marchant, R. (2013). How young is too young? The evidence of children under five in the English criminal justice system. *Child Abuse Review, 22*, 432–445.

Marks, I. (2013). *Fears and phobias*. New York: Academic Press.

Martel, M. M., von Eye, A., & Nigg, J. T. (2010). Revisiting the latent structure of ADHD: Is there a 'g' factor? *Journal of Child Psychology and Psychiatry, 51*, 905–914.

Mattila, M., Hurtig, T., Haapsamo, H., Jussila, K., Kuusikko-Gauffin, S., Kielinen, M., et al. (2010). Comorbid psychiatric disorders associated with Asperger syndrome/high-functioning autism: A community- and clinic-based study. *Journal of Autism and Developmental Disorders, 40*, 1080–1093.

Maughan, D. R., Christiansen, E., Jenson, W. R., Olympia, D., & Clark, E. (2005). Behavioral parent training as a treatment for externalizing behaviors and disruptive behavior disorders: A meta-analysis. *School Psychology Review, 34*, 267–286.

Mazza, J. (2014). Best practices in clinical interviewing parents, teachers and students. In P. L. Harrison & A. Thomas (Eds.), *Best practices in school psychology: Data-based and collaborative decision making* (pp. 317–330). Bethesda, MD: National Association of School Psychologists.

McCarney, S. B. (1995a). *The Early Childhood Attention Deficit Disorders Evaluation Scale, home version, technical manual*. Columbia, MO: Hawthorne.

McCarney, S. B. (1995b). *The Early Childhood Attention Deficit Disorders Evaluation Scale, school version, technical manual*. Columbia, MO: Hawthorne.

McCarney, S. B., & Arthaud, T. (2013a). *The Attention Deficit Disorders Evaluation Scale-Fourth Edition, home version, technical manual*. Columbia, MO: Hawthorne.

McCarney, S. B., & Arthaud, T. (2013b). *The Attention Deficit Disorders Evaluation Scale-Fourth Edition, school version, technical manual*. Columbia, MO: Hawthorne.

McCart, M. R., Priester, P. E., Davies, W. H., & Azen, R. (2006). Differential effectiveness of behavioral parent-training and cognitive-behavioral therapy for antisocial youth: A meta-analysis. *Journal of Abnormal Child Psychology, 34*, 525–541.

McConaughy, S. (2013). *Clinical interviews for children and adolescents* (2nd ed.). New York: Guilford Press.

McGinnis, E. (2011). *Skillstreaming in early childhood: A guide for teaching social skills* (3rd ed.). Champaign, IL: Research Press.

McGoey, K. E., & DuPaul, G. J. (2000). Token reinforcement and response cost procedures: Reducing the disruptive behavior of preschool children with attention-deficit/hyperactivity disorder. *School Psychology Quarterly, 15*, 330–343.

McGoey, K. E., DuPaul, G. J., Haley, E., & Shelton, T. L. (2007). Parent and teacher ratings of attention-deficit/hyperactivity disorder in preschool: The ADHD-Rating Scale–IV Preschool Version. *Journal of Psychopathological Behavioral Assessment, 29*, 269–276.

McIntosh, K., Herman, K., Sanford, A., McGraw, K., & Florence, K. (2004). Teaching transitions: Techniques for promoting success between lessons. *Teaching Exceptional Children, 37*, 32–38.

McMahon, R. J., & Forehand, R. L. (2003). *Helping the noncompliant child: Family-based treatment for oppositional behavior* (2nd ed.). New York: Guilford Press.

McNeil, C. B., & Kembree-Kigin, T. L. (2011). *Parent–child interaction therapy: Issues in clinical child psychology* (2nd ed.). New York: Springer.

McWayne, C., & Cheung, K. (2009). A picture of strength: Preschool competencies mediate the effects of early behavior problems on later academic and social adjustment for Head Start children. *Journal of Applied Developmental Psychology, 30*, 273–285.

Meiser-Stedman, R., Smith, P., Glucksman, E., Yule, W., & Dalgleish, T. (2008). The posttraumatic stress disorder diagnosis in preschool- and elementary school-age children exposed to motor vehicle accidents. *American Journal of Psychiatry, 165*, 1326–1337.

Meltzer, H., Vostanis, P., Dogra, N., Doos, L., Ford, T., & Goodman, R. (2009). Children's specific fears. *Child: Care, Health and Development, 35*, 781–789.

Meltzer, L. J., & Crabtree, V. M. (2015). *Pediatric sleep problems: A clinician's guide to behavioral interventions*. Washington, DC: American Psychological Association.

Meltzer, L. J., & Mindell, J. A. (2006). Sleep and sleep disorders in children and adolescents. *Psychiatric Clinics of North America, 29*, 1059–1076.

Meltzer, L. J., & Mindell, J. A. (2014). Systematic review and meta-analysis of behavioral interventions for pediatric insomnia. *Journal of Pediatric Psychology, 39*, 932–948.

Menting, A. T., de Castro, B. O., & Matthys, W. (2013). Effectiveness of the Incredible Years parent training to modify disruptive and prosocial child behavior: A meta-analytic review. *Clinical Psychology Review, 33*(8), 901–913.

Merrell, K. W. (2003). *Preschool and Kindergarten Behavior Scales, 2nd Edition.* Austin, TX: PRO-ED.

Merrell, K. W. (2008a). *Behavioral, social, and emotional assessment of children and adolescents* (3rd ed.). Mahwah, NJ: Erlbaum.

Merrell, K. W. (2008b). *Helping students overcome depression and anxiety: A practical guide* (2nd ed.). New York: Guilford Press.

Merrell, K. W., & Holland, M. L. (1997). Social-emotional behavior of preschool-age children with and without developmental delays. *Research in Developmental Disabilities, 18*(6), 393–405.

Merrell, K. W., Parisi, D. M., & Whitcomb, S. A. (2007). *Strong start: Grades K–2: A social and emotional learning curriculum.* Baltimore: Brookes.

Merrell, K. W., Whitcomb, S. A., & Parisi, D. M. (2009). *Strong Start: Pre-K: A social and emotional learning curriculum.* Baltimore: Brookes.

Mian, N. D., Godoy, L., Briggs-Gowan, M. J., & Carter, A. S. (2012). Patterns of anxiety symptoms in toddlers and preschool-age children: Evidence of early differentiation. *Journal of Anxiety Disorders, 26*(1), 102–110.

Michelson, D., Davenport, C., Dretzke, J., Barlow, J., & Day, C. (2013). Do evidence-based interventions work when tested in the "real world?" A systematic review and meta-analysis of parent management training for the treatment of child disruptive behavior. *Clinical Child and Family Psychology Review, 16*(1), 18–34.

Miller-Lewis, L. R., Baghurst, P. A., Sawyer, M. G., Prior, M. R., Clark, J. J., Arney, et al. (2006). Early childhood externalising behaviour problems: Child, parenting, and family-related predictors over time. *Journal of Abnormal Child Psychology, 34*(6), 891–906.

Mindell, J. A. (1999). Empirically supported treatments in pediatric psychology: Bedtime refusal and night wakings in young children. *Journal of Pediatric Psychology, 24*, 465–481.

Modi, R. R., Camacho, M., & Valerio, J. (2014). Confusional arousals, sleep terrors, and sleepwalking. *Sleep Medicine Clinics, 9*(4), 537–551.

Montgomery, D. F., & Navarro, F. (2008). Management of constipation and encopresis in children. *Journal of Pediatric Health Care, 22*(3), 199–204.

Morris, R. J., Kratochwill, T. R., Schoenfield, G., & Auster, E. R. (2008). Childhood fears, phobias, and related anxieties. In R. J. Morris & T. R. Kratochwill (Eds.), *The practice of child therapy* (4th ed., pp. 93–141). Mahwah, NJ: Erlbaum.

Moss, E., Cyr, C., & Dubois-Comtois, K. (2004). Attachment at early school age and developmental risk: Examining family contexts and behavior problems of controlling-caregiving, controlling-punitive, and behaviorally disorganized children. *Developmental Psychology, 40*(4), 519–532.

Motta, R. W., & Basile, D. M. (1998). Pica. In L. Phelps (Ed.), *Health-related disorders in children and adolescents: A guidebook for understanding and educating* (pp. 524–527). Washington, DC: American Psychological Association.

Moyle, M. J., Heilmann, J., & Berman, S. S. (2013). Assessment of early developing phonological awareness skills: A comparison of The Preschool Individual Growth and Development Indicators and the Phonological Awareness and Literacy Screening—PreK. *Early Education and Development, 24*(5), 668–686.

Mulders, M. M., Cobussen-Boekhorst, H., de Gier, R. P., Feitz, W. F., & Kortmann, B. B. (2011). Urotherapy in children: Quantitative measurements of daytime urinary incontinence before and after treatment. *Journal of Pediatric Urology, 7*(2), 213–218.

Muris, P., & Ollendick, T. H. (2015). Children who are anxious in silence: A review on selective mutism, the new anxiety disorder in DSM-5. *Clinical Child and Family Psychology Review, 18*(2), 151–169.

Murphy, K. A., Theodore, L. A., Aloiso, D., Alric-Edwards, J. M., & Hughes, T. L. (2007). Interdependent group contingency and mystery motivators to reduce preschool disruptive behavior. *Psychology in the Schools, 44*(1), 53–63.

Muscott, A. J., Muscott, H. S., Mann, E., Benjamin, T. B., Gately, S., & Bell, K. E. (2004). Positive behavioral interventions and supports in New Hampshire: Preliminary results of a statewide system for implementing schoolwide discipline practices. *Education and Treatment of Children, 27*(4), 453–475.

Myers, C. L., Bour, J. L., Sidebottom, K. J., Murphy, S. B., & Hakman, M. (2010). Same constructs, different results: Examining the consistency of two behavior-rating scales with referred preschoolers. *Psychology in the Schools, 47,* 205–216.

Nadler, C. B., & Roberts, M. W. (2013). Parent-collected behavioral observations: An empirical comparison of methods. *Child and Family Behavior Therapy, 35,* 95–109.

National Association of School Psychologists. (2009). *Early childhood assessment* [Position Statement]. Bethesda, MD: Author. Retrieved from *www.nasponline.org/assets/documents/Research%20and%20 Policy/Position%20Statements/EarlyChildhoodAssessment.pdf.*

Neece, C. L. (2013). Mindfulness-based stress reduction for parents of young children with developmental delays: Implications for parental mental health and child behavior problems. *Journal of Applied Research in Intellectual Disabilities, 27,* 174–186.

Nickerson, A., & Fishman, C. (2009). Convergent and divergent validity of the Devereux Student Strengths Assessment. *School Psychology Quarterly, 24,* 48–59.

Nickerson, A., Reeves, M., Brock, S., & Jimerson, S. (2009). *Identifying, assessing and treating PTSD at school.* New York: Springer.

Nock, M. K., & Kazdin, A. E. (2005). Randomized controlled trial of a brief intervention for increasing participation in parent management training. *Journal of Consulting and Clinical Psychology, 5,* 872–879.

Nolan, J. D., & Filter, K. J. (2012). A function-based classroom behavior intervention using non-contingent reinforcement plus response cost. *Education and Treatment of Children, 35,* 419–430.

Normand, S., Flora, D. B., Toplak, M. E., & Tannock, R. (2012). Evidence for a general ADHD factor from a longitudinal general school population study. *Journal of Abnormal Child Psychology, 40,* 555–567.

Norris, M., & Lecavalier, L. (2010). Screening accuracy of Level 2 autism spectrum disorder rating scales: A review of selected instruments. *Autism, 14,* 263–284.

O'Connell, M. E., Boat, T. F., & Warner, K. E. (Eds.). (2009). *Preventing mental, emotional, and behavioral disorders among young people: Progress and possibilities.* Washington, DC: National Academies Press.

Olino, T. M., Dougherty, L. R., Bufferd, S. J., Carlson, G. A., & Klein, D. N. (2014). Testing models of psychopathology in preschool-aged children using a structured interview-based assessment. *Journal of Abnormal Child Psychology, 42,* 1201–1211.

Ollendick, T. H., Davis III, T. E., & Muris, P. (2004). Treatment of specific phobia in children and adolescents. In P. Barrett & T. H. Ollendick (Eds.), *The handbook of interventions that work with children and adolescents: From prevention to treatment* (pp. 273–299). West Sussex, UK: Wiley.

Ollendick, T. H., & King, N. J. (1998). Empirically supported treatments for children with phobic and anxiety disorders: Current status. *Journal of Clinical Child Psychology, 27,* 156–167.

Olson, S. L., Tardif, T. Z., Miller, A., Felt, B., Grabell, A. S., Kessler, D., et al. (2011). Inhibitory control and harsh discipline as predictors of externalizing problems in young children: A comparative study of U.S., Chinese, and Japanese preschoolers. *Journal of Abnormal Child Psychology, 39,* 1163–1175.

Owens, J. (2008). Classification and epidemiology of childhood sleep disorders. *Primary Care: Clinics in Office Practice, 35,* 533–546.

Pandolfi, V., Magyar, C. I., & Dill, C. A. (2009). Confirmatory factor analysis of the child behavior checklist 1.5–5 in a sample of children with autism spectrum disorders. *Journal of Autism and Developmental Disorders, 39,* 986–995.

Parent, J., Forehand, R., Merchant, M. J., Edwards, M. C., Conners-Burrow, N. A., Long, N., et al. (2011). The relation of harsh and permissive discipline with child disruptive behaviors: Does child gender make a difference in an at-risk sample? *Journal of Family Violence, 26,* 527–533.

Parker, S. K., Schwartz, B., Todd, J., & Pickering, L. K. (2004). Thimerosal-containing vaccines and autistic spectrum disorder: A critical review of published original data. *Pediatrics, 114,* 793–804.

Parlakian, R., & Lerner, C. (2007). Promoting healthy eating habits right from the start. *Young Children, 62,* 1–3.

Patterson, G. R. (1982). *Coercive family process.* Eugene, OR: Castalia.

Patterson, G. R., Chamberlain, P., & Reid, J. B. (1982). A comparative evaluation of a parent-training program. *Behavior Therapy, 13,* 638–650.

Paulus, F. W., Backes, A., Sander, C. S., Weber, M., & von Gontard, A. (2015). Anxiety disorders and behavioral inhibition in preschool children: A population-based study. *Child Psychiatry and Human Development, 46,* 150–157.

Perry, N. B., Nelson, J. A., Calkins, S. D., Leerkes, E. M., O'Brien, M., & Marcovitch, S. (2014). Early physiological regulation predicts the trajectory of externalizing behaviors across the preschool period. *Developmental Psychobiology, 56,* 1482–1491.

Petit, D., Touchette, E., Tremblay, R. E., Boivin, M., & Montplaisir, J. (2007). Dyssomnias and parasomnias in early childhood. *Pediatrics, 119,* e1016–e1025.

Piaget, J. (1983). Piaget's theory. In P. H. Mussen (Series Ed.) & W. Kessen (Vol. Ed.), *Handbook of child psychology: Vol. 1. History, theory, and methods* (4th ed., pp. 103–128). New York: Wiley.

Pidano, A. E., & Allen, A. R. (2015). The Incredible Years series: A review of the independent research base. *Journal of Child and Family Studies, 24,* 1898–1916.

Pihlakoski, L., Sourander, A., Aromaa, M., Rautava, P., Helenius, H., & Sillanpää, M. (2006). The continuity of psychopathology from early childhood to preadolescence: A prospective cohort study of 3–12-year-old children. *European Child and Adolescent Psychiatry, 15,* 409–417.

Piotrowska, P. J., Stride, C. B., Croft, S. E., & Rowe, R. (2015). Socioeconomic status and antisocial behaviour among children and adolescents: A systematic review and meta-analysis. *Clinical Psychology Review, 35,* 47–55.

Plotts, C. A., & Lasser, J. (2013). *School psychologist as counselor: A practitioner's handbook.* Bethesda, MD: National Association of School Psychologists.

Polaha, J., Warzak, W. J., & Dittmer-McMahon, K. (2002). Toilet training in primary care: Current practice and recommendations from behavioral pediatrics. *Journal of Developmental and Behavioral Pediatrics, 23,* 424–429.

Pooja, S. T., Zhou, C., Lozano, P., & Christakis, D. A. (2010). Preschoolers' total daily screen time at home and by type of child care. *Journal of Pediatrics, 158,* 297–300.

Posthumus, J., Raaijmakers, M., Maassen, G., Engeland, H., & Matthys, W. (2012). Sustained effects of Incredible Years as a preventive intervention in preschool children with conduct problems. *Journal of Abnormal Child Psychology, 40,* 487–500.

Prelock, P. A., & McCauley, R. J. (Eds.). (2012). *Treatment of autism spectrum disorders: Evidence-based interventions strategies for communication and social interaction.* New York: Brookes.

Preschool Curriculum Evaluation Research Consortium. (2008). *Effects of preschool curriculum programs on school readiness* (NCER 2008–2009). Washington, DC: National Center for Education Research, Institute of Education Sciences, U.S. Department of Education. Available at *www.ies.ed.gov/ncer/pubs/.*

Price, A. M., Wake, M., Ukoumunne, O. C., & Hiscock, H. (2012). Five-year follow-up of harms and benefits of behavioral infant sleep intervention: Randomized trials. *Pediatrics, 130,* 643–651.

Raes, F., Griffith, J. W., Van der Gucht, K., & Williams, M. G. (2014). School-based prevention and reduction of depression in adolescents: A cluster randomized controlled trial of a mindfulness group program. *Mindfulness, 5,* 477–486.

Ramakrishnan, K. (2008). Evaluation and treatment of enuresis. *American Family Physician, 78*(4), 489–496.

Raver, C., Jones, S. M., Li-Grining, C., Metzger, M., Champion, K. M., & Sardin, L. (2008). Improving preschool classroom processes: Preliminary findings from a randomized trial implemented in Head Start settings. *Early Childhood Research Quarterly, 23,* 10–26.

Reedtz, C., Handegard, B. H., & Morch, W. T. (2011). Promoting positive parenting practices in primary care: Outcomes and mechanisms of change in a randomized controlled risk reduction trial. *Scandinavian Journal of Psychology, 52,* 131–137.

Reich, W., Welner, Z., & Herjanic, B. (1997). *Diagnostic Interview for Children and Adolescents-IV (DICA-IV).* North Tonawanda, NY: Multi-Health Systems.

Reichow, B. (2012). Overview of meta-analyses on early intensive behavioral intervention for young children with autism spectrum disorders. *Journal of Autism and Developmental Disorders, 42,* 512–520.

Reid, G. J., Hong, R. Y., & Wade, T. J. (2009). The relation between common sleep problems and emotional and behavioral problems among 2- and 3-year-olds in the context of known risk factors for psychopathology. *Journal of Sleep Research, 18,* 49–59.

Reid, M. J., Webster-Stratton, C., & Baydar, N. (2004). Halting the development of conduct problems in head start children: The effects of parent training. *Journal of Clinical Child and Adolescent Psychology, 33,* 279–291.

Reigada, L. C., Fisher, P. H., Cutler, C., & Warner, C. M. (2008). An innovative treatment approach for children with anxiety disorders and medically unexplained somatic complaints (2008). *Cognitive and Behavioral Practice, 15,* 140–147.

Reinke, W. M., Herman, K. C., & Stormont, M. (2013). Classroom-level positive behavior supports in schools implementing SW-PBIS: Identifying areas for enhancement. *Journal of Positive Behavior Interventions, 15*, 39–50.

Reinke, W. M., Lewis-Palmer, T., & Merrell, K. (2008). The classroom check-up: A classwide teacher consultation model for increasing praise and decreasing disruptive behavior. *School Psychology Review, 37*, 315–332.

Reinke, W. M., Stormont, M., Herman, K. C., Puri, R., & Goel, N. (2011). Supporting children's mental health in schools: Teacher perceptions of needs, roles, and barriers. *School Psychology Quarterly, 26*, 1–13.

Reinke, W. M., Stormont, M., Webster-Stratton, C., Newcomer, L., & Herman, K. C. (2012). The Incredible Years teacher classroom management program: Using coaching to support generalization to real-world classroom settings. *Psychology in the Schools, 49*, 416–428.

Rellini, E., Tortolani, D., Carbone, S., Trillo, S., & Montecchi, F. (2004). Childhood Autism Rating Scale (CARS) and Autism Behavior Checklist (ABC) correspondence and conflicts with DSM-IV criteria in diagnosis of autism. *Journal of Autism and Developmental Disorders, 34*, 703–708.

Reynolds, C. R., & Kamphaus, R. W. (2015). *Behavior Assessment System for Children, Third Edition.* San Antonio, TX: Pearson.

Reynolds, L. K., & Kelley, M. L. (1997). The efficacy of a response cost-based treatment pacakage for managing aggressive behavior in preschoolers. *Behavior Modification, 21*, 216–230.

Richardson, R. C. (1996). *Connecting with others: Lessons for teaching social and emotional competence grades K–2.* Champaign, IL: Research Press.

Riddle, M. A., Yershova, K., Lazzaretto, D., Paykina, N., Yenokyan, G., Greenhill, L., et al. (2013). The Preschool Attention-deficit/hyperactivity disorder Treatment study (PATS) 6-year follow-up. *Journal of the American Academy of Child and Adolescent Psychiatry, 52*, 264–278.

Riggs, N. R., Greenberg, M. T., Kusche, C. A., & Pentz, M. A. (2006). The mediational role of neurocognition in the behavioral outcomes of a social-emotional prevention program in elementary school students: Effects of the PATHS curriculum. *Prevention Science, 71*, 91–102.

Rinaldi, C. M., & Howe, N. (2012). Mothers' and fathers' parenting styles and associations with toddlers' externalizing, internalizing, and adaptive behaviors. *Early Childhood Research Quarterly, 27*, 266–273.

Ritz, M., Noltemeyer, D. D., & Green, J. (2014). Behavior management in preschool classrooms: Insight revealed through systematic observation and review. *Psychology in the Schools, 51*, 181–197.

Robins, D., Casagrande, K., Barton, M., Chen, C., Dumont-Mathieu, T., & Fein, D. (2014). Validation of the Modified Checklist for Autism in Toddlers, Revised With Follow-Up (M-CHAT-R/F). *Pediatrics, 133*, 37–45.

Robins, D., Fein, D., & Barton, M. (2009). Modified Checklist for Autism in Toddlers, Revised with Follow-Up (M-CHAT-R/F). Retrieved from *www.m-chat.org.*

Robson, W. L. M. (2009). Evaluation and management of enuresis. *New England Journal of Medicine, 360*, 1429–1436.

Rogers, J. (2013). Daytime wetting in children and acquisition of bladder control. *Nursing Children and Young People, 25*, 26–33.

Rogers, S. J., & Vismara, L. A. (2008). Evidence-based comprehensive treatments for early autism. *Journal of Clinical Child and Adolescent Psychology, 37*, 8–38.

Rolon-Arroyo, B., Arnold, D. H., & Harvey, E. A. (2014). The predictive utility of conduct disorder symptoms in preschool children: A 3-year follow-up study. *Child Psychiatry and Human Development, 45*, 329–337.

Rowe, R., Costello, E. J., Angold, A., Copeland, W. E., & Maughan, B. (2010). Developmental pathways in oppositional defiant disorder and conduct disorder. *Journal of Abnormal Psychology, 119*, 726–738.

Saklofske, D. H., Janzen, H. L., Hildebrand, D. K., & Kaufmann, L. (1998). Depression in children: Handouts for parents and teachers. In A. S. Canter & S. A. Carroll (Eds.), *Helping children at home and school: Handouts from your school psychologist* (pp. 237–244). Bethesda, MD: National Association of School Psychologists.

Salazar, F., Baird, G., Chandler, S., Tseng, E., O'Sullivan, T., & Howlin, P. (2015). Co-occurring psychiatric disorders in preschool and elementary school-aged children with autism spectrum disorder. *Journal of Autism and Developmental Disorders, 45*, 2283–2294.

Sameroff, A., Seifer, R., & McDonough, S. C. (2004). Contextual contributors to the assessment of infant mental health. In R. DelCarmen-Wiggins & A. Carter (Eds.), *Handbook of infant, toddler, and preschool mental health assessment* (pp. 61–76). New York: Oxford University Press.

Sanders, M. R. (1999). Triple P–Positive Parenting Program: Towards an empirically validated multilevel parenting and family support strategy for the prevention of behavior and emotional problems in children. *Clinical Child and Family Psychology Review, 2,* 71–90.

Sanders, M. R. (2010). Community-based parenting and family support interventions and the prevention of drug abuse. *Addictive Behaviors, 25,* 929–942.

Sattler, J. M. (1998). *Clinical and forensic interviewing of children and families.* San Diego, CA: Author.

Saywitz, K. J., Mannarino, A. P., Berliner, L., & Cohen, J. A. (2000). Treatment for sexually abused children and adolescents. *American Psychologist, 55,* 1040–1049.

Scaramella, L. V., & Leve, L. D. (2004). Clarifying parent-child reciprocities during early childhood: The early childhood coercion model. *Clinical Child and Family Psychology Review, 7,* 89–107.

Scheeringa, M. S., & Gaensbauer T. J. (2000). Posttraumatic stress disorder. In C. H. Zeanah (Ed.), *Handbook of infant mental health* (2nd ed., pp. 369–381). New York: Guilford Press.

Scheeringa, M. S., Zeanah, C. H., & Cohen, J. A. (2011). PTSD in children and adolescents: Toward an empirically based algorithm. *Depression and Anxiety, 28,* 770–782.

Schoenfield, G., & Morris, R. (2009). Cognitive-behavioral treatment for childhood anxiety disorders. In M. J. Mayer, R. Van Acker, J. E. Lochman, & F. M. Gresham (Eds.), *Cognitive-behavioral interventions for emotional and behavioral disorders: School-based practice* (pp. 204–232). New York: Guilford Press.

Schonert-Reichl, K., & Lawlor, M. S. (2010). The effects of mindfulness-based education program on pre and early adolescents' well-being and social and emotional competence. *Mindfulness, 1,* 137–151.

Schonwald, A. (2004). Difficult toilet training. *Pediatrics for Parents, 21,* 3, 12.

Schopler, M., Van Bourgondien, G., Wellman, G., & Love, S. (2010). *Childhood Autism Rating Scale* (2nd ed.). Los Angeles, CA: Western Psychological Services.

Schroeder, C. S., & Gordon, B. N. (2002). *Assessment and treatment of childhood problems: A clinician's guide* (2nd ed.). New York: Guilford Press.

Schultz, B. L., Richardson, R. C., Barber, C. R., & Wilcox, D. (2011). A preschool pilot study of "Connecting with Others: Lessons for Teaching Social and Emotional Competence." *Early Childhood Education Journal, 39,* 143–148.

Schwarz, S. M., Corredor, J., Fisher-Medina, J., Cohen, J., & Rabinowitz, S. (2001). Diagnosis and treatment of feeding disorders in children with developmental disabilities. *Pediatrics, 108,* 671–676.

Semple, R. J., Lee, J., Rosa, D., & Miller, L. F. (2009). A randomized trial of mindfulness-based cognitive therapy for children: Promoting mindful attention to enhance social-emotional resiliency in children. *Journal of Child and Family Studies, 19,* 218–229.

Serra Giacobo, R., Jané, M. C., Bonillo, A., Ballespí, S., & Díaz-Regañon, N. (2012). Somatic symptoms, severe mood dysregulation, and aggressiveness in preschool children. *European Journal of Pediatrics, 171,* 111–119.

Sharma-Patel, K., Filton, B., Brown, E., Zlotnik, D., Campbell, C., & Yedlin, J. (2011). Pediatric posttraumatic stress disorder. In D. McKay & E. A., Storch (Eds.), *Handbook of child and adolescent anxiety disorders* (pp. 303–321). New York: Springer.

Shastri, P. C. (2009). Promotion and prevention in child mental health. *Indian Journal of Psychiatry, 51,* 88–95.

Shaw, D. S., Dishion, T. J., Supplee, L., Gardner, F., & Arnds, K. (2006). Randomized trial of a family-centered approach to the prevention of early conduct problems: 2-year effects of the family check-up in early childhood. *Journal of Consulting and Clinical Psychology, 74,* 1–9.

Shaw, D. S., Keenan, K., Vondra, J. I., Delliquadri, E., & Giovannelli, J. (1997). Antecedents of preschool children's internalizing problems: A longitudinal study of low-income families. *Journal of the American Academy of Child and Adolescent Psychiatry, 36,* 1760–1767.

Shaw, D. S., Leijten, P., Dishion, T. J., Wilson, M. N., Gardner, F., & Matthys, W. (2014). The family check-up and service use in high-risk families of young children: A prevention strategy with a bridge to community-based treatment. *Prevention Science, 16,* 397–406.

Shea, S., & Coyne, L. W. (2011). Maternal dysphoric mood, stress, and parenting practices in mothers of Head Start preschoolers: The role of experiential avoidance. *Child and Family Behavior Therapy, 33,* 231–247.

Shelleby, E. C., & Kolko, D. J. (2015). Predictors, moderators, and treatment parameters of community and clinic-based treatment for child disruptive behavior disorders. *Journal of Child and Family Studies, 24,* 734–748.

Shelleby, E. C., Shaw, D. S., Cheong, J., Chang, H., Gardner, F., Dishion, T. J., et al. (2012). Behavioral control in at-risk toddlers: The influence of the family check-up. *Journal of Clinical Child and Adolescent Psychology, 41,* 288–301.

Shelton, T. L., Barkley, R. A., Crosswait, C., Moorehouse, M., Fletcher, K., Barrett, S., et al. (2000). Multimethod psychoeducational intervention for preschool children with disruptive behavior: Two-year posttreatment follow-up. *Journal of Abnormal Child Psychology, 28,* 253–266.

Shonkoff, J. P., & Meisels, S. J. (1990). Early childhood intervention: The evolution of a concept. In S. J. Meisels & J. P. Shonkoff (Eds.), *Handbook of early childhood intervention* (pp. 3–31). New York: Cambridge University Press.

Silverman, A. H., & Tarbell, S. (2009). Feeding and vomiting problems in pediatric populations. In M. C. Roberts & R. G. Steele (Eds.), *Handbook of pediatric psychology* (4th ed., pp. 429–445). New York: Guilford Press.

Silverstein, D. M. (2004). Enuresis in children: Diagnosis and management. *Clinical Pediatrics, 43,* 217–221.

Simonoff, E., Pickles, A., Charman, T., Chandler, S., Loucas, T., & Baird, G. (2008). Psychiatric disorders in children with autism spectrum disorders: Prevalence, comorbidity, and associated factors in a population-derived sample. *Journal of the American Academy of Child and Adolescent Psychiatry, 47,* 921–929.

Simonsen, B., Fairbanks, S., Briesch, A., Myers, D., & Sugai, G. (2008). Evidence-based practices in classroom management: Considerations for research to practice. *Education and Treatment of Children, 31,* 351–380.

Simonsen, B., Myers, D., & DeLuca, C. (2010). Teaching teachers to use prompts, opportunities to respond, and specific praise. *Teacher Education and Special Education, 33,* 300–318.

Singh, N., Lancioni, G., Winton, A., Fisher, B., Wahler, R., McAleavey, K., et al. (2006). Mindful parenting decreases aggression, noncompliance, and self-injury in children with autism. *Journal of Emotional and Behavioral Disorders, 14,* 169–177.

Singh, N., Lancioni, G., Winton, A., Singh, J., Curtis, W., Wahler, R., et al. (2007). Mindful parenting decreases aggression and increases social behavior in children with developmental disabilities. *Behavior Modification, 31,* 749–771.

Skalická, V., Stenseng, F., & Wichstrøm, L. (2015). Reciprocal relations between student–teacher conflict, children's social skills and externalizing behavior: A three-wave longitudinal study from preschool to third grade. *International Journal of Behavioral Development, 39,* 413–425.

Slemming, K., Sørensen, M. J., Thomsen, P. H., Obel, C., Henriksen, T. B., & Linnet, K. M. (2010). The association between preschool behavioural problems and internalizing difficulties at age 10–12 years. *European Child and Adolescent Psychiatry, 19,* 787–795.

Smith, J. D., Stormshak, E. A., & Kavanagh, K. (2015). Results of a pragmatic effectiveness-implementation hybrid trial of the Family Check-up in community mental health agencies. *Administration and Policy in Mental Health and Mental Health Services Research, 42,* 265–278.

Spence, S. H., Rapee, R., McDonald, C., & Ingram, M. (2001). The structure of anxiety symptoms among preschoolers. *Behaviour Research and Therapy, 39,* 1293–1316.

Sprague, J., Walker, H., Golly, A., White, K., Myers, D. R., & Shannon, T. (2001). Translating research into effective practice: The effects of a universal staff and student intervention on indicators of discipline and safety. *Education and Treatment of Children, 24,* 495–511.

Squires, J., Bricker, D., & Twombly, E. (2015). *The ASQ:SE2 user's guide: For the Ages & Stages Questionnaires: Social–emotional, 2nd Edition.* Baltimore: Brookes.

Steege, M. W., & Watson, T. S. (2009). *Conducting school-based functional behavioral assessments: A practitioner's guide* (2nd ed.). New York: Guilford Press.

Sterba, S., Egger, H. L., & Angold, A. (2007). Diagnostic specificity and nonspecificity in the dimensions of preschool psychopathology. *Journal of Child Psychology and Psychiatry, 48,* 1005–1013.

Stichter, J. P., Lewis, T. J., Whittaker, T. A., Richter, M., Johnson, N. W., & Trussell, R. P. (2009). Assessing teacher use of opportunities to respond and effective classroom management strategies: Comparisons among high- and low-risk elementary schools. *Journal of Positive Behavior Interventions, 11,* 68–81.

Stiegler, L. N. (2005). Understanding pica behavior: A review for clinical and education professionals. *Focus on Autism and Other Developmental Disabilities, 20,* 27–38.

Strain, P. S., Young, C. C., & Horowitz, J. (1981). An examination of child and family demographic variables related to generalized behavior change during oppositional child training. *Behavior Modification, 5*, 15–26.

Strickland, J., Keller, J., Lavigne, J. V., Gouze, K., Hopkins, J., & LeBailly, S. (2011). The structure of psychopathology in a community sample of preschoolers. *Journal of Abnormal Child Psychology, 39*, 601–610.

Stringaris, A., & Goodman, R. (2009). Three dimensions of oppositionality in youth. *Journal of Child Psychology and Psychiatry, 50*, 216–223.

Stores, G. (2001). *A clinical guide to sleep disorders in children and adolescents.* Cambridge, UK: Cambridge University Press.

Stueck, M., & Gloeckner, N. (2005). Yoga for children in the mirror of the science: Working spectrum and practice fields of the training of relaxation with elements of yoga for children. *Early Child Development and Care, 175*, 371–377.

Suarez, M., & Mullins, S. (2008). Motivational interviewing and pediatric health behavior interventions. *Journal of Developmental and Behavioral Pediatrics, 29*, 417–428.

Tan, T. X., Dedrick, R. F., & Marfo, K. (2006). Factor structure and clinical implications of Child Behavior Checklist/1.5–5 ratings in a sample of girls adopted from China. *Journal of Pediatric Psychology, 32*, 807–818.

Taubman, B. (1997). Toilet training and toileting refusal for stool only: A prospective study. *Pediatrics, 99*, 54–58.

Taylor, L. E., Swerdfeger, A. L., & Eslick, G. D. (2014). Vaccines are not associated with autism: An evidence-based meta-analysis of case-control and cohort studies. *Vaccine, 32*, 3623–3629.

Thomas, J. H., Moore, M., & Mindell, J. A. (2014). Controversies in behavioral treatment of sleep problems in young children. *Sleep Medicine Clinics, 9*, 251–259.

Thomas, R., & Zimmer-Gembeck, M. J. (2007). Behavioral outcomes of parent–child interaction therapy and Triple-P-Positive Parenting Program: A review and meta-analysis. *Journal of Abnormal Child Psychology, 35*, 475–495.

Thome, M., & Skuladottir, A. (2005). Changes in sleep problems, parents distress and impact of sleep problems from infancy to preschool age for referred and unreferred children. *Scandinavian Journal of Caring Sciences, 19*, 86–94.

Tiano, J. D., Fortson, B. L., McNeil, C. B., & Humphreys, L. A. (2005). Managing classroom behavior of Head Start children using response cost and token economy procedures. *Journal of Early and Intensive Behavior Intervention, 2*, 28–39.

Tingstrom, D. H., Sterling-Turner, H. E., & Wilczynski, S. M. (2006). The good behavior game: 1969–2002. *Behavior Modification, 30*, 225–253.

Tonge, B., Brereton, A., Kiomall, M., Mackinnon, A., King, N., & Rinehart, N. (2006). Effects on parental mental health of an education and skills training program for parents of young children with autism: A randomized controlled trial. *Journal of the American Academy of Child and Adolescent Psychiatry, 45*, 561–569.

Toplak, M. E., Sorge, G. B., Flora, D. B., Chen, W., Banaschewski, T., Buitelaar, J., et al. (2012). The hierarchical factor model of ADHD: Invariant across age and national groupings? *Journal of Child Psychology and Psychiatry, 53*, 292–303.

Turnbull, K., Reid, G. J., & Morton, J. B. (2013). Behavioral sleep problems and their potential impact on developing executive function in children. *Sleep, 36*, 1077–1084.

Turner, H. S., & Watson, T. S. (1999). Consultants guide for the use of time-out in the preschool and elementary classroom. *Psychology in the Schools, 36*, 135–148.

Ullebø, A. K., Breivik, K., Gillberg, C., Lundervold, A. J., & Posserud, M. (2012). The factor structure of ADHD in a general population of primary school children. *Journal of Child Psychology and Psychiatry, 53*, 927–936.

U.S. Department of Education. (2013). Second Step. Retrieved from *http://ies.ed.gov/ncee/wwc/interventionreport.aspx?sid=623.*

van Dijk, M., Benninga, M. A., Grootenhuis, M. A., Nieuwenhuizen, A. O., & Last, B. F. (2007). Chronic childhood constipation: A review of the literature and the introduction of a protocolized behavioral intervention program. *Patient Education and Counseling, 67*, 63–77.

Vande Walle, J., Rittig, S., Bauer, S., Eggert, P., Marschall-Kehrel, D., & Tekgul, S. (2012). Practical consensus guidelines for the management of enuresis. *European Journal of Pediatrics, 171,* 971–983.

van Oort, F. A., van der Ende, J., Wadsworth, M. E., Verhulst, F. C., & Achenbach, T. M. (2011). Cross-national comparison of the link between socioeconomic status and emotional and behavioral problems in youths. *Social Psychiatry and Psychiatric Epidemiology, 46,* 167–172.

Varley, C. K. (2006). Treating depression in children and adolescents: What options now? *CNS Drugs, 20,* 1–13.

Vaughn, B. E., Elmore-Staton, L., Shin, N., & El-Sheikh, M. (2015). Sleep as a support for social competence, peer relations, and cognitive functioning in preschool children. *Behavioral Sleep Medicine, 13,* 92–106.

Vaughan, C. (2011). Test review: Childhood Autism Rating Scale (2nd ed). *Journal of Psychoeducational Assessment, 29,* 489–493.

Vollestad, J., Nielson, M. B., & Nielson, G. H. (2012). Mindfulness and acceptance based interventions for anxiety disorders: A systematic review and meta-analysis. *British Journal of Clinical Psychology, 51,* 239–260.

Wacker, D. P., Cooper, L. J., Peck, S. M., Derby, K. M., & Berg, W. K. (1999). Community-based functional assessment. In A. C. Repp & R. H. Horner (Eds.), *Functional analysis of problem behavior: From effective assessment to effective support* (pp. 32–56). Belmont, CA: Wadsworth.

Wackerle-Hollman, A. K., Schmitt, B. A., Bradfield, T. A., Rodriguez, M. C., & McConnell, S. R. (2015). Redefining individual growth and development indicators: Phonological awareness. *Journal of Learning Disabilities, 48,* 495–510.

Walker, H. M., Severson, H. H., & Feil, E. G. (1995). *The Early Screening Project: A proven child find process.* Longmont, CO: Sopris West.

Walker, H. M., Severson, H. H., & Feil, E. G. (2014). *Systematic Screening for Behavior Disorders, 2nd Edition.* Eugene, OR: Pacific Northwest.

Warner, C. M., Colognori, D., Re, K., Reigada, L., Kelin, R., Browner-Elhanan, K., et al. (2011). Cognitive-behavioral treatment of persistent functional somatic complaints and pediatric anxiety: An initial controlled trial. *Depression and Anxiety, 28,* 551–559.

Warner, C. M., Fisher, P. H., & Reigada, L. (2006). Feeling Good: Pediatric anxiety treatment manual. Unpublished Manuscript. In L. C., Reigada, P. H. Fisher, C. Cutler, & C. M. Warner (2008). An innovative treatment approach for children with anxiety disorders and medically unexplained somatic complaints (2008). *Cognitive and Behavioral Practice, 15,* 140–147.

Warren, S. L., & Sroufe, L. A. (2004). Developmental issues. In T. H. Ollendick & J. S. March (Eds.), *Phobic and anxiety disorders in children and adolescents: A clinician's guide to effective psychosocial and pharmacological interventions* (pp. 92–115). New York: Oxford University Press.

Webster-Stratton, C. (2009). Affirming diversity: Multi-cultural collaboration to deliver the Incredible Years parent programs. *International Journal of Child Health and Human Development, 2,* 17–32.

Webster-Stratton, C. (2011). *The Incredible Years parents, teachers, and children's training series: Program content, methods, research and dissemination 1980–2011.* Seattle, WA: Incredible Years.

Webster-Stratton, C., & Hancock, L. (1998). Training for parents of young children with conduct problems: Content, methods, and therapeutic procedures. In J. M. Briesmesiter & C. E. Schaefer (Eds.), *Handbook of parent training: Helping parents prevent and solve problem behaviors* (2nd ed., pp. 98–152). New York: Wiley.

Webster-Stratton, C., & Herman, K. (2009). Disseminating Incredible Years series early-intervention programs: Integrating and sustaining services between school and home. *Psychology in the Schools, 47,* 36–54.

Webster-Stratton, C., & Reid, M. (2003). The Incredible Years parents, teachers, and children training series: A multifaceted treatment approach for young children with conduct problems. In A. E. Kazdin & J. R. Weisz (Eds.), *Evidence-based psychotherapies for children and adolescents* (pp. 224–240). New York: Guilford Press.

Webster-Stratton, C., Reid, M., & Hammond, M. (2004). Treating children with early-onset conduct problems: Intervention outcomes for parent, child, and teacher training. *Journal of Clinical Child and Adolescent Psychology, 33,* 105–124.

Webster-Stratton, C., Reid, M. J., & Stoolmiller, M. (2008). Preventing conduct problems and improving school readiness: Evaluation of the Incredible Years Teacher and Child Training Programs in high-risk schools. *Journal of Child Psychology and Psychiatry, and Allied Disciplines, 49,* 471–488.

Weis, R., Lovejoy, M. C., & Lundahl, B. W. (2005). Factor structure and discriminative validity of the Eyberg Child Behavior Inventory with young children. *Journal of Psychopathology and Behavioral Assessment, 27,* 269–278.

Whittingham, K., Sanders, M., McKinlay, L., & Boyd, R. N. (2014). Interventions to reduce behavioral problems in children with cerebral palsy: An RCT. *Pediatrics, 133,* e1249–e1257.

Wichstrøm, L., Berg-Nielsen, T. S., Angold, A., Egger, H. L., Solheim, E., & Sveen, T. H. (2012). Prevalence of psychiatric disorders in preschoolers. *Journal of Child Psychology and Psychiatry, 53,* 695–705.

Wiener, J. S., Scales, M. T., Hampton, J., King, L. R., Surwit, R., & Edwards, C. L. (2000). Long-term efficacy of simple behavioral therapy for daytime wetting in children. *Journal of Urology, 164,* 786–790.

Willard, C. (2014). *Mindfulness for teen anxiety: A workbook for overcoming anxiety at home, at school and everywhere else.* Oakland, CA: New Harbinger.

Williams, D. E., & McAdam, D. (2012). Assessment, behavioral treatment, and prevention of pica: Clinical guidelines and recommendations for practitioners. *Research in Developmental Disabilities, 33,* 2050–2057.

Williams, K. E., Field, D. G., & Seiverling, L. (2010). Food refusal in children: A review of the literature. *Research in Developmental Disabilities, 31,* 625–633.

Willoughby, M. T., Pek, J., & Greenberg, M. T. (2012). Parent-reported attention deficit/hyperactivity symptomatology in preschool-aged children: Factor structure, developmental change, and early risk factors. *Journal of Abnormal Child Psychology, 40,* 1301–1312.

Wolff, J. C., & Ollendick, T. H. (2010). Conduct problems in youth: Phenomenology, classification, and epidemiology. In R. C. Murrihy, A. D. Kidman, & T. H. Ollendick (Eds.), *Clinical handbook of assessing and treatment conduct problems in youth* (pp. 3–20). New York: Springer.

Wolff, N., Darlington, A., Hunfeld, J., Verhulst, F., Jaddoe, V., Hofman, A., et al. (2010). Determinants of somatic complaints in 18-month-old children: The generation R study. *Journal of Pediatric Psychology, 35,* 306–316.

Wood, B., Rea, M., Plitnick, B., & Figueiro, M. (2013). Light level and duration of exposure determine the impact of self-luminous tablets on melatonin suppression. *Applied Ergonomics, 44,* 237–240.

Yule, W., Smith, P., Perrin, S., & Clark, D. M. (2013). Post-traumatic stress disorder. In C. A. Essau & T. H. Ollendick (Eds.), *Wiley–Blackwell handbook of the treatment of childhood and adolescent anxiety* (pp. 451–470). Malden, MA: Wiley.

Zakrzweski, V. (2014). How social–emotional learning transforms classrooms: The Greater Good Science Center. Retrieved from *http://greatergood.berkeley.edu/article/item/how_social_emotional_learning_transforms_classrooms.*

Zelazo, P. D., & Lyons, K. E. (2012). The potential benefits of mindfulness training in early childhood: A developmental social cognitive neuroscience perspective. *Child Development Perspectives, 6,* 154–160.

Zhang, S., Faries, D. E., Vowles, M., & Michelson, D. (2005). ADHD Rating Scale IV: Psychometric properties from a multinational study as a clinician administered instrument. *International Journal of Methods in Psychiatric Research, 14,* 186–201.

Zhang, X., & Sun, J. (2011). The reciprocal relations between teachers' perceptions of children's behavior problems and teacher–child relationships in the first preschool year. *Journal of Genetic Psychology: Research And Theory On Human Development, 172,* 176–198.

Zimmerman, F. J., & Christakis, D. A. (2007). Associations between content types of early media exposure and subsequent attentional problems. *Pediatrics, 120,* 986–992.

Zisenwine, T., Kaplan, M., Kushnir, J., & Sadeh, A. (2013). Nighttime fears and fantasy–reality differentiation in preschool children. *Child Psychiatry and Human Development, 44,* 186–199.

## 찾아보기

**Melissa L. Holland** 박사는 새크라멘토에 위치한 캘리포니아 주립대학교 학교심리학 조교수로서, 아동과 청소년 그리고 그들의 가족을 대상으로 하는 개인 임상실을 운영하고 있다. 이전에는 정신건강 클리닉, 지역사회와 아동 및 가족 클리닉, 의학센터, 헤드스타트 프로그램에서 아동과 가족을 위한 사정 및 중재 서비스 등에 참여하였다. Holland 박사는 주로 아동의 정서적 건강에 관한 업적을 쌓아왔다. 또한 아동의 정신 건강에 관하여 지역 및 전국 학술대회에서 지속적인 발표 활동을 해왔고, 학교에서 학생을 대상으로 사회-정서 학습과 마음챙김의 사용 그리고 인지 및 행동적 전략에 관한 상담을 하고 있다.

**Jessica Malmberg** 박사는 콜로라도대학교 의학부의 소아정신과 조교수이다. Malmberg 박사는 콜로라도의 아동병원 내 소아정신건강연구소에서 다양한 행동 장애를 보이는 아동 및 청소년과 가족을 대상으로 외래 행동건강서비스를 제공하고 있다. 그녀의 연구, 임상적 업적, 출판물 등은 주로 파괴적 행동장애, 부모 중재, 소아 심리학(특히 만성 통증 및 기능적 장애), 그리고 소아 행동건강을 위한 예방 및 진단 프로그램 개발에 관한 것들이다.

**Gretchen Gimpel Peacock** 박사는 유타 주립대학교 심리학과의 교수이며 학과장이다. Peacock 박사는 1997년부터 2009년까지 학교심리학 프로그램의 책임자로 일했다. 그녀의 연구, 출판물, 교수 업적은 아동행동문제에 집중되어 있으며, 가족 문제와 학교심리학에서의 문제점 등에 관한 것이다. 21세기 학교심리학의 공동저자이며, 학교심리학의 실제 핸드북의 공동편저자이다.

## 역자 소개

## 이효신

대구대학교 대학원 특수교육학과 정서행동장애아교육 전공(철학박사)
현재 대구대학교 사범대학 유아특수교육과 교수

**주요 저서 및 논문**
발달장애의 진단과 평가
자폐스펙트럼장애와 실행기능
주의력결핍 과잉행동장애 아동의 실행기능 분석


## 방명애

미국 미시간주립대학교 특수교육과 정서행동/자폐장애 전공(철학박사)
현재 우석대학교 특수교육과 교수

**주요 저서 및 논문**
자폐성 장애학생 교육
정서 및 행동장애 : 이론과 실제
발달장애 아동의 문제행동 중재